浙江越秀外国语学院中国语言文化学院

一流专业建设成果丛书（朱文斌 刘家思 主编）

朱文斌

刘家思

刘召明◎主编

（2017—2020）

学步集

浙江越秀外国语学院中文学院学生刊发论文选

U0743890

浙江工商大学出版社
ZHEJIANG GONGSHANG UNIVERSITY PRESS

·杭州·

图书在版编目(CIP)数据

学步集：浙江越秀外国语学院中文学院学生刊发论文选 / 朱文斌，刘家思，刘召明主编. — 杭州：浙江工商大学出版社，2022.2

ISBN 978-7-5178-4529-4

Ⅰ. ①学… Ⅱ. ①朱… ②刘… ③刘… Ⅲ. ①社会科学—文集 Ⅳ. ①C53

中国版本图书馆 CIP 数据核字(2021)第 106963 号

学步集
——浙江越秀外国语学院中文学院学生刊发论文选
XUE BU JI
——ZHEJIANG YUEXIU WAIGUOYU XUEYUAN ZHONGWEN XUEYUAN XUESHENG KANFA LUNWEN XUAN

朱文斌　刘家思　刘召明　主编

责任编辑	张晶晶
责任校对	韩新严
封面设计	沈　婷
责任印制	包建辉
出版发行	浙江工商大学出版社
	（杭州市教工路 198 号　邮政编码 310012）
	（E-mail：zjgsupress@163.com）
	（网址：http://www.zjgsupress.com）
	电话：0571-88904980，88831806（传真）
排　　版	杭州朝曦图文设计有限公司
印　　刷	广东虎彩云印刷有限公司绍兴分公司
开　　本	710mm×1000mm　1/16
印　　张	24.25
字　　数	442 千
版 印 次	2022 年 2 月第 1 版　2022 年 2 月第 1 次印刷
书　　号	ISBN 978-7-5178-4529-4
定　　价	99.80 元

教育部 2020 年度国家级一流本科专业建设点浙江越秀外国语学院汉语国际教育专业（教高厅函〔2021〕7 号）建设成果

教育部 2019 年度省级一流本科专业建设点浙江越秀外国语学院汉语国际教育专业（教高厅函〔2019〕46 号）建设成果

浙江省"十三五"第二批教学改革研究项目"外语院校以中华优秀传统文化育人铸魂的教学改革与实践"（编号 jg20190507）研究成果

绍兴市 2019 年普通高校重点学科浙江越秀外国语学院中国语言文学学科（SXSXK201903）建设成果

绍兴市 2019 年普通高校重点专业浙江越秀外国语学院汉语国际教育专业（SXSZY201920）建设成果

这本书收集的是浙江越秀外国语学院中国语言文化学院本科生近年来公开发表的学术论文,共计 57 篇。现呈现给大家,请各位专家和读者指正!

中国语言文化学院是学校第一批本科教学单位。12 年来,学院始终把人才培养置于工作的中心地位。我们实施"汉语＋"人才培养方案,以汉语言文学与文化为主体,强化外语教学和专业实践能力培养,与国内外相关单位和机构联合,突出"互联网＋"运用,凸显国际化,多维协同,合作育人。同时,实施"三百计划",要求学生在校 4 年完成 3 个"一百"任务:读一百部中小学课文以外的名著、背一百篇中小学课文以外的名篇、写一百篇文章,以夯实学生的专业基础,丰富学生的专业知识,提高学生的学术敏感性。因此,我们强化了教师的教书育人职责,除了日常授课之外,每个教师还担任学生的学业导师。学生一入校,学院就为每一名学生配备学业导师。学生要定期与学业导师见面、汇报,认真完成学业导师布置的任务,积极参与学业导师承担的课题,这一实践取得了良好的效果。本论文集入选的论文,很多就是在教师的指导下完成的。

我们抓紧抓实学生的专业实践,培养学生的创新意识,提高人才培养质量,形成了自己的管理特色。对于专业论文的写作,我们实施了课程论文、学年论文与毕业论文系统训练的 3 个阶段,对学生一直严格要求。大一、大二学习写作课程论文,大三进行学年论文训练,大四完成毕业论文或毕业设计,都一并作为教师的业务考核业绩。课程论文由主讲教师激发,可以跨课程指导;学年论文和毕业论文要举行开题报告会,就选题和准备情况进行答辩;毕业论文在答辩前还要进行盲评。

本论文集主要是从公开发表的课程论文中遴选的,也有少量的专业实践项目成果,从中都可以看出"三百计划"对学生的良好影响,显示了喜人的效果。因此,这本论文集可以说既是师生心血结成的硕果,也是学院教学管理工作的成果展示。

本论文集主要选择了 2017 年以来公开发表的论文。这些论文的作者基本上二十出头,风华正茂,朝气蓬勃。他们的阅历较浅,但是有着执着的探究精神;学术积累不深,但是具有强烈的问题意识。在他们身上所体现的,正是可贵的学术创新精神。从选题来看,他们表现出广泛的学术兴趣。有的论文是对大禹与中国传统文化的研究,有的则是对西方文学名著或美学思想的探讨;有的论文体现了对语言学与应用语言学的兴趣,有的则是对地方文化建设的思考;等等。从这些论文的价值来看,有的深化了前说,有的另辟蹊径,有的甚至有填补空白的意味。从论文写作的角度看,他们的论文已初步具备了理论性与逻辑性的特征。这对于本科层次的学生来说,尤其是作为课程论文与专业实践的成果,无疑是令人欣慰的进步。

当然,他们的论文或多或少也存在些问题。有的对学术前沿问题了解不够,有的对中西文化精神理解不透,有的对学术规范把握不准,等等。但是,对学生们来说,这是他们创新意识的初步表现,是在学术道路上迈出的第一步,是难能可贵的。在学术的道路上,每个人都需要长时间的积累和历练。因此,我们没有,也不应苛求他们的论文多么完美,希望得到专家和读者的包容和赐教,以促进学生的成长。我们衷心希望若干年后,在高水平学术刊物上能看到他们的名字,在高层次论坛上能看到他们的身影,更希望他们在强手如林的学术界能拥有自己的一席之地。

这些论文既是学生个人心血与智慧的结晶,也是检视学院教学水平和人才培养质量的一个窗口,是我们教学成果的重要组成部分。多年来,我们致力于形成浙江越秀外国语学院中国语言文化学院的学术传统,这本论文集即是这一传统形成过程中的阶段性成果。同时,今年正值浙江越秀外国语学院成立 40 周年,在此我们以这本论文集向校庆 40 周年献礼!

编 者
2021 年 1 月

目 录

中国近、现代文学研究

比较文学与世界文学研究

文艺美学研究与文学批评

语言教学、地域文化及其他研究

大禹与中国传统文化研究

论《尚书》等文献中的大禹形象

王　倩①

　　大禹,名文命,父亲是鲧,祖父是颛顼。据司马迁《史记·夏本纪》的记载,我们可以从中得知大禹是黄帝的玄孙。所以大禹和"帝高阳之苗裔兮,朕皇考曰伯庸"②的屈原一样,出身非凡。因为禹治水有功,后世的人为表示对他的敬仰和缅怀之情,尊称他为"大禹",即"伟大的禹"。也有人称其为夏禹,取意为夏朝的第一位天子。

一、知其难为,行而为之

　　大禹的人生是经过了严峻考验的。这就是治理洪水。当时洪水泛滥,无人能够战胜洪水。大禹的父亲鲧领命治水,失败后被治罪。谁来继任治水大臣一职呢?大家都推举大禹。请看《尚书》的记载:

　　　　舜曰:"咨! 四岳。有能奋庸熙帝之载。使宅百揆,亮采惠畴?"佥曰:"伯禹作司空。"帝曰:"俞! 咨禹,汝平水土,惟时懋哉!"禹拜稽首,让于稷、契暨皋陶,帝曰:"俞! 汝往哉!"③

　　天灾,非人力所能及也。滔滔洪水,浩浩汤汤,浊浪接天。鲧治水九年而未能成,最终流放而亡。面对父亲的结局,禹没有选择退缩,而是子承父业,挑起了治水的重担。

　　在《尚书》中,舜帝称赞禹道:"来,禹! 洚水儆予,成允成功,惟汝贤;克勤于邦,克俭于家,不自满假,惟汝贤。汝惟不矜,天下莫与汝争能;汝惟不伐,天下莫与汝

---

　　①　本文作者系浙江越秀外国语学院中国语言文化学院 2018 级学生,指导教师刘家思。
　　②　闻一多:《离骚解诂》,上海古籍出版社 1985 年版,第 1 页。
　　③　李民、王健:《尚书译注》,上海古籍出版社 2004 年版,第 18 页。

争功。予懋乃德，嘉乃丕绩。天之历数在汝躬，汝终陟元后。"①大禹为人聪明机智、吃苦耐劳、节俭贤明、仁爱可亲、言行可信，是一个拥有自己行为准则的人。而大禹这样的性格特征和优良品质，也为他成功治水和开创夏朝奠定了坚实的基础。

世界顶级杂志《科学》刊发文章写道：吴庆龙团队在青藏高原边界发现了远古滑坡坝遗址。他们模拟重建了遗址的形成过程，发现这是一个由于滑坡而形成的超级堰塞湖，但是堰塞湖是不稳定的。当这个超级堰塞湖崩塌时，洪水的瞬间泛滥足以造成黄河下游的改道和绵延，从而形成洪灾。最重要的是，这次堰塞湖崩溃的时间与历史上中原地区大规模的文化转移事件的时间相吻合。简而言之，大禹时期的洪水是因为一场大地震而引发黄河被拦腰截断形成的堰塞湖。黄河水积蓄了6—9个月后，形成了大约7倍于1998年长江大洪水的水量，然后在瞬间崩塌，使得整个北方被淹没。②我们只有在了解大禹治水的难度之大后，才能更直观地感受到大禹治水的艰辛和他为之付出的努力以及他身上具备的宝贵品质。大禹面对困难与挑战时，他想到的不是放弃，不是退缩，而是迎难而上、勇往直前，"以故能成水土功"③。大禹身上那种义无反顾的精神和勇气值得我们学习。

倘若抛开《史记》《尚书》等各种史书对大禹丰功伟绩的全面记载，我们所知晓的大禹身上最突出的品质就是"舍小家为大家"努力治水的无私奉献精神。大禹治水的传说一直流传在中国的历史上，不论是正史还是野史，上至孔圣人，下至贩夫走卒，无人不知，无人不晓。大禹在父亲鲧因治水不利流放而亡后，并未因此对舜心怀芥蒂，而是更努力、更尽心地去治理泛滥成灾的洪水，尽自己最大的力量来帮助百姓远离水患带来的苦难。为此，大禹告别了新婚不久的妻子涂山氏，毅然决然地走向了更需要他的黎民百姓。大禹坚守的是大爱。对百姓来说，他们需要的不是一个神话传说中完美的英雄，而是真正怀揣热忱、敢于站出来，无私无畏地和他们一起面对洪灾，带领大家尽心尽力治水，战胜灾难的人。大禹在舜帝一筹莫展时，勇敢地站出来了。大禹，因他的责任感和献身精神而伟大。《尚书·皋陶谟》有简要记载："娶于涂山，辛壬癸甲。启呱呱而泣，予弗子，惟荒度土功。"④大禹娶涂山氏而生启，在启咕咕坠地待养之际，禹因忙于治水事功而远离家门。大禹为了治

---

① 李民、王健：《尚书译注》，上海古籍出版社2004年版，第32页。
② 吴庆龙：《公元前1920年的洪水暴发为中国传说中的大洪水和夏朝的存在提供依据》，《科学》2016年8月5日。
③ 司马迁：《史记》，岳麓书社1988年版，第12页。
④ 李民、王健：《尚书译注》，上海古籍出版社2004年版，第49页。

水,劳身焦思,"居外十三年,过家门不敢入"①,于是就有了"三过家门而不入"的典故。其中的"不敢"二字又包含了多少辛酸与苦楚?一切尽在不言中。禹是伟大的,他的家人、妻子涂山氏也是伟大的,家国面前,国字为先,他们"舍小家为大家"的牺牲与奉献精神足以感动世人。为了治水,大禹"薄衣食,致孝于鬼神。卑宫室,致费于沟淢。陆行乘车,水行乘船,泥行乘橇,山行乘樏"②。真正地做到了与人民同吃同住,披星戴月,一同劳动。大禹充分吸收他父亲鲧治水的经验和教训,认识到治水宜疏不宜堵。他集结人力物力,"荒度土功"③。孟子曰:"禹掘地而注之海。"④大禹大力疏通水道,疏导九条大河,使得洪水可以东流至大海。大禹凭着自身的智慧和艰苦奋斗的精神成功治理好了洪水,而治水也成就了大禹。治水是大禹实现自己政治抱负,提高政治地位的必经之路。语言是苍白无力的,这三言两语远不足以描述大禹治水的困难与艰辛。

大禹治水的成功不仅在当时有重大意义,而且对后世也产生了深远的影响——大禹治水给后世提供了丰富的经验和经典的案例。古往今来,许多事都是"前人栽树,后人乘凉",例如书法大家王羲之:不泥于古,不背乎今,"兼撮众法,备成一家"。如若没有前人留下的"众法",王羲之又怎能"备成一家"呢?唐太宗李世民也曾说:"以古为镜,可以知兴替。"从大禹治水中,我们可以看出他是一个怀有政治理想和抱负的人,他有着远大的胸怀和开阔的视野,在他身上有担当,更有家国情怀,这也是他成大事的先决条件。

总的来说,大禹成功治水的原因有以下几点:其一是大禹遇到了舜这样贤明的君主。杜甫在《奉赠韦左丞丈二十二韵》中写道:"致君尧舜上,再使风俗淳。"从中便可以看出舜的贤明了。同时,我们还可以从舜的选贤任能中看出他是一个任人唯贤、礼贤下士的人。其二是大禹自身所具备的"舍小家为大家"的牺牲奉献精神。其三是大禹有归纳总结的能力,他吸取父亲鲧治水的失败经验,决定以疏导为主。正如孟子所说:"禹之行水也,行其所无事也。"⑤这为他成功治水奠定了重要基础。其四是大禹全身心的投入,他靠自己的行动赢得了百姓的信任,自助者天助,一切自然也就水到渠成了。其五便是依靠大自然的力量,天时、地利、人和。

---

① 司马迁:《史记》,岳麓书社 1988 年版,第 9 页。
② 司马迁:《史记》,岳麓书社 1988 年版,第 9 页。
③ 李民、王健:《尚书译注》,上海古籍出版社 2004 年版,第 49 页。
④ 万丽华、蓝旭译注:《孟子》,中华书局 2010 年版,第 101 页。
⑤ 万丽华、蓝旭译注:《孟子》,中华书局 2010 年版,第 136 页。

二、以德配天，治世安民

"大道之行也，天下为公，选贤与能，讲信修睦。"①在成功治理洪水后，大禹获得了舜的信任。最终，贤明之帝舜将禹举荐给了上天，让大禹成为帝位的继承人。这一切都顺理成章，水到渠成。大禹是通过治水从而掌握国家大权的。治国如治水，因势利导之。大禹在接受天子之位后，南面接受了诸侯的朝拜，取国号为夏后，姓姒氏，他的政治抱负终于得以实现。史铁生说："那路途中的一切，有些与我擦肩而过，从此天各一方；有些便永久驻进我的心魄，雕琢我、塑造我、锤炼我、融入我而成为我。"②可以说，大禹行过的路，结交过的人，做过的事，最后也会沉淀下来，融入他而成为他。治水于他便是如此。

好男儿志在四方。《尚书》记载："禹敷土，随山刊木，奠高山大川。"③禹在华夏境内，九州之中，分封诸侯，赐土地、赐姓名，设五服，宣传德行教化，推行礼乐制度。禹是一个肯干实事的人，对百姓以德道之，以礼齐之，获得治水的成功，不仅奠定了他的政治地位，扩大了他的社会影响，使舜将帝位禅让给他，而且形成"九州攸同，四隩既宅，九山刊旅，九川涤源，九泽既陂，四海会同"④的社会局面，百姓安居乐业，生活稳定。难怪舜由衷地说道："道吾德，乃女功序之也。"⑤皋陶也敬大禹之德："令民皆则禹，不如言，刑从之。"⑥

大禹不仅有政治才干，在治理国家、管理行政上亦有不少精辟见解。例如："知人则哲，能官人，安民则惠，黎民怀之"⑦；"安汝止，惟几惟康，其弼直，惟动丕应"⑧；"德惟善政，政在养民"⑨。大禹真正做到了魏徵所说的"求木之长者，必固其根本；欲流之远者，必浚其泉源；思国之安者，必积其德义"⑩。在大禹看来，百姓是国家的根本，"民惟邦本，本固邦宁"⑪。对古代帝王来说，有这种认识是非常难得的，水

---

① 陈澔注，金晓东校点：《礼记》，上海古籍出版社 2016 年 11 月，第 248 页。
② 史铁生：《病隙碎笔》，湖南文艺出版社 2018 年版，第 91 页。
③ 李民、王健：《尚书译注》，上海古籍出版社 2004 年版，第 54 页。
④ 李民、王健：《尚书译注》，上海古籍出版社 2004 年版，第 83 页。
⑤ 司马迁：《史记》，岳麓书社 1988 年版，第 12 页。
⑥ 司马迁：《史记》，岳麓书社 1988 年版，第 12 页。
⑦ 李民、王健：《尚书译注》，上海古籍出版社 2004 年版，第 37 页。
⑧ 李民、王健：《尚书译注》，上海古籍出版社 2004 年版，第 43 页。
⑨ 李民、王健：《尚书译注》，上海古籍出版社 2004 年版，第 26 页。
⑩ 魏徵：《谏太宗十思疏》，吴楚材、吴调侯编注：《古文观止》，三秦出版社 2017 年版，第 165 页。
⑪ 李民、王健：《尚书译注》，上海古籍出版社 2004 年版，第 93 页。

能载舟,亦可覆舟。"予何言? 予思日孜孜"①则写出了大禹兢兢业业,埋头苦干、真抓实干的做事风格。舜赞赏他"克勤于邦,克俭于家,不自满假"②。司马迁评价他:"为人敏给克勤,其德不违,其仁可亲,其言可信,声为律,身为度,称以出,亹亹穆穆,为纲为纪。"③深究其人,大禹当得起这样的赞美。

三、行以载道,万古长存

大禹的儿子启的继位也在中国的历史上留下了浓重的一笔。自启继承帝位后,帝位由"传贤"变成了"传子",由"禅让制"转变成了"世袭制",由"公天下"变成了"家天下"。帝位世袭使得社会政治、经济、文化得以稳定发展。虽然后来历史上也出现了臣弑君、子弑父、兄弟相残等血腥事件,但不管怎么说,大禹确立的帝位世袭制是历史形成的,符合了当时历史发展的潮流,所以可以代代相传。纵观古今中外,大部分国家的王(帝)位都是世袭的。随着历史的发展,一些国家的王位拥有者已不再掌握国家实权,而是成了王室荣耀的象征,例如英国王室,这也是不同的民族国家的历史选择。王位世袭是世界历史发展的潮流,构建了世界权力史的历史形态。

大禹为百姓做出了伟大的贡献,改变了历史的走向,对历史的发展起到了巨大的推动作用,值得我们尊敬。他无私奉献、吃苦耐劳的精神也对后世产生了深远影响。这些精神在历朝历代得到了充分继承和发扬。尤其在与自然灾害的对抗中,表现得更为突出。例如 2008 年汶川地震时,"一方有难,八方支援;万众一心,众志成城",充分展现了我国人民以爱国主义为核心,团结、和平、勤劳、勇敢的伟大民族精神。再如,在 2020 年抗击新冠肺炎的战斗中,一个又一个挺身而出的最美逆行者,充分传承和发扬了大禹心系天下、公而忘私、舍己为人、无私奉献的崇高精神。孔夫子评价大禹:"禹,吾无间然矣。菲饮食而致孝乎鬼神,恶衣服而致美乎黻冕,卑宫室而尽力乎沟洫。禹,吾无间然矣。"④古人云:"大上有立德,其次有立功,其次有立言……此之谓不朽。"⑤大禹一生做到了三不朽,与尧、舜并称,三者一同被推崇为"三圣",既是后世人民对民族英雄的敬仰,也是人们对贤明君主的期盼。他

---

① 李民、王健:《尚书译注》,上海古籍出版社 2004 年版,第 43 页。
② 李民、王健:《尚书译注》,上海古籍出版社 2004 年版,第 32 页。
③ 司马迁:《史记》,岳麓书社 1988 年版,第 8—9 页。
④ 孔子:《论语》,岳麓书社 2000 年版,第 76 页。
⑤ 左丘明撰,蒋冀骋标点:《左传》,岳麓书社 1988 年版,第 226 页。

身上具备的精神品质体现了中华民族的可贵精神。治理洪水,大禹知其艰难,又知其难为,便行而为之,于是就有了后世迎难而上、勇往直前的精神;治理国家,大禹奉行"民为邦本,本固邦宁"的原则,于是就有了后世对民本思想的传承与弘扬。大禹不仅是治水功臣,而且是帝王典范,他公而忘私的奉献精神和改革创新的科学精神,对于推动我国社会主义现代化建设,实现中国梦和中华民族伟大复兴具有重大意义。大禹作为中华民族的重要始祖,不仅是中国的,也是世界的。随着历史的发展,社会的进步,大禹已经成为一种人类文化符号,一种精神象征,其丰富的内涵被世界人民开掘和吸取。大禹精神,永放光芒。

(本文原载于《大禹与中国传统文化研究》2020 年第 3 辑)

《尚书》中的大禹形象初探

周凌祎[①]

禹,是我国上古时代与尧、舜齐名的贤圣帝王,也是流传千古的治水英雄。这是大众对他的普遍评价。"大禹治水""三过家门而不入"是他的人物标签。一般而言,大多数人都对大禹的第一印象深刻,又何必去细细研究人物的更深层面?然而,依笔者而言,第一印象固然重要,对其深入了解也很必要。像孔子以貌取人失之子羽,孙权因貌错失庞统等例子,就证明了眼见不一定为实,第一印象不能决定我们对一个人的最终判断。康德的哲学理论表明判断力是知性和理性的联结,知性以有限的和有条件的事物为对象,那么理性则以无限的和无条件的事物为对象。所以,我们需要在有限的史料和调查研究中,结合无限的拓展和思考,去发掘一个人的所作所为背后的"为什么"。

对于大禹的认识,也可运用这种哲学原理。

一

大禹,姓姒,名文命,字密,是黄帝的玄孙、颛顼的孙子,其父名鲧,其母为有莘氏之女修己。就出身而言,禹的家世是尊贵显赫的,既有富足的经济基础,又有高贵的地位和血统。其父是尧在位时的肱骨大臣,又是崇山一带的首领。追溯到其祖父一脉,据《史记》载,"五帝"中的颛顼是他的祖父。大禹称得上是名副其实的皇亲国戚。《吴越春秋·越王无余外传》中记载:"鲧娶于有莘氏之女,名曰女嬉,年壮未孳,嬉于砥山,得薏苡而吞之,意若为人所感,因而妊孕,剖胁而产高密。家于西羌,地曰石纽,石纽在蜀西川也。"[②]大禹出生于石纽,随父奔走,耳濡目染,临危受命治理水患。

---

① 本文作者系浙江越秀外国语学院中国语言文化学院 2018 级学生,指导教师刘家思。

② 赵晔:《吴越春秋》,中华书局 1985 年版,第 123 页。

大禹，作为崇伯鲧之子，子从父，为天下，父之业则是子之业；父之过，子纠之，父之功，子继之！据《尚书·舜典》记载，佥曰："伯禹作司空。"帝曰："俞！咨禹，汝平水土，惟时懋哉！"①由此，大禹受舜册封继任其父崇伯鲧的职位大司空，统领天下治水大业。《尚书·禹贡》："禹敷土，随山刊木，奠高山大川。"②大禹依据九州山形地势，因地制宜进行疏导，开展工作。他分九州山脉为四列，对九条河流和各水系按照先北后南、先上游后下游、先主流后支流的顺序，采取导山导水相结合的方法进行治水。同时以京都为中心，由近及远，分为甸、侯、绥、要、荒五服进行管理。从治理手段和管理制度两个方面入手，解决国家的内忧外患。《尚书·禹贡》记载大禹治水的情形："东渐于海，西被于流沙，朔、南暨声教，讫于四海。禹锡玄圭，告厥成功。"③禹为人臣下，治水有功，遂获封赏。无疑，大禹是务实勤勉的。

二

都说成功的男人背后一定有个默默支持的女人。而禹的妻子则做到了极致——丈夫外出治水为国，自己抚养儿子。据记载，大禹的妻子涂山氏女娇，容貌美丽，娴静温柔，是当地有名的美女，其父也是上古时代东夷强大的涂山氏，地位崇高。也有传言，认为禹的妻子是一只九尾狐。大禹陵的碑文中曾这样介绍"九尾狐"，祯祥之物，太平之时，出而为瑞，禹三十未娶，治水至涂山，有九尾白狐，造访大禹，禹见之曰：白色即是我的衣色，九尾乃是王者之证。于是娶之为妻，妻名女娇。

《尚书·益稷》："娶于涂山，辛壬癸甲。启呱呱而泣，予弗子，惟荒度土功。"④三十岁的大禹，在涂山治水时，与涂山氏女认识相爱，以国为重的他，成亲后第四日便启程离开。大禹肩负治水重任，必须全力以赴，只能暂时放下苦苦等待的妻子。妻子翘首企盼，吟咏："候人兮，猗！"以歌寄情，由此表达对丈夫的思念，期待丈夫归家。该诗歌也被称为南音之始。这首诗是有史可稽的中国第一首情诗，也成为爱情诗的圭臬，是爱情诗的鼻祖。涂山女娇，也因此成为中国远古神话中的诗歌女神。大禹夫妻二人分离，三过家门而不入，率先垂范，因此，虽然手下民众同样承受着离别之苦，但都跟随大禹治水，心志不变。

大禹在治水患的同时，也考虑民之所需，注重发展农业，恢复生产力。他采取

---

① 李民、王健：《尚书译注》，上海古籍出版社 2004 年版，第 18 页。
② 李民、王健：《尚书译注》，上海古籍出版社 2004 年版，第 54 页。
③ 李民、王健：《尚书译注》，上海古籍出版社 2004 年版，第 83 页。
④ 李民、王健：《尚书译注》，上海古籍出版社 2004 年版，第 49 页。

治水与农耕相结合的办法,一部分人离家治水,一部分人在家务农,等到季节交替之际,实现人员的流动,两者相互支持并同时发展。这样,不仅解决了治水人员缺失的问题,也带动了农业的发展。通过上述的方法,大禹得到了强大的人力资源和物质基础,也为治水提供了有力的支持。

对大禹实行的这一政策,众人纷纷表示赞同,治水也更加卖力。由此可知,大禹作为一个臣子,努力报效国家;作为丈夫,即便思念也只能接受分别。夫妻相隔千山万水,思念深藏于心。仅一门之隔,却连相互倾诉道别的时间都没有。或说是无情于妻与子,或说是忠诚于国家,无论如何,他选择了自己认为对的方式,权衡利弊之下做出了于己于人都最正确的选择——三过家门而不入。他将自己的一切都奉献给了治水大业。从治水大业上来看,大禹取得了不菲的成就。但同样重要的是,治水的同时也必须学会治人。治人必先治心。作为一个领导者,必须了解群众的需求和心声。这样才能让人心甘情愿地服从领导。涂山氏的所作所为,展现了男人与女人在面对问题时的不同选择。在当代社会,选择"事业"还是"家庭"这一社会难题与大禹所面对的问题有相似之处。"事业"和"家庭"两者如何达到平衡,是一个两难的问题。最后两人商量决定采取交替互补的方式,既保证了工作效率,又实现了民众归家的心愿。政策的实施,获得了民众的信任,也促进了工作的有效进行。民众齐心协力、精诚团结,是治水的重要组成部分。治水不只是简单地治水而已,有情有感、有商有量地治水才更具价值和意义。

三

《尚书·大禹谟》则主要记述了大禹、伯益和舜谋划政事的远古史料。"人心惟危,道心惟微,惟精惟一,允执厥中。"[①]这十六字便取自其中。同时这十六字箴言也被道学家看作对儒家圣古相传心法的精一概括。其意思是人心危险难安,道心微妙难明,唯有精心体察,专心守住,才能坚持一条不偏不倚的正确路线。这一论点的提出与孔圣人的中庸之道有异曲同工之处,用以"对已发未发、道心人心、天理人欲、性情体用的集中阐释,同时也是自尧舜伊始到宋代儒家道统延续脉络的流通"[②]。北宋二程也提出:"人心惟危,人欲也。道心惟微,天理也。惟精惟一,所以至之,允执厥中,所以行之,用也。"[③]康熙也曾提笔写下对联:"江淮河汉思明德,精

---

① 李民、王健:《尚书译注》,上海古籍出版社 2004 年版,第 32 页。
② 宋霞:《"允执厥中"的皇极维度与性情制度》,《延安大学学报》2017 年第 6 期。
③ 程颢、程颐撰,潘富恩导读:《二程遗书》,上海古籍出版社 2000 年版,第 173 页。

一危微见道心。"此联现存于绍兴市会稽山下的大禹陵。按当代思想去理解,即为广大人民群众希望中央政府采取正确的领导方式,政府只有全心全意为人民服务,为民众办实事、办好事,脚踏实地,从基础工作做起,才能担得起历史所赋予的重任。这与我们当前所倡导的政府与群众之间的和谐关系不谋而合。由此引申,从古至今,被实践证明的真理总会被认同和采纳,并应用于社会生活中。

舜把帝位传给大禹,以这十六字箴言告诫他人心险恶,帝王必须秉持中庸,为政以德。而历史上对于舜传位给禹也有诸多争论。一是说举贤禅让,二是说残酷政变。舜、大禹是否就如口口相传的那样如此完美?荀子在《荀子·正论》中说过,"夫曰'尧舜'禅让,是虚言也,是浅者之传,陋者之说也。不知逆顺之理,小大、至不至之变者也,未可与及天下之大理者也"①。韩非子在其《韩非子·说疑》中也曾写道:"舜逼尧,禹逼舜,汤放桀,武王伐纣,此四王者,人臣弑其君者也,而天下誉之。"②一个人要有雄心壮志,但又不能逾越自己的身份界限,只有这样,别人才不会怀疑他有谋反的野心。君臣之别,利益之分,也导致了舜、禹关系扑朔迷离,但我们都愿相信尧禅舜、舜禅禹是一桩美谈。《礼记·礼运》中记载:"大道之行也,天下为公,选贤与能,讲信修睦。"③天下是大家的,应选用贤能的人来治理。因而禹成为帝王也是民心所向。

据《尚书》载,当舜帝提出要传位于大禹时,大禹反复推辞,最后禹曰:"枚卜功臣,惟吉之从。"④占卜一事的提出,可以说遵循了古代一贯的传统。一遇大事,便要占卜吉凶。禹虽是古代圣贤,但身上依旧存在上古时代的思想文化特征。以当代的眼光来看待,占卜是一种迷信。"预言在漫长的时间里都代表了一种人类预测和掌控历史进程的意图,不过即便是伴随着经验的积累以及预测手段的进步,预言也不能和真正的科学精神相提并论,甚至可以说相去甚远。"⑤对待事情的正确态度是尽人事听天命。而禹毕竟为古人,在当时社会环境下,人无法摆脱宗教的禁锢,占卜也就成了大禹处理事务的一种方式,也是他预测自身和未来的一种手段。禹用占卜吉凶来推让帝位,舜则言辞恳切,态度坚决,仿尧禅让帝位。

据《尚书》记载,在大禹的人生中,受命征伐三苗是一件很重要的事情。舜帝

---

① 荀子:《荀子》,万卷出版公司 2009 年版,第 262 页。
② 张觉等:《韩非子译注》,上海古籍出版社 2007 年版,第 617 页。
③ 陈澔注:《礼记》,上海古籍出版社 2016 年版,第 248 页。
④ 李民、王健:《尚书译注》,上海古籍出版社 2004 年版,第 32 页。
⑤ 史海波:《古代的预言、占卜与"历史"》,《外国问题研究》2018 年第 2 期。

曰:"咨,禹! 惟时有苗弗率,汝徂征!"①大禹接到帝舜征伐三苗的命令,历经三十天,苗民仍不归服。益赞于禹曰:"惟德动天,无远弗届。满招损,谦受益,时乃天道。"②禹拜昌言曰:"俞!"于是,"班师振旅,帝乃诞敷文德,舞干羽于两阶,七旬,有苗格"③。在此,《尚书·大禹谟》提出了中国传统政治学说中的一个重要概念——"文德"。舜、禹前后的征伐理念发生了明显的转变——从武力征服到以德服人,前后形成鲜明对比,这也突出了德政的强大作用。这实际上是大禹首先推行的。在后世,各大学派和思想家不断发展,其思想内涵也得到丰富和完善。子曰:"为政以德,譬如北辰,居其所而众心共之。"④"武德"或许能换取一时的安宁和归服,但无法获得远人长期的认同和归服。正是着眼于"文德"显著的优越性,以其为根据的德政架构才得以支持中国不断向前发展。

纵观中华民族的发展历程,大禹所建立的丰功伟绩是无法磨灭的。禹,作为夏朝的开国君主,古代治水的杰出领袖,以天下苍生为己任,大公无私、任劳任怨,突显了中华民族勤劳、勇敢、献身、求实等高尚品德,为后世留下了宝贵的精神财富。伯禹—大禹—帝禹—神禹,这八字简单地概括了禹传奇的一生。无论处于何种位置,禹无不表现得尽善尽美。他的所作所为,促进了部落间的团结统一,将禅让制逐渐转变为世袭制,主张建立军队,制定刑法,推动了早期国家的形成。他在治水时因地制宜,注重当地的农业发展,恢复生产力,达到重建经济基础、恢复农民生产生活的目的。根据上文所述,禹是人,不可能做到面面俱到,这也导致了历史争议的存在。相关学术资料各有见解,看法不一,但并不妨碍我们将禹看作一个完人,看作一个无可争议的治水英雄、拥有雄才谋略的天生帝王。孔子也曾评价他说:"禹,吾无间然矣。菲饮食而致孝乎鬼神,恶衣服而致美乎黻冕,卑宫室而尽力乎沟洫。禹,吾无间然矣。"⑤

到目前为止,中国社会发展已历经几千年,大禹也逐渐扩展成为一个完整的文化体系——大禹文化体系。其中涵盖了大禹治水的精神文化、大禹遗迹的山水文化、大禹的治国政治文化以及各类与大禹有关的传说等多个方面。很多地方相继出现了对大禹文化的研究,缅怀禹德,弘扬大禹精神。以禹为楷模,继承禹德,发扬大禹精神,为建设国家、建设家乡积极努力,从而更好地向世界展现中国传统文化的独特魅力和精神气韵。

(本文原载于《大禹与中国传统文化研究》2020 年第 3 辑)

---

①②③　李民、王健:《尚书译注》,上海古籍出版社 2004 年版,第 34 页。

④　孔丘著,杨伯峻、杨逢彬注译:《论语》,岳麓书社 2000 年版,第 8 页。

⑤　孔丘著,杨伯峻、杨逢彬注译:《论语》,岳麓书社 2000 年版,第 76 页。

浅谈大禹形象

应温柔①

　　禹,姓姒,名文命,字(高)密。他是夏后氏首领、也是夏朝的开国君王,后人称他为夏禹,但更多称其为大禹。大禹中的"大"即为伟大,是一种尊称。一提到大禹,人们脑海中浮现的大多是大禹治水的故事。经查阅文献发现,大禹的形象存在着一个转变的过程。在西周时期的文献记录中大多涉及的是大禹在治水方面的成就,此时的大禹还是人性多于神性。从东周开始,大禹的形象发生了转变,逐渐从人性向神性转变。《禹贡》是详尽描述大禹治水故事的文献,因此也是研究大禹治水的最有参考价值的文献。西汉时期的史学家司马迁在《史记·夏本纪》中运用了大量的篇幅讲述大禹那个时期的历史。到了近代,顾颉刚等疑古学派的学者开始对大禹的真实性提出了质疑,顾颉刚提出的"我以为禹是九鼎上铸的一种动物",在学术界产生了不小的影响。如今,大量的考古学成果已经证明夏朝乃至更早的王国的存在,因此,大禹的历史真实性不应否定。本文收集不同时期、不同背景、不同人物对大禹的一些不同看法,在整理和分析的基础上,对大禹这一人物进行浅层次的论述。

一

　　根据神话传说和考古学相关研究成果可知,大禹生活的那个时期恰好处于公元前 2000 年左右气候异常的洪水期,各种文献以及刻在青铜器上的铭文也记录了那个时间段发生的气候异常的现象:"洪水茫茫,禹敷下土方","当尧之时,天下犹未平,洪水横流,泛滥于天下","舜之时,共工振滔洪水,以薄空桑"②,"禹之时,十

---

① 本文作者系浙江越秀外国语学院中国语言文化学院 2018 级学生,指导教师刘家思。
② 刘安著,许慎注,陈广忠校点:《淮南子》,上海古籍出版社 2016 年版,第 183 页。

年九潦"①,"汤汤洪水方割,荡荡怀山襄陵,浩浩滔天,下民其咨"②。自然灾害带来的危害是我们难以想象的,也凸显了人类在大自然面前何其渺小。在那场天灾后"民无所定,下者为巢,上者为营窟"③,从这短短的几句话中,就可以知道当时水灾危害之大,此时,大禹治水"三过家门而不入",令人永为传颂。

在先秦时期,许多文献都对大禹治水这一事件进行了记载,比如《尚书》除了《尧典》之外,《益稷》中也记载:"禹曰:'洪水滔天,浩浩怀山襄陵,下民昏垫。予乘四载,随山刊木,暨益奏庶鲜食。予决九川,距四海,浚畎浍距川;暨稷播,奏庶艰食鲜食。懋迁有无化居。烝民乃粒,万邦作乂。'皋陶曰:'俞!师汝昌言。'"④《庄子·天下》也说:"昔禹之湮洪水,决江河而通四夷九州也。名山三百,支川三千,小者无数。禹亲自操橐耜而九杂天下之川。腓无胈,胫无毛,沐甚雨,栉疾风,置万国。禹大圣也,而形劳天下也如此。"⑤大禹治理洪水,疏导江河而沟通四夷九州,大川三百,支流三千,小河无数。禹亲自持筐操铲劳作,汇合天下的河川,辛苦得连腿上的汗毛都磨光了,风里来雨里去,终于安定了天下。禹是大圣人,为了天下如此劳苦。可见,大禹在治水过程中具有伟大的献身精神,他的精神已闪耀于中华民族的历史之中,竖起了一块永垂不朽的丰碑。

也有许多文献记载了大禹治水时的坚持不懈以及艰辛。《孟子·滕文公上》云:"禹疏九河,瀹济、漯而注诸海,决汝、汉,排淮、泗而注之江,然后中国可得而食也。当是时也,禹八年于外,三过其门而不入。"⑥《史记·夏本纪》云:"禹居外十三年,过家门不敢入。"⑦根据史料记载,大禹治水之时,禹与涂氏刚结婚不到五天,后十三年未归,充分反映了大禹对治水坚定不移的态度以及大禹治水的不易。《拾遗记》卷二云:"禹凿龙关之山,亦谓之龙门,至一空岩,深数十里,幽暗不可复行,禹乃负火而进。"⑧《太平广计》引《三秦记》:"龙门山,在河东界,禹凿山断门,阔一里余,黄河自中流下,两岸不通车马。"⑨《淮南子》:"禹乃使太章步自东极,至于西极,二亿三万三千五百七十五步;使竖亥步自北极,至于南极,二亿三万三千五百七十五

---

① 庄周著,郭象注:《庄子》,上海古籍出版社1989年版,第92页。
② 李民、王健:《尚书译注》,上海古籍出版社2004年版,第7页。
③ 万丽华、蓝旭译注:《孟子》,中华书局2010年版,第101页。
④ 李民、王健:《尚书译注》,上海古籍出版社2004年版,第43页。
⑤ 庄周著,郭象注:《庄子》,上海古籍出版社1989年版,第165页。
⑥ 万丽华、蓝旭译注:《孟子》,中华书局2010年版,第82页。
⑦ 司马迁:《史记》,线装书局2006年版,第5页。
⑧ 王嘉撰,肖绮录,齐治平校注:《拾遗记校注》,中华书局1981年版,第38页。
⑨ 刘庆柱辑注:《三秦记辑注 关中记辑注》,三秦出版社2006年版,第94页。

步。凡洪水渊薮,自三佰仞以上,二亿三万三千五百五十里有九渊。禹乃以息土填洪水,以为名山。"①《吕氏春秋》云:"禹东至榑木之地,日出九津,青羌之野,攒树之所,撜天之山,鸟谷、青丘之乡,黑齿之国;南至交趾、孙朴、续樠之国,丹粟、漆树、沸水漂漂、九阳之山,羽人、裸民之处,不死之乡,西至三危之国,巫山之下,饮露、吸气之民,积金之山,其肱、一臂三面之乡;北至人正之国,夏海之穷,衡山之上,犬戎之国,夸父之野,禹强之所,积水、积石之山:不由懈堕,忧其黔首,颜色黎黑,窍藏不通,步步相过,以求贤人,欲尽地利,至劳也。"②显然,大禹治水走遍了东南西北各个地方,丝毫不敢懈怠。这都表明了大禹治水时的艰辛与不易。

大禹带领民众经过十三年的奋斗,取得了治水的成功,因此许多文献对大禹治水的丰功伟绩都有所记载,如《诗经》中有多处记载。《大雅·文王有声》:"丰水东注,维禹之绩。"《小雅·信南山》:"信彼南山,维禹甸之。"《商颂·殷武》:"在昔后稷,惟上帝之言克播百谷,登禹之绩。"③《淮南子》:"舜乃使禹疏三江五湖。"④《尚书·吕刑》:"禹平水土,主名山川。"⑤

由此看来,在战国之前,文献中描述的大禹还没有被赋予神性,而是突出了人性。他并没有神话传说中的神力,凭借的是自身的能力以及他人的帮助和支持,展现了一个远古社会的普通人面对天灾坚忍不拔、忘我无私的献身精神。

二

到了秦汉时期,大禹的形象逐渐向神性转化,形成了神性大于人性的面貌。

(一)禹出生具有神秘性

关于大禹的出生,汉代后就开始神化。《山海经·海内经》中记载:"洪水滔天。鲧窃帝之息壤以埋洪水,不待帝命。帝令祝融杀鲧于羽郊。鲧腹生禹。帝乃命禹卒布土以定九州。"⑥大禹的父亲也是一位帮助黄帝治水的功臣,他偷了黄帝的息

---

① 刘安著,许慎注,陈广忠校点:《淮南子》,上海古籍出版社 2016 年版,第 83 页。
② 高诱注,毕沅校,徐小蛮标点:《吕氏春秋》,上海古籍出版社 2014 年版,第 541 页。
③ 以上分别引自李立成校注:《诗经》,浙江教育出版社 2011 年版,第 238、195、322 页。
④ 刘安著,许慎注,陈广忠点校:《淮南子》,上海古籍出版社 2016 年版,第 183 页。
⑤ 李民、王健:《尚书译注》,上海古籍出版社 2004 年版,第 399 页。
⑥ 郭璞注,毕沅校:《山海经》,上海古籍出版社 1989 年版,第 120 页。

壤试图堵塞洪水。息壤是黄帝珍藏的神土,因而黄帝十分气愤,便将其杀了,但是鲧在羽山灵魂未死,帝便派人将其肚子剖开以防万一。谁都没有预料到,从他肚子中竟然跳出了一个小孩,这即是禹,黄帝便让禹承父业去治水。这段描述令人感到不可思议,具有神话色彩。《今本竹书纪年》中记载:"母曰修己,出行,见流星贯昴,梦接意感,既而吞神珠,修己背剖而生禹于石纽。"①《今本竹书纪年》记载了从五帝到战国历代发生的事件。后世辑佚将传说植入其中。《史记·夏本纪》正义载《帝王纪》云:"吞神珠薏苡,胸坼而生禹。"②这些文献记载,都带有神话传奇色彩。

(二)大禹文化被神化

大禹文化被神化,体现为其自身形象、妻子、对手、手下、个人行为被神化。

1. 自身形象被神化

大禹不再是一个普通人,而是有了动物的某些显著的特点,成为一个被神化了的大禹。《说文》中写道:"禹,虫也。"这里是说大禹是虫。《拾遗记》卷二:"尧命夏鲧治水,九载无绩,鲧自沉于羽渊,化为玄鱼。时扬须振鳞,横修波之上,见者谓为河精,羽渊与河海通源也。海民于羽山之中修立鲧庙,四时以致祭祀。常见玄鱼与蛟龙跳跃而出,观者惊而畏矣。"③这说明大禹的父亲化作了玄鱼,这对大禹本人的神化有所影响,可以大致推测大禹及其家族以龙为图腾。《汉书·武帝纪》引《淮南子》"禹治洪水,通轩辕山,化为熊。谓涂山氏曰:'欲饷,闻鼓声乃来。'禹跳石,误中鼓。涂山氏往,见禹方作熊,惭而去,至嵩高山下化为石,方生启。禹曰:'归我子!'石破北方而启生。"这里将大禹神化为熊。《史记·夏本纪》云:"夏禹,名曰文命。"④《帝系》中说:"颛顼产鲧,鲧产文命,是为禹。"⑤这两部文献中都提到了"文命"一词,那"文命"一词该如何解释呢?何山青先生将其理解为"有文采的称号",认为禹可以理解为一只有彩色羽毛的鸟。《山海经·西山经》:"有鸟焉,其状如翟而五采文,名曰鸾鸟,见则天下宁。"⑥《逸周书·王会》:"氐羌以鸾鸟。"⑦众所周知,

① 倪德卫:《竹书纪年解谜》,上海古籍出版社 2015 年版,第 154 页。
② 司马迁:《史记》上册,中华书局 2005 年版,第 37 页。
③ 王嘉撰,肖绮录、齐治平校注:《拾遗记校注》,中华书局 1982 年版,第 19 页。
④ 司马迁:《史记》上册,中华书局 2005 年版,第 5 页。
⑤ 王聘珍:《大戴礼记解诂》,中华书局 1983 年版,第 126 页。
⑥ 郭璞注,毕沅校:《山海经》,上海古籍出版社 1989 年版,第 22 页。
⑦ 皇甫谧撰,宋翔凤、钱宝塘辑,刘晓东校点:《逸周书》,辽宁教育出版社 1997 年版,第 62 页。

鸾鸟是古代中国传说中的神鸟。《广雅》："鸾鸟,凤皇属也。"可见,鸾鸟既是代表戎羌族的祥瑞之兆,也与凤有着很大关系。我们不仅可以从"具有极大价值的第三手资料"——文献资料入手,也可以从考古角度用实物去证实其存在性,例如,在三星堆遗址中发现了和大禹有关的内容。由此,通过对文献资料的研究和考古学的考察,我们可以大致推断,大禹曾被神化为羽毛艳丽的鸟。

2. 妻子被神化

"女娲氏,亦风姓也,作笙簧,亦蛇身人首,一曰女希,是为女皇。"[①]"禹始纳涂山氏女,曰女娲,合婚于台桑,有白狐九尾之瑞,到至是为攸女。"[②]文中的"瑞"是指征兆的意思,由此可以推断出将妻子神化为白狐,才会得出九尾白狐来转述合婚之意。《淮南子·冥览训》:"往古之时,四极废,九州裂,天不兼覆,地不周载,火爁炎而不灭,水浩洋而不息,猛兽食颛民,鸷鸟攫老弱。于是女娲炼五色石以补苍天,断鳌足以立四极,杀黑龙以济冀州,积芦灰以止淫水;苍天补,四极正,淫水涸,冀州平。"[③]《吴越春秋·越王无余外传》:"禹三十未娶,行到涂山,恐时之暮,失其度制。乃辞云:'吾娶也,必有应矣。'乃有九尾白狐造于禹。禹曰:'白者,吾之服也;其九尾者,王者之证也,涂山之歌曰:'绥绥白狐,九尾庞庞;我家嘉夷,来宾为王;成家成室,我造彼昌;天人之际,于兹则行。明矣哉!'禹因娶涂山,谓之女娇。"[④]如此多的文献资料都记载了大禹妻子被神化的故事。连大禹的妻子都被神化,更何况是大禹本人呢?

3. 对手被神化

文献记载,禹和共工曾发动了一场战争。首先,共工之臣相柳氏作恶,"禹杀相柳,其血腥,不可以树五谷种,禹厥之"[⑤]。《淮南子·天文》云:"昔者共工与颛顼争为帝,怒而触不周之山,天柱折,地维绝,天倾西北,故日月星辰移焉;地不满东南,故水潦尘埃归焉。"[⑥]《山海经·海外北经》云:"相柳者,九首人面,蛇身而青。"[⑦]《荀子·成相》云:"禹有功,抑下鸿,辟除民害逐共工。"[⑧]相柳是共工手下的大臣,禹杀

---

① 皇甫谧著,徐宗元辑:《帝王世纪辑存》,中华书局1964年版,第9页。
② 李昉:《太平御览》,河北教育出版社1994年版,第300页。
③ 刘安著,许慎注,陈广忠校点:《淮南子》,上海古籍出版社2016年版,第145页。
④ 赵晔撰:《吴越春秋》,中华书局1985年版,第128—129页。
⑤ 郭璞注,毕沅校:《山海经》,上海古籍出版社1989年版,第85页。
⑥ 刘安著,许慎注,陈广忠校点《淮南子》,上海古籍出版社2016年版,第54页。
⑦ 郭璞注,毕沅校:《山海经》,上海古籍出版社1989年版,第86页。
⑧ 荀况著,谢丹、书田译注:《荀子》,书海出版社2001年版,第232页。

害相柳意图表现得很明显,就是想让共工臣服于自己,听其号召。既然相柳已经被神化了,那么可以推测出共工也具有神力且比相柳的能力更高一些,不然相柳为何甘愿臣服于共工呢?由此可以推断,共工不肯臣服于禹,而是希望与禹对抗,一决高下。

征三苗是夏后氏禹发动的规模最大的一场对外战争。在这个神话故事中,"禹曰:'济济有众,咸听朕言!非惟小子,敢行称乱。蠢兹有苗,用天之罚,若予既率尔群对诸群,以征有苗。'禹之征有苗也,非以求以重富贵、干福禄、乐耳目也;以求兴天下之利,除天下之害。即此禹兼也;虽子墨子之所谓兼者,于禹求焉"。禹想通过上天的神力来压制不肯屈服的三苗。"昔者三苗大乱,天命殛之。日妖宵出,雨血三朝,龙生庙,大哭乎市,夏冰,地坼及泉,五谷变化,民乃大振。高阳乃命玄宫,禹亲把天之瑞令,以征有苗。四电诱祗,有神人面鸟身,若瑾以侍,搤矢有苗之祥。苗师大乱,后乃遂几。禹既已克有三苗,焉磨为山川,别物上下,卿制大极,而神明不违,天下乃静。则此禹之所以征有苗也。"①该段写到大禹拿着天赐的玉符去讨伐有苗,在雷电大震的同时,出现了一位人面鸟身的神,有苗的将领就被其用箭杀死了。与治水时相比,大禹的性格发生了彻底的转变,从无私造福人类变成了具有杀气、性格暴躁、滥杀无辜、争权夺利的帝王。文献不可完全肯定其真实性,要用批判的眼光去看待。

4.手下被神化

《拾遗记》卷二云:"禹尽力沟洫,导川夷岳,黄龙曳尾于前,玄龟负青泥于后。""有兽状如豕,衔夜明之珠,其光如烛。又有青犬,行吠于前,禹计可十里,迷于昼夜。既觉渐明,见向来豕犬,变为人形,皆著玄衣。又见一神,蛇身人面,禹因与语。神即示禹八卦之图,列于金版之上。又有八神侍侧。禹曰:'华胥生圣子,是汝耶?'答曰:'华胥是九河神女,以生余也。'乃探玉简授禹,长一尺二寸,以合十二时之数,使量度天地。禹即执此简,以平定水土。蛇身之神,即羲皇也。"②黄龙、玄龟、豕、青犬、蛇身人面、八神等来协助大禹治水,也为其增添了某种玄幻的色彩。

5.个人行为被神化

大禹治水的故事流传之后,不同时期的人对其各抒己见,相应地也产生了不同的看法。于是,有些人便将大禹的治水过程神化了。比如:"天命禹敷土,堕山浚川;乃畴方设征,降民监德。"《尚书·洪范》:"天乃锡禹洪范九畴,彝伦攸叙。"《孔氏传》:"天与禹洛出书,神龟负文而出,列于背,有数至于九。禹遂因而第之,以成九

① 毕沅校注,吴旭民标点:《墨子》,上海古籍出版社1995年版,第60页。
② 王嘉撰,肖绮录、齐治平校注:《拾遗记校注》,中华书局1981年版,第38页。

类常道,所以次叙。"①《拾遗记》:"玄龟,河精之使者也,龟颔下有印,文皆古篆,字作九州山川之字。禹所穿凿之处皆以青泥封记其所,使玄龟印其上。"②这表明禹治水过程有进展并取得成功是因为其遵循了天书。天与人的相辅相成,体现了一定的神化性。《太平广记》卷五:"云华夫人,王母第二十三女,太真王夫人之妹也。名瑶姬,受徊风混合万景炼神飞化之道。尝东海游还,过江上,有巫山焉,峰岩挺拔,林壑幽丽,巨石如坛,留连久之。时大禹理水,驻山下。大风卒至,崖振谷陨不可制。因与夫人相值,拜而求助。即敕侍女,授禹策召鬼神之书,因命其神狂章、虞余、黄魔、大翳、庚辰、童律等,助禹研石疏波,决塞导阨,以循其流。禹拜而谢焉。禹尝诣之崇巘之巅,顾盼之际,化而为石;或倏然飞腾,散为轻云,油然而止,聚为夕雨;或化游龙,或为翔鹤,千态万状,不可亲也。禹疑其狡狯怪诞,非真仙也,问诸童律。"③可见,西王母的女儿瑶姬帮助大禹治水的故事也有一定的被神化趋向。

近代以来,古史辨派代表顾颉刚在《与钱玄同先生论古史书》中曾写道:"禹,《说文》云:'虫也,从内,象形。'内,《说文》云:'兽足蹂地也。'以虫而有足蹂地,大约是蜥蜴之类。我以为禹或是九鼎上铸的一种动物,当时铸鼎象物,奇怪的形状一定很多,禹是鼎上动物的最有力者,或者有敷土的样子,所以就算是开天辟地的人。"④

鲁迅先生在《中国小说史略》第二篇中曾说道:"传说之所道,或为神性之人,或为古英雄,其奇才异能神勇为凡人所不及,而由于天授,或有天相者,简狄吞燕卵而生商,刘媪得龙而孕季,皆其例也。"⑤这是鲁迅对中国传统神话故事中不同于平常人的神性特点及其生成原因的概括与总结,非常准确,从中也可以折射出进步知识界对大禹等神话人物的基本看法与态度。

三

在春秋战国时期出现的百家争鸣中,涌现了许多不同学派的学者,他们怀揣着不同的思想,希望大众能够认可自己的思想,从而成为主流思潮,形成了各流派争芳斗艳的局面。百家争鸣反映了当时社会激烈而又复杂的政治斗争。这个斗争主要存在于新兴的地主阶级和没落的奴隶主之间,经过此次思想上的争鸣,出现了学

---

① 章炳麟著,徐复注:《訄书详注》,上海古籍出版社 2017 年版,第 38 页。
② 王嘉撰,肖绮录,齐治平校注:《拾遗记校注》,中华书局 1981 年版,第 37 页。
③ 闻一多:《神话与诗》,天津古籍出版社 2008 年版,第 139 页。
④ 顾颉刚:《古史辨自序》,商务印书馆 2017 年版,第 5 页。
⑤ 鲁迅:《中国小说史略》,《鲁迅全集》第 9 卷,人民文学出版社 2005 年版,第 20 页。

术界的繁荣景象,大致奠定了整个封建社会的思想文化基础。为了适应阶级统治的需要,先秦诸子通过对人物形象的改造与创造,体现出不同的政治倾向,且与当时社会环境下的大趋势相贴合,不论是知识分子还是下层人民都愿意去接受这种思想大潮流。在春秋战国这个奴隶社会向封建社会过渡的时期,大禹这一人物形象也慢慢发生了转变。大禹的形象不仅被大众所认同,也被诸子百家所采用,尤其是被儒家、道家、墨家所推崇,同时,他的形象也随着封建伦理观念的发展,逐渐丰满。曾有人感慨:"也只有大禹,不仅被夏商周三代所缅怀赞颂,而且也得到了春秋战国诸子百家的一致肯定。"

儒家对大禹评价很高,孔子尤其。"禹,吾无间然矣。菲衣食而致孝乎鬼神,恶衣服而致美乎黻冕;卑宫室而尽力乎沟洫。禹,吾无间然矣。"①对于禹,孔子说没有什么可以挑剔和抱怨的,他用精美的祭品供奉鬼神祖先,自己却衣食寡淡菲薄;祭服祭礼制作得庄严精致,自己却居住在简朴的宫室里,将人力物力都投入到农田水利建设中,促进了华夏农业文明的发展。大禹亲自持筐操铲劳作,汇合天下的河川,辛苦得连腿上的汗毛都磨光了,风里来雨里去,终于安定了天下。《韩非子》中记载了韩非子对此的评价:"虽臣虏之劳不苦于此矣。"②从以上可以看出,韩非子对大禹的评价还是很高的,大多都是对其无私奉公,克己修身美好品质的赞扬。

《墨子》中对大禹形象的描述,大致可以从三个方面来展现其形象。首先,大禹是一个爱护百姓的好君主。"昔之圣王禹、汤、文、武,百里之诸侯也,说忠行义,取天下。"③何谓"忠行义,取天下"? 就是喜欢忠诚,实行仁义,从侧面指出了大禹是一个选贤任能的君王。其次,他还是一个勤劳节俭的劳动者。《夏书》曰:"禹七年水……此其离凶饿甚矣,然而民不冻饿者,何也? 其生财密,其用之节也。"④百姓不挨饿受冻,是因为大禹努力的成果。再次,他还是一个信天命的人。"禹欲以天之为政于天子,明说天下之百姓,故莫不犓牛羊,豢犬彘,洁为粢盛酒醴,以祭祀上帝鬼神,而求祈福于天"。⑤

《韩非子·显学》说:"孔子、墨子俱道尧舜,而取舍不同。皆自谓真尧舜,尧舜不复生,将谁使定儒墨之诚乎?"⑥表明了儒家和墨家对大禹形象进行了不同方面

---

① 孔丘著,杨伯峻、杨逢彬注译:《论语》,岳麓书社 2000 年版,第 76 页。
② 王先慎集解,姜俊俊校点:《韩非子》,上海古籍出版社 2005 年版,第 537 页。
③ 毕沅校注,吴旭民标点:《墨子》,上海古籍出版社 2015 年版,第 194 页。
④ 毕沅校注,吴旭民标点:《墨子》,上海古籍出版社 2015 年版,第 16 页。
⑤ 毕沅校注,吴旭民标点:《墨子》,上海古籍出版社 2015 年版,第 90 页。
⑥ 王先慎集解,姜俊俊校点:《国学典藏韩非子》,上海古籍出版社 2015 版,第 553 页。

的取舍,使之成为一个与自家学派的思想相符合的人物形象。实际上,这显示出大禹精神的丰富性。

《史记·夏本纪》主要记载的是夏朝的历史,即讲述的是大禹到夏桀四百多年间的历史。据记载,司马迁所处的时期正是汉武帝"罢黜百家,独尊儒术"之时,这与春秋战国时期儒家思想不被推崇形成了鲜明的对比,而儒家对大禹这一人物形象是持赞赏态度的。

在《孔子家语·五帝德》中记载了一段宰我与孔子的对话:"宰我曰:'请问禹。'孔子曰:'高阳之孙,鲧之子也,曰夏后。敏给克齐,其德不爽,其仁可亲,其言可信。声为律,身为度,亹亹穆穆,为纪为纲。其功为百神主,其惠为民父母。左准绳,右规矩,履四时,据四海。任皋繇、伯益,以赞其治,兴六师以征不序,四极民,莫敢不服。'"[①]意思是说,大禹勤勉不倦,恭敬严肃,树立典范,时刻遵循标准和规则,做事不违背时宜,因此四方之民没有不臣服的,文献中还有很多赞美大禹的言语,就不再一一赘述。

鲁迅先生曾以"固不失为史家之绝唱,无韵之离骚矣"[②]来评价《史记》。为了写出这一巨作,司马迁"尝西至空桐,北过涿鹿,东渐於海,南浮江淮矣,至长老皆各往往称黄帝、尧、舜之处,风教固殊焉"[③]。他到各个地方去考证,但是每个人都各抒己见,说法不同。于是,"予观《春秋》《国语》,其发明《五帝德》《帝系姓》章矣,顾弟弗深考,其所表见皆不虚。书缺有间矣,其轶乃时时见于他说。非好学深思,心知其意,固难为浅见寡闻道也。余并论次,择其言尤雅者,故著为本纪书首"[④]。

总而言之,大禹这一人物形象在不同历史时期既有共性又有个性。大禹所处的时期距离我们现在相当遥远,学者探讨大禹形象大多都是参考之前的文献。然而,很多文献的编撰都掺杂了个人的情感色彩,而这些个人色彩又被时代背景所影响,需要甄别。大禹对中华民族的发展功不可没。大禹优秀的品质,比如说坚忍不拔、忘我无私的献身精神等,已经与中华民族传统精神结合,并深深地影响了一辈又一辈的中国人。人们已经将这些品质潜移默化地融入平常生活之中,这也在无形中促进了历史的发展和进步。这就是大禹的生命力。

(本文原载于《大禹与中国传统文化研究》2020年第3辑)

---

① 魏王肃注:《孔子家语》,上海启新书局民国石印本,第249页。
② 鲁迅:《汉文学史纲要》,《鲁迅全集》第9卷,人民文学出版社2005年版,第435页。
③④ 司马迁:《史记》,线装书局2006年版,第4页。

浅谈《尚书》中的大禹书写

吴斌斌[①]

《尚书》是我国历史上最早的一部历史文献汇编,是儒家经典之一。《尚书》分为《古文尚书》和《今文尚书》,相传《尚书》共有五十八篇,由于年代久远,其内容真假难辨。但可以确定的是,其中有些篇目确实是真正的《尚书》中的内容。作为我国最古老的历史文献之一,《尚书》因其保存了大量弥足珍贵的尧、舜及三代直至先秦的有关政治经济等方面的资料,向来为学界经常参稽的重要典籍,为史学界所重视。[②]

传说禹是黄帝的玄孙、颛顼的孙子,但也有人认为禹应为颛顼六世孙,古书中没有明确的记载,这些只不过是传说,具体如何尚未可知。但可以肯定的是,禹的父亲叫鲧,受封在崇,鲧是一个伯爵,世称"崇伯鲧"或"崇伯"。鲧因治水不力被流放羽山而亡。禹的母亲是有莘氏之女修己,关于大禹母亲的记载很少,但有莘氏族是夏商时期东方重要的氏族部落,在周代时也十分繁盛。

大禹是历史上的传奇人物,是与尧、舜齐名的贤圣帝王,人们称其为英雄。大禹的形象,在《史记》中表现得更加全面,其他书籍只是零散呈现了大禹的事迹,而《史记》中的《夏本纪》专门记载了大禹的事迹。但如若想要突破对大禹原有形象的认知,还是应该从其他书籍中找更好的突破口。不过,《尚书》当中的大禹形象更加侧重描写大禹的品德。

《尚书》中涉及大禹的篇目有《舜典》《大禹谟》《皋陶谟》《益稷》《禹贡》《五子之歌》《仲虺之诰》《洪范》《立政》以及《吕刑》。

---

① 本文作者系浙江越秀外国语学院中国语言文化学院 2018 级学生,指导教师刘家思。
② 王定璋:《〈尚书〉所载的大禹》,《天府新论》2007 年第 3 期。

一、大禹治水与治理九州

在历史上,大禹治水三过家门而不入,最后因治水成功,为舜禅让而继承帝位,成为夏朝的开国君主。当然,大禹不可能一蹴而就,摇身就成为帝王。在《尚书·虞书·舜典》中就有记载,百官一致认为大禹可以身居百揆之官辅佐政事,因此舜帝赋予禹以司空之位平治水土。在成为帝王之前,禹也是从官员开始做起的,他的品德是大家有目共睹的,因此才被舜帝一眼相中。

水灾为自然灾害,洪水的泛滥与气候密切相关。具体原因是:气候变化导致季风雨带北移,从而使降水量增加或降水时间延长;冷期降水变率的增大提高了异常洪水的发生概率;气候变化导致植被覆盖率降低,水土流失加剧,使黄河等北方河流决溢的可能性大大提高。[①] 这就造成了舜帝时期洪水频发,降水量高于以往的任何时候,而人为治水(这里指以鲧治水为代表)的方法不对,从而导致治理洪水治标不治本的"不治之症"。

周书《洪范》总结了大禹的父亲鲧治水失败的原因:昔鲧堙洪水,汩陈其五行。帝乃震怒,不畀洪范九畴,彝伦攸斁。鲧则殛死,禹乃嗣兴,天乃锡禹洪范九畴,彝伦攸叙。[②] 从中可以了解到鲧治水采用的是用土将水堵住的方法,正所谓"兵来将挡,水来土掩",但是这种方式只会让洪水日积月累,最后形成大暴发,造成不可挽回的后果。除此之外。鲧还在金木水火土的用物上处理不当,导致舜帝大怒。鲧因此被流放而死,大禹继承父业,从父亲治水的失败当中总结经验,敢于创新,一改父亲鲧堵塞河流通道的做法,将水流通过支流分散,减少主流河水的水量,最终治水成功。

虞夏书《禹贡》就记述了大禹如何治理水患,划分九州,以及各地山川湖泽、交通物产、贡赋等级的具体情况。从冀州到济河惟兖州,到海岱惟青州,到海岱及淮惟徐州,到淮海惟扬州,到荆及衡阳惟荆州,到荆河惟豫州,再到华阳、黑水惟梁州,最后到黑水、西河惟雍州,每一州的处理都十分细致,打通了九州中堵塞洪水的各山,形成河流的支流,疏通每一处堵塞,成功地将积聚已久的水流朝着四面八方疏散开来,洪水发生的可能性随着支流的增多而逐渐降低。

这么一来,就形成了"九州攸同,四隩既宅,九山刊旅,九川涤源,九泽既陂,四

---

① 吴文祥、葛全胜:《夏朝前夕洪水发生的可能性及大禹治水真相》,《第四纪研究》2005 年第 6 期。
② 李民、王健:《尚书译注》,上海古籍出版社 2004 年版,第 217 页。

海会同"①的结果。九州的所有工程全部落幕,九州便统一了。四方的土地都已经可以居住了,九条山脉都可以通行了,九条河流都被疏通了,九个湖泽都修筑了堤防,四海之内进贡的道路也都畅通无阻了。水患也随着九州工程的结束而消除。四方的百姓都可以安然地居住在这一片土地之上了。

大禹治水与治理九州的过程,反映了大禹精神:其一,勇于担当;其二,忠于职守;其三,敢于创新;其四,善于团结。② 大禹精神也是大禹品德高尚的折射,具有重要的历史意义。大禹治水的成功,不仅为我国国家的初步形成奠定了基础,也为中华文明的发展奠定了基础。③

在大禹治水的过程中所表现出来的思想、观念、道德标准,成为中华民族传统文化的组成部分,并已融入我国历史的政治、社会与经济生活当中。④ 这就是大禹文化带来的影响,不管这是不是个传说故事,大禹治水都为华夏民族带来了不可磨灭的成就,彰显了华夏民族的智慧。而大禹治理九州,促进了"大一统"思想的形成,为汉代的州郡制奠定了基础。⑤

二、独到的政治见解

大禹成为舜帝禅让的人选,并不仅仅是因为大禹能够治理水患、播时百谷,更是因为大禹对治国之道的见解独到而深刻。

大禹治理洪水,疏通九州之后,九州大地开始正常征收赋税,按照土地的上、中、下三等来制定税收的标准,然后再把土地分封给诸侯,以德行为先。这就很好地消除了统治者无法管辖大片土地的弊端,由诸侯管理各地,定期上报情况并定期朝贡,加强对国家的治理。

真正的德政在历史上并没有几位君王能够落实。为了国库充足,君王往往会采用加重赋税的做法,但这种做法往往会引起百姓的不满,这在秦始皇时期非常明显。而大禹在做臣子之时就有因地征收赋税的想法并加以落实,可见大禹是一个贤臣。大禹懂得换位思考,站在百姓的立场上,让他们利益最大化的同时也为国家尽些绵薄之力,真正实现国泰民安。他又站在帝王的立场上为舜帝着想,帮助舜帝治理国家,使百姓信服舜帝。

---

① 李民、王健:《尚书译注》,上海古籍出版社 2004 年版,第 83 页。
②⑤ 江远胜,《论〈尚书〉中的大禹文化》,《天府新论》2007 年第 3 期。
③ 李岩:《大禹治水与中国国家起源》,《学术论坛》2011 年第 10 期。
④ 范颖:《论大禹治水及其影响》,武汉大学 2005 年硕士论文。

大禹认为："后克艰厥后,臣克艰厥臣,政乃乂,黎民敏德。"①君主要克服做君主的困难,臣子要克服做臣子的困难,只有这样国家才能够治理妥善,平民百姓才会勉力于德行。这就是在其位谋其政的道理,治国有成效,百姓才会信服君王。顺道从善方是福,逆道从恶便成祸。

不仅如此,大禹还提出："德惟善政,政在养民。"②治理政事,修德很重要,为政的核心是教养人民,且百姓所需要的生活资料要齐全,人民才会端其品行,便利用物,过上小康生活。小康生活在当代社会被定义为介于温饱和富裕之间的比较殷实的一种生活状态,帝王想让百姓过上安居乐业的生活,国泰民安才是正道。要实现这样的目标,就必须实施德政,"戒之用休,董之用威。劝之以九歌,俾勿坏"③。要用广阔的前景去鼓舞勤劳的人,要用严峻的刑罚去督促懒惰的人。而当人民受到恩惠感到欢喜的时候,就要及时鼓励他们开展有关歌咏活动,使他们快乐而忘记了劳累,让他们保持充沛的精力,这样一来,德政就不会被破坏。

《尚书·大禹谟》中记载了大禹征苗民一事:

> 帝曰:"咨,禹!惟时有苗弗率,汝徂征!"
>
> 禹乃会群后,誓于师曰:"济济有众,咸听朕命!蠢兹有苗,昏迷不恭,侮慢自贤,反道败德,君子在野,小人在位,民弃不保,天降之咎,肆予以尔众士,奉辞伐罪。尔尚一乃心力,其克有勋。"
>
> 三旬,苗民逆命。益赞于禹曰:"惟德动天,无远弗届。满招损,谦受益,时乃天道。帝初于历山,往于田,日号泣于旻天,于父母,负罪引慝。祗载见瞽叟,夔夔斋栗,瞽亦允若。至诚感神,矧兹有苗。"
>
> 禹拜昌言曰:"俞!"
>
> 班师振旅。帝乃诞敷文德,舞干羽于两阶,七旬有苗格。④

从舜帝与大禹谈论关于出征收服三苗的内容来看,在处理三苗部落的事情上,大禹没有一味地用武力制服。使用武力无法解决问题的时候,要及时停止使用武力,武力只会使对方负隅顽抗直至死亡,因此大禹采纳了伯益的建议,并告知舜帝,舜帝也采纳了两人的建议,大力布施美善的德行,停止武力,修缮美德。好事传千里,三苗部落也因此归顺。由此可见,采纳别人的建议也是一种美德,这是相信对

---

①②③　李民、王健:《尚书译注》,上海古籍出版社2004年版,第26页。
④　李民、王健:《尚书译注》,上海古籍出版社2004年版,第34页。

方的表现。大禹和舜帝能够这样,也难怪成为历史上流芳百世的贤帝了。懂得采纳他人的建议,被采纳的建议带来的结果需要自己承担。

大禹作为上古时期杰出的首领,具有超乎常人的智慧,他自身所具有的美好品德是毋庸置疑的。但一个不容置疑的事实是:人类早期部落融合的过程并不像儒家描绘的那样文明和充满理性。① 大禹是将部落转化为国家的开拓者,使散落的一个个部落合成一个整体。

大禹一直以来都把百姓放在第一位,努力工作,为了各项工程的实施东奔西走,为国家操劳。大水漫天,甚至包围了山顶,淹没了山丘,老百姓也被淹没在洪水里无法自救。为了老百姓能够安居乐业,他疏通九州的河流,使它们流入大海,在田间挖了许多的水沟分散水流量。不仅如此,大禹还调配粮食到缺乏食物的地区,百姓安定,国家才会安定。当时大禹尽到自己臣子的义务,献上自己的良策并且实施它。大禹还时刻提醒舜帝要"慎乃在位"才不至于酿成大祸,重用有道德的贤才。

在任用贤才方面,大禹总是以德行为先。当舜帝要提拔他时,他认为自己的品德还不够,恐不如皋陶,难以使人民归附自己,便推荐皋陶。大禹说:"皋陶迈种德,德乃降,黎民怀之。"②希望舜帝能够考虑皋陶这样的人才,顾念皋陶的功德,他认为皋陶的功德是大家有目共睹的,黎民百姓也会信服他。大禹不因自己功高而自大,不因自己获得舜帝的赏识而自负,不把自己置身于前,而是站在百姓的角度选拔更能胜任帝位的人选。他从皋陶的品德说明皋陶的功德,认为皋陶比自己更加适合接任帝位,说明大禹确实是难得的贤才。

三、从他人的角度看大禹的品德

大禹的品德受到大家的好评。舜帝多次夸赞大禹"惟汝贤"。舜帝认为在言行一致完成治水平土工程这一方面,大禹最贤,大禹解决了大家不能解决的问题,超越其父,成功治理了水患。在勤劳为国、节俭持家这一方面,也是大禹最贤,大禹将自己的重心放在国事上,把百姓置于自己的家庭之上,很少有人能够做到如此地步。在不抬高自己、不夸耀自己这一方面,也是大禹最贤,大禹不把自己的功德拿出来说,相反还夸赞皋陶,认为皋陶比自己更加适合帝位。大禹不居功,才无人敢与之争功,上至帝王,下至百姓,无一人反对大禹,大家都甘愿臣服于大禹。因此,

---

① 周苇风,《〈尚书·大禹谟〉——禹征苗民一节文字的时代归属问题》,《殷都学刊》2011年第5期。

② 李民、王健:《尚书译注》,上海古籍出版社2004年版,第30页。

舜帝认为大禹身负天命,拒绝了大禹以占卜来决定由谁继位的做法。

大禹能够得到舜帝的赏识,并接任统治者的位子,成为夏朝的开国君主,他的能力是毋庸置疑的,他为人民做出的贡献也是无法磨灭的。尽管后世将大禹神化,但也说明了这是人民对大禹的赞美,因为一个碌碌无为的人是不会流芳百世的。

一位帝王,最重要的就是他的品德。《尚书》记载的大多是君臣之间的对话,大禹在做臣子之时就有如此胆量和魄力,在成为帝王之后,大禹依旧令人信服。文王及其臣子都效仿大禹,以陟禹之迹,方行天下。① 追循大禹的足迹,使文王的威望遍行天下,直至海外,普天之下的百姓无一不臣服。由此可见,大禹的德高望重对后代产生了深远的影响,后世都在借鉴他的做法。

四、结　语

大禹是为中华民族的历史发展做出了巨大贡献的伟大人物,他的功绩不仅仅是在于治理水患,让百姓安居乐业,更重要的是,他结束了中国原始社会部落联盟松散的组织形态。自舜帝把帝位禅让给大禹后,大禹建立了中国第一个王朝——夏王朝,这对中国的历史是有重大意义的,推动了历史的发展。子曰:"禹,吾无间然矣。菲饮食而致孝乎鬼神,恶衣服而致美乎黻冕,卑宫室而尽力乎沟洫。禹,吾无间然矣。"孔子都认为自己无法挑出大禹的毛病。

大禹治水与治理九州的功绩是显赫的,如此庞大的工程自然不会是大禹一人所为,这是集结了华夏民族所有人的心血共同铸造而成的。《尚书》中所蕴含的大禹文化对华夏民族文化产生了深远的影响。禹作为治水工程的总指挥,在统一协调各氏族部落进行治水的过程中,掌握了各地区丰富的自然地理和人文方面的知识,这既为他指挥治水工作带来了便利,同时也为其在治水结束后进行统一的行政区划奠定了基础,②为夏代的政治统治营造了一个庞大的格局。

《尚书》中的大禹形象体现了一个臣子的风度和一个帝王该有的风范。高尚的品德不在于外在表现,而在于内心散发出来的真实。大禹一直保持着这一份真实,尽到了臣子的义务,尽到了帝王的责任。

(本文原载于《大禹与中国传统文化研究》2020 年第 3 辑)

---

① 李民、王健:《尚书译注》,上海古籍出版社 2004 年版,第 356 页。
② 李佩瑶:《出土上古文献的神话传说研究》,济南大学 2012 年硕士论文。

《洪水时代》与大禹书写

张　清①

　　大禹，姓姒，名文命，字（高）密。史称大禹、帝禹，为夏后氏首领、夏朝开国君王。其父名鲧，被帝尧封于崇，为伯爵，世称"崇伯鲧"或"崇伯"，其母为有莘氏之女修己。禹幼年随父亲鲧东迁，来到中原。帝尧时，中原洪水泛滥，造成水患灾祸，百姓苦不堪言。帝尧命令鲧治理水患，鲧治水采用障水法，也就是在岸边设置河堤，但水越堵越高，鲧历时九年未能平息洪水灾祸，因此被舜赐死。接着禹被任命为司空，继续治水之事。禹治水三过家门而不入，正是他劳心劳力的最好证明。禹与伯益、后稷一起，召集百姓前来协助。他视察河道，检讨鲧治水失败的原因。禹总结了其父治水失败的教训，改革治水方案，以疏导河川治水为主，利用水向低处流的自然趋势，疏通了九河，使人民从丘陵移居到平原，使荒地变沃土，使废土变良田，发展农业生产，使人民安居乐业。因此，大禹的历史功绩自古以来被广为传颂，被文学作品不断书写着。这里探讨一下郭沫若的《洪水时代》对大禹的书写和歌颂。

　　郭沫若的《洪水时代》创作于 1921 年 12 月 8 日，最初发表于 1922 年 1 月出版的《学艺》第 3 卷第 8 号，收入其诗集《女神》中，全诗对大禹治水的丰功伟绩进行了热情的歌颂。

　　全诗六个小节，写的是大禹与伯益、后稷视察河道，过家门闻妻子呼唤而不入的画面。请看《洪水时代》的第一节：

　　　　我望着那月下的海波，
　　　　想到了上古的洪水，
　　　　想到了一个浪漫的奇观，
　　　　使我的心中如醉。
　　　　那时节，茫茫的大海之上

① 本文作者系浙江越秀外国语学院中国语言文化学院 2018 级学生，指导教师刘家思。

汇成了一片汪洋；

只剩下几朵荒山，

好像是海洲一样。

那时节，鱼在山腰游戏，树在水中飘摇，

孑遗的人类

全都逃避在山椒。

这一节，作者透过月下海波，联想到上古洪水，自然地展开想象，他穿越时代的阻隔，思忆在大禹曾经历过的洪水时代，遥遥望着洪水时代"水漫金山"的场景。大地早已变成一片汪洋，人类也失去了住所，只有高耸的山峰可以抵挡洪水的侵袭，给人类一个容身之所。这里虽未提到大禹，但并不代表其中没有大禹的形象。这一节对洪水到来时人类无处容身的惨状的描写，恰恰是一个很好地阐释大禹形象的突破口。

首先，大禹治水的背景是洪水泛滥成灾，甚至已经威胁到中华民族生命安全的时候。这就说明了治水的难度是很大的。虽然大禹的父亲鲧治水失败了，但大禹成功了，这种丰功伟绩显示了大禹的才能与魄力，是值得肯定的。因此，这一节的描写，为表现大禹有着非比寻常的聪明才智做了铺垫。

其次，大禹治水时，平原上几乎没有房屋，人们住在山上，当时民众的生活非常艰苦，大禹的生活条件自然也并不好，甚至捉襟见肘。据上下文可知，当时大禹有妻有儿，是家中唯一成年的劳力，养家糊口的担子全压在他一人的肩上，任务是极重的。但就在这个时候，大禹却为了天下苍生忙着治水，忙为大家开辟一个洪水不再肆虐的时代，从这里我们可以看出大禹这个人真正心怀天下。在他眼里，部落的安危更重要，自己的儿女私情可以放在一边。从《尚书》描写他受命治水的情景中，我们就可以明白这一点：

二十有八载，帝乃殂落。百姓如丧考妣，三载，四海遏密八音。月正元日，舜格于文祖，询于四岳，辟四门，明四目，达四聪。

"咨，十有二牧！"曰："食哉惟时！柔远能迩，惇德允元，而难任人，蛮夷率服。"

舜曰："咨，四岳！有能奋庸熙帝之载，使宅百揆亮采，惠畴？"

佥曰："伯禹作司空。"

帝曰："俞，咨！禹，汝平水土，惟时懋哉！"禹拜稽首，让于稷、契暨皋陶。

帝曰:"俞,汝往哉!"①

从这段文字中,我们看到"大家"都对大禹寄予厚望,或者说对大禹的能力,"大家"都给予了高度的肯定与赞扬,从侧面表现了大禹的工作能力以及他在众人心中的高大形象。我们不能忽视一个细节,那就是禹在接受舜的命令之后,曾谦让过。也就是说,我们可以猜想,他接受治水的任务后是想过妻子、家人的。可是,在谦让无效后,他便全心全意投入事业中,治水成功前都没有再回过家。这就说明,他治水的确是一丝不苟、专注认真的。作品第三节这样描述涂山氏的盼望:

> 等待行人呵不归,
> 滔滔洪水呵几时消退?
> 不见净土呵已满十年,
> 不见行人呵已满周岁。
> 儿生在抱呵儿爱号咷,
> 不见行人呵我心寂寥。
> 夜不能寐呵在此徘徊,
> 行人何处呵今宵?
> 唉,消去吧,洪水呀!
> 归来吧,我的爱人呀!
> 你若不肯早归来,
> 我愿成为那水底的鱼虾!

家里妻子带着小孩,他都不顾,不是他绝情无义,而是他将民众的利益、国家的利益放在了最高位置,显示了公而忘私的高尚品质。大禹吸取了父亲采用堵截方法治水的教训,而使用一种疏导治水的新方法,其要点就是疏通水道,使得水能够顺利地东流入海。他的治水方法是把中国的山山水水当作一个整体来治理,先治理山,疏通水道,使得水能够顺利往下流去,不至于堵塞水道。山路治理好了以后,他就开始理通水脉。虽然在《尚书》中并没有详尽地介绍大禹治水的过程,但就其结果,以及后世对大禹治水的传颂来看,我们也可以肯定大禹为人处世的能力和他

---

① 周秉钧译注:《白话尚书》,岳麓书社 2001 年版,第 10 页。

在改造世界方面的卓越才能。

妻子的期盼,大禹自然是知道的,他心里,自然也惦记着他们。可是治水大业,不容他懈怠。郭沫若在《洪水时代》第二节中描述了一个画面——涂山氏(大禹的妻子)怀抱着婴儿,在山上唱着悲怆的歌谣期盼着丈夫归来:

> 我看见,涂山之上
> 徘徊着两个女郎:
> 一个抱着初生的婴儿,
> 一个扶着抱儿的来往。
> 她们头上的散发,
> 她们身上的白衣,
> 同在月下迷离,
> 同在风中飘举。
> 抱儿的,对着皎皎的月轮,
> 歌唱出清越的高音;
> 月儿在分外扬辉,
> 四山都生起了回应。

涂山氏的期盼,更加表现了大禹公而忘私的精神,强化了作品的情感冲击力。她的歌声响彻云霄,传到了治水的远方。大禹和同僚听着涂山氏的歌声,同僚忍不住规劝大禹回家探望,但大禹婉拒了。他笑着说:"宇宙便是我的住家,我还有什么私有的家庭?"他心里装着的是天下苍生。他是笑着说的,这就说明了他是发自内心地热爱这片大地,真心治水为苍生。正是这样,他率先垂范,带领大众治理好了洪水。

从家仇方面看,舜是大禹的杀父仇人,也就是说,他们两人的关系应该势同水火,大禹要想着如何替父报仇,舜应该要尽心机害死可能对自己有异心的大禹。那么舜任命大禹治水,只是个幌子,实际上,他想通过任命大禹治水,让大禹重蹈其父的覆辙,治不好水,再一次赐死,而且名正言顺,但禹对舜依旧恭敬,不仅接受了任务,还尽心尽力圆满完成了任务。为了完成治水大业,大禹连家都顾不上回,可见他不是公私不分的人,反而是公私分明。他是有机会替父报仇的,但他没有,由此看来,他是从心底里敬畏舜的,这就又表现了大禹的一个性格特征:忠心。禹没有因为血脉传承、继位问题而对舜不恭,自始至终,大禹在乎的都是人民,以及自己的职责。他没有因为父亲的死而怨恨舜,也没有因为舜的不喜欢而愤怒,他把人民的幸福放在首位。在其位,谋其政,大禹在这一点上,完成得确实出色。

在《洪水时代》的最后一节,郭沫若的思绪回到了他真正所处的时代,"思慕着古代的英雄,他那刚毅的精神好像是近代的劳工"。这就将大禹与民众紧紧相连的品质凸显出来了。这正是大禹治水成功的关键所在。在郭沫若的《洪水时代》中,大禹几乎就是完美的代名词。大禹出身高贵,但并不骄傲蛮横,而是一心为民。即使听到了妻子悲怆的歌声,即使伯益、后稷劝他回家探望,他也不曾动摇,依旧选择了治水为先。他不是无能之辈,他不但接下了帝舜布置的任务,而且圆满完成了它,他在改造世界方面的卓越才能值得肯定。他很大度、宽容。帝舜杀了他父亲,但他公私分明,不心存怨恨,而是忠心耿耿。

以上便是《洪水时代》对大禹治水的书写和歌颂。大禹为中华民族的历史发展做出了巨大贡献。他的伟大之处不仅在于治理洪水,疏通三川九河,更重要的是他结束了中国原始社会部落联盟的社会组织形态,创造了"国家"这一新型的社会政治形态。大禹完成了国家的建立,用阶级代替原始社会,以文明社会代替野蛮社会,推动了中国帝王历史的沿革发展。这一点,我们今后再来探讨。

(本文原载于《大禹与中国传统文化研究》2020 年第 3 辑)

浅谈大禹的治国策略与人格魅力

周嘉琪[①]

我国浩瀚的历史长河中,出现过数百多位皇帝。有秦始皇统一六国,汉武帝持续辉煌,唐太宗开启贞观盛世;也有周幽王为博红颜一笑,烽火戏诸侯而致国家覆灭;宋高宗为了私欲,残害忠臣岳飞,阻止二帝回京,使宋朝一再沦为他国的笑柄;咸丰帝贪恋女色,吸食鸦片,清朝就在这淫乱之中度过了黄昏时刻。

五千年的时间,诞生了许许多多的皇帝,有雄才大略、励精图治的皇帝,但同样也产生了很多荒淫无道、玩物丧志的皇帝。

大禹作为一代圣王,为人熟知的是他三过家门而不入的舍己精神,还有大禹治水这口口相传的故事。大禹不仅仅在治水方面有过人之处,在管理国家方面也兢兢业业。他创建了夏朝,创立了世袭制,从此中国进入奴隶社会。大禹治理了滔天洪水,又划定中国九州版图。可以说,他开启了中国社会的发展之路,自他之后,中国出现了另一光景。

《尚书》中讲述了大禹、伯益和舜谋划政事的内容。盛世的形成在于正德、利用、厚生、惟和。以德治国,物尽其用,厚待万物,保持和谐。这是大禹描述的治国理念,也是他一生的目标和努力的方向。

一、国之根本

以德服人,以德治国。这是每一代明君所遵循的基本原则。可以说这是一个法则,顺它者,则福泽万民;逆它者,则祸国殃民。秦始皇是千古一帝,完成了统一六国的宏图霸业,但后世对其褒贬不一。批评最多的便是他的暴政:焚书坑儒,刑罚过重,奴役百姓。他在位时,百姓虽苦,但敢怒不敢言。秦二世没有他父亲那样的能力和魄力,却继承了他父亲的暴虐性格。所以没几年,秦就覆灭了。同样二世

---

① 本文作者系浙江越秀外国语学院中国语言文化学院 2018 级学生,指导教师刘家思。

而亡的隋朝，隋炀帝杨广犯了同样的错误——不体谅百姓，奢靡浪费，残暴不仁。所谓"君者，舟也；庶人者，水也。水则载舟，水则覆舟"①，栽在这句话上的又何止这三人呢？还有穷凶极恶的商纣王、杀兄夺嫡的昭武皇帝刘聪、荒淫无道的吴末帝孙皓。与他们相比，一些明君则为后代君王所效仿，为后世所称赞。尧、舜、禹三帝便是众所周知的明君，他们选择以德服人的方式来教化百姓。因此，这艘"大舟"才能安稳地徜徉于波涛汹涌的"大海"之上。《尚书》中记载，舜帝与大禹、伯益讨论治理国家之事时，伯益曾说："德惟善政，政在养民。水、火、金、木、土、谷、惟修，正德、利用、厚生、惟和。九功惟叙，九叙惟歌。戒之用休，董之用威，劝之以九歌，俾勿坏。"②这是大禹的政治理念，亦是为君之道。孔子在宣扬"仁政"思想时，经常会提及大禹这一先贤。正是在大禹的英明统治下，才形成了一个理想的社会，国力强盛，百姓安居乐业。

厚生——厚待万物。都说"普天之下，莫非王土，率土之滨，莫非王臣"③。既然全天下的生灵都是帝王的，那帝王对待自家之物不该珍惜吗？大禹在位期间，不仅如亲人般对待臣子，对待百姓，也珍爱全天下的一草一木。犯错的囚犯，大禹并没有戴有色眼镜去看待他们，而是施以同样的关心。对于囚犯，他并没有过多苛责，而更多的是自责，认为是自己的原因。如果自己处理好国内之事，解决温饱，引人向善，哪会有如此多的囚犯？这与他纯良的本性有关。历史上有作为的皇帝有很多，但厚生的皇帝却不多。秦始皇功绩卓著，却是一代暴君。汉武帝雄才大略，但到了统治后期，也难免犯糊涂。大禹却不同，他比大部分的帝王都优秀。抛开他的功绩不谈，单单只说他一如既往地爱民如子、厚待生灵这一方面，便是许多帝王都无法做到的。更不用说那些在位期间犯过根本性错误的帝王。

回望历史，我们会发现每一代明君基本上都是像大禹这么做的。帝德应当使政治安定、美好，政治在于养民。大禹提出了正德、利用、厚生、惟和的观点。而正德又被放在第一位，可见仁政的重要性。德政是一个优秀的帝王应当提倡的美德，也是一个国家稳定的关键。暴政或许能够一时镇压住百姓，但长此以往国家肯定会失控。德政能赢来太平盛世，暴政只会导致民不聊生的惨状，这是历史的规律，是看不见的法则。大禹统治时期百姓安居乐业，无非是因为大禹遵循了这一规律。暴政是得不到民心的。重罚重刑，民心溃散，没有凝聚力，国家根基就会动摇。所以，很多人说时势造英雄。这里的"时势"可能也包括这种情状。历史是必然的，不

---

① 荀子著，孙安邦、马银华译注：《荀子》，山西古籍出版社 2003 年版，第 103 页。
② 李民、王健：《尚书译注》，上海古籍出版社 2004 年版，第 26 页。
③ 高亨注：《诗经今注》下，上海古籍出版社 2018 年版，第 340 页。

是偶然的。能换来四海升平的，既可能是大禹，也可能是杨坚、纣王、刘聪，但前提是要遵循这一历史规律。秦始皇很有能力，他却未能参透这一规律。而大禹和其他贤明之人参悟了这一规律，所以他们名垂青史。

当然，除了悟性，这还与个人品质是分不开的。历史上那些施仁政的皇帝，一般都比较纯良，道德高尚。大禹把百姓的幸福作为己任，为了正义的事业不断努力，不放弃，心怀天下。范仲淹说的"先天下之忧而忧，后天下之乐而乐"，便是指这类人。大禹在位期间，赏罚分明，刑罚不及于子孙，奖赏却施于后代。君王为了国家繁荣昌盛，不得不制定利民的政策，推动发展的政策，简约治民。一个帝王的德行体现在方方面面，大禹时时布德施善。一次，大禹遇到了一个受到处罚的人在诉冤。回去后大禹便彻查此事，发现此人确属冤枉，便放了那个人，并补偿了他。不枉罚任何一个百姓，对百姓负责，从内心深处关心百姓，方方面面体现仁德。这不是每个君王能够做到的。即使有的君王遵循了上述规律，却不是真正的仁义。所以导致有的皇帝前期励精图治，后期却荒淫无道、残暴不仁。大禹公而忘私，忧国忧民，艰苦奋斗，坚忍不拔；以身为度，以声为律；严明法度，公正执法。大禹是一个真正施行仁德的君王，也是一个自始至终都关爱百姓的好君王。大禹以身作则.向百姓，甚至向后世传播着优良的美德。从大禹的身上，我们确确实实看到了中华民族的传统美德！

二、兴国之策

当然，治理一个国家，统领一方百姓，仅仅怀有一颗慈悲之心，那肯定是不够的。国家的资源、人才的调动，这些都考验一个统治者的能力。

利用——物尽其用。对于一个国家来说，这是一个极有利的政策。大禹以身作则，反对铺张浪费，提倡节俭。对所有物资都平等对待，对水、火、金、木、土、谷，合理利用。不仅对物资如此，对人才也应当如此。大禹公平对待天下人才，根据每个人的长处，将人才放在合适的位置上，让每个人的优势完全发挥出来。大禹选贤举能，对于国家栋梁一视同仁，既不偏袒贵族世胄也不贬低寒门人才。每一件物品、每一个人，都有其优点与缺点，对其了解透彻，权衡利弊，将利发挥到极致，是最理想的做法。显然，大禹就是这么一个聪明能干的帝王。

惟和——维持和谐，维护国家的安定，是帝王必须要做到的。可以说，这是对一个帝王的基本要求。大禹时代，国家繁荣昌盛，人民团结一心，淳朴自然，外邦都不敢轻易挑衅。当初，苗民因物资稀缺，不得已时常侵犯边境，而舜为了国内和谐稳定,不得不命大禹出兵讨伐。但经过三十天的激战,苗民还是不服。后来,伯益向大禹提出了意见:唯有修德才能感动上天,才能让远民前来臣服。盈满招损,谦虚受益,这是自然规律。大禹退兵回去后,大施文教,改善国民生活。最后,苗民看到中原物产丰饶,国泰民安,在大禹治国之道的感召下,自愿臣服。之后,大禹没有打压苗族,反而给予他们物资,传递文化。大禹以其人格魅力感动了一族人民。四海升平,百姓安居乐业,是一个统治者最希望看到的。和谐,不只是人与人之间的和谐,也指人与自然之间的和谐。大禹以德治国,四海之内皆是一片祥和之景,实现了人与人之间的和谐;大禹治理洪水,安定后却选择休养生息的政策,不过度开发,爱护万物,做到了人与自然的和谐。

正德、利用、厚生、惟和,这四点不可分割,相辅相成。正德、利用、厚生,才能做到和谐;而正德之人,方能做到厚生;合理利用也是另一方面的和谐。品行优良的人必定有一颗怜悯天下的心,大禹能做到这四点,自然与他的优良品质分不开。

三、人格魅力

大禹拥有美好的品格:心怀天下、正直、勇敢、无私、坚毅、谦逊……其中,谦逊,是大禹最大的特点。当初舜推举他为帝,大禹却推举其他人。他认为皋陶勤勉树立德政,德惠能下施于民。大禹说皋陶的功绩德行都高于他,理应让皋陶总统众民。这是他的谦逊。谦逊的人能够每日三省,反省自己的行为、做法,时刻督促自己施德政、行善事。谦虚的人格局很大,他认为世界是无穷的,人总能进步;而自大的人格局很小,总认为自己做得足够好。这种人只看到了眼前的一点利益,而看不到的却是一片汪洋大海。一个鼠目寸光的统治者,是一个国家的灾难;而一个谦逊的统治者,是一个国家的福泽。

为君者,必定无惧无畏。治理洪水,这是一件极艰巨的任务,许多人都束手无策,甚至大禹的父亲也为此丧命,但大禹还是义无反顾地去治理洪水,不辞劳苦地勘测每座山每条河。这需要莫大的勇气和坚定的信念。

爱国爱民,是大禹骨子里的品质,融入身体的血液中,好像与生俱来并且生根了一般。大禹心怀天下苍生,他有一颗赤诚的爱国之心,甘愿将自己奉献给国家。他真诚地对待每一个人,爱民如子。都说,看一个人,他的财富、名气不是最重要的,最重要的是他的品行。大禹拥有了世界上很多人都无法企及的财富——拥有一个国家。但同时,他也拥有一个美好的人格。这便是他与许多帝王不同的地方。他不似其他君王那般只注重国家的财富、军力,他还注重自己的德行、百姓的安定、国家的稳定、疆域的安全,以及民族之间的和谐。如此,方为明君!

大禹身上充分体现了我们中华民族的精神——以爱国主义为核心,团结统一,珍爱和平,勤劳勇敢,自强不息。

大禹备受后世推崇,每个朝代都有人祭拜这古往今来的一代明君。大禹被人记住的不应该只有大禹治水、三过家门而不入的故事。他的品质、他当帝王时的功绩,都值得人们记住。可以说,他是君王的楷模!他不似刘邦那样奸诈狡猾,也不似项羽那样鲁莽无脑,只有与尧、舜相提并论,才比较客观公正。

(本文原载于《大禹与中国传统文化研究》2020 年第 3 辑)

一心为公，方能守住初心

——浅谈大禹形象

申屠雪雯①

大禹，名文命，黄帝的后代。在三皇五帝时期，黄河泛滥，大禹受命于舜，治理洪水。"三过家门而不入"就是对他不顾个人利益，无私奉献精神的高度赞扬。但在谈到大禹舍己为公、无私奉献的精神时，我们的记忆不能仅仅停留在大禹治水这一件事情上。大禹精神是民族复兴的力量源泉。

一、承父重任，勇而怀德

大禹的故事，要从大禹的父亲鲧说起。"当帝尧之时，洪水滔天，浩浩怀山襄陵，下民其忧。尧求能治水者，群臣四岳皆曰鲧可。尧曰：'鲧为人负命毁族，不可。'四岳曰：'等之未有贤于鲧者，愿帝试之。'于是尧听四岳，用鲧治水。"②尧帝在位时，黄河水灾泛滥，在臣子的推荐下，尧帝派遣鲧前去治理洪水，但鲧治理了九年却没有任何成效，于是有了"行视鲧之治水无状，乃殛鲧于羽山以死"③的结果。而后，大禹被举荐治理水患。大禹在其父因未能完成治水任务而获罪的情况下，没有丝毫胆怯和退缩，接手了父亲未完成的治理水患的任务。在《史记·夏本纪》中写到大禹"过家门不敢入"④，一个"敢"字，我们可以看到大禹因担心自己不能完成这个任务而在门口徘徊的场景。这个场景也可以让人感受到大禹接受任命时的压力之大，而大禹果敢地接受了任命也证明了他的勇气之大。从另一方面来讲，大禹的父亲鲧因被流放而死在了羽山，换言之，舜帝间接地杀死了大禹的父亲。但大禹不仅没有因为舜帝流放父亲而记恨，也没有因父亲的死而感到丝丝不满，反而心平气和地接受了治水的工作，并且为此呕心沥血。大禹甚至还十分感念尧帝和舜帝对

---

① 本文作者系浙江越秀外国语学院中国语言文化学院 2018 级学生，指导教师刘家思。
②③④ 司马迁著，韩兆琦评注：《史记》，岳麓书社 2011 年版，第 21 页。

百姓的恩德，将尧帝和舜帝当作父亲一般敬重。在《吴越春秋》中记载着"尧崩，禹服三年之丧，如丧考妣，昼哭夜泣，气不属声"①，以及"舜崩，禅位命禹。禹服三年，形体枯槁，面目黧黑，让位商均，退处阳山之南，阴阿之北……禹三年服毕，哀民，不得已，即天子之位"②。从"如丧考妣""昼哭夜泣，气不属声""形体枯槁，面目黧黑"这些词中，可以看出大禹在面对尧帝、舜帝的死亡时内心真的悲痛万分，可见大禹对尧帝和舜帝的感情之深厚。

但大禹接替父亲治理黄河水患，不仅仅是因为父亲和舜帝，更多的是为了百姓，为了让百姓早日脱离水深火热，不再受苦。因此，他跋山涉水、呕心沥血，不敢停留，不曾抱怨。

二、主张美政，为民着想

大禹在治理好黄河水患之后，没有居功自傲，依旧敬重舜帝，谨慎地辅佐他。大禹在与舜帝商讨国事的时候说："后克艰厥后，臣克艰厥臣，政乃乂，黎民敏德。"③意思是君主能够克服君主的艰难，臣下能够克服臣下的艰难，政事就能治理，众人就能勉力于德了。可见，大禹在成功治理水患，成为有功之臣，得到舜帝的宠信之后，还是尽心做好自己应该做的事，资政参谋，献计献策。他主张在其位，谋其政，做与自己身份相匹配的事，并且努力克服困难，不愧对自己的职位。可以看出大禹是一心为公的，他希望每个人都能够各尽其力，使得政事能够被治理，百姓也能够安居乐业。同时，大禹也劝解舜帝要做好君主该做的事，他对舜帝没有丝毫的隐瞒，坦诚直言，表现了大禹正直不阿，一心为公的品质。舜帝也十分赞赏大禹并且非常认同大禹的说法。舜帝说："允若兹，嘉言罔攸伏，野无遗贤，万邦咸宁。"④也就是说，舜帝听了大禹的话后，觉得如果真像这样，善言不被隐伏，朝廷之外没有被遗弃的贤人，万国之民就都安宁了。大禹还说："惠迪吉，从逆凶，惟影响。"⑤也就是说，顺从善道就吉，逆道就凶，就如同影子跟随着形体，回响伴随着声音一样。大禹所指的是舜帝治理天下之道，大禹建议舜帝像尧帝一样治国，施行德政，"稽于众，舍己从人，不虐无告，不废困穷"⑥。从大禹给舜帝的建议中可以看出，大禹有着为百姓着想和耿直无私的品质。

大禹认为舜帝的德政应当是使政治美好，政治在于养民。大禹曾为罪犯哭泣，

---

① ② 赵晔：《吴越春秋》，中华书局1985年版，第132页。
③ ④ ⑤ ⑥ 李民、王健：《尚书译注》，上海古籍出版社2004年版，第26页。

有人不解,罪犯本就应该受到惩处,于是问他哭泣的原因,大禹解释说:"天下有道,民不罹辜;天下无道,罪及善人。吾闻,一男不耕,有受其饥;一女不桑,有受其寒。吾为帝统治水土,调民安居,使得其所,今乃罹法如斯,此吾得薄,不能化民证也。故哭之悲耳。"①大禹从这个犯罪的人身上找到了人民犯罪的根本原因是天下无道,这件事体现出大禹所崇尚的"为政善德,政在养民"的思想,在他看来,只有正确的执政观念才能使百姓生活安定。另外,大禹还认为应当建立水、火、金、木、土、谷六种生活资料,重视正德、利用、厚生三件大事。三件大事中的"正德"指的是重视财政规划,为民兴利除弊,改善民生;"利用"指的是利用自然资源,利用工具;"厚生"指的是轻徭薄敛,使民以时。这三件大事不仅可以修己助人,共谋群体发展,还可以使得教养兼施,使得生理与心理并重。大禹认为只有这些事理顺了,天下才能理顺,并主张用善言规劝臣民,用九歌勉励臣民。由此可见,大禹崇尚美政,主张恩威并施,重视生产,关心百姓的生活。大禹从底层出发考虑国家大事,没有站在制高点上一味地考虑个人利益,说明大禹是一个质朴,爱民,为百姓着想的人。另外,大禹主张用善言规劝犯错的臣民,用威罚监督臣民,既不是一味处罚,也不是单纯劝说。两者并重的治国方式也体现了大禹的谋略。六府三事是为民着想,也是为国考虑。

在舜帝在位时,大禹为民着想主要体现在辅佐舜帝,给舜帝提一些利民的建议上。而在舜帝逝世后,大禹继位,大禹的为民着想则落在了行动上。舜帝逝世,大禹悲痛万分,身体憔悴,面色黑瘦,没有余力再去治理国家,于是把帝位让给了商均,退避而居。但百姓们不依附商君,纷纷投奔大禹所在地,白天歌唱,晚上吟咏。大禹哀怜百姓,于是在三年服丧期结束后又重新登上了天子之位。为了百姓的请求,不忍百姓的日日等待,又见百姓如此拥戴自己,大禹终究不得不放弃自己安逸的生活,重新回到了那个沉重的位子上,为百姓谋福祉。大禹再次登上帝位后,花了三年的时间考核功绩,走遍了整个国家,五年便稳定了政局,接着颁布政令,使民众休养生息。又"封有功,爵有德,恶无细而不诛,功无微而不赏"②,于是天下的人都敬仰崇拜大禹。大禹临终前,嘱咐群臣说:"吾百世之后,葬我会稽之山,苇椁桐棺,穿圹七尺,下无及泉,坟高三尺,土阶三等。葬之后,曰:无改亩,以为居之者乐,为之者苦。"③大禹即使是在面对死亡时,考虑的也不是自己,而是百姓,甚至担心自己逝世之后,尸体会不会影响到百姓以后的生产生活。大禹为民着想是忘我的,

---

① 赵晔:《吴越春秋》,中华书局1985年版,第130页。
② 赵晔:《吴越春秋》,中华书局1985年版,第133页。
③ 赵晔:《吴越春秋》,中华书局1985年版,第134页。

他认为不能为了自己死后的安乐而使耕种埋葬他尸体田地的农民劳苦。也正是大禹一心为百姓着想，才使得百姓在他死后一直没有忘记他。十多年后，重整祭祀，百姓们都很高兴，一年四季都供奉大禹，交纳祭品。百姓对大禹的态度，不论是请求大禹再登帝位，还是死后供奉大禹，都可以说明百姓对大禹是敬仰的，由此可以看出，大禹对百姓的爱护和为百姓着想的心理和行动，换来了人民的爱戴和缅怀。

三、三推帝位，二接帝位

虽说我们对大禹的记忆不能只是停留在治理水患上，但成功治理水患确实是大禹一生中最重要的功绩。大禹在治理黄河时，最先做的就是以高山大河为界，分划土地的疆界，然后从壶口开始依次解决各个地方不同的问题。从源头开始，改原本堵塞以治理洪水的办法为疏通河道。大禹花了十三年的时间治理黄河水患，这十三年间，大禹三次路过家门，但都没有进去。为什么呢？不仅为了不辜负舜帝的信任，而且为了让百姓们能够安居乐业，不再遭受水患带来的伤害。因此，他舍弃了他的小家，放下了在家中殷切祈盼的妻子，放下了自己心中那份难耐的思念之情。十三年恪尽职守，一心一意地治理黄河水患，早已到了公而忘私的地步。同时，他也不敢进入家门，他的使命没有完成，百姓还处于水深火热之中，他不敢面对对他充满殷切期待的亲人们。正是这样，他治水成功，获得了舜帝的赞誉和百姓的拥戴。

舜帝居帝位三十三年后，年岁已老，常常被繁重的事务所累，感到辛苦不堪，想要将帝位让给大禹，希望大禹能够努力不懈怠地治理国家，统领子民。但是大禹却希望舜帝能够将帝位让给皋陶。大禹告诉舜帝，自己的德才不能胜任帝位，而皋陶勤勉树立德政，德惠下施于民，百姓们都很怀念他，舜帝也应当多想着他。"念德的人是皋陶，悦德的人是皋陶，宣扬德的人是皋陶，诚心推行德的人也是皋陶。"大禹在舜帝面前大肆地夸赞皋陶，说明大禹不仅是一个谦逊的人，还是一个慧眼识人、举荐贤德的人。大禹向舜帝推荐皋陶，说明大禹懂得欣赏他人，善于发现别人的优点，不嫉妒，重视有贤德的人。另外，大禹无私地将有贤德的人推荐给舜帝，说明他为国家着想，一心为公，没有私心，淡泊功名利禄。

舜帝听了大禹的建议，在赞扬了皋陶辅佐自己治理天下的功劳之后，又再一次将"矛头"指向了大禹。舜帝再次劝说大禹，希望大禹能够接受帝位，并且举了许多例子来证明大禹适合接任帝位。举例一，在洪水泛滥，警戒大家重视自然的时候，能够实现政教的信诺，完成治水工作的人只有大禹，因此可以证明大禹是一个有能力,充满智慧的人,可以接任帝位;举例二,大禹能够辛劳地辅助舜帝治国,对待家庭能够节俭持家,还不自满自大,因此可以证明大禹是一个贤能的人,可以接任帝位;举例三,大禹不认为自己是贤人,所以天下没有人可以和大禹争能,大禹不夸耀自己的功劳,所以天下没有人可以和大禹争功,由此可见大禹德行兼备,可以接任帝位。舜帝认为大禹不仅有功绩,而且德才兼备,应当升为大君,接受上天的任命。从舜帝的举例中,我们可以从侧面了解大禹的为人,首先他是一个贤能的人;其次,他谦逊,不自满自大,能够正确地认识自己;最后他不与人争功,不为己利,心怀天下。舜帝阐述完了自己认为大禹应该担任大君的原因之后,告诫大禹人心都是危险的,而道心精妙难以察觉,只有专心守一才能保持中道,不听无信验的话,不用独断的谋划,谨慎对待帝位,敬行人民所愿的事。此时舜帝已经认定了大禹就是未来的君主,但大禹还是推辞,并以占卜为借口,指出应由大龟来决定未来大君人选。在被舜帝告知自己的志向大于大龟的占卜后,大禹跪拜叩首,又一次推辞。大禹的跪拜叩首从细节处表现出了他对舜帝的敬重,也可以看出他是一个恭谨、懂礼节的人。大禹前后三次推辞帝位,说明大禹不重视功名利禄,但最终为了百姓,为了国家,接受了帝位。可见大禹是无私的,他没有为了自己的安逸而逃避,而是为了国家和百姓接受了上天派给他的大任,承担起了他的责任。

四、征伐苗民,以德治国

征伐三苗,消除祸患,是大禹人生中的又一重要功绩。舜帝在位时,苗民不依教命,昏迷不敬,辱慢常法,妄自尊大,违反正道,败坏常德,造成了贤人在野,小人在位的恶劣现象。于是舜帝派大禹前去征讨他们。大禹在战前会合各诸侯并告诫军士,要听从他的命令,他将奉行舜帝的旨意,带领他们同心协力,讨伐苗民。经过三十天的征讨,苗民还是不服。伯益辅佐大禹并告诉大禹施德可以感动上天,即使距离很远人们都会前来服从。盈满招损,谦虚受益,是天道。舜帝之前到历山去耕田的时候,天天向上天号哭,向父母号泣,自己负罪引咎;恭敬地对待瞽瞍,瞽瞍才信任并顺从了他,他的真诚也感动了神明。真诚连神明都可以感动,又何况是苗民呢?大禹在听了这些劝告之后,班师回朝,大施文教,决定以诚动人,以柔克刚。七十天后,苗民接受了教化,依顺教命了。从大禹听从伯益的建议中可以看出,大禹从谏如流,认真听取别人的建议,并及时地改正自己的错误,是一个知错就改的人。他没有因为所谓的面子而不听劝告,一意孤行,相反,还拜谢了伯益的嘉言。这再次显示了大禹以德治国的理念。

总而言之,大禹的一生,自接受治理洪水的任命开始,一直为了国家和百姓而奋斗,皆是为公。无论是大禹治水时的三过家门而不入,还是在与舜帝商讨政事时坚持的美政,抑或是多次推辞帝位,又或是对苗民由征伐改为教化,他都坚守了自己在治水前的初心,治国安邦,从未忘记。

（本文原载于《大禹与中国传统文化研究》2020 年第 3 辑）

略论儒、道修身思想的异同

虞青青①

中国哲学非常关注人的生命的问题,讲究人与自然的和谐,因此也就形成了"修身"文化。儒道两家莫不如此,各自形成丰富的理论体系,两家学派关于人生修养的认识虽互有相通之处却又不尽相同。

一、"修身"内涵丰富,各有所长

(一)入世之进取——儒家的修身理念与方法

儒家讲究修齐治平,而修身是这种理想的根本和基础。《礼记·大学》曰:"自天子以至于庶人,壹是皆以修身为本。其本乱而末治者,否矣。其所后者薄,而其所薄者厚,未之有也。此谓知本,此谓知之知也。"②强调了以修身为本的思想,上至国家元首下至平民百姓皆要以修养心性为本,不重视根本而去追求细枝末节显然是不合理的。《大学》开篇就说:"古之欲明德于天下者,先治其国;欲治其国者,先齐其家;欲齐其家者,先修其身;欲修其身者先正其心……身修而后家齐,家齐而后国治,国治而后天下平。"③这段话可以简明地概括为"修身、齐家、治国、平天下"。由此可见修身是实现一切价值的前提和基础:只有将内心的自我修养上升到至善至美的境界,才能推而广之实现齐家治国平天下。这正是儒家的"内圣外王"之道。而要将主体修养的"内圣"实现"外王",根本还在于"修身"。

在儒家看来,修身的依据在于肯定人的价值。《孝经》第九章引孔子之言曰:

---

① 本文作者系浙江越秀外国语学院中国语言文化学院 2015 级学生,指导教师余群。
② 乔通:《大学中庸评释》,中华书局 2015 年版,第 23 页。
③ 乔通:《大学中庸评释》,中华书局 2015 年版,第 8—21 页。

"天地之性,人为贵。"①此句中,"性"即"生"的意思。人为贵者,乃贵于与万物之不同,懂得道德的追求。其要求在于"修己",即培养自己高尚的道德品质,从而成为"圣人""贤人"。孔子注重仁人君子之道,提倡人们不仅要重视个人品格修养,具备仁义礼智信等立人之本,更要有经世济民、民胞物与的情怀。可见儒家认为人的品德修养应和建功立业相统一,即"修己以安人""修己以安百姓"②。孟子提出"穷则独善其身,达则兼善天下"③,认为穷达都是身外事,只有道义才是根本,要做到穷不失义,达不离道,并且要将个人的安身立命与天下百姓的福祉相联系。人在不得志的时候要修养品德立身在世,得志时便把善普施于天下,从个人层面的"小善"上升为社会的"大善"。而人无论是穷还是达,修身为本的信念不能动摇,这才是真正的君子。对于修身方法,儒家特别强调自省,即从自身寻找原因,有则改之,无则加勉。《论语·颜渊》中说:"内省不疚,夫何忧何惧?"④如果在自我反省的时候没有感到什么可愧疚的,就不会有忧愁和恐惧了。《论语·卫灵公》中也写道:"君子求诸己,小人求诸人。"⑤能否从自己身上找原因是区分"君子"与"小人"的标准。儒家思想中关于自省的论述不胜枚举,旨在告诫人们要不断地进行自我反省,修身养性。因此,儒家修身思想十分重视慎独。"慎独"出自《礼记》:"莫见乎隐,莫显乎微,故君子慎其独也。"⑥所谓慎独,就是指在个人独处的情况下,也要自觉地以道德标准约束自己,不犯过错。刘宗周学说的核心即为"慎独","无极而太极,独之体"⑦。"独"即为宇宙之本体。可以说慎独真正体现了修身的道德内涵,在自觉性和境界上都最为高妙。

儒家关于修身的思想内涵极其丰富,且形成了一套完整的理论和主张,处处可见刚健有为、自强不息的进取文化。它从肯定人的价值出发,以"内圣外王"作为修身目标,并有"自省""慎独"等一系列的修身方法。修身为本是儒家的基本精神内涵,严于修身,做一个有道德节操的人是为了积极入世做准备,是为了治国、平天下,实现自己的政治理想和政治抱负。

---

① 李隆基注,邢昺疏:《孝经注疏》,北京大学出版社 1999 年版,第 28 页。
② 乔通:《大学中庸评释》,中华书局 2015 年版,第 56 页。
③ 孟子:《孟子》(下),浙江古籍出版社 2013 年版,第 193 页。
④ 孔子:《论语》(下),浙江古籍出版社 2013 版,第 21 页。
⑤ 孔子:《论语》(下),浙江古籍出版社 2013 版,第 92 页。
⑥ 戴圣著,王文锦译注:《礼记》,中华书局 2016 年版,第 692 页。
⑦ 黄宗羲:《黄宗羲全集》(第一册),浙江古籍出版社 2005 年版,第 291 页。

(二)出世之无为——道家的修身理念与方法

道家人生观讲究顺其自然、自我完善,追求人与自然和谐相处的天人合一境界,与儒家积极求"仁"不同,先秦道家宣扬修身之道的主旨是"无为",比较强调自然本分的规律文化。

道家修身思想的认识基础在于对万物存在本质有道、气、德等的认识。"道"是《道德经》思想体系的核心概念,道是本体性存在,"道生一,一生二,二生三,三生万物"①。"气"则是"道"内化于宇宙之中的结果,也就是在宇宙万物中"气"为本根性的存在,但"道"法自然,"道"是"气"的基础,"气"又守"道"。而"德"是"道"在实物上的体现,是指物的天性或本性。修身的主旨在于"循德求道",而其基本性质是"无为"的。老子认为,修身的奥秘是不断"涤除玄览",《道德经》中说:"为道日损,损之又损,以至于无为。"②庄子则认为,修身的理想境界是"无知无欲",方能"逍遥"。就是使生命存在呈现出所谓返璞归真的理想样态了。如何做到"无为"? 道家的修身途径是"寡欲",老子认为,"知足者富"③,"祸莫大于不知足"④。然而"无为"的真正内涵则是崇尚自然,返璞归真。人作为天地自然中的一员,"天地与我并生,万物与我为一"⑤,尊重自然法则,用心去感受世间万物的相互联系,正是从"道法自然"出发,提倡人顺应本性,达到"天人一体"的和谐境界。而有所求就有所累,要达到这种境界则应做到"心无杂物",《庄子·天运》中提出:"以富为是者,不能让禄;以显为是者,不能让名;亲权者,不能与人柄。"⑥如果心被功利欲求所困,怎能达到自由的状态? 所以庄子提倡不为物累,《庄子·天地》中说"虚静恬淡寂寞无为者,万物之本也"⑦。那要如何才能灭除得失功利杂念而达到无为呢? 所以道家修身的具体方法是"心斋"和"坐忘"。《庄子·人间世》提出了"心斋"的方法,即:"若一志,无听之以耳而听之以心;无听之以心而听之以气;听止于耳,心止于符。气也者,虚而待物者也。唯道集虚。虚者,心斋也。"⑧即是保持内心的虚静,摒弃任何

---

① 王弼注,楼宇烈校释:《老子道德经注》,中华书局2016年版,第120页。
② 王弼注,楼宇烈校释:《老子道德经注》,中华书局2016年版,第132页。
③ 王弼注,楼宇烈校释:《老子道德经注》,中华书局2016年版,第87页。
④ 王弼注,楼宇烈校释:《老子道德经注》,中华书局2016年版,第129页。
⑤ 郭象注,成玄英疏:《南华真经注疏》(上),中华书局1998年版,第43页。
⑥ 郭象注,成玄英疏:《南华真经注疏》(上),中华书局1998年版,第299页。
⑦ 郭象注,成玄英疏:《南华真经注疏》(上),中华书局1998年版,第264页。
⑧ 郭象注,成玄英疏:《南华真经注疏》(上),中华书局1998年版,第82页。

外在的思虑。"坐忘"是《庄子》提出的另一种修身方式,"忘"的对象是自身,就是把"我"作为独立精神之存在从形体、虑念、私欲的束缚中解放开来以能彻底自由,从而"独与天地精神往来,而不敖倪于万物"①。

道家修身提倡审慎持守而不有所失,这就是回归自然本性。这种修身思想体现出无为的出世精神,讲究达到天人合一的境界。

总之,儒、道两家思想存在不少差异,但可以相互补充、相互借鉴。并且,两家学派也是存在着许多共通之处的。

二、本质追求相同,殊途同归

(一)从对自身修养的追求来看

他们都十分注重自身的道德修养,把道德修养作为一种崇高的思想境界。注重国泰民安,追求天下为公,期望建立一个公平的政治制度,实现自身的社会价值,以此来完美自己的人生。儒家尊德而贵仁义礼乐,所以对儒家而言,最重视的莫过于德。正如孔子所说:"天生德于予!"他强调自己的修养过程以"德"为根据,"志于道,据于德,依于仁,游于艺"②。相反,若"德之不修",则"是吾忧也"。孔子甚至将中庸这一至善至美的方法视为至德,"中庸之为德,其至矣乎,民鲜久矣!"③重德为本是儒家对自身价值追求的一个鲜明特征。从其修身方法"慎独"——对主体自律提出的高要求,也可看出儒家对自我道德修养的高标准。

道家的核心在于贵道而崇尚无为。《道德经》说:"道生之,德畜之,物形之,势成之,是以万物莫不尊道而贵德。"④这就是遵道贵德。把天道转换为人道,使人道符合天道,"原天地之美","达万物之理",自然美即是德。提倡忘却或忽略外在形式媒介的存在,凸显内在精神与道合一,达到天人一体的思想境界,是道家对自我的道德追求。但如果仅仅把道家看作自然和洒脱,看不到其生命的沉重与无奈,便没有真正理解道家。"道"的至美境界是以无为而有所为,不刻意讲求德行却照样可以修身养性,不在庙堂之高却照样可以庇护天下苍生。道家讲究道法自然,以无

---

① 郭象注,成玄英疏:《南华真经注疏》(下),中华书局1998年版,第618页。
② 孔子:《论语》(下),浙江古籍出版社2013版,第100页。
③ 钱仲联:《剑南诗稿校注》,上海古籍出版社1985年版,第80页。
④ 王弼注,楼宇烈校释:《老子道德经注》,中华书局2016年版,第141页。

为治国,他们没有刻意去追求什么却能具备一切,不有意为之却又无所不为,正所谓"澹然无极,而众美从之"①。古代很多文人都具有儒道互补的修身思想,如陆游有诗句:"功名莫苦怨天悭,一棹归来到死闲。"②前半句可见鲜明的入世思想,希望能功成名就为国效力,但求而不得也不能埋怨老天的不公平,等到建功立业后就能归隐山林了。诗句表达了陆游既有儒家积极进取的实用主义,又有道家顺势而为的自然主义,但出发点都是为了能够为国效力,为建立保障人民的政治制度做贡献,发挥自己的社会价值。

(二)从对内心心静的追求来看

道家将之化为了具体的修身方式即为"心斋"。何谓"心斋",顾名思义,指人"心"的"斋戒",扫除一切杂念和欲望的精神修养过程和精神修养方法。庄子认为人应莫为物累,挣脱出社会的各种利欲追求且排除自身的一切欲望,摒弃一切知觉和思想,从而保持心灵的虚静清明。"夫恬淡寂寞,虚无无为,此天地之平而道德之质也"③,这是"心斋"的境地也是庄子的虚无主义。在庄子的世界里,虚无乃是超功利的价值存在,也是道德修养的最高标准。有了这种完全虚无的心静,就能虚而待物,与道冥合,达到物我两忘、天人一体的思想境界。

而儒家作为生命的实践者,强调人主观的作用,意在仰仗内在力量通过主体内省等手段澄心静虑,摒弃杂念,达到人生境界与审美境界的合一。王阳明有四句教:"无善无恶心之体,有善有恶意之动,知善知恶是良知,为善去恶是格物。"④无善无恶之心是没有被物欲杂念遮蔽的本心,即良知,是天理,在未发之中。一旦人的意念活动就有了好恶,是已发之情,已发之情有善有恶。如果"意"出现了错误,不能正确分辨善恶,就要格物省己,通过格物致知来求得一颗没有物欲杂念的纯洁之心。这体现了王阳明所追求的人生境界:"无欲故静"。那就是,通过格物致知来摆脱心中之"恶",求得自由心静的状态。王阳明在《答陆原静书》中说:"'未发之中'即良知也,无前后内外而浑然一体者也。"⑤这显然是将"未发"之情归为心静,只有主动保持心静状态,才能把握住良知这一根本。可见,儒家"慎独"修身方法的

---

① 郭象注,成玄英疏:《南华真经注疏》(下),中华书局1998年版,第314页。
② 钱仲联:《剑南诗稿校注》,上海古籍出版社1985年版,第1626页。
③ 郭象注,成玄英疏:《南华真经注疏》(下),中华书局1998年版,第314页。
④ 王阳明:《王阳明全集》,上海古籍出版社1992年版,第1307页。
⑤ 王阳明:《王阳明全集》,上海古籍出版社1992年版,第64页。

本质在于排除私欲物欲,保持心静,从而达到天人合一的境界。

(三)从对"和"文化的认同来看

在"和"的问题上,两家也有异曲同工之妙。儒家讲究中和,将情感表现与否分为已发和未发。《中庸》:"喜怒哀乐之未发,谓之中,发而皆中节,谓之和。中也者,天下之大本也;和也者,天下之达道也。致中和,天地位焉。万物育焉。"①"未发"指的是喜怒哀乐还没有表现出来,可以指我们的天性,"已发"指的是喜怒哀乐这些情感已经表现出来了,即为情。如果表现出来的情绪恰到好处,既不过分,也无不足,不违背情理,适时适度,这样就达到了"和"的境界。"喜怒哀乐之未发"的"中"可以看作本体,而"和"是"中"的表现形式和必然结果,把"中"推广到"和"就可以使天地各处于它们合适的位置,世间万物也能正常生长发展了。这就是"和",是天下最通行的道理。"未发之中"是"已发之和"的前提,"和"是儒家中庸之道所要求人们的修身目标。

道家也十分讲求"和",道家学派的思想体系中蕴含着无尽的和谐文化,包括人与人、人与社会、人与自然的和谐。"道生一,一生二,二生三,三生万物"②,道家强调"道"是世界的本原,具有一种"天人合一"的整体意识,人类不能离开天地万物而独立存在,认为人类与世间万物都是相互依存的关系。庄子呼吁"无以人灭天"③,就是强调人要顺应自然且遵循自然规律,不以牺牲自然的运作轨迹而满足内心的欲望,而应达到"天地与我共生,万物与我为一"的境界。老子在《道德经》里指出:"人法地,地法天,天法道,道法自然。"④充分体现了天道自然,天人一体的和谐观念。而要达到这种境界就要避免主观行事,在某种意义上可理解为不可过度宣泄自己的情感,以达到"中和"的修身目标。

三、结　语

总而言之,儒道文化博大精深,关于修身理论更是丰富深刻,各有所长又有着千丝万缕的联系,对我国传统文化的形成影响巨大,对现代社会仍然有深切的现实

---

① 乔通:《大学中庸评释》,中华书局 2015 年版,第 90—95 页。
② 王弼注,楼宇烈校释:《老子道德经注》,中华书局 2016 年版,第 120 页。
③ 郭象注,成玄英疏:《南华真经注疏》(下),中华书局 1998 年版,第 342 页。
④ 王弼注,楼宇烈校释:《老子道德经注》,中华书局 2016 年版,第 66 页。

意义。通过比较儒道修身思想的异同,我们可以得到诸多启示,并从中汲取有益的成分,古为今用,体悟自身,为全面实现人的价值而努力。

(本文原载于《名作欣赏》2018 年第 14 期)

高校国学热对于大学生文化自信的作用及意义

虞青青①

21世纪以来,随着我国经济政治实力的提升,国家也越来越注重文化软实力,"国学热"便应运而生。在国际上,我国在世界各地创建孔子学院,传播中华文化;在国内,一大批知名高校、研究院所,如北京大学、清华大学、中国人民大学等纷纷成立了国学院和传统文化研究所,引导大学生学习国学,传承文化传统,增强文化素养,树立文化自信。可以说,"国学热"现象早已成为我们日常生活中一道亮丽的风景线。因此,我们有必要对此进行一番细致的探讨。

一、何谓"国学""国学热"

"国学"是近代随着"西学"进入中国而提出的学术名词,而"国学"这个概念中国历来就有,最早出现于《周礼·春官·乐诗》:"掌国学之政,以教国子小舞。"②这里的"国学"是"国立学校"的意思。《孟子·滕文公章句上》说:"设为庠、序、学、校以教之。"③从文献来看,这里的"庠""序"属于教育平民子弟的乡学,"学"则是教育贵族子弟的国学。西周的学校分为"国学"和"乡学","国学"为中央设立的学校。后来的《汉书》《后汉书》《晋书》里的"国学"也都是指"国立学校",此"国学"与今人"国学"之含义颇为不同。1923年胡适在《国学季刊》的发刊宣言中最早对"国学"下了个定义:"'国学'在我们心眼里,只是'国故学'的缩写。中国的一切过去的文化历史,都是我们的'国故',研究这一切过去的历史文化的学问,就是'国故学',省称为'国学'。"④在胡适先生眼里,"国学"指的是中国故有的文化历史。在国学大

---

① 本文作者系浙江越秀外国语学院中国语言文化学院2015级学生,指导教师余群。

② 杨天宇:《周礼译注》,上海古籍出版社2004年版,第332页。

③ 杨伯峻:《孟子译注》,中华书局出版社1962年版,第112页。

④ 刘梦溪:《论国学》,上海人民出版社2008年版,第47页。

师章太炎眼里,"国学"为:"国学即国故,就是本国固有学术的意思。"①这个概念与我们今天所说的"国学"大同小异,"国学"又称"汉学"或"中国学",泛指国家传统的历史文化与学术,即国家的文学或学术。

那何谓"国学热"呢?"国学热"是一种社会现象,即为中国传统文化学习的热潮。它的出现与我国经济实力的增强,国际政治地位的提升密不可分,同时也是国人对传统文化的认同和民族文化自觉自信的体现,是新时期中国在文化上复苏的必然趋势。章太炎先生就十分重视国人的文化自觉与文化自信:"国粹尽亡,不知百年以前事,人与犬马当何异哉?人无自觉,即为他人陵轹,无以自生;民族无自觉,即为他民族陵轹,无以自存。然则评谈国粹者,正使人为异种役耳。"②章太炎先生的这种忧患意识呼吁国人重视传统文化,有文化自觉自信才可自生自存。如果一个国家民族丢掉了自己的思想文化,那就如同大树失掉了根基,再也无法汲取养分,无法立于民族之林。我们需要优秀的传统文化作为根基奠定文化自信的强大底气,所以"国学热"现象应运而生。

高校国学热正是"国学热"的表现形式之一,中国大学的人文学科正在集体上演"复兴大戏"。如2005年10月中国人民大学国学院成立;同年11月北京大学"乾元国学班"开课;2012年山东大学开"尼山课堂",其开设课程完全依照中国古典学术的本来面貌。还有大学生穿汉服、说文言等,这些都是高校"国学热"的现象,人们寻找精神归属,弘扬中华文化的表现。虽说国学有精华也有糟粕,但高校国学热如果用正确的引导方式传播优秀文化,则对于大学生文化自信的培育具有重要的作用及意义。

二、高校国学热对于大学生文化自信的作用

(一)文化认同

国学热对于我们大学生对传统文化的认同具有非常重要的作用。因为,随着中国经济的快速发展,中国的国际地位和影响力也不断提高,中国文化在世界上发挥的作用愈来愈大。如今世界各国人士对中国文化的了解学习具有极高的热情,面对这样的历史变化,中国人的自豪感和自信心与日俱增。而我们要承担起传播

---

① 章太炎:《国学概论》,巴蜀书社1987年版。
② 章太炎:《印度人之论国粹》《章太炎全集》(第四卷),上海人民出版社1985年版,第366页。

中国文化的责任,透彻地了解中国文化是必经之路。程裕祯先生说:"中国文化是人类文化园圃中一个独具性格且结构完整的系统。它根植于东方的土地,融入了东方的智慧,吸纳了外来的因子,最终形成一种内涵十分丰富、具有自新能力,并且生生不息的文化体系。"①

中国文化经过五千年的历史积淀,已经结出了绚烂的文化成果且对人类遗产做出了巨大贡献,始终居于世界领先地位。法国思想家伏尔泰就高度评价孔子"是唯一有益理智的表现者,从未使世界迷惑,而是照亮了方向";诺贝尔物理学奖得主瑞典科学家汉尼斯·阿尔文博士在巴黎国际会议上说:"如果人类要在 21 世纪生存下去,必须回到 25 个世纪以前,去汲取孔子的智慧。"可见西方人很早就认识到了中国传统学术的社会价值和实践意义,并且给予了高度评价。而某些时候国人对国学价值的认识却不如西方深刻,在历史上国学多次处于风雨飘摇的境地。新文化运动时期,国学成为封建残渣的代名词,国人高举"打倒孔家店"的旗帜;"文化大革命"时期,国学的困境更甚。然而在时间浪涛的冲刷中,国学中传统文化的精髓部分在当今社会依然不过时。如以天下为己任的爱国精神。范仲淹的"先天下之忧而忧,后天下之乐而乐",文天祥的"人生自古谁无死,留取丹心照汗青",林则徐的"苟利国家生死以,岂因祸福避趋之",这些诗句依然耳熟能详,承载着中国文化的爱国传统。如刚健有为的进取精神。刚健有为是自强不息民族精神的实质所在,《周易》说"天行健,君子以自强不息",屈原在《离骚》中说"路漫漫其修远兮,吾将上下而求索"。如追求崇高的人格修养。《孟子·滕文公章句下》:"富贵不能淫,贫贱不能移,威武不能屈,此之谓大丈夫。"②《孟子·尽心章句上》:"穷则独善其身,达则兼善天下。"③体现了孟子的浩然正气。又如厚德载物的兼容精神。《礼记·中庸》:"万物并育不相害,道并行而不相悖。"④国学中传统文化精华的学习能够使我们更加深刻地认识民族自身,增加文化认同感。

高校具有传承文化的功能,大学应该成为国学教学的重要场所。《国家"十一五"时期文化发展规划纲要》中就提出:"高等学校要创造条件,面向全体大学生开设中国语文课。"这体现了高校进行文化传播的责任性和传统文化教育的重要性。我国作为一个发展中国家,尽管近年来综合国力稳步提升,但在现代化进程中存在官僚主义兴盛、集体主义丧失、爱国意识淡化、拜金主义盛行等问题,我们借助高校

---

① 程裕祯:《中国文化要略》,外语教学与研究出版社 2017 年版,第 4 页。
② 杨伯峻:《孟子译注》,中华书局出版社 1962 年版,第 138 页。
③ 杨伯峻:《孟子译注》,中华书局出版社 1962 年版,第 301 页。
④ 杨天宇:《礼记译注》,上海古籍出版社 2004 年版,第 691 页。

国学热开设中华传统文化课程,能使广大学子增强文化认同感,学习以天下为己任的爱国精神、刚健有为的进取精神;追求崇高的人格修养、厚德载物的兼容精神,在增强文化认同的同时更加准确深刻地认识我们民族自身。习近平总书记在纪念孔子诞辰 2565 周年国际学术研讨会暨国际儒学联合会第五届会员大会开幕式的讲话中说道:"当代中国是历史中国的延续和发展,当代中国思想文化也是传统思想文化的传承和升华,要认识今天的中国、今天的中国人,就要深入了解中国的文化血脉,准确把握滋养中国人的文化土壤。"①而高校国学热正是大学生了解中国文化血脉、把握文化土壤的途径,对于大学生文化认同感的加强有重要作用。

(二)行为指南

国学还可以成为大学生行为的指南。习近平总书记在北京大学师生座谈会上说过:"在几千年的历史流变中,中华民族从来不是一帆风顺的,遇到了无数艰难困苦,但我们都挺过来、走过来了,其中一个很重要的原因就是世世代代的中华儿女培育和发展了独具特色、博大精深的中华文化,为中华民族克服困难、生生不息提供了强大精神支持。"②习近平的这番话有力地说明了中华传统文化的行为指南作用,是我们中华民族历经艰险最终获得生生不息力量的精神支持来源。中华传统文化博大精深、源远流长,从孕育发生到雄壮强大,经历了漫长而曲折的进程,而在这段进程中的精华习近平又概括为"讲仁爱、重民本、守诚信、崇正义、尚和合、求大同"③。这些精华也正是国学教育的精华所在。

培育和践行社会主义核心价值观,传承发展中华优秀传统文化,就要大力弘扬讲仁爱、重民本、守诚信、崇正义、尚和合、求大同等核心思想理念。关于仁爱,是儒家思想的核心内容,孔子更是一个不折不扣的仁爱宣扬者和实践者,"仁"字在整本《论语》中被提到 109 次,可见其分量之大。《论语·里仁》中说:"唯仁者能好人,能恶人。"即是说只有仁者才能公正无私地去喜爱人和憎恶人。《论语·八佾》中说:"人而不仁,如礼何? 人而不仁,如乐何?"在孔子看来,一个人要是没有内在的仁爱

① 习近平:《在纪念孔子诞辰 2565 周年国际学术研讨会暨国际儒学联合会第五届会员大会开幕式上的讲话》,《人民日报》2014 年 9 月 25 日。
② 习近平:《青年要自觉践行社会主义核心价值观——习近平在北京大学师生座谈会上的讲话》,《人民日报》2014 年 5 月 5 日。
③ 蔡闯、刘嘉嘉、罗容海:《从延续民族文化血脉中开拓前行——以习近平同志为总书记的党中央从中华传统文化中汲取思想智慧治国理政记叙》,《人民日报》2016 年 3 月 3 日。

之心,那么外在的礼和乐也就没有意义了。《论语·雍也》中则说:"夫仁者,已欲立而立人,已欲达而达人,能进取譬,可谓仁之方已。"这是儒家"仁"思想的具体体现,一个仁爱的人定是一个博施济众,努力提升自我而去乐于助人的人。关于民本,则是孟子思想的精华。孟子的民本思想,体现在他对君民关系的认识上,体现了对百姓的关注,是中国思想上的一座里程碑。《孟子·尽心章句下》中说:"民为贵,社稷次之,君为轻。"①后孟子又说:"国以民为本。社稷亦为民而立,而君之尊又系于二者之存亡。"说明在孟子心里人民是国家的根本,民生是国家第一大事。《孟子·离娄章句上》又告诫统治者:"得民心者得天下,失民心者失天下。"②君王要想坐稳江山就得造福人民,得民心。而君民关系在孟子看来是平等的,提倡君臣应相互尊重:"君之视臣如手足,则臣视君如腹心;君之视臣如犬马,则臣视君如国人;君之视臣如土芥,则臣视君如寇仇。"关于诚信,诚信是立身行事的基本要求,是治国理政的根本法宝。《论语·为政》中说:"人而无信,不知其可也。大车无輗,小车无軏,其何以行之哉?"一个人如果没有了诚信就会一事无成。《论语·颜渊》中说:"自古皆有死,民无信不立。"如果政府没有了百姓的信任,就不能够立足了。关于正义。《北齐书·元景安传》中有"宁为玉碎,不为瓦全"的气节,《易水歌》中有"风萧萧兮易水寒,壮士一去兮不复还"的悲壮。关于尚和合,是中华民族千年来追求的理想境界。儒家有言"君子和而不同,小人同而不和","礼之用,和为贵",《礼记·中庸》中则指出:"和也者,天下之达道也。"③追求个体与群体、自然与社会的和谐是我们中华民族的坚定信念。关于求大同,"大同"理念不仅是一种社会政治理想,更是一种协和万邦的价值信念。"大同"思想在儒家传承中有深远的理论渊源和历史依据,源自《诗经》中的《硕鼠》篇,后《礼记·礼运》中说:"大道之行也,天下为公……是故谋闭而不兴,盗窃乱贼而不作,故外户而不闭,是谓大同。"④

　　国学传统文化中的精华与习近平主席提出的"讲仁爱、重民本、守诚信、崇正义、尚和合、求大同"六个范畴不谋而合,国学热的开展能为大学生的文化自信提供行为指南,力争做"讲仁爱、重民本、守诚信、崇正义"的人,为实现"尚和合、求大同"的社会做贡献。

---

① 杨伯峻:《孟子译注》,中华书局出版社 1962 年版,第 324 页。
② 杨伯峻:《孟子译注》,中华书局出版社 1962 年版,第 162 页。
③ 杨天宇:《礼记译注》,上海古籍出版社 2004 年版,第 691 页。
④ 杨天宇:《礼记译注》,上海古籍出版社 2004 年版,第 265 页。

（三）审美教育

国学热对于促进大学生的审美教育也同样具有重要作用。审美教育又称美育、美感教育，最早是由德国美学家席勒在其著作《美育书简》中明确提出的：“我们为了在经验中解决政治问题，就必须通过审美教育的途径，因为正是通过美，人们才可以达到自由。”①他阐释了不同的美会对人产生不同的影响，审美教育不仅是净化人心、提高修养的手段，也是在经验中解决政治问题的重要途径。而在我国，审美教育的理念可追溯到周代。周代形成了一套完整的“六艺”体制对贵族子弟进行教育，即礼、乐、射、御、书、数。“礼”指道德规范和礼仪，是仪表、行为、语言之美的培育；“乐”是艺术教育，包括诗歌、音乐、舞蹈三位一体的美育课程；“书”是文字书写；“射”和“御”分别指射箭和驾驭马拉战车，主要是体育和军事的训练；“数”是算数的学习。其中礼乐教育是六艺教育的中心，古人“六艺”的教育体制涵盖了对人德智体美全面发展的思想。

美育发展史可谓与国学经典密不可分。先秦孔子文论思想基础中很重要的一条便是尽善尽美的美学思想，《论语·八佾》中说：“子谓《韶》：‘尽美矣，又尽善也。’谓《武》：‘尽美矣，为尽善也。’”孔子很重视艺术的形式美，更注重艺术内容的善，尽善尽美是孔子文艺思想的审美特征。而孔子的审美思想直接影响了他的美育教学，其美育教学内容大致可分为《诗》《乐》，“诗教”和“乐教”传统是古代美育的重要途径。《诗》指《诗经》，孔子对诗的美学作用和社会教育的深刻认识可概括为“兴观群怨”。《论语·阳货》：“子曰：‘小子，何莫学夫《诗》？《诗》可以兴，可以观，可以群，可以怨；迩之事父，远之事君；多识于鸟兽草木之名。’”关于“兴”，汉孔安国注为：引譬连类，宋朱熹注为：感发意志，意谓诗可以感动激发人的情志，即是说诗歌可以将人从实用的人超越成审美的人。“观”是指可以通过诗歌观察生活，了解风俗。“群”是指诗歌可以交流感情，促进感情融洽，起到协调群体的作用。“怨”则是诗歌表达人们的不满，提高语言表达能力。《乐》是指《乐经》，孔子认为音乐对塑造人的完整人格有重要作用。《论语·述而》：“子在齐闻《韶》，三月不知肉味。”孔子听到优美的音乐竟然到了忘我的境地，说明音乐在净化人的心灵的同时能不知不觉地对人进行思想改造。正是因为“诗教”和“礼教”集感性与理性于一体，能对人进行潜移默化的影响，故其具有独特的审美教育效果。《论语·泰伯》中提出“兴于

---

① 席勒：《美育书简》，中国文联出版公司1984年版，第276页。

诗,立于礼,成于乐",充分说明了艺术美可陶冶人的性情。在老子的文艺观中,重要的两点便是"大音希声,大象无形"的审美理想和"涤除玄览"的审美观照。"大音希声,大象无形"的美学意义在于诗文追求含蓄简洁,在有限的文字当中蕴含深厚的意蕴,正所谓"不着一字,尽得风流"。"涤除玄览"出自《道德经》第十章:"涤除玄览,能无疵乎?"①"涤除"即清洗,净化,玄览即幽深的镜子,旨在扫除心灵尘埃,使其澄明自在。在文学创作上的审美指导意义为保持虚静状态。虚静即内心的宁静,此为创作前提。一方面虚静可以把握道及万物的真实面目,另一方面虚静可消除物我之间的差别。

国学经典中美无处不在,"尽善尽美"的经典作品对人有强烈的熏陶作用,"涤除玄览"的文艺规则对历代文人写作有审美指导意义。高校国学热的兴起,使国学经典这条涓涓细流通过课堂和校园文化活动这些渠道流淌于学生心间,并泛起层层涟漪。诵读国学经典,传播国学经典,使大学生在情感愉悦的教学中把握古典文化审美的同时,潜移默化地提升自我思想境界,开启智慧,完善人格。从而在社会实践中感受美、辨别美、追求美。可以说,高校国学热对于提高大学生文化自信具有重要的审美教育作用。

三、高校国学热对于大学生文化自信的意义

(一)爱国主义

国学热首先可以激发大学生的爱国热情。《语文新课程标准》中说:"在语文学习过程中,培养爱国主义感情、社会主义思想道德和健康的审美情趣,发展个性,培养合作精神,逐步形成积极的人生态度和正确的价值观。"在学生课堂的语文教学中,爱国主义教育是重点之一,而作为语文课堂中的国学经典文化教学则是培养学生爱国主义热忱的有力武器。在五千年的历史长河中,中华民族形成了以爱国主义为核心的团结统一、爱好和平、勤劳勇敢、自强不息、厚德载物的民族精神。

天下兴亡,匹夫有责。历朝历代,仁人志士以保卫国家为己任,强烈的爱国精神使中华民族历经劫难而不衰。《论语·卫灵公》中说:"志士仁人,无求生以害仁,有杀身以成仁。"孔子的生死观以"仁"为最高原则,但当生命与国家民族生死存亡

---

① 王弼注,楼宇烈校释:《老子道德经校释》,中华书局2016年版,第23页。

冲突时,就要舍生取义了。爱国诗人屈原在《离骚》中说"亦余心之所善兮,虽九死其犹未悔",屈原为追求国家富强纵死无悔的忠贞情怀令人敬佩,后人也经常用此话以表心志。曹植有著名的《白马篇》,其中一句:"名编壮士籍,不得中顾私。捐躯赴国难,视死忽如归。"青年英雄视死如归的报国之志闪耀着时代的光辉。南宋大将岳飞《满江红》中"壮志饥餐胡虏肉,笑谈渴饮匈奴血。待从头、收拾旧山河,朝天阙"成为千古名句,更是岳飞的英雄之气,精忠报国的真谛。这样的爱国名篇在国学经典中比比皆是,榜样故事更是脍炙人口。

党和政府向来就十分重视爱国主义教育,中华人民共和国成立初期,毛泽东提出"爱祖国、爱人民、爱护公共财产为全体公民的公德"。改革开放时期,邓小平则说:"以热爱祖国、贡献全部力量建设社会主义祖国为最大光荣,以损害社会主义祖国利益、尊严和荣誉为最大耻辱。"弘扬爱国主义精神从来都未过时,爱国主义是中华民族的立身之本。习近平总书记系列的重要讲话中也都渗透了强烈的爱国主义思想,饱含了爱国主义鲜明的时代特征。习近平总书记在中共中央政治局第二十九次集体学习时指出:"对祖国悠久历史、深厚文化的理解和接受,是人们爱国主义情感培育和发展的重要条件。中华优秀传统文化是中华民族的精神命脉。要努力从中华民族世世代代形成和积累的优秀传统文化中汲取营养和智慧,延续文化基因,萃取思想精华,展现精神魅力。"①可见习近平总书记提倡的爱国主义精神的培育要从中华优秀的传统文化中来,从优秀传统文化中汲取营养和智慧,这也是爱国主义新的时代特征。习近平还指出,弘扬爱国主义精神就要把爱国主义教育作为永恒的主题:"要充分利用我国改革发展的伟大成就、重大历史事件纪念活动、爱国主义教育基地、中华民族传统节庆、国家公祭仪式等来增强人民的爱国主义情怀和意识,运用艺术形式和新媒体,以理服人、以文化仁、以情感人,生动传播爱国主义精神,唱响爱国主义旋律,让爱国主义成为每一个中国人的坚定信念和精神依靠。"②而爱国主义是个人实现人生价值的力量源泉,习近平在欧美同学会成立100周年庆祝大会上的讲话中直指培养爱国主义精神的重要性:"希望广大留学人员继承和发扬留学报国的光荣传统,做爱国主义的坚守者和传播者,秉承'先天下之忧而忧,后天下之乐而乐'的人生理想,始终把国家富强,民族振兴,人民幸福作为努力志向,自觉使个人成功的果实结在爱国主义这棵常青树上。"国学经典的学习则能为爱国主义这棵常青树添肥施料,促使其茁壮成长。

---

①② 习近平:《大力弘扬伟大爱国主义精神为实现中国梦提供精神支柱》,《人民日报》2015年12月31日第1版。

现今全球化的时代背景下,西方公民和个体意识的泛滥,冲击着中国传统"家国一体"的观念,高校"国学热"的兴起对于传播爱国主义精神、提升民族自尊自信、增强个人的国家荣誉感和归属感有较大的意义。

(二)不忘初心

国学热可以让大学生更加理解"不忘初心"的真正内涵。习近平总书记在庆祝中国共产党成立 95 周年大会的讲话中说:"坚持不忘初心,继续前进,就要坚持中国特色社会主义道路自信、理论自信、制度自信、文化自信;文化自信,是更基础、更广泛、更深厚的自信。"①这是习近平首次提出文化自信,并且将之与道路自信、理论自信、制度自信相并列,并且文化自信是道路自信、理论自信、制度自信的基石。而不忘初心则是实现文化自信的一剂良药。"初心"本是佛教用语,"不忘初心"出自《严华经》,整句话概括为"不忘初心,方得始终",意为只有不忘最初的意愿,才能成功完成一件事。一个国家前进所选择的方向决定了道路走向,而道路决定命运,一个国家民族选择的道路必定不能忘记传统文化的"初心",需根植于本国传统文化。五四新文化运动以来,在西学东渐思想的冲击下,传统思想价值体系面临挑战,社会思想越来越趋于西方思潮。近来随着西方文化的"入侵",如"个人本位"的思想的传播,大学生开始变得浮躁,对本国文化传统产生了怀疑和迷失感,这就需要高校国学的传播来打一剂强心针了。习近平总书记也强调要坚守中华文化立场,从国学中寻找不忘初心的精神之源。

中西文化价值观存在很多差异,主要体现在对价值取向和伦理道德问题上。对于价值取向,西方哲学强调"主客二分",注重张扬自我和人的主观创造性。这种"个体本位"意识直接影响到人与人、人与社会、人与自然的矛盾,是带有"攻击性"的。而我国传统文化思想则注重"天人合一"。《庄子·齐物论》中指出:"天地与我并生,而万物与我为一。"说的就是要顺应自然,顺应天命,不去刻意追求自我的欲望而破坏自然。在《秋水》中则说:"无以人灭天,无以故灭命。"此处"命"即指自然规律。《道德经》中说:"天之道损有余而补不足,人之道则不然,损不足而补有余。"②这里的"天之道"也指自然运行的规律。孟子在《离娄章句上》中则说:"诚者,天之道也;思诚者,人之道也。"③天的本质是"诚",而人的本质也是善的,所以

---

① 习近平:《在庆祝中国共产党成立 95 周年大会上的讲话》,人民出版社 2016 年版,第 13 页。
② 王弼注,楼宇烈校释:《老子道德经校释》,中华书局 2016 年版,第 186 页。
③ 杨伯峻:《孟子译注》,中华书局出版社 1962 年版,第 162 页。

为天人合一。在国学经典中处处可见中国主流文化的和合精神,对待天人关系,讲究天人合一,在人际关系上讲究以和为贵,在国家关系上讲究协和万邦。所以自古以来中华民族就是一个和谐友善的民族。对于伦理道德观念,中国的传统思想是家国同构,即把自我行为的规范放到家庭中、现实社会中,以此作为自我行为的价值评判。儒家思想中的"修齐治平"即是最好的证明。民族文化对人的影响如春雨般润物细无声,费什的《看到一首诗时,怎样确定它是诗》说:"这一文化在头脑中根深蒂固,因此没有谁做出的解释行为仅仅是他所独有的,相反,他总是根据自己在某一社会化结构化了的情势中的位置去进行解释的,所以,他的解释行为总是被普遍认可的。……因为自我绝不可能脱离群体的或习惯的思维范畴而存在,正是思维范畴使自我的运作(思考、观察、阅读)得以进行。"①民族传统文化在一定意义上就是社会中结构化了的思维范畴,影响着社会群体中的人的行为与思考。比如语言是思维的物质外壳,中国人学习英语,难免落入"中式英语"的怪圈,只有生活在外语环境中,耳濡目染其思想文化,说出的语言方可纯正。而中方与西方文化的不同直接影响了人们生活中为人处世的方式,比如中国人对尊者、长者出于礼貌不会直呼其名,西方国家则不这么认为。种种现象表明,一个国家想长久发展不可丢弃传统文化。

中国传统文化历史悠久,绵延不断,具有极强的凝聚力和生命力。国学经典的学习可使我们找寻文化归属感,增加抵御西方文化冲击的免疫力。做到不忘初心,不忘内心深处的道德法则,不忘肩上承担的历史使命和责任。高校国学热的兴起为大学生的文化自信提供不竭的精神之源,不忘中国传统文化的"初心",方可文化自信。

(三)以民族复兴为己任

国学热能够激发大学生承担民族复兴任务的使命感。近年来"民族复兴"这个词被频频使用,那么何谓民族复兴?习近平总书记提出:"实现中华民族伟大复兴,凝聚了几代中国人的夙愿,体现了中华民族和中国人民的整体利益,是每一个中华儿女的共同期盼。……实现中华民族伟大复兴是一项光荣而艰巨的事业,需要一代又一代中国人共同为之努力。"②那如何实现中华民族伟大复兴呢?习近平为此

---

① 孟庆枢:《西方文论选》,高等教育出版社 2002 年版,第 532 页。
② 习近平:《承前启后继往开来继续朝着中华民族伟大复兴目标奋勇前进》,《人民日报》2012 年 11 月 30 日。

也做出了明确的指示:"全国各族人民一定要牢记使命,心往一处想,劲往一处使,用 13 亿人的智慧和力量汇集起不可战胜的磅礴力量。"①中国是个多民族的国家,要使全国 13 亿人的心凝聚在一起,可不是一件容易事。这就需要一种强大的"黏合剂"——中国传统文化。习近平总书记也说道:"中国传统文化早已融入中华民族的血脉,成为中华民族的共同文化基因。"②中国传统文化可谓具有强烈的震撼力和凝聚力。"没有中华文化繁荣兴盛,就没有中华民族伟大复兴。一个民族的复兴需要强大的物质力量,也需要强大的精神力量。没有先进文化的积极引领,没有人民精神世界的极大丰富,没有民族精神力量的不断增强,一个国家、一个民族不可能屹立于世界民族之林。"③习近平总书记更是明确指出了发展中华文化的重要性和迫切性。

国学经典是博大精深的中华文化的重要载体,也是思想精髓所在。国学经典积淀着中华民族最深层的精神追求,具有超越时空的文化魅力。美国历史学家斯塔夫里阿诺斯就说过中国的文化是不间断最具生命力的,"中国文明的早期阶段一直延续到今天。实际上,中国文明是世界上最古老、未曾中断的文明"④。事实也确实如此,国学经典中古人的"修齐治平"的修身思想、"孝悌忠义"的道德准则、"国家兴亡,匹夫有责"的担当精神、振兴中华的爱国精神等思想文化至今受到人们的推崇。纵观中国历史,无论是近代中国的革命文化,还是现代社会主义文化,它们都是在传统文化的精髓中继承发展起来的,支撑着我们中华民族走过了历史的风风雨雨。因此国学热的兴起对于大学生学习继承传统文化,具有深刻的意义。习近平总书记就非常重视青年群体对传统文化的学习,2014 年 9 月 9 日,习近平总书记在北师大看望教师时就指出:"我很不赞成把古代经典诗词和散文从课本中去掉,'去中国化'是很悲哀的。应该把这些经典嵌在学生脑子里,成为中华民族文化的基因。"国学经典之所以能称为"经典",其中必然负载着民族的智慧、才情和思想,更是民族凝聚不可或缺的"黏合剂"。大学生作为社会主义现代化建设的中坚力量,学习国学传承中华传统文化是培养文化自信的重要途径。国学是先人馈赠给我们的精神财富,学习国学有助于我们以敬畏之心来对待传统文化,形成更深更

---

① 习近平:《在第十二届全国人民代表大会第一次会议上的讲话》,《人民日报》2013 年 3 月 18 日。

② 习近平:《从延续民族文化血脉中开拓前进推进各种文明交流交融互学互鉴——习近平在几年孔子诞辰 2565 周年国际学术研讨会暨国际儒学联合会第五届会员大会开幕会上的讲话》,《人民日报》2014 年 9 月 25 日。

③ 习近平:《在文艺工作座谈会上的讲话》,《人民日报》2015 年 10 月 15 日。

④ 斯塔夫里阿诺斯:《全球通史——从史前史到 21 世纪》,北京大学出版社 2006 年版,第 359 页。

强烈的民族文化自尊、自信、自豪之情。而文化自信正是提升我国文化"软实力"和实现"中国梦"的强大精神来源。习近平总书记在十九大报告中更是指出"文化自信"的重要性："文化是一个国家、一个民族的灵魂。没有高度的文化自信，没有文化的繁荣兴盛，就没有中华民族伟大复兴。"高校国学热的发展可使得大学生培养坚定的文化自信，为民族复兴思想提供广阔的精神力量，从而承担起党和人民赋予的民族复兴的历史使命。

四、结　语

高校国学热的兴起是一场呼唤道德回归，培养文化自信的旅程，其对大学生文化自信的作用和意义深刻而广泛。大学生学习国学，传承中华传统文化精华的作用主要体现在个人：可为大学生文化自信增强文化认同、提供行为指南、提高审美素质。哲学上说解决问题要抓主要矛盾的主要方面，而大学生作为社会现代化建设的中坚力量，是我国未来发展的"主要矛盾的主要方面"。学习国学对大学生文化自信的个人作用从"小家"上升到"大家"，即具有广泛的社会意义：增强爱国主义精神、不忘初心、以民族复兴为己任。而实现中华民族的伟大复兴是终极目标，更是一项艰巨的事业，亟待国人的文化自信来保驾护航。

（本文原载于《品位·经典》2018 年第 4 期）

中国古代文学研究

唐代上巳诗研究

周　焕①

　　唐朝是中国古代封建王朝中最为昌盛的朝代之一，以其繁荣的文化气度享誉世界。在这豪迈的大唐气度里，上巳节犹如一颗璀璨的明珠，熠熠生辉。尽管在现代，它已经逐渐被人忘却，但是研究上巳诗对于管窥唐代的上巳文化和社会风貌有着极其重要的意义。

　　本文共分为五个部分：

　　第一部分首先概述了唐代以前的上巳节的历史渊源。上巳节发端于先秦，成长于两汉，兴盛于魏晋南北朝。从带有巫术意味的迷信色彩到向全民性、宫廷化的转变，上巳节在每个历史阶段都有其独特的文化特征和风俗习惯。

　　第二部分重点从三个方面分析了上巳诗在唐代大放异彩的原因：经济富庶、政治清明造就的宽松开放的文学环境是上巳诗在唐代兴盛的重要基础；官方的大力提倡和高度重视是上巳诗在唐代兴盛的重要前提；唐人纵情享乐的心态和大胆创新的精神是上巳诗在唐代兴盛的重要动力。

　　第三部分以《全唐诗》中的上巳诗为依据，反观上巳节的节俗事项，将其总结为四大类：祓禊游宴、泛舟竞渡、踏青游春和骑射斗鸡。唐人的节俗在继承前朝的基础上又有所创新，展现出浓厚的节日氛围。

　　第四部分根据诗歌的内容和反映的主旨，将筛选出来的上巳诗整合归为四大类，即帝王赐宴，群臣唱和诗；饮酒集会，临流赋诗诗；踏青赏芳，泛舟游春诗；怀乡忆友，感时寄赠诗。

　　第五部分着重分析了唐代上巳诗中折射出来的情感内蕴，或沉醉春日美景，或展现盛世豪情，或怀忆故土老友，抑或是感时伤春，抑或是悲己诉苦，又或是批判劝诫。

---

　　①　本文作者系浙江越秀外国语学院中国语言文化学院 2016 级学生，指导教师涂序南。

一、唐代以前上巳节的流变

（一）先秦时期：兴起

上巳节的历史由来已久。关于它的起源大体有两种说法，一说是源于古代驱灾辟邪的巫术活动，一说是源于先民的生殖崇拜。

被禊是当时最重要的一项消灾祈福、驱凶辟邪的巫术仪式，常常伴有兰汤沐浴、斋戒等活动。《日知录》言："季春之月，辰为建，巳为除，故用三月上巳被除不祥。古人谓病愈为巳，亦此意也。"①《周礼·春官·女巫》载："女巫掌岁时被除衅浴。"郑玄注解说："岁时被除，如今三月上巳，如水上之类；衅浴，谓以香薰草药沐浴。"②"巳"代表着去除、消除，所以古人常常把疾病痊愈称为"巳"。由此可见，先民们对于上巳被禊祭祀的重视，季春时节，被除不祥，以求康健。所以说，这一习俗虽然充满着迷信色彩和巫术意味，但是也饱含着古人对于美好生活的追求和健康人生的向往。

《玉篇》曰："巳，嗣也。"③学界认为上巳节起源于祭祀高禖的活动。高禖是掌管生育和婚姻的神。《礼记·月令》云："以太牢祠于高禖之前，天子亲往。后妃帅九嫔御。乃礼天子所御，带以弓韣，授以弓矢。"④这里是说在仲春时节，玄鸟飞回之日，天子和后妃嫔御都要在太牢祭祀高禖，并且将弓韣和弓矢赠给那些怀孕的嫔妃，祈祷她们可以产下男嗣。古代先民们对自然万物有着极高的生殖崇拜，春天欣欣向荣，万物复苏，是一年的开端。所以在他们看来上巳节无异于是一个祈求子嗣、绵延后代的好时节。

在这样一个万物生长、一派盎然的季节，民间也开始出现游春活动。人们纷纷走出家门，或呼朋唤友，或携妻带子，于风中纵情放歌，于水畔肆意跳舞，沐浴着阳光，好不快哉！《论语·先进》中记载："暮春者，春服既成，冠者五六人，童子六七人，浴乎沂，风乎舞雩，咏而归。"⑤青年男女们也按捺不住激动的心情，有的相约赏

---

① 顾炎武著，黄汝成集释，栾保群、吕宗力校点：《日知录集释》卷三二，上海古籍出版社2014年版，第714页。

② 阮元校刻：《十三经注疏》，中华书局1980年版，第816页。

③ 胡吉宣：《玉篇校释》卷三〇，上海古籍出版社1989年版，第5833页。

④ 钱玄等注译：《礼记》，岳麓书院2001年版，第204页。

⑤ 孔丘著；杨伯峻、杨逢彬注译：《论语》，岳麓书社2000年版，第104页。

芳;有的河边嬉闹;更有的以香草信物,互诉衷肠。试问这样一个明媚多姿的好时节,谁人不爱呢?

(二)两汉时期:发展

"巳"位于十二地支的第六位,到了汉代,上巳才被确定为三月上旬的第一个巳日。汉代上巳节依旧保留驱凶辟邪的传统。

《汉书·外戚传》言:"武帝即位,数年无子。平阳主求良家女十余人,饰置家。帝祓霸上,还过平阳主,见所侍美人,帝不说。既饮,讴者进,上望见,独说卫子夫。而子夫后大幸,有宠,凡生三女一男。男名据。"①这里是说汉武帝即位后数年无子,平阳公主选取了十数位平民子女安置在家中。武帝祓禊后去往平阳公主家,随侍的美人没有一个让自己满意,心中不悦。后来宴饮之间,相中了歌女卫子夫。后卫氏盛宠数年,为武帝诞下三女一子。可见除灾去邪中附有祈求子嗣之功效。

两汉时期的上巳节虽然仍带有一定的巫术意味,但其活动已经逐渐向全民性和娱乐性转变。《后汉书·袁绍传》中记载:"三月上巳,大会宾徒于薄落津。"②这里可以看出在两汉时期就已经出现了水边宴饮的习俗。三月上巳正值春光灿烂、万物复苏之际,青年男女多爱游春踏青。张衡在《南都赋》中就有所体现:"于是暮春之禊,元巳之辰,方轨齐轸,祓于阳濑。朱帏连网,曜野映云。男女娇服,络绎缤纷。"③身着华服的青年男女在美丽的大自然中显得十分多姿多彩,这里也可以看出出门赏玩的人数之多,络绎不绝。

(三)魏晋南北朝时期:繁荣

根据《晋书·礼志》的记载,上巳节在两汉时期多定于季春时节,上至官吏,下到平民往往都在水边祓禊以去除不详和污秽之气,祈求平安顺遂。但是上巳节的具体时间直到魏晋南北朝时期才被确定下来,为每年的三月三日。

魏晋南北朝是一个文化大繁荣时期,帝王们广招文士,网罗英才,热衷于舞文弄墨、赋诗唱和,加之魏晋时期的宴饮之风盛行,在统治者的大力提倡下,上巳节逐渐向宫廷化发展。晋武帝在皇家园林举办过多次宴会,召集了一大批文人骚客宴

---

① 班固:《汉书》,中华书局 1962 年版,第 701 页。
② 范晔:《后汉书》,中华书局 1962 年版,第 2381 页。
③ 严可均校辑:《全上古三代秦汉三国六朝文》,中华书局 1999 年版,第 768 页。

饮游玩。宴会上所作诗文大都为歌功颂德之作。如荀勖在《从武帝华林园宴诗》一诗中这样剖白内心:"习习春阳,帝出乎震。天施地生,以应仲春。思文圣皇,顺时秉仁。洪恩普畅,庆乃众臣。"[①]这是荀勖随侍晋武帝参加宴会时所作,从诗文中可以明显地感受出歌功颂德之味。诗中称赞武帝贤德仁慈的盛名,是天地间应运而出的帝王,普照天下、恩泽众生。而自己也有幸在帝王的庇佑下和众位臣子一起共赏春景、共享欢乐。这一切都得益于帝王的英明领导,众人才能得享太平。这种粉饰太平之气在奢靡的南朝更甚。

另一方面,魏晋时期被禊的巫术意味也逐渐被淡化,从而衍生出走马骑射、饮酒集会等新的节俗。关于走马骑射的风俗,《隋书·礼仪志》中有这样的记载:"后齐三月三日,皇帝常服乘舆,诣射所,升堂即坐,皇太子及群臣坐定,登歌,进酒行爵。皇帝入便殿,更衣以出,骅骝令进御马,有司进弓矢,帝射讫,还御坐,射悬候。"[②]这里是说后齐三月三日这一天,皇帝会身着常服,乘着御辇来到骑射的场所,和皇室宗亲以及诸位臣子一起庆祝上巳节,酣畅宴饮,纵情高歌后便会进行骑射活动,并且会根据大家的骑射水平进行封赏。想来,骑射既然能风靡皇室贵族,那么平民百姓定然会紧跟步伐,追随潮流。

魏晋南北朝既是文化碰撞的时代,也是兵荒马乱的时代。社会的动荡、玄学的盛行,使人们开始寄情山水。风雅娱心的集会活动也因此开始流行。其中最为人熟知的当数王羲之的兰亭集会,这次集会为后世留下了著名的《兰亭集序》。至此,上巳节开始成为审美趣味极高的全民娱乐性活动,而曲水流觞这一习俗也对后世影响深远。

二、上巳诗在唐朝兴盛的原因

(一)宽松开放的文化环境

经济富庶、政治开明、民族融合的博大盛世为文学的繁荣奠定了良好的基础。

刚从前朝战火中新生的李唐王朝,推行了一系列的政策降低赋税,鼓励生产,兴修水利,发展小农经济以提高百姓的生活水平。统治者政治开明,广纳谏言,建立起完备的中央政治制度,善于批判也善于接受新事物。相对公平的科举制也为

---

① 欧阳询等:《艺文类聚》,中华书局 1965 年版,第 710 页。
② 魏征等:《隋书》,中华书局 2000 年版,第 165 页。

国家源源不断地输送人才,寒门学子借以登上政治舞台有了施展才华的一方天地。较之豪门贵子,他们更能敏感地捕捉到大唐的绚烂多彩。

大唐疆域辽阔,对外交往频繁,较之历朝历代,极少有像唐朝这样在文化上有兼容并包的胸襟与气度。海晏河清、岁丰人和的社会环境使得唐人精神空前自由,高度的文化自信使得唐人乐于借鉴和吸收其他民族的优秀文化成果,交流互鉴,博采众长。

说起唐代的文学成就,最璀璨夺目的自然当数唐诗了。在唐代,举国上下皆好诗歌。《唐音癸签》曾经就有过这样的记载:"唐时风气豪奢,如上元山棚,诞节舞马,赐酺纵观,万众同乐。尤以晦日、上巳、重阳为重,后改晦日,立二月朔为中和节,并称三大节。凡此三节,百官游燕……朝士词人有赋,翼日流传京师。当时唱酬之多,诗篇之盛,此亦其一助也。"①这里是说当时的社会风气非常豪气奢华,每逢节日必然是万民同乐、共度佳节,尤其是像上巳节这种官方的节令,更受百姓的喜爱。文人作诗作赋不仅数量多而且传唱速度快。在这样一种浓烈的诗歌氛围中,文人情绪高涨,上巳诗自然而然得到了发展。

(二)统治者的高度重视

如果说文学环境是上巳诗在唐代兴盛的重要基础,那么统治者的推崇便是上巳诗在唐代兴盛的重要前提,将其推向了高潮。《唐六典》言:"三月三日、四月八日、五月五日……立夏、秋分、立冬、每旬并给休假一日。"②根据上述记载,朝廷明确规定了官吏的假期,三月三日上巳节可以休假一日。结束了疲惫的工作,自然而然是该舒缓一下身心。烂漫的春光和热闹宏大的节日气势吸引着上至皇亲国戚下至布衣百姓走出家门,亲近自然,丰富精神生活。

唐德宗贞元四年(788)颁布了《三节赐宴赏钱诏》,继承了魏晋时期流传下来宴赏习俗并进一步将其法律化:

> 比者卿士内外,朝夕公务。今方隅无事,蒸民小康。其正月晦日、三月三日、九月九日三节日,宜任文武百僚,择胜地追赏。每节宰相常参官共赐钱五百贯文,翰林学士一百贯文……委度支每节前五日支付,永为

① 胡震亨:《唐音癸签》卷二七,上海古籍出版社1985年版,第284页。
② 李林甫等撰:陈仲夫点校:《唐六典》,中华书局1992年版,第35页。

常制。①

在这份诏书中,我们可以明确地看出宴赏制度更具有规范性了,文武百官按照官职大小依次行赏。因此,在唐代上巳诗中有许多篇幅都是应制诗,唐代帝王喜欢设宴招待群臣,更热衷于诗歌创作。在官方的努力下,上巳节的地位得到巩固,上巳诗也更加成熟。唐德宗、唐文宗都留下过诗篇佳作。

(三)唐人纵情享乐的心态

空前繁荣的物质生活和高度解放的精神自由,滋生出人们追求安逸快乐的心态。宽松开放的文化环境和统治者的大力推崇,使得上巳诗文的创作渐入佳境。故唐人纵情享乐的心态和大胆创新的精神更成为上巳诗在唐代兴盛的重要动力。

气象万千、歌舞升平的大唐王朝令人沉醉,让人魂牵梦萦。开放包容的环境和与日俱增的文化自信培养了唐人大胆的创新精神,他们敢于探索也勇于发现。唐人巧妙地继承、发展了前朝的节俗,并创造性地发明了踏青、斗鸡、竞渡等活动,使得唐人的日常生活更为丰富有趣。喜爱诗文创作的文人墨客们总是极具慧眼,善于捕捉生活的点点滴滴,并且及时地将它们记录在诗篇之中,成为我们管窥大唐气象和百姓生活画卷的无价之宝。

正是在多种因素的共同促进之下,上巳节才得以登上官方三大节令的宝座。

三、唐代上巳诗中的节俗事项

随着太平盛世的来临,上巳节已经发展成为法定的官方节日。社会兼容并包的风气和唐人纵情享乐的心态,使得唐朝在进一步继承和壮大了前朝的游宴踏青活动的同时,也涌现出更多新颖丰富的娱乐活动,如泛舟、竞渡、骑射、斗鸡。这些节俗在唐诗中都有迹可循,诗人以强烈的时代自豪感和生动的笔触再现了大唐博大恢宏的盛世之景,谱写出独属于那个时代的明朗瑰丽。

---

① 董诰等编:《全唐文》卷五二,上海古籍出版社 1990 年版,第 240 页。

(一)祓禊游宴

前朝带有巫术基调的祓禊仪式至唐代早已名存实亡。统治者将祓禊习俗与魏晋南北朝时期的临水宴饮、临流赋诗相结合,使之逐渐演变为一场浩大欢腾的娱乐活动。在许多唐代上巳诗中,我们都能寻找到"祓禊"之类的字眼。例如韦嗣立《上巳日祓禊渭滨应制》一诗言:"乘春祓禊逐风光,扈跸陪銮渭渚傍。"[①]又如徐彦伯《上巳日祓禊渭滨应制》一诗载:"晴风丽日满芳洲,柳色春筵祓锦流。"[②]在许多诗作中都有所体现。上巳佳节,人们纷纷走出家门,或应邀赴会,或赏玩春色,或载酒赋诗,好不洒脱!

魏晋名流最喜在集会宴饮时举办流觞曲水、以诗会友的欢娱活动,唐朝文士也不例外。如陈子昂在《于长史山池三日曲水宴》这样记载:"摘兰藉芳月,被宴坐回汀。泛滟清流满,葳蕤白芷生。"[③]诗人不仅赞颂了上巳时节的芳菲美景,描绘了流觞曲水的盛况,还抒发了自己与友人宴赏的欢快心情。在柔美的春光之下曲水宴饮,赏芳草观水色,是说不出来的愉悦舒畅。又如崔国辅《奉和圣制上巳祓禊应制》这样描绘君臣同乐的盛况:"鸣銮通禁苑,别馆绕芳洲。鹓鹭千官列,鱼龙百戏浮。"[④]"千""百"这样的数词可见场面的浩大,参与人数众多,现场也热闹非凡。

(二)泛舟竞渡

阳春三月,在一个明媚的日子里,同友人结伴出行,共赏这片盎然的春意,泛舟溪流,多么悠然惬意。倘若得闲,不如学习崔护在《三月五日陪裴大夫泛长沙东湖》一诗中那般轻松自在。坐在装饰精美的一叶小舟中,感受它慢悠悠地漂荡在水面上,心情是说不出来的愉悦:"上巳馀风景,芳辰集远坰。彩舟浮泛荡,绣毂下娉婷。"[⑤]岸上的风景是多么妩媚醉人呀!佳木葱茏、鸟语花香。慢慢聆听细细观看远处的轻歌曼舞,当真不虚此行。亦能像卢纶在《奉陪浑侍中上巳日泛渭河》一诗中那般,观青舸锦帆、闻晚莺玉笛、看浪动金罍,舟楫随风直到天尽头。

---

① 彭定求:《全唐诗》卷九一,中华书局1999年版,第983页。
② 彭定求:《全唐诗》卷七六,中华书局1999年版,第826页。
③ 彭定求:《全唐诗》卷八四,中华书局1999年版,第925页。
④ 彭定求:《全唐诗》卷一二九,中华书局1999年版,第1201页。
⑤ 彭定求:《全唐诗》卷三六八,中华书局1999年版,第4161页。

唐朝不愧是文化开放包容的朝代,唐人也不愧为敢于大胆创新的人民。唐代上巳节衍生出了一种新的节俗名为竞渡,《全唐诗》中也有多处记载竞渡这一活动。其中当数薛逢《观竞渡》一诗描述比赛战况最为详尽:"江上人呼霹雳声,竿头彩挂虹霓晕。前船抢水已得标,后船失势空挥桡。疮眉血首争不定,输岸一朋心似烧。"[1]故事发生在天朗气清、鸟语花香的三月三,当日恰逢竞渡比赛。还没开场时,岸上就早已游人如织了,扑鼻而来的脂粉香和光亮夺目的珠钗翠环无一不显示出人们对于这场比赛的关注之高,赛事一触即发,令人紧张。在这首诗中,诗人多次运用夸张和比喻的修辞手法,将水上激烈的竞赛与岸边游人的激情喝彩惟妙惟肖地描绘了出来。鼓声如雷鸣般轰隆作响,观众呐喊震耳欲聋,疮眉血首的争夺使气氛紧张又刺激。彩旗飘飘,水中竞争激烈,谁也不肯让谁,直教人心急火燎。

(三)踏青游春

踏青起源于古老的迎春活动,本用于祭祀农耕。上巳节的出现为其注入新鲜的血液,使其具有更深层次的内涵,让每个人都能在春景之中感受到活力与放松。每逢上巳,男女老少倾巢而出,长安城内外人流如潮,为的是一饱这满国春色的眼福。

例如崔知贤《三月三日宴王明府山亭(得鱼字)》中"影媚元巳,和风上除。云开翠帘,水弩鲜居"[2]一句流露出对清新自然、柔美迷人的湖光山色的无限赞美。微风拂来,云卷云舒。绿树掩映,蝴蝶飞舞,平静清澈的湖水下还游动着几尾可爱的小鱼。是那样充满活力和趣味!

在齐融的《三日绿潭篇》中,我们更能深刻地感受到娉婷佳人、公子王孙踏青游玩的盛大场面:

> 春潭滉漾接隋宫,宫阙连延潭水东。蘋苔嫩色涵波绿,桃李新花照底红。
>
> 垂菱布藻如妆镜,丽日晴天相照映。素影沉沉对蝶飞,金沙砾砾窥鱼泳。
>
> 佳人被襆赏韶年,倾国倾城并可怜。拾翠总来芳树下,踏青争绕绿

---

① 彭定求:《全唐诗》卷五四八,中华书局 1999 年版,第 6375 页。
② 彭定求:《全唐诗》卷七二,中华书局 1999 年版,第 785 页。

潭边。

公子王孙恣游玩,沙阳水曲情无厌。禽浮似把羽觞杯,鳞跃疑投水心剑。

金鞍玉勒骋轻肥,落絮红尘拥路飞。绿水残霞催席散,画楼初月待人归。①

芳草娇嫩,碧波荡漾,佳木葱茏,鱼蝶嬉戏。娉婷佳人选择在这一日相伴出行,拾翠芳树下,踏青绿潭边,共赏韶光春色。公子王孙则恣情驰骋,曲水流觞,掷杯投剑,快意人生。直至霞光消散,初月微升,方才离席散场。乘兴而往,尽兴而归,人们对于踏青赏春的热情极其高昂,仿佛春天所有的美好都停留在这可爱的三月三了。

(四)骑射斗鸡

唐朝的对外开放交流之广泛,历朝历代都难以企及。宽松包容的文化环境也造就了唐人大胆、热情和敢于创新、追求刺激的心态。源于北朝游牧民族的骑射活动也被唐人所继承。《唐会要·大射》中有许多高祖、太宗、高宗在三月三日举行大射的记载:

武德(619)二年正月。赐群臣大射于元武门。
贞观三年(629)三月三日。赐重臣大射于元德门。
永徽三年(652)三月三日。幸观德殿。赐群臣大射。
麟德元年(664)三月三日。展大射礼。(自后,遂不行此礼)②

纵情享乐的诗人也不例外。沈佺期《三日独坐驩州思忆旧游》就描写了全民参与的骑射活动:"童子成春服,宫人罢射鞲。无亭不驻马,何浦不横舟。"③

景云二年(711)谏议大夫源乾曜就曾上书唐睿宗,请求恢复在麟德年间就已经停止的射礼,在源乾曜看来,重开射礼在一定程度上可以帮助帝王治理天下,体察人情。开元八年(720),给事中许景先上奏批评了这一铺张浪费、劳民伤财的行为,

---

① 彭定求:《全唐诗》卷一一七,中华书局1999年版,第1183页。
② 王溥:《唐会要》卷二六,中华书局1955年版,第499页。
③ 彭定求:《全唐诗》卷九七,中华书局1999年版,第1045页。

射礼这一节俗最终被废。

在孟浩然《上巳洛中寄王九迥》一诗中,也提及斗鸡这一习俗:"卜洛成周地,浮杯上巳筵。斗鸡寒食下,走马射堂前。"①佳节上巳,与几个好友相约,或宴饮或踏青,或骑射或斗鸡,热闹非凡。这首诗生动地展现出唐人的生活画面和热情积极的精神风貌。

四、唐代上巳诗的题材分类

(一)应制诗:帝王赐宴,群臣唱和

上巳节作为唐代最重要的三节令之一,不仅受到民间的广泛追捧,而且也深得统治者的喜爱。正是由于统治者的大力推崇,才使得上巳诗的发展渐入佳境。上巳三月,帝王往往会选择在曲江赐宴群臣,共同欢度佳节。

帝王赐宴群臣,群臣必然响应帝王的号召,这类诗歌多表现为应制的唱和诗,在《全唐诗》中占了不少篇幅。如玄宗朝王维的《奉和圣制与太子诸王三月三日龙池春禊应制》、宪宗朝白居易《上巳日恩赐曲江宴会即事》等等。这类应制唱和诗不仅描绘出山水景致的秀美,君臣游宴的繁华盛景,更表现了诗人歌功颂德的普遍心情。

阎朝隐《三日曲水侍宴应制》一诗赞叹"圣泽如东海,天文似北辰"的国家形势,福泽深厚、国家安乐,继而抒发对"陛下制万国,臣作水心人"②的碧血丹心。阎朝隐性格滑稽偶俍、风流幽默、不拘小节,文章构思巧妙,语言奇险诡怪。在朝时颇受武后的赏识和喜爱。在《全唐诗》和《全唐诗补编》中收录的诗作也大多为应制诗,可见诗人对于太平盛世的讴歌和赤子丹心的真情表白。又如张说《三月三日定昆池奉和萧令得潭字韵》以"广乐逶迤天上下,仙舟摇衍镜中酣"③一句展现出歌舞升平的太平盛世,仙乐在耳、肆意欢谑。

佳节三月,桃红柳绿,风景宜人,帝王赐宴,群臣唱和。在歌舞升平的大唐气象的氛围中,诗人感受到了强烈的时代自豪感和个人自信心,并借此剖白自己想要长久随侍君王奉献自我的深切愿望,当真令人感慨万千。

---

① 彭定求:《全唐诗》卷一六〇,中华书局1999年版,第1639页。

② 彭定求:《全唐诗》卷六九,中华书局1999年版,第768页。

③ 彭定求:《全唐诗》卷八七,中华书局1999年版,第977页。

(二)游宴诗:饮酒集会,临流赋诗

在唐代上巳节,文人集会非常流行。三五好友,应邀前往,或水边相戏,或载酒泛舟,或临水宴饮。刘禹锡《三月三日与乐天及河南李尹奉陪裴令公泛洛禊饮各赋十二韵》为我们呈现出好友集会竞技诗艺的生动场面:

> 洛下今修禊,群贤胜会稽。盛筵陪玉铉,通籍尽金闺。
> 波上神仙妓,岸傍桃李蹊。水嬉如鹭振,歌响杂莺啼。
> 历览风光好,沿洄意思迷。棹歌能俪曲,墨客竞分题。
> 翠幄连云起,香车向道齐。人夸绫步障,马惜锦障泥。
> 尘暗宫墙外,霞明苑树西。舟形随鹢转,桥影与虹低。
> 川色晴犹远,乌声暮欲栖。唯馀踏青伴,待月魏王堤。①

说到曲水流觞、文人唱和,第一个浮现在脑海的当数东晋穆帝永和九年(353)那场兰亭集会了。王羲之与谢安等众多好友在山阴兰亭相会,这次聚会为我们留下了传世的经典之作——《兰亭集序》。在绍兴读书期间,我也曾有幸和朋友一起观赏过兰亭。"之字形"的曲水依旧安稳地沉睡在那儿,我望着平静的水面,觉着时光并没有使它老去,反而让它在历史的沉淀中越发显得深重浓厚了。仿佛透过它便能照见数千年前的某一日,天朗气清,古人云集,觥筹交错,好不开心!

所以诗人一开始就将此次集会与王羲之的兰亭集会做对比,由衷地表明"群贤胜会稽"的得意之情。在诗人看来,今日在洛水之下与好友修禊,这样热闹的氛围更胜前朝,可见诗人的性格是多么豪迈。紧接着描写宴会的豪奢情景与华丽排场,春光无限,歌舞萦绕。"水嬉如鹭振,歌响杂莺啼"运用比喻的修辞手法,形象地表现出宴会的热闹,嬉戏声、歌舞声不绝于耳。春景观了,歌舞也赏了,酒兴正酣,诗兴大发。"棹歌能俪曲,墨客竞分题"一句直接点出了文人骚客临流赋诗的竞技场面。并且在其他诗作中多次出现过的"永和""山阴"等字样无一不体现出唐人对于临流赋诗这一习俗的喜爱。

---

① 彭定求:《全唐诗》卷三六二,中华书局 1999 年版,第 4102 页。

(三)游春诗:踏青赏芳,泛舟游春

落英缤纷之际,春意盎然之时,最适宜走出家门踏青赏芳,泛舟游春观赏祖国的大好河山。芳草萋萋,莺啼婉转,柳絮纷飞,沙路无泥,令人向往。再加上三五好友在丝竹管弦之中欣赏一派好春光,真是妙不可言。刘言史《上巳日陪襄阳李尚书宴光风亭》用区区几笔又为我们勾勒出一幅轻快明朗的春景图:"碧池萍嫩柳垂波,绮席丝镛舞翠娥。为报会稽亭上客,永和应不胜元和。"①碧绿的浮萍漂在池中,娇嫩的柳枝垂下身姿荡漾在清波里,静谧美好。"碧""嫩"二字充分调动我们的感官,将植物娇嫩欲滴的样子呈现在我们眼前,十分自然可爱。

上巳诗中也有多处涉及泛舟这一活动。刘长卿在《上巳日越中与鲍侍郎泛舟耶溪》中这样写道:"兰桡缦转傍汀沙,应接云峰到若耶。旧浦满来移渡口,垂杨深处有人家。永和春色千年在,曲水乡心万里赊。君见渔船时借问,前洲几路入烟花。"②悠闲自得的心情瞬间跃然纸上。皇甫冉《三月三日义兴李明府后亭泛舟》以"壶觞须就陶彭泽,时俗犹传晋永和。更使轻桡徐转去,微风落日水增波"③两句将我们带入一个宁静恬淡的世界中。伴随着轻柔的微风和落日的余晖,小舟徐徐地向前驶去,漫无目的,别提有多么自在了!常建在《三日寻李九庄》一诗中也为我们描绘出一派清新静谧的春景图来:"雨歇杨林东渡头,永和三日荡轻舟。故人家在桃花岸,直到门前溪水流。"④雨后渡头,细细嗅一口,清爽干净,令人舒畅。几叶扁舟,遥遥望一眼,桃花点点,随溪水长流。

(四)怀友诗:怀乡忆友,感时寄赠

文人雅士的心总是敏感又脆弱的,尤其是在这样一个亲友相聚共度佳节的时刻,独处异乡、漂泊万里的诗人更容易萌发怀乡忆友的羁旅之思。想到自己身在异地,身旁并没有亲人好友的陪伴,山水之景再秀美又怎样?宴宾之会再热闹又如何?悠悠大地,不知不觉悲从中来。既然孤独寂寞的心情无法排遣,那么只能写诗寄赠亲友聊表思念,慰藉内心。

---

① 彭定求:《全唐诗》卷四六八,中华书局 1999 年版,第 5360 页。
② 彭定求:《全唐诗》卷一五一,中华书局 1999 年版,第 1569 页。
③ 彭定求:《全唐诗》卷二四九,中华书局 1999 年版,第 2788 页。
④ 彭定求:《全唐诗》卷一四四,中华书局 1999 年版,第 1466 页。

王驾《永和县上巳》言:"一觞一咏无诗侣,病倚山窗忆故人。"①忆往昔,曲水流觞、饮酒赋诗,意气风发;可现如今,病体缠绵,只能倚靠山窗追忆,内心备感悲凉。还记得当年兰亭修禊,好友群集,吟诗作赋,好不欢畅!今朝亦如同当年,天朗气清,山明水秀,可是并无好友在旁,一切都显得那样寂寥悲怆。今昔对比,更显其孤独。韦应物《三月三日寄诸弟兼怀崔都水》一诗借"对酒始依依,怀人还的。谁当曲水行,相思寻旧迹"②,抒发内心的怅然若失和对故土的深沉思念。谁人不喜觥筹交错的热闹?谁人不爱歌舞丝竹的欢情?谁人不赞春暖花开的娇俏?"我"也曾想抛开一切置身其中,不做扫兴不合群之人,但是"我"做不到。因为"我"知道快乐是你们的,只有悲愁是我的。"我"也曾鲜衣怒马,放浪形骸,纵情高歌。只是身在异乡,不敢随意沾染,可谓触景生情罢了。

五、唐代上巳诗的情感内蕴

(一)沉醉春日美景,展现节日欢情

春天美好而短暂,大自然焕发的色彩触动诗人柔软的内心,带给诗人强烈的美感,总能激发出文人的"喜春"情怀。在许多诗人的笔下,上巳春景都是那样鲜活有趣、一派生机。席元明《三月三日宴王明府山亭(得郊字)》一诗中,春景是如此的清新可爱:"烟霏万雉,花明四郊。沼蓣白带,山花紫苞。"③风和日丽的某一天,呼朋唤友,饮酒游宴,共赏明媚的山光、秀丽的水色,真是人生的一大幸事!

春景盛情无一不牵动陶醉着人心。崔颢《上巳》中"停车须傍水,奏乐要惊尘。弱柳障行骑,浮桥拥看人"④一句再现了游人如织、喧嚣热闹的节日气氛。通过拥挤的人群,侧面烘托出长安上巳恢宏的节日场面和歌舞升平的大唐气象。春日上巳的帝都,佳木葱茏,芳草葳蕤,人们按捺不住激动的心情走出家门,踏青赏芳,水边祓禊,一时间人流如潮。试问谁又能忍心拒绝这妩媚动人的春光的邀约呢?

但是就有这样一群人,他们不爱歌舞升平之乐,只愿享受独属于自己的悠闲时光。雨后渡头,细细嗅一口,空气清爽,令人舒畅。几叶扁舟,遥遥望一眼,悠悠荡

① 陈尚君辑校:《全唐诗补编》,中华书局1992年版,第443页。
② 彭定求:《全唐诗》卷一八八,中华书局1999年版,第1924页。
③ 彭定求:《全唐诗》卷七二,中华书局1999年版,第785页。
④ 彭定求:《全唐诗》卷一三〇,中华书局1999年版,第1327页。

荡。桃花点点,随风而落,随溪水长流。诗人们将整个身心交给大自然,没有公务的打扰,没有琐事的烦忧。看柳絮翩飞,观燕子低拂,仿佛天地间只剩下我这一抹清欢和恬然,这是多么惬意自得的生活啊!独身一人,去往春景深处暗访一小村庄,看游童戏水、妇女湔裾其实也别有一番滋味。白居易《和春深二十首》云:"兰亭席上酒,曲洛岸边花。弄水游童棹,湔裾小妇车。"①

(二)讴歌太平盛世,盛赞浩荡皇恩

唐代国力鼎盛,社会安定,政通人和。诗人创作的诗歌都体现出强烈的时代自豪感与满足感,有着对盛世王朝的无限歌咏与赞叹。上巳诗中的应制诗大都蕴含了这类心理。诸如王维《三月三日勤政楼侍宴应制》云:"天保无为德,人欢不战功。"②就是歌颂安稳和乐的太平盛世。唐玄宗在位期间,无疑是整个唐朝国力最为鼎盛的时代。农业手工业极速发展,小商品经济高度繁荣,岁丰人和,百姓生活富足。政治清明,社会稳定,对外交流持续扩大,民族关系也渐趋融合。鲜花着锦,烈火烹油,一派盛世景象。诗人盛赞皇帝的贤德仁慈,正是在帝王的英明领导下,百姓们才能免受战乱之苦,得享安稳人生。

除了歌颂太平盛世,诗作也呈现出了对皇恩浩荡的盛赞之情。例如陈希烈就在《奉和圣制三月三日》一诗中这样写道:"野老歌无事,朝臣饮岁芳。皇情被群物,中外洽恩光。"③这里既是对盛世下舒适安逸生活的满足,也是对帝王恩宠的感激。正是因为统治者的有力领导才能使臣民们共度佳节。所以对于君主始终保有一颗感恩戴德之心。帝王的恩泽如日出之阳,光耀夺目,泽被万物。

九州清晏,国泰民安,激发了文人报效君王,施展雄心抱负,鞠躬尽瘁死而后已的人生志向。因此在许多诗篇当中,诗人就直接阐发了愿为君王效劳的赤子之心。例如韦嗣立《上巳日被禊渭滨应制》一诗中就直接将自己比作姜子牙,将帝王比作周文王,希望自己也能像姜太公一样直到八十岁还能等到文王的赏识和重用。一方面歌颂了君王的贤能,另一方面更表现自己渴求施展抱负的迫切心情。

---

① 彭定求:《全唐诗》卷四四九,中华书局1999年版,第5087页。
② 彭定求:《全唐诗》卷八九,中华书局1999年版,第976页。
③ 彭定求:《全唐诗》卷一二一,中华书局1999年版,第1215页。

(三)思念远方故土,怀忆旧时老友

有人为盛世凯歌、为春景陶醉,自然也会有人为离别感伤、为漂泊怅惘。有道是乐景之下,不见其乐,反见其悲。欢声笑语的节日气氛亦能勾起了漂泊万里、客居他乡的游子孤寂敏感的心,思乡之情油然而生。

乡愁是什么?乡愁是宋之问《桂州三月三日》中千金难求的家书:"逐伴谁怜合浦叶,思归岂食桂江鱼。不求汉使金囊赠,愿得佳人锦字书。"①在诗人看来,故乡的一切都令他无比怀念。苑中落花、河畔垂柳、洛阳街景、故土美食以及旧时老友无一不使他感慨万千。而现在身在外地,家书难得,音信渺茫,借酒消愁愁更愁。即便是满城春色也压不住自己剪不断理还乱的离愁别绪。

"每逢佳节倍思亲"的凄苦心情使人魂牵梦萦,亲友相伴对"独在异乡为异客"的诗人也是一种奢侈的企盼。这份思念是白居易在《三月三日登庾楼寄庾三十二》中可望而不可即的睹物思人之情:"每登高处长相忆,何况兹楼属庾家。"②佳节三月,曲水流觞本该是一乐事,但是诗人一想到自己已经身处异地多年,不由悲从中来,兴致全无。诗人无时无刻不在思念远方的旧友,而这种睹物思人的寂寞追忆每到登高眺远时就更甚。这份思念亦是殷尧藩《上巳日赠都上人》中愁肠百结、心事重重的羁旅之思。诗人无心修禊吟咏,独自神伤。眼前春意盎然,青草细长娇嫩,野花繁多幽香,花草本无错,可是在诗人的眼中,自己的哀思却被无限地延长了,不过是徒增悲伤罢了!

(四)感慨光阴易逝,嗟叹人生无常

一年之计在于春。春天伊始,万象更新、万物复苏,是活力与朝气的代名词。春天,美丽而多情,短暂又灿烂。春,可喜可悲。有的人可以照见春天的妩媚可爱,而有的人却能体悟春天的转瞬即逝。故自古文人都有一种"伤春"情怀。在这样一种节日氛围下,更容易滋生光阴易逝、青春难再的嗟叹,激发诗人感物伤怀、珍惜时光的情感。

元稹在《酬乐天三月三日见寄》一诗中这样写道:"当年此日花前醉,今日花前

---

① 彭定求:《全唐诗》卷五一,中华书局1999年版,第632页。
② 彭定求:《全唐诗》卷四三九,中华书局1999年版,第4889页。

病里销。独倚破帘闲怅望,可怜虚度好春朝。"①诗人将"当年花前醉"与"今日病里销"对比,揭示今非昔比、人生无常、疾病缠身的窘迫境况,进而感慨春景虚掷、时光易逝。遥想当年,酒兴正酣,醉卧花丛间,天地为床,谁不称一句放浪形骸、洒脱自在? 可如今,生活窘迫,垂垂老矣,这病体残躯哪里还有半分书生意气的气概? 倚靠在破旧的门窗旁,处境悲凉,只能哀叹一句平白辜负了这美好的春光。

深受儒家积极入世思想熏陶的古代文人,有着对盛世强国、贤君能臣的执着渴盼,他们穷尽一生都在追求功成名就,希望能够施展才华辅佐圣主,完成自己的人生理想。但往往由于这种理想与现实的强烈反差,使得诗人们在这样一个君臣同庆的重大节日里更怀感伤之情。"此日不得意,青春徒少年"②是司马扎在《上巳日曲江有感》一诗中的深沉嗟叹。诗人对功名有着拳拳的向往之心,空有一腔热血与才华却报国无门,难以施展,内心的苦闷惆怅可想而知。然而时光流转,回头看早已是英雄迟暮,两鬓微白,焉能叫人不伤心?!

(五)批判骄奢作风,保持节俭之心

盛大的上巳活动,诱发了人们竞奢斗富的心态。杜甫《丽人行》就很好地揭示了当时贵族阶层骄奢淫逸的生活常态:

三月三日天气新,长安水边多丽人。
态浓意远淑且真,肌理细腻骨肉匀。
绣罗衣裳照暮春,蹙金孔雀银麒麟。
头上何所有? 翠微盍叶垂鬓唇。
背后何所见? 珠压腰衱稳称身。
就中云幕椒房亲,赐名大国虢与秦。
紫驼之峰出翠釜,水精之盘行素鳞。
犀箸厌饫久未下,鸾刀缕切空纷纶。
黄门飞鞚不动尘,御厨络绎送八珍。
箫鼓哀吟感鬼神,宾从杂遝实要津。
后来鞍马何逡巡,当轩下马入锦茵。

---

① 彭定求:《全唐诗》卷四一六,中华书局 1999 年版,第 4605 页。
② 彭定求:《全唐诗》卷五九六,中华书局 1999 年版,第 6958 页。

杨花雪落覆白苹,青鸟飞去衔红巾。

炙手可热势绝伦,慎莫近前丞相嗔![1]

全诗先通过姿态妍丽的佳人身着绫罗华服游春的场景,表现出三月上巳的繁华热闹。紧接着引出杨贵妃的姐姐们出行的盛大排场,珠翠缠绕,锦衣玉食,丝竹缠绵。最后又写杨国忠仗势欺人的嚣张气焰。诗人借杨氏兄妹的纸醉金迷,有力地控诉了权贵阶层穷奢极欲的生活作风。玄宗晚年贪图享乐,政治不精,唐朝开始由盛转衰。再加上独宠杨贵妃,连带着对杨家人也有着"一人得道,鸡犬升天"的放纵,重用了一大批奸臣小人。杨氏兄妹受尽恩宠,生活上极其奢靡,与当时百姓苦不堪言的生活形成鲜明对比。诗人对现实生活有着清醒的认识,既有着对贵族骄奢淫逸生活的有力批判,也有着对贫苦大众悲惨生活的深沉哀叹。

李适《三日书怀因示百僚》言:"恭己每从俭,清心常保真。戒兹游衍乐,书以示群臣。"[2]君主虽然清心保真,告诫群臣戒奢宁俭,但是成效并不明显,唐朝的奢靡之风依旧盛行。

六、结 语

上巳节发展到唐代,已经被赋予了新的时代意义和节日内涵。繁荣的经济、清明的政治、宽松的文化环境为唐人创造了丰富多样的物质生活。在统治者的大力推崇下,制度化、法律化的上巳节发展为全民狂欢的娱乐。加之,唐人大胆创新的态度和积极探索的精神,进一步深化了上巳节的民俗内涵。使之在数千年的变幻中,仍然像一颗宝石般闪烁动人。唐代上巳诗承载着丰厚的历史记忆与文化内蕴,真实地还原了唐代的社会风貌,使千百年后的我们仍可以感受那份盛世风情。无论是喜是悲,诗人都用灵动的笔触为我们展现了大唐豪迈开阔的胸襟和唐人积极进取的精神。对于我们而言,这都是一笔厚重而又宝贵的精神财富,值得珍藏。

虽然在唐朝,上巳节、清明节、寒食节都是独立存在的节日,但是因为日期过于相近,已经隐隐有三节合一的趋向。如羊士谔《寒食宴城北山池即故郡守荥阳郑钢目为折柳亭》言:"落花经上巳,细雨带清明。"[3]唐彦谦《上巳》又道:"上巳接寒食,

---

① 彭定求:《全唐诗》卷二一六,中华书局 1999 年版,第 2261 页。

② 彭定求:《全唐诗》卷四,中华书局 1999 年版,第 46 页。

③ 彭定求:《全唐诗》卷三三二,中华书局 1999 年版,第 3711 页。

莺花寥落晨。"①从上述的诗句中我们不难发现,在提及上巳节时总会与寒食节和清明节相提并论。一方面是由于三个节日的日期相近,另一方面也是因为它们的习俗多有重合,如踏青赏芳、祓禊祭祀等等。

上巳节起于先秦,在两汉时期得到了进一步的发展,至魏晋南北朝与唐朝达到繁荣兴盛的高潮,然而到了宋朝已经开始走向衰微。较之前朝,宋朝的节日更加繁多,习俗更为复杂,全民性的活动更是此起彼伏,数不胜数。显然,上巳节已经逐渐失去它官方的地位了,再加之唐朝三节合一的趋向也进一步影响了宋朝上巳节的发展。周必大《三月三日适值清明会客江楼共观并蒂魏紫偶成》曰:"上巳清明共一时,魏花开处亦连枝。"②从上述的诗文中我们不难发现,上巳节到了宋朝已然和清明、寒食相互融合了。

虽然上巳节发展到宋朝并没有完全消失,但是已不复昔日荣光了。诗人也描绘节日风情,但更多的是表现出对往日繁华的追忆。叶梦得在《虞美人·上巳席上》一词中感叹道:"茂林修竹山阴道。千载谁重到。半湖流水夕阳前。犹有一觞一咏、似当年。"③山阴兰亭依旧风景秀美,枝繁叶茂。可如今繁华不再,曲水流觞、临流赋诗的盛景早已不似当年,叫人怅惘。

元明清时期的上巳节更加衰微,现代人对上巳节更为陌生。提起上巳节,大家都一知半解,了解一些大概,诸如别称、时间、习俗等等。但是上巳节对西南地区少数民族的影响颇深,我们可以从少数民族的一些节日中看到上巳节的影子。如壮族的三月三赶歌圩,青年男女都会聚集在一起对歌传情;又如傣族的泼水节,代表着吉祥与健康;还有侗族的花炮节,提醒农时以免耽搁播种的时间;等等。海外影响最深的国家当数日本。上巳节自唐朝由遣唐使传入日本,经过演变就成了现在日本美丽浪漫的女儿节。

上巳节在数千年的光阴里得以产生、发展和繁荣,也在历史的长河中衰微甚至消散。但是这些诗作得以流传下来,并且经过时间的沉淀越发显得多姿绚烂。它们用无声的语言向我们传递着朝代的博大情怀,述说着唐人的生活图景。不论时空如何转换,吾辈当珍视!

(本文原载于《大禹与中国传统文化研究》第 3 辑)

---

① 彭定求:《全唐诗》卷六七二,中华书局 1999 年版,第 7754 页。
② 傅璇琮主编:《全宋诗》卷三三六,北京大学出版社 1991 年版,第 26781 页。
③ 朱德才主编:《增订注释全宋词》,文化艺术出版社 1997 年版,第 724 页。

论元杂剧《调风月》中的现实主义色彩

裘 薇①

元代是一个矛盾空前尖锐的时期，少数民族入主中原，带来了文化冲突与交融，也使得中国在军事、政治、经济上都受到严重的压迫。但由于这一时期蒙古贵族阶层的文化水平普遍较低，他们不知道利用意识形态去控制专制统治的重要性，因此对于文人墨客利用文艺作品去批判当时社会的黑暗没有警惕性，所以极大地促进了戏剧等通俗文艺的创作与鉴赏。也使得其中的现实主义色彩愈加强烈。

"现实主义"是戏剧众多流派中的一种，它侧重于真实地反映社会现实，客观、冷静地观察社会生活，并将这一观察应用到戏剧中来，使得戏剧呈现出一种源于生活而高于生活的艺术表现力。恩格斯在《致玛·哈克奈斯》这封信中写道："据我看来，现实主义的意思是，除细节的真实外，还要真实地再现典型环境中的典型人物。"②因此在对戏剧中的现实主义进行研究的同时，还需对其中典型环境下的典型人物进行进一步的剖析。

元杂剧《调风月》全名为《诈妮子调风月》，虽是作者留下的残本，但是它的研究价值还是非常高的。因而在"20世纪五十年代，戏曲界曾出现关汉卿研究热，《调风月》自然也遭众人纷论。戴不凡、王季思等都撰文参加讨论，然而多数是对《调风月》一剧情节、人物等的考证和推测，或者从阶级的角度对该剧做政治的思考与把握，理所当然燕燕便成了反封建的英雄豪杰"③。然而，本文会通过《调风月》中的典型人物和剧情来对其中的现实主义色彩进行探讨。

---

① 本文作者系浙江越秀外国语学院中国语言文化学院 2017 级学生。

② 马克思、恩格斯：《马克思恩格斯选集》（第四卷），人民出版社 1995 年版，第 682 页。

③ 何群：《追求人性的悲剧——从燕燕形象论〈调风月〉的主题》，《青海师范大学学报》（社会科学版），1988 年第 2 期。

一、《调风月》中的现实主义色彩表现

（一）燕燕这一人物形象的现实性

陈毅同志说过这样一句话："关汉卿的剧作，不管是悲剧还是喜剧都表现了封建社会两个主要阶级的对立，他是非分明，因而爱憎分明，他的同情总是在被压迫者一边，总是写被压迫者看似卑微而确具有无限智慧和力量，因此他们敢于反抗，甚至死而不屈，终于取得胜利。"[①]而在《调风月》中，关汉卿就是站在燕燕这一卑微的奴婢的这一边，与压迫者进行力量的反抗。

燕燕作为一个奴婢，没有反抗奴隶主的勇气和权利，只能听从夫人的安排，去伺候贵族公子小千户。一开始，剧中就说明了燕燕的爱情观，她深知自己地位低下，唯恐被他人骗，因而对于婚姻，自己一直是置身事外的态度，如"虽是搽胭粉，只争不裹头巾，将那等不做人的婆娘恨。"[②]，再如"知人无意，及早抽身"。这里显示出了燕燕正直的品格，她还以不戴头巾的男人自许，表明燕燕自己对于婚姻的看法。但是在燕燕伺候小千户的过程中，小千户"等不得水温，一声要面盆；恰递与面盆，一声要手巾；却执与手巾，一声解纽门。使的人无淹润、百般支分！"，而且长得俊俏，"语言儿栽排得淹润"、"怕不依随蒙君一夜恩，争奈忒达地、忒知根，兼上亲上成亲好对门。觑了他兀的模样，这般身份。若脱过这好郎君"。又对燕燕不断地引诱和支配，使得燕燕动了心。但是她深知自己"眼里无珍一世贫"的悲惨境遇，然而如果能当上世袭千户的夫人，在当时的社会历史条件下，也不失为"弃贱从良"的一种手段。而这种手段是符合当时社会现实的，因为在《元史》中就有提到"诸奴有女，已许嫁为良人妻，即为良人"[③]。因而，对于燕燕想要做小夫人的愿望也是有现实依据的。

再到后来，小千户负心于燕燕，燕燕并没有忍气吞声，而是开始反抗，"我敢摔碎这盒子，玳瑁纳子，教石头砸碎。（带云）这手帕。（唱）剪了做靴檐，染了做鞋面，持了做铺持。一万分好待你，好觑你！如今刀子根底，我敢割得来粉零麻碎！"这里不仅体现了燕燕的倔强性格，还体现了燕燕强烈的反抗精神：这里既是燕燕对于小

---

① 陈毅：《"关汉卿戏剧创作七百年纪念"的题词》，《戏剧报》1958年第12期。
② 王季思：《全元戏曲》，关汉卿：《诈妮子调风月》，人民文学出版社1999年版。
③ 宋濂：《元史》卷一〇四，《志第五十二刑法三》，上海人民出版社2003年。

千户这个负心汉的指控,也是关汉卿对于当时黑暗现实的一种控诉。

然后,小千户还让燕燕替自己去聘婚,这无异于是在燕燕的伤口上撒盐,可怜的燕燕既失了自己身,还要忍受着欺凌与侮辱,还得听命于主子,不得反抗。这样的统治阶层是多么残酷与虚伪!她还要为莺莺梳裹插带,称赞新娘子的优雅高贵,"他是不曾惯傅粉施朱,包髻不仰不合,堪画堪图。你看三插花枝,颤巍巍稳当扶疏。则道是烟雾内初生月兔,元来是云鬟后半露琼梳。百般的观觑,一划的全无市井尘俗,压尽其余"。这一特定的情境下,燕燕和莺莺这两个人物的心理则形成了强烈的戏剧对比,燕燕是愈赞美,愈痛苦,而莺莺则是沉浸在自己大婚的喜悦之中,这一细节的描写,赋予了惊人的艺术表现力。

到最后,小千户在婚礼上当众奚落燕燕,使得燕燕怒火中烧,当众揭穿了小千户轻薄负心、玩弄奴婢的丑恶罪行,使得夫人得知此事后,为燕燕做主,将她许配给了小千户,做小夫人。

(二)《调风月》结局的现实性

《调风月》的结局是符合当时的社会现实的。

在燕燕发现小千户背信弃义以后,斥责小千户,并且嘲讽他,这使得小千户发怒,并唆使夫人,让燕燕去替他聘婚,让燕燕的心灵受到了极大的打击,但是燕燕没有办法,因为她只是一个卑微的奴婢,她不敢与世袭千户作对,更不敢违背夫人的命令,只好忍气吞声。当最后,她还要假装和颜悦色地为莺莺梳妆打扮,本来自己要得到的幸福生活就这样成了别人的,但是当小千户在婚礼上刁难她的时候,她终于忍不住爆发了出来,"推那领系眼落处,采揪住那系腰行行揸胯骨。我这般揸揸揸揸揸揸有甚难当处?想我那声冤不得苦痛处。你不合先发头怒;你若无言语,怎敢将你觑付,你则索做使长、郎主"。当夫人和相公听到燕燕说这些话的时候,他们没有不相信燕燕,而是问燕燕"煞曾勘婚来"。这里就可以看出燕燕和主人家的关系很好,因为在元朝少数民族统治的年代,"充任家庭服役的奴婢与主人朝夕相处,常有奴婢与主人建立亲密的人际关系,发生深厚的感情。他们是备受尊重的、不同于普通的奴婢。如《上清传》中,上清为旧主申冤。《却要》中却要是唐代湖南观察史李庾的婢女,既是李的宠婢,又是李家的管家大丫鬟,举凡李家有什么重大庆筵宴活动,主要由却要安排操办,以她的聪明机智也使李的四个儿子'不敢失敬'。却要虽属奴籍,实际身份在李府中是十分显贵的"①。也是为最后夫人为燕燕做主让她嫁给小千户做了铺垫。

剧中在最后还说到燕燕对于夫人的做主,犹豫不决,但是最终还是嫁给了小千户。这里很多论者都觉得不符合燕燕这一人物性格特征,但是这一点恰恰也是关汉卿所要表现的现实主义的主题。一方面燕燕作为一个女婢,身份地位都是不允许她嫁给小千户的,但是在当时社会,有着"诸奴有女,已许嫁为良人妻,即为良人"的说法,因此燕燕为何不顺水推舟,就嫁过去,就算以后可能会面临千户和莺莺的欺侮,但是比起做奴婢,小夫人对她的诱惑岂不更大?然而这一剧作中虽说成就了燕燕与小千户的婚姻,但是贵族压迫奴婢的阶级矛盾是依旧存在的,最终婚姻的调解不等于矛盾的调解,阶级的矛盾性依旧是存在的。

另一方面,夫人为燕燕做主的这一决定,势必是燕燕不可拒绝的,因为在当时"即使逃离了这家,又能找到比这更好的从良出路?十九世纪挪威的易卜生为女主人公娜拉设计了一条求生之路——出走,但结局正像鲁迅在《坟·娜拉走后怎样》一文中所言:娜拉的结局,不是堕落,便是回来"②。这一结局的描写即表现了关汉卿对于人性追求美好生活的尊重,而且还从燕燕这一人物形象中看到了人的意识的不断觉醒和摆脱黑暗社会不断奴役的下层人民的反抗精神。

因此,"从本质上,《调风月》实实在在是一场悲剧,是一场愤怒而感伤的人性的追求者的悲剧,是深刻的现实主义与时代的悲剧"③。

二、《调风月》中的现实主义色彩成因

关汉卿大约出生于 1234 年前的金末时期,这一时期正值朝代更替,国家政局动荡不安,因此《调风月》中的现实主义色彩,一方面是因为少数民族的入侵,中国的奴婢变得越来越多,使得许多的文学大家,都以奴婢作为主要的人物形象,来表现当时的社会现实,如谢应天所说的"蒙古贵族入主中原,他们把沿途俘虏的人口分赠亲属左右作奴隶,甚至一般自由民、色目官吏、富贾也到处拘掠和强制良民为

---

① 李平:《元杂剧〈诈妮子调风月〉结局之我见》,《山西高等学校社会科学学报》2003 年第 9 期。

② 孙春艳:《合情入理的大团圆结局——〈诈妮子调风月〉结局新探》,《文教资料》2007 年 7 月号中旬刊。

③ 何群:《追求人性的悲剧——从燕燕形象论〈调风月〉的主题》,《青海师范大学学报》(社会科学版)1988 年第 2 期。

奴婢,因而元代奴婢之多为历代所罕见"①,再是根据《南村辍耕录》的记载:"奴婢今蒙古色目人之臧获,男曰奴,女曰婢,总曰驱口。盖国初平定诸国日以俘到男女匹配为夫妇,而所生子孙永为奴婢。""奴婢男女只可互相婚嫁,例不许聘娶良家。若良家愿娶其女者,听。"②这样就使得奴婢永远都只是奴婢,没有出头之日,要是有也是被"良人"看上,并且要听从于他,自己一点选择的余地都没有。因此,在《调风月》中的燕燕就是这样一个卑微的奴婢形象,她虽然性情泼辣,机灵狡黠,但是"一个站在等级社会阶梯最底层的奴婢,受到从肉体到心灵的戕害。奴婢身份使她先天地不能获得爱情的平等"③。

另一方面是因为"金元时期,奴婢并未完全沦为会说话的工具。金代女真社会是带有家内制特点的早期奴隶制,与中原封建制度接触后,又带有中原奴婢制的色彩"。"统治者常以官赎或令免手段把被掳掠的因战乱饥荒卖身的良人赎还,使奴婢有更多的途径来摆脱奴隶主的人身奴役。""女真、蒙古等北方民族,是以勇悍起家的游牧民族,其文化心理是淳朴而粗犷的。在走向封建化道路之前,他们君臣、君民之间没有明确的尊卑观念,没有森严的等级制度,也谈不到什么典章礼仪。"④因此,奴婢中带有强烈的反抗主义精神,这也使得他们成为文艺创作者们反抗黑暗现实的作品里的主人公,戏剧的矛盾冲突也愈加激烈。而在《调风月》中,燕燕这一人物形象的出现也并非巧合,而是作者根据当时的时代背景所刻画出来的,是有着一定的民族思想基础的。

因此,关汉卿的元杂剧作品《调风月》就是以燕燕这一奴婢形象作为主人公,并且对当时黑暗的社会现实,以文艺作为自己的武器,进行"许亲—负心—说媒—闹婚"这四部分的详细叙述,显示出明显的现实主义倾向。

三、结　语

"关汉卿身处于元蒙入主中原把人成批沦为婚奴的黑暗时代,身处于扼杀人、束缚人更为酷烈的宋明理学之间,却从这些被剥夺了做人权利的非人身上发现了

---

① 谢应天:《运城　以关汉卿的名著〈调风月〉使其地名增加了无限光彩》,《中国地名》2014年第7期,第54页。

② 陶宗仪:《南村辍耕录》卷十七《奴婢》,中华书局1958年版。

③ 常林炎:《人道主义作家现实主义历史——论关汉卿的剧作》,《河北学刊》1989年第3期。

④ 李平:《元杂剧〈诈妮子调风月〉结局之我见》,《山西高等学校社会科学学报》2003年第9期。

人的意识的觉醒,呼唤着人性的激扬发展。"①从这一点上来看,关汉卿在元杂剧的创作中有着举足轻重的作用。而《调风月》中的燕燕则是关汉卿笔下的理想人物,在她身上集中体现了奴婢崇高的道德情操和坚决与黑暗势力斗争的反抗精神。燕燕性格的独特魅力使剧情的冲突与矛盾不断升华,让作品既有小家碧玉的女子情怀,又不乏针锋相对的男子气魄,并将故事的矛盾冲突推向高潮。

　　燕燕是在极度气愤的情况之下,为自己的自由而斗争,为自身的不堪遭遇而抗争的。无意之间,她也寻找到了做一个真正的"人"应该有的姿态。作品结局一片美好,喜气洋洋,燕燕终于实现了自己的梦想,成为小千户的"小夫人"。但这所谓的"小夫人"是否真的能让她获得真正意义上的自由与权利呢?为此她所付出的一切屈辱以及他人所强加给她的污名,不过是她为此而付出的代价,然而她最终获得的也不过是"小夫人"这一个虚名而已——当然,这一点她自己是从未意识到的。

　　要知道,在当时的这样一个社会之中,底层人民不可能拥有自己的权利与地位,不能够找寻到真正美好的人性。通过燕燕这一结局,我们也可以感受得到作者内心对于前方、未来的无限迷茫,人生痛苦的感叹,以及无可奈何的悲凉,作者的这一种思绪与作品本身的结局形成鲜明的对比,无疑将作品中的现实主义色彩表现得更加深刻。

　　统观整部作品,可以看到妇女们对于传统社会的婚姻观、价值观的批判,下层劳动人民对于自由与人性的渴望,以及以小千户为代表的传统黑暗势力对无辜百姓美好人性的摧残与扼杀。而这些,对当时社会真实的反映以及对社会现实的揭露,正是关汉卿之所以成为伟大剧作家的重要原因。

　　《调风月》作为关汉卿描写奴婢形象的一部戏剧,以其独特的魅力不断地引人探讨与挖掘,其中的深层含义,不仅体现于个人,而且还体现于整个时代。

[本文原载于《参花》(下)2019 年第 10 期]

---

　　① 李灿朝:《论元杂剧〈诈妮子调风月〉的结局》,《云梦学刊》1994 年第 4 期。

论《窦娥冤》里出现的婚姻形式

周冶倩①

关汉卿被称为中国的莎士比亚,他的《窦娥冤》是中国十大悲剧之一,取材于元代社会现实,是由汉代的"东海孝妇"的传说演化而来的一部作品,有着很大的研究价值。王国维在《宋元戏曲考》中说:"即列之于世界大悲剧中,亦无愧色也。"全文写了穷书生窦天章被迫无奈将女儿窦娥卖给了蔡婆婆家当童养媳,长大后丧夫与婆婆相依为命,却遭遇地痞流氓的欺辱,最后被贪官误判含冤而死,死前对天起誓"血溅白练""六月飞雪""三年大旱"且一一实现,最终冤案平反。展现了黑暗的社会现状,百姓的生活状态,妇女的婚姻观念。表达了百姓渴望正义,对美好生活的向往,惩治地痞流氓、贪官污吏的美好愿望。

一、《窦娥冤》出现的婚姻形态

(一)买婚

"买婚"可以追溯到上古时期,这是一种把妇女当作"物品"卖出以换取钱财的婚姻形式,男子出钱财以换取女子。窦天章为了上京应试加之欠债便把窦娥卖给了蔡婆婆做儿媳妇了。"嗨!这个那里是做媳妇?分明是卖与他一般。"书中的这句话明确地指出买婚的形式。在《周礼》《礼记》中都有明确的记载,男方出钱给女方家,这种钱也被称为聘礼、彩礼。在当今社会依然存在,男方要给女方家多少的彩礼钱才可以娶到女方。

---

①　本文作者系浙江越秀外国语学院中国语言文化学院 2017 级学生。

（二）童养媳

童养媳，是指未成年女子由婆婆家养育，等到成年后正式与其子结婚的婚姻形式。蔡婆婆把 7 岁的窦娥养到 15 岁才让她与自己的儿子结婚。在王公贵族中，一些出身高贵的女子在年幼之时就会被选入宫中，待到成年后再与皇子王孙结婚。在近代社会中，萧红的《呼兰河传》第五章小团圆媳妇，介绍了在呼兰河畔的胡家给二孩子娶了个童养媳叫"团圆媳妇"。童养媳一般是由于家庭贫困，所以到了夫家之后常常很受轻视，而且年龄幼小，不能给自己做主，生活往往很凄苦。童养媳在中国的农村十分流行，因为贫穷落后，许多的老百姓娶不起老婆。为了解决这个问题，家长们只好包养年幼的女孩来做童养媳，待养到十四五岁时，让她同儿子"圆房"，这样的婚事既省事又省钱。那时还有公婆或丈夫病重提前娶媳妇的不科学习俗，叫作"冲喜"，即用"喜事"来希望病人尽快康复①。

（三）赘婿婚

赘婿类别和入赘限制。元代赘婿一般分为四类："一曰养老，谓终于妻家聚活者；二曰年限，谓与妇人归宗者；三曰出舍，谓与妻家析居者；四曰归宗，谓年限已满，或妻亡、并离异，归宗旨。"但四类实为两类，即养老赘婿和年限赘婿，另两类只是它们的特殊形态而已。还有一种特殊的赘婿，称为"接脚夫"或"接脚婿"，即寡妇再婚而招赘的女婿②。在《窦娥冤》中有明确说明，"老汉自到蔡婆婆家来，本望做个接脚，却被他媳妇坚执不从""那张老就要我招他做丈夫……孩儿也……不若连你也招了女婿罢""老汉自到蔡婆婆家来，本望做个接脚"道出了张氏父子想入赘做上门女婿。在《西游记》里高老庄庄主高老汉有个漂亮的女儿想招个高大威猛的女婿来维持家业，便招到了猪刚鬣，后改名猪八戒。"上门女婿"一般会受到歧视，所以，这种婚姻方式较少，家庭富裕的孩子一般不会做"上门女婿"。

但是在如今的现代社会里还是存在着上门女婿这一说法，只是风俗形式上会有一点点改变。

---

① 桑楚：《国学常识全知道》，人民出版社 2013 年版，第 328 页。
② 董彦斌、郭相：《中国法制史》，海洋出版社 2000 年版，第 154 页。

二、从社会角度出发

(一)法律的规定

关汉卿的《窦娥冤》成书于元朝,此时的统治者思想比较开明,在思想上讲求"兼容",对婚姻制度以"保存蒙制,蒙汉杂糅"为原则。有一夫一妻制和一夫多妻制,禁止重婚,在离婚上比较宽容,允许感情不和的夫妻自愿离婚,对各等级的人有不同的婚姻制度。允许买婚、童养媳、赘婿婚、聘娶婚、收继婚等。以"婚书"为证,婚书制度:婚书即书面婚姻,建立婚姻关系必须订立婚书,写明议定的聘财数额,如果招收赘婿,则要写明养老或出舍的年限,主婚人、报亲人、媒人要在婚书上签字画押。[①] 一式两份,一旦发生纠纷告到官府时,便用它作为证据。

(二)多民族的融合

各民族融合共存,元朝南征北战拥有辽阔的疆域,对各个民族有着包容的思想,思想统治比较松散,允许自由的宗教信仰。元朝横跨欧亚大陆,民族众多复杂,在宗教信仰上提倡"兼容并蓄,广事利用",马可·波罗曾引述过忽必烈的宗教态度的一段话,说:"全世界所崇奉之预言人有四:基督教徒谓其天主是耶稣基督,回教徒谓是摩诃末,犹太教徒谓是摩西,偶像教徒谓其第一神是释迦牟尼。我对于兹四人绵致敬礼,由是其中在天居高位而最真实者受我崇奉,求其默佑。"[②]而佛教带有政教合一的特征,以此维护统治。各族相互杂居,互相通婚。如《元典章》:"诸色人同类自相婚姻者,各从本俗法,递相婚姻者,以男家为主,蒙古人不在此例。"各民族相互流动迁徙,蒙古人大量往内地迁徙,汉族人也大量去到边疆,各族杂居。许多信仰伊斯兰教的阿拉伯人、波斯人迁入中国。

(三)"儒"的弱化

儒学注重"礼仪",女子需要遵从"三纲五常""三从四德",对女性的思想行为有

---

① 林明:《中国法制史》,上海人民出版社 2012 年版,第 205 页。
② 赖新元:《中国通史》,延边人民出版社 2000 年版,第 373 页。

着很大的影响,使女性严格遵从为妇之道。而元朝因科举考试曾经中断过,使得儒学在元朝弱化,加之元朝推崇程朱理学,所以女性的思想有了很大的转变,开始追求爱情,敢于向传统挑战。元朝在灭金后,科举制彻底中断过,直到仁宗继位才正式恢复。元朝考试的内容都是以程朱理学为注解的儒家经典为主,但录取率不及百分之四。所以叶子奇在《草木子·杂俎篇》说:"殆不过粉饰太平之具。世犹曰无益,直可废除。"元朝的科举制度考试规模非常小,存在着严重的种族歧视,蒙古人和色目人的考题比南人和汉人的简单,在录取率上蒙古人和色目人比较多,可见南人和汉人有着不公平的对待,南人和汉人入仕之径困难重重,这直接导致了儒家文化在汉族人民中学习动力的减弱。儒家文化本就是汉族人民的文化之本,本民族的文化被本民族的人轻视,这便导致了儒家文化的弱化。儒家文化的弱化,使女性的自我意识得到解放,对儒家的"三纲五常""三从四德"等一些为妇之道进行了抛弃。因此在汉文化中女性意识也在逐步发生变化,开始接受改嫁等社会现象。

(四)提倡商业发展的影响

元朝商业发达,统治者提倡"以功利诱天下"与中国传统的"重农抑商"有着严重的思想冲突,在一定程度上改变了人们的思想观念。广阔的疆域给商人提供了充足的市场,商人的地位也有着重大的提升,曾担任官职的杨竹西的一首诗更是反映了商人地位的提升:"人生不愿万户侯,但愿盐利淮西头。人生不愿万斤宅,但愿盐商千料舶。大农课盐析秋毫,凡民不敢争锥刀。盐商本是贱家子,独在王家埒富豪。"①经济发达,城市繁荣,便有了许多的勾栏瓦肆,文人在这里创作,有感人生,发泄愤怒。在这里产生了许多的俗文学,多用白话。小旦在舞台上以唱戏的方式演唱,深受百姓的喜爱。元杂剧鲜明生动地展现了当时百姓的生活状态、社会情况,具有很大的传播性,在民间流传得很快,在一定程度上影响了百姓的观念,如王实甫的《西厢记》描写了张生和崔莺莺对爱情的美好追求,去歌颂爱情,去祝福"有情人终成眷属"。在一定程度上影响了人们的观念,百姓追求爱情,自由婚恋。

---

① 李伯钦:《中国通史》卷六,凤凰出版社 2012 年版,第 303 页。

三、从作者出发

（一）写此婚姻形态有何意义

《窦娥冤》本就是一部悲剧，剧中的婚姻形态也是悲剧的。作为中国古代的女性，窦娥受传统观念和家庭的影响被动地成为童养媳，本想这是一个好的结尾，不承想这是悲剧的开始。《窦娥冤》里的三种婚姻形式都是悲剧的，窦天章的"卖"女儿，是痛苦的，童养媳的窦娥是痛苦的，远离亲人，自小给人当用人使唤，"怎敢说做媳妇，只与婆婆早晚使用"。张氏父子的强行入赘，这是遭人唾弃的，不受世人的尊重。窦娥在贫穷的挤压下放弃了那时社会中的一般妇女对自己婚姻的自由选择权。悲剧的婚姻承托了悲剧的人生，悲剧的故事，使文章更好地展现在观众的眼中。

（二）作者对婚姻的看法

婚姻是人生的一件大事，无论是古代还是现代，婚姻都是举足轻重的一件事。《窦娥冤》是中国十大悲剧之一，悲剧的婚姻承托悲剧的故事。关汉卿自小聪明过人，对父母包办的婚姻极为不满，在《关汉卿的传说》一书中简单地介绍了他委婉拒婚的情节。在《拜月亭》"愿天下心厮爱的夫妇永无分离"展现了婚姻的基础不应该是"父母之命，媒妁之言"，而是两情相悦的自由组合。关汉卿创作了众多的爱情婚姻剧，这些剧中都是以女主人公为主角，她们大胆追求爱情，与封建势力做斗争。如《望江亭》中的谭记儿为了维护自己的爱情和婚姻，勇敢地与杨衙役做斗争，使杨衙役人财两空失败而归，战胜了恶势力。表达了恶势力最终会被战胜的美好愿望，鼓励了人们坚持不懈，努力奋斗的决心。

四、结　语

有许多学者对《窦娥冤》做出过细致的研究，这篇文章是本人的一点看法和观点。《窦娥冤》用独特的方式反映了元朝的社会情况，用杂剧的方式记录了历史。它更是展现了多样的婚姻状态，让人们真切地体会不一样的社会，不一样的婚姻观。本文通过社会经济、政治、法律、文化,作者的观点等阐述了《窦娥冤》中的婚姻形态的影响因素,多元地介绍了婚姻形态的形成与时代和国家有关。

(本文原载于《丝路视野》2020 年第 7 期)

《玉簪记》中的理想爱情描写及其变化

陈　意①

　　从中国古代文学发展的角度来看，元明清时期是爱情小说发展的高峰，高濂的《玉簪记》就是其中一部爱情小说的巅峰之作，它描写的陈妙常与潘必正的爱情充满了理想化的色彩，在后世的文学长河中影响巨大。而后来的描写爱情的文学在吸取《玉簪记》精华的同时，它们所代表的爱情在内容上都或多或少地与《玉簪记》中的理想爱情产生了差异。本文将对此进行进一步探讨。

一、中国古代爱情的进步

　　《玉簪记》中的陈妙常、潘必正他们所追求的爱情具有理想化的色彩，指的是它的文化思想与那个时代的思想特征不符，和现代人们所说的自由恋爱比较接近，高濂在前人描写爱情的基础上做了改进，打造了爱情的新境界。具体来说，《玉簪记》爱情描写的理想性表现在以下三个方面：

　　一是主动性。陈妙常和潘必正在金陵女贞观相遇，潘必正见陈妙常生得貌美，不由得心生爱慕之心，陈妙常也很留情，各以琴声向对方诉说自己心中的情意，他们由情投意合，到约会并处，最后喜结良缘。在这个过程中，在陈、潘二人的心中，只有相互之间爱慕相思的爱情，没有任何复杂的社会功利因素，甚至连传统的伦理道德规范也不能束缚住他们俩的爱情。《玉簪记》的第十七出就名为《耽思》，潘必正爱慕陈妙常的目的很明确，就是要与她成就一段姻缘。当他受不住爱情的一挫再挫时，就病倒了。《玉簪记》的第十九出《词媾》就对欢会的场面做了描写：两个人在最开始的相遇之处见面，很小心也很谨慎，两人情投意合，差点忘了时间。为了你而变得病恹恹却仍然沉迷其中，我日渐消瘦难以自保，只是为了今朝，能够和你互相依偎。我一介女子本柔弱，你不要把咱俩的事情告诉别人。这表明高濂是肯

---

　　①　本文作者系浙江越秀外国语学院中国语言文化学院 2018 级学生。

定并赞美这种人性的自由的。这个过程对陈妙常的影响更大,对一个女性来说,陈妙常的身上更深刻地体现的是自然人性的碰撞与礼教规范之间的冲突。陈、潘之间的爱情,是在"发乎情,止乎礼"的基础上的两情相悦,不掺杂一点利益的因素。

二是积极性。《玉簪记》所描写的陈妙常与潘必正的爱情,从客观的角度来说,完全是二人相互钦慕、相互吸引、相互感知的过程。这种感情不断地与观主的逼迫潘必正赴试考取功名产生冲突与摩擦,直至最后感情赢得了胜利。高濂把陈、潘之间的相爱过程描写得委婉曲折。在女贞观中相遇时,作者用华丽的笔墨刻画了潘必正偶遇陈妙常之后产生的一见倾心的感受,而写陈妙常,则描绘了陈妙常为潘必正煮茗的画面,淡墨虚笔之中包含了陈、潘两人对对方的欢喜之情。其后的潘必正患相思病就是两个人决定私订终身的转折点。早点喜结良缘。两人白头偕老在大院子里一边散步一边看明月,心里有什么话也可以和旁边人说。榴花解相思。每一片红色的花瓣飞起来都得像血一样。这里包含着潘必正由爱情引发的对陈妙常的热切期盼之情。而心细如发的观主则察觉到了两个人之间的事情,逼着潘必正去赴试,绝了眼前往来,免得败坏山门。而后陈妙常去关口追别潘必正,两人就处于被凄凄离别之情所折磨的状态,最后两情相悦战胜了封建礼教。在这个艰难的追逐爱情的过程中,高濂通过陈、潘二人之口诉说了他们不被接受的爱情,通过情景交融的手法描绘出二人被离别之情所折磨的精神状态。画面的不断转变把陈、潘积极争取爱情刻画得细腻生动,惟妙惟肖,令人潸然泪下。

三是专一性。现代人的爱情观认为爱情需要忠贞不贰,爱情具有排他性,绝不能喜新厌旧,朝秦暮楚,见异思迁。《玉簪记》中只限制性地描绘了陈妙常与潘必正的爱情,体现了爱情的专一性。王公子最有可能打破两个人的爱情,可是高濂只写了一条计策:你派一个能说话的人到观中去,不要说自己姓王,只说衙差请师父到家,想拜他为师,让他来家里讲经说法,先叫下轿夫,等他上轿抬到家中的时候,任你处置,又有什么不可以的。这似乎暗示着王公子可能会强迫陈妙常,但是王公子的计策似乎成了一个空白。这个空白使《玉簪记》与现实社会之间产生了明显的差异,从而突出了陈、潘爱情的专一性,这正是高濂的巧妙之处。

二、漫长的题材演变和深厚的社会文化背景

从上文的论述可以看出,《玉簪记》所描写的陈、潘爱情,以一见钟情统摄见面后的交媾和婚姻,充满了现代爱情的特点,散发出了理性主义的光芒。在这种与当时社会风气格格不入的爱情描写之中,人性的尊严和自由跃然纸上,赞扬了两情相悦之上的自由婚姻,表达了作者对社会具有高度的关注和对人性深深的思考。爱

情描写的理想化赋予了《玉簪记》巨大的艺术魅力,使它在前人描写爱情的基础上更具有进步性。《玉簪记》的出现是有迹可循的,支撑着它的是漫漫时间古道中的社会文化背景和文学进步历程。

从冯梦龙评辑《情史(上)》到高濂《玉簪记》,内容不断受到市民文化的改造。《情史(上)》中以简短的语言叙述了陈妙常和潘必正之间的爱情,而小说中却写了"陈妙常与府尹张湖的故人潘必正私自结合",表达了"陈妙常是个不贞的女人"的观点,带有明显歧视女性的倾向。明朝疆域扩大,经济繁荣,哲学思想上,肯定人的主体性地位,将"人"的主动性放在重心。《玉簪记》是昆曲传奇的经典之作,几百年来在民间久演不衰。这个变化的过程体现了社会百姓的爱情与婚姻理想对主题的影响,也体现了人性在封建礼教和传统道德之中的突围。梦华主编的《图解国学知识》中讲到,昆曲是中华的传统文化,是中华文化中的精粹,是我国传统戏曲中最古老的剧种之一,起源于元朝末年,明朝时期戏曲音乐学家魏良辅基于南曲,吸取了北曲优点,形成了昆曲。《玉簪记》就是其中交口称誉的一部剧作。

作家的思想素质和创作作风是《玉簪记》理想爱情描写产生的更直接也更关键的因素。明代恢复了汉族政权的时候,此举得到汉族广大知识分子的认同,许多隐士纷纷入仕,专心致力于恢复传统文化。但是,明代统治者却用各种毁灭性的方式去表达对知识分子的蔑视与贬低,他们的专制政治终于使士人失望,许多知识分子害怕进入仕途,绝望,气愤,甚至发展到抵制科举。明代的社会文化精神具有开明的特点,人们追求更多的人格独立,崇尚个性,批判传统,勇于创新,在许多方面都开创了新的格局,形成了新的规范和标准。这样的社会格局决定了他们独树一帜的思想品质,就使得他们的作品比普通的市民文学更透彻。《玉簪记》中描绘的具有理想化的陈、潘爱情是高濂在现实生活的根本上对青年男女的爱情婚姻问题所产生的严肃和透彻的想法,细节描写最能体现作者的细腻。前文写到,高濂把爱情限制在陈妙常和潘必正之间,并且把最有可能插入其间的王公子排斥在外。在《追别》中:我有一支碧玉鸾簪,送给你作为成年的礼物,请你收下我的礼物,聊表别情;我有一枚白玉鸳鸯扇坠。原本是我父亲赐给我的,今日送给你,希望我们能结成夫妻。这就把两人对爱情的热烈追求写得淋漓尽致。后潘生登第得官,路出金陵,迎娶妙常归家团聚,可以说,正是这一个个严谨的细节才使《玉簪记》的爱情描写放射出理想的光芒。

三、偏离内在理路的变化

《玉簪记》自明清以来,在爱情文学的基础上打开了一扇新的爱情内涵的大门,艺术上也打磨得更加纯熟完美,从而成为中国古代爱情文学的高峰。后世的爱情文学作品有很多都从《玉簪记》里吸收精髓,这些作品的内容或多或少都有《玉簪记》的影子。随着时代的演变,后世的文学作品在受到《玉簪记》影响的同时,其中描写爱情的部分都在一定程度上与《玉簪记》中的爱情有着异曲同工之妙,不难看出,《玉簪记》爱情描写的理想品性在后世文学作品中主要向三个方向流变:

第一,性欲的膨胀和放纵。在明朝万历年之后的明清时期,艳情小说之所以出现,高罗佩认为,是因为当时很多人认为明朝的物质生活——讲究风雅的那种文化时尚,已经让人达到烦琐厌倦的地步,乃至有很多文人就转过来,想用最下流最淫秽的方法去宣泄自己的情绪。

第二,爱情向社会规范让步并逐渐成为它的归属物,明时期出现的大量的才子佳人戏都出现了这一倾向。封建社会的礼教和规范是难以撼动的,单凭个人的力量很难与之对抗。以才子佳人为主题的戏曲和小说的大量出现反映了很多文人的理想。在这些作品里,作者以艳羡的口吻描写男主人公的才华和女主人公的容貌才情,他们一见钟情,然后就有听琴、幽会等情节,经过一些具有封建主义思想的人的反对,最后男子高中状元,二人结为连理。显然,这样的爱情已经加入了很多社会因素,变成了社会人士沽名钓誉的遮羞布,这与《玉簪记》的思想感情是相悖的。

第三,爱情内涵的深入,以《桃花扇》《长生殿》为主,《玉簪记》的爱情,是一种很纯洁的青年男女相互爱慕之情。《桃花扇》《长生殿》沿着"情"这一路,深化了"情"的内涵,提升了"情"的品位。《桃花扇》里的爱情是李香君由三观一致而产生的好感,逐渐变为对文人的敬仰,最终上升到对侯郎的爱情爆发。《长生殿》表达的是只为"真情"二字,儿女情长,即便是深宫之中的天之骄子也难以达到爱情的圆满,赞美了爱情的真诚和不朽,可以超越生死。

从《玉簪记》爱情的描写到后代爱情的变化中,中国古代爱情文学的发展脉络清晰地呈现在了我们眼前,它们与当时的社会风气、社会潮流有着密切的关系。上述的三个变化方向都没有按照《玉簪记》爱情描写发展的变化展开,所以我们可以看到,自由婚恋是怎样的艰难,但是依旧会有人去突破封建礼教的束缚寻求发展的契机,《玉簪记》的伟大意义也由此得到了展现。

(本文原载于《北方文学》2019 年第 30 期)

挣脱封建桎梏，追求自我幸福

——比较《牡丹亭》和《西厢记》主角女性形象

余颖洁[①]

　　古代中国传统的民间戏曲佳作——《牡丹亭》和《西厢记》，都表达出主人公对爱情的美好追求和作者反封建反传统的进步思想，将反对压迫的主题寄托在男女之间的爱情婚姻与封建礼教的冲突上。作品的女主人公同样是封建贵族家庭中具有叛逆性格的小姐，对爱情充满向往，敢为爱情突破封建伦理。鉴于两部剧作的产生年代和人物的生活环境，以及作者的自我思维不同，作品又呈现出不一样的效果和社会意义，但依然各放异彩。

一、作品的社会背景以及社会观念

　　《西厢记》产生于元代。元代杂剧兴起，得益于蒙古族的崛起，蒙古族的南下形成了大规模民族融合的格局，多民族的杂居必然会引起文化的碰撞。由于当时蒙古人自身依旧处于比较原始的社会形态，在遇到相对先进的汉族文明时，会"本能地产生一种吸附心理"。于是元代的上层统治者积极研究汉文化，实行尊孔敬儒。基于这个原因，元代存在两种文化体系，即传统儒家文化和新的民族文化。而在文学艺术方面，主导的对象仍是传统的儒家思想，它注重政治、伦理教化功能。但由于元代独特的文化氛围，虽然戏曲在本质上与传统礼乐文化精神相冲突，却能拥有新的发展机会。以愉悦为主要目的的游牧文明为民间底层的活动提供了生存的土壤，使之一跃成为社会群体共同接受、喜爱的艺术剧种。另外，元代科举制度的荒废和儒生社会地位的下降，导致一部分无法追求仕进的文人从事起杂剧的创作，元代成为中国历史上戏剧发展的一个高峰。《西厢记》的故事背景虽为唐代，却处处显示出王实甫对元代社会的真实再现，元人的到来松动了程朱理学统治的枷锁，因

---

　　① 本文作者系浙江越秀外国语学院中国语言文化学院 2018 级学生。

此作品既有崔莺莺反抗意识的觉醒,也有封建力量无法彻底撼动的悲情。

《牡丹亭》出生于明朝晚期。这是封建专制达到鼎盛的时期,统治者为了维护专制政权,加强了思想方面的控制,大力鼓吹三纲五常,提倡道德规范。明朝自建国起,朱元璋就推举程朱理学,强调伦理纲常对女性的约束,以禁锢百姓正常欲望的方式,来阻止反抗思想的生发。"存天理,灭人欲"思想的具象化表现之一是明朝大肆宣扬的《女训》《内则》等,当中更为直接明了的举措是要求女性树立的贞节牌坊,其用途是表彰妇女的自我牺牲手段,借由妇女的个性泯灭来换取统治者的所谓表彰和社会的价值引导,强制性地将妇女钉在了血泪的土地上。直到明中期,资产阶级的萌芽促进了思想文化的活跃,王守仁的"心学"开始引领文化思潮。他认为"心无体,以天地万物感应之是非为体"①,自我的良知才是自然的真理。摒除外在的权威,意识重新回到人们的心中,良知可以进行自我判断。这样打破了僵化的宋明理学规则,唤醒人们的私我意识。至此之后,"王学"形成了种种学派,进一步肯定人的自我欲望,主张人之间的平等,追求个性的发展。正是在这样的思潮之下,汤显祖产生《牡丹亭》的灵感,他借助牡丹亭抒发自己怀才不遇的悲凉心境,对封建体制扼杀社会生机,践踏人们自由诉求的状况进行批判。

二、崔杜两人的个性与追求

《西厢记》与《牡丹亭》的两位女主人公都以完满的大团圆模式作为结局,这种受观众追捧的才子佳人的爱情剧,是对中国传统包办婚姻的反对。倡导反传统、反封建的新型婚姻价值观念,要求社会重视女性的身份和婚姻地位,呼吁爱人终能得到幸福结果。通过剧作中女主角勇敢追求自由爱情,实现婚姻幸福,突破封建伦理桎梏的美好形象,来实现文学作品的教化功能。尽管两位女主人公都出身名门望族,依然能够解除芥蒂,开始重视自身的感受,渴望自由与爱情,勇敢摆脱贵族身份"门阀等级"的旧观念。尽管出于作者思想认同和文化背景的差异,女主角又有一些行为差异和思维变化。

(一)不堪重压的觉醒意识

崔莺莺生活在唐代,既是相国之女,从小便受到严格的管教,一举一动都被老

---

① 王阳明:《传习录》,江西人民出版社 2016 年版,第 1028 页。

夫人关注,但凡有一些逾矩的举动,就会被批评训斥。相国去世前,为了维护家族利益,早早地为女儿定下婚配,在崔莺莺的生活中,似乎没有自己的成分。平日里她没有任何接触别的男子的机会,也不能够动任何歪心思,否则便是辱没相国门风,也是不守妇道,这样牢固的枷锁,将莺莺压制得无尽苦痛,反而增强了她反抗的意识和动力。因此当崔莺莺在佛堂上初遇张生,就如同磁石相吸,难以自拔。身为相国小姐,居然忘却自己的身份,不顾红娘的催促,擅自回头相望,这一个冲突强烈揭示了莺莺的内心情感,礼教的威严和不管不顾的对视,是对封建压迫的激烈反击,实现了崔莺莺叛逆性格的基石,是她内心觉醒的一个标志。

杜丽娘和崔莺莺的家庭环境相差无几,她也受到父母的严加管束,被他们安排人生的道路。但杜丽娘的生长环境更加令人窒息,崔莺莺还能够在普救寺与张生相遇,而杜丽娘的人生中除去父亲和老学究,再无第三个男性。礼法、女诫将她团团围住,牢牢攥紧。白日里犯困,是有失检点,绣成对的花鸟,是邪思妄想,学习不是长知识的方法,而是如何真正贤良淑德的途径。但这并不能阻止自由思想。她不认同陈最良按照注解来读课本的授课方式,《诗经》的教习非但没有让她受到后妃之德的感召,反而激起她对自由相亲的鸟儿、自由相恋的男女的羡慕,她不甘心再安于深闺,产生春心萌动的爱情想法。在家里的后花园中,她第一次看到满园春色,映衬出自己娇艳的脸蛋,情爱的冲动如同开闸的大坝决堤而出,又想到烂漫春光无人欣赏,如同自己的美貌一样,慢慢消散,不由发出了"原来姹紫嫣红开遍,似这般都付与断壁残垣"①的感叹。她对人性欲望的觉醒意识也犹如这满园的春色,再也关押不住,迸发了出来。

(二)复杂多重的个性追求

对爱情的强烈追求构成崔莺莺性格的一个方面,在佛殿初遇张生时,莺莺的表现是:"他那里尽人调戏弹着香肩,只将花笑捻"②,"自见了张生,神魂荡漾,……"③这样看来,莺莺是有意而为的,她用自己的方式在试探、表达爱慕之情,若非中间横隔着法聪和尚与红娘两个碍事的人,也许莺莺的举动会更为大胆。作者将这两个人物安插在这里,用意是将这两人逾越礼教,冲破重重罗网的结合用一种更具象的方式展现出来。这种强烈大胆中含有收敛的一面,显得莺莺有点假模假式起来,这

---

① 汤显祖:《牡丹亭》,三秦出版社 2016 年版,第 137 页。
② 王实甫:《西厢记》,知识出版社 2015 年版,第 38 页。
③ 王实甫:《西厢记》,知识出版社 2015 年版,第 130 页。

使得戏剧带有了令人发笑的因素。莺莺想与张生修得因果,实现鸾凤和鸣,却又没有付诸实践的勇气,于是派了红娘去了解张生的情况,主动献殷勤。但等到红娘真正将情书带回来之后,莺莺又装起正经来,"小贱人,这东西那里将来的?"①莺莺的言行前后不一致,甚至做出了两种截然不同的反应,展示出了她对爱情急迫却又犹犹豫豫的心情。在被红娘猜透之后因为挂不住面子耍起小姐脾气,以及《闹简》一折中的赖简,都是为了烘托莺莺反抗精神中的女儿家的委婉忸怩,含蓄的情态,这才是戏剧真实的效果,多年的礼节教化限制了举动,但对张生的爱意又撺掇着她,显得她的性格既热烈又冷静,直到最后挣脱封建枷锁,勇敢与张生结合,让人性和封建理念激烈碰撞,是爱情对封建礼教的冲击。这种行为,在治家森严的相国府的背景下,更加彰显了莺莺反抗的坚决和大胆。

同样作为名门闺秀,杜丽娘首先展现了至情至性的性格特点。她温婉贤良,聪慧过人,骨子里却透出反叛束缚、酷爱自由的精神,在对人的情欲和自我生命的实现上,她展现了执着的一面。和莺莺不一样的是,杜丽娘的性格更为刚烈,她身处一个更严密的牢笼,做出的反叛举动也更加彻底。她清楚明白自己的心意,把爱情融入生命的一部分,当作一种人生的追求来实现。梦中她与柳梦梅的结合是她热烈感情的迸发,她也不加掩饰地将自己的心事告知了丫鬟春香,说自己也算有男人了。在现代社会看来令人发笑,但在当时的社会生存环境下,高门大院和封建约束没有给她实现爱情的条件,她只能凭借梦境来寻找自己的真情。她那番"生生死死随人愿,便酸酸楚楚无人怨"②的感伤就是对自由恋爱、死而不悔的强烈渴望。那个时代的杜丽娘只能在梦境中感受到爱情的温存,而梦中刻骨铭心的爱情体验与现实的冷酷之间的巨大反差燃尽了她所有的生命力量。为爱情她不仅勇敢地献出了生命,更为可贵的是,在阎王面前,她表现得仍然十分大胆,勇敢无畏地和判官据理力争,杜丽娘因爱而死,又为爱复生。回到人间之后,杜丽娘的一切行为都出自"情"的催动,她不需要红定回鸾帖,也不需要媒妁之言,深夜径自敲开柳梦梅的房门,直接表白自己的心事,许下了"生同衾,死同椁"的不朽誓言。即便是面对封建权威的父亲以及在金銮殿上,她都毫不退缩,展现了自己"至情"的决心。她的反抗个性是明朗清楚的,"人欲"的复苏和个性的燃烧是杜丽娘的主线,"情"字赋予了她强大的能量,她的反抗更刺激、更主动,体现真情的力量。

---

① 王实甫:《西厢记》,知识出版社 2015 年版,第 261 页。
② 汤显祖:《牡丹亭》,三秦出版社 2016 年版,第 194 页。

三、总结:作品的传世意义

《西厢记》笔下崔莺莺的形象是很具有矛盾性的,她既爱着她的母亲,又埋怨她的母亲;既受到封建思想的灌输,又在某种层面上打破了这种枷锁。莺莺几乎是一个有自己完全思想、感情和行为的女人。她形象的典型性,不只在于她能够突破封建禁锢,遵从自我意识与张生结合,还在于作者对她反叛封建伦理道德的道路上的挣扎和思想矛盾性的描写,将她性格内部的复杂因素都展示出来。在爱情中,她承载强烈的向往却难以付出立即的行动;在婚姻上,她有自己的理想却缺少实现的意志,这样矛盾而深刻的过程才赋予了这个形象的深刻性。从作品来看,抛开人物设置的巧妙,王实甫没有刻意地追求戏剧冲突的尖锐,也没有强行制造曲折离奇的故事情节,而是将人物性格本身表达出来的冲突描写出来,这样的作品才是最贴合生活,自然、和谐的。

《牡丹亭》更侧重于对"感情"的描写,汤显祖用一系列抒情场景来表达主人公强烈的欲望和对爱情的追求。杜丽娘萌芽的爱情是对美好生活的向往和自由人性的觉醒。杜丽娘抒发的姹紫嫣红凋零在断壁残垣的感叹,也是为所有禁锢在封建牢笼里的妇女发出的呼声,具有反封建的超前意义。在艺术特色上,《牡丹亭》的浪漫主义写作手法具有很强的可读性,奇幻与现实的结合具有一种瑰丽的奇异色彩,尽管杜丽娘的理想在当时社会没有实现的可行性,但汤显祖还是为妇女青年们提供了激励和鼓舞,宣扬自由追求爱情,解放自我个性的行为。

对比来看,崔莺莺的行为很大程度上有障碍性,她受到更多思想的局限和理性的影响,她的许多行动缺乏主动,红娘的鼓励才是推动崔张二人的动因。然而,杜丽娘在行为自由和思想自由两个方面都远远超过崔莺莺。因此,在对封建桎梏的挣脱方面,《牡丹亭》是比《西厢记》更完全的,艺术效果也要更加突出一些。

[本文原载于《喜剧世界》(下)2019年第9期]

明通俗小说中的游民文化描写及其文化内涵

陈乐媛[①]

一、中国通俗小说的位移和深厚的游民文化背景

在以往的有关明清小说史著作的普遍观点中,若涉及明代通俗小说读者群这一问题,往往莫衷一是。在中国文学史上,通俗小说的产生及后续发展与游民文化的联系是客观存在的。

从小说的发展历史来看,通俗小说为通俗文学中的一大类,经过宋、元两代的萌芽,直到明代才开花结实。明嘉靖年间,小说《三国演义》与《水浒传》刊印、修订并加以广泛传播,为通俗小说的传播和发展奠定基础。正式使用"通俗小说"这一术语是在明代后期,在通俗小说家冯梦龙作品《古今小说》序言中,载道"茂苑野史氏,家藏古今通俗小说甚富,因贾人之请,抽其可以嘉惠里耳者,凡四十种,畀为一刻"[②]。对其内涵清晰化、语言压缩化,总之,通俗小说有了它专业的术语表达。

明代"通俗小说经历了从明初到明代中叶一段漫长时间的沉寂,耐受洗礼,直到嘉靖时期才开始崛兴。自嘉靖到晚清时期,通俗小说创作呈现出繁荣发达的盛况,作家辈出,作品众多,名篇佳作不断涌现"[③]。在这期间,明初明太祖朱元璋所提防、采用"逮捕之"的游民重又大量产生,并产生大量的游民问题。大量游民因为职业和土地问题,成为小贩、乞丐、盗匪等,甚至僧道奴仆之流。游民文化的出现是有迹可循的,支撑着它的便是这漫漫历史长河中游民群体某种价值观的被理解和被认定。

游民自古就有。"游民"之词最早在《礼记》中有所记载:"无旷土,无游民。"[④]

---

① 本文作者系浙江越秀外国语学院中国语言文化学院 2018 级学生。

② 绿天馆主人:《古今小说·序》,天许斋泰昌、天启初刊《古今小说·序》卷。

③ 蔡亚平:《读者与明清时期通俗小说创作、传播的关系研究》,暨南大学出版社 2013 年版,第 220 页。

④ 王学泰:《游民文化与中国社会》,山西人民出版社 2014 年版,第 13 页。

在当代人的概念中,"游民"这个概念模糊不清,可以指无固定职业者,也可以指自由职业者,所谓的"无业游民"并不能包含所有没有正式职业的人。在古代社会中,游民这个身份则是将人与自然经济、劳动联系在一起的,指那些因为失去土地、没有职业、不是劳动对象的人。游民自古就作为一个特有的阶层广受中央集权国家的关注。

具体来说,明代流民问题较为严峻。明代流民的人口统计虽然因资料的收集整理不易、不完整以及流民本身存在的流动性而不甚完备,但是大体可以认定,明代当时全国六千万在籍人口中,十分之一的在籍人口即为游民。[①] 那么流民问题的影响,无疑是有目共睹的。

可是,游民代表不了流民。二者的浅显区别在于流民会有结束流浪生活,依赖上土地的那一天,也就是安居乐业,而游民并不依赖土地而生存。本文以明代的相关定义为准。《明太祖实录》记载:"不务耕种,专事末作者,是为游民。"[②]明太祖朱元璋将传统的"四民说"中"士农工商"改成了"士农工技",以达到通过"四民"更有效的分工来保障社会的安定。洪武皇帝敕令户部的诏书佐证了这一点:致使国无游民,则需要"士"笃于仁义,"商贾"以通有无,"工"技专于艺,"农"尽力畎亩。但是,当这四民遇见社会出现天灾、人祸时,这士、农、工、商中的一部分人若是不能一下适应新状态的纪律,那么等待他们的结局就是被冲击出稳定的社会结构。游民问题也大多由此产生。因此,游民人员构成也较为复杂。

而在明中后叶,工商业走向飞速发展。与明初明太祖朱元璋"国无游民,人安物阜"[③],对待游民的态度"逮捕之"不同,明中叶,游民在政策上得到了安定的可能。王学泰先生在其《明中叶以后游民的发展和组织化过程》中指出,"嘉靖、万历以来政府控制减弱,统治者承认'土著流寓,莫非王民',改变了把逃亡的流民视为犯罪的观念,并在政策上把流民与土著视为一体,鼓励流民就地入籍,对于在当地已经购置了土地的流民更是宽大为怀"[④]。也就是,转变游民群体为犯罪事实到国土上的一部分,以及促使游民安定入籍,从而具有良好的群众基础。文化权限下移,平民大众也有了接触所谓"学问"的机会。通俗文学家、书商们便开始注重平民大众的文化需求,用以赚取果腹、安身、立家的钱财根基,进一步满足社会经济发展的需要。

---

① 李洵:《试论明代的流民问题》,《社会科学辑刊》1980 第 3 期。
② 《明太祖实录》,山西人民出版社 2013 年版,第 229 页。
③ 马渭源:《大明风云》系列之明基奠立,东南大学出版社 2015 年版,第 199 页。
④ 王学泰:《游民文化与中国社会》,山西人民出版社 2014 年版,第 520 页。

二、游民文化视角下的语言"通俗化"趋向

从冯梦龙小说到明代作家在小说的创作上有意识地运用白话的文学形式。此举追本溯源导向通俗化,在文学作品中,最直接展现的就是语言的"通俗化"。明代的小说家们注重文学语言的通俗易懂,所用的语言具有浅显易晓、口语白话的特征,因此呈现出民间文学的通俗趣味。说话变成了小说创作,对小说发展打下了难以磨灭的重要基石。

明代小说家冯梦龙提倡小说的通俗化,有着超乎同时代人的卓识。他在《警世通言》的序中写道:"以甲是乙非为喜怒,以前因后果为劝惩,以道听途说为学问,而通俗演义一种遂足以佐经书史传之穷。"①他肯定通俗文学可以起到正史不能起到的作用。也就是,稗官野史等之未备,扩大正史之影响。通俗文学起到了文学对社会的价值,故事情节是真的,所阐述的道理就不会假,而即使故事情节是假的,道理也是可观有理的。

其一,小说的通俗化是发挥小说的社会作用的需要,是为其反映现实、转变现实的总目的服务的。明代通俗文学家们在小说著作中枚举简单易懂的例子来佐证材料的主要结论,导向思想感情,启发读者思考,发挥社会作用,影响社会生活。人们常对它加诸"通俗""糙""有味""启发"这样的形容词。其实影响人们的不单是遣词用句的深化,也是风格、态势上的创新。以《三国演义》为例:

《三国演义》的语言雅俗共赏于有文言也有很多白话,语言简洁的同时又不囿于死板。《三国演义》在历史记载和民间传说创作基石上,描写英雄本色,记载战争状况,展现当时的社会风云,部分宣扬封建正统思想的内容。在我国旧小说中是很有价值的,是可遇不可求的。

其二,小说语言的通俗化是展开情节、描绘情节、刻画人物形象的手段。

俗赋,作为一种小说记叙的手段几乎没有出现在《三国演义》的文段中,但是小说当中雅俗共赏的语言艺术的运用值得一究。《三国演义》第二十三回,"祢衡击鼓骂曹",祢衡嬉笑怒骂皆成文章,言简意赅地将曹操所干的坏事一箩筐一箩筐地在大庭广众之下骂了出来。而张飞等武将的语言则颇为粗鄙,多以直率粗鄙为主,正所谓"快人快语"。

编总集。自明朝中叶,通俗文学家们掀起了编总集的高潮。他们通过在选择

---

① 冯梦龙:《警世通言》,华夏出版社 2006 年版,第 2 页。

以往的文章时进行润色、删改等编辑,修订、修缮故事情节完整性等操作,为小说整体性服务,使文字内容更符合大众的审美意趣,形成颇多优秀选本。这样的刊物非常流行,其影响甚至超过了原本。如"三言""二拍",以唐宋传奇为基础编写的《剪灯新话》《剪灯余话》等优秀话本集。这些优秀选本呈现出民间文学的通俗趣味,为中国通俗小说打开了一扇新的散播的窗户。

三、滋生通俗小说的题材

在明代通俗小说中,描绘美好爱情婚姻的题材占据重要地位,揭露统治阶级的罪恶和政治的黑暗是重要主题,但是除此之外,宣扬封建礼教和鬼神迷信等文化糟粕,美化统治阶级的作品也占据了相当数量。

(一)反映市民社会的疾苦,揭露社会的黑白世态

《碾玉观音》中璩秀秀一家生活贫苦,穷到连女儿都养不下去,璩父对秀秀的未来婚姻曾有过这样的感慨:"老拙家穷,那讨钱来嫁人?将来也是献于官员府邸。"[①]这种养不起孩子只能卖走的现象不是特殊的,而是当时社会的普遍写照。《蒋兴哥重会珍珠衫》中蒋兴哥为一家人的生计外出经商,反映出商人为了生计"重利轻别离",渗透着该群体的社会意识、群体差异、风俗习惯等社会因素。牙婆因为她唯利是图的本性而诋毁蒋兴哥,让人看到背后长满窟窿的阴暗面。《沈小霞相会出师表》中通过对权奸严嵩父子与清廉官员沈链的迫害与被迫害的描写,以及其子与姜机智脱逃的情节叙述,反映了当时社会的残酷面貌。类似于这样的案情情节也有很多,如《错斩崔宁》中主人公崔宁遭受诬枉之灾,以及明公案小说《祥情公案》《明镜公案》中的冤假错案等。在这些波折的情节中,除具备通俗的喜闻乐见的形式外,也反映了市民社会,揭露社会的不安感和焦灼感。

(二)反映统治者阶级对无辜百姓的虐杀

《游民文化值得研究》中指出,游民意识具有强烈的反社会性、斗争性(其包括外争加内斗)、团伙性以及残忍性。其中,《水浒传》《三国演义》等游民意识的"载

---

① 《碾玉观音》出自冯梦龙《警世通言》第八卷《崔待诏生死冤家》,其注明宋人小说题作《碾玉观音》。

体":《水浒传》中,梁山好汉个个手染鲜血,绿林之间所渲染的"江湖气概"映射出一定的游民意识,"造反有理"折射出典型的人类反社会性。在《花关索出身传》中有记载的刘关张结义后,刘备孤身一人,但关张两人都有老小。于是出现了关、张约定互杀了对方的一家老小的情节。虽然这样的情节未免过于赤裸裸展示残忍血腥和阴暗面,但在这些小说中并不少见,尽管血腥暴力,却不失为反映统治阶级对无辜百姓虐杀的有利描写。

(三)反映市民的思想情感和道德观

以商业写作谋生的明代通俗小说家们对滋生小说题材和思想内涵功不可没。从现今的商业角度来看,他们的作品大部分或者可以说是"畅销书",但在他们的书籍广受传播之时,他们的生活境况大都依然窘迫。科举获隽,生活富贵是他们可望不可即的奇迹救援。因此,在通俗小说中,反映市民思想感情和道德观是一大主题。通俗小说作家们在创作过程中出现了各种各样的对婚姻爱情与女性命运、功名利禄与人世沧桑、奇事冤案与怪异世界的看法,其从各个角度呈现了当时生活中的社会世态。

就游民文化而言,有许多学者对游民文化曾做过细致有价值的研究。对于多数出身社会底层的游民来说,民间文学和民间戏剧是其接受思想文化熏陶的主要源泉。而明代通俗小说作为明代文学中占据重要地位的一种文学体裁,它的创作产生、传播乃至整合都独到反映出当时的社会风貌。本文探讨游民文化对明代通俗小说创作发展、传播乃至导向、整合的关系,诚然,文化的深厚传承与变迁并不是用简单粗浅的方法就能探究尽的,"天涯海角有穷时,唯有探究无尽头",需要再接再厉进行更丰富的呈现。

(本文原载于《智库时代》2020年第8期)

张岱《陶庵梦忆》中的茶人茶事

秦松涛①

    张岱,浙江山阴(今浙江绍兴)人,我国明末清初时期著名的文学家和史学家,生于明万历二十五年(1597),关于张岱的卒年,众说纷纭。张岱兴趣广泛,他喜游历山水和听戏弹曲,好收藏古董器具,还痴迷于品茗,传言茶道功夫颇深。为此他发挥其擅长写散文的优势,专门在其传世著作《陶庵梦忆》中留下笔墨。笔者通过整理中国知网上近百篇研究该作品的论文,发现迄今为止对《陶庵梦忆》的研究大多集中在散文艺术、小品艺术、戏曲文化、城市文化以及审美意蕴上,而对其所反映的茶文化部分研究甚少,本文拟以《陶庵梦忆》为中心,研究张岱笔下的茶人茶事。

一、品茗鉴茶

    张岱爱茶众人已知,那么他最爱哪些茶呢? 在《陶庵梦忆》里有关于罗岕茶和兰雪茶的记录。其中罗岕茶还被誉为中国古代第一名茶,在明清时期可谓名噪一时。中国名茶何其之多,他为何偏偏只写这两种,原因不言而喻。

    张岱可谓品茗鉴茶的行家。据记载,张岱只需用鼻一嗅、用嘴一尝,便知茶种。关于这点在《陶庵梦忆·闵老子茶》中就有所记载。戊寅年九月,张岱到南京拜访茶艺专家闵汶水。闵老得知张岱也是好茶之人,于是高兴得亲自煮茶。当张岱询问是何茶时,闵老有意考量张,故意将"罗岕茶"说成"阆苑茶",原因是他在制茶时采用的是阆苑茶的做法,本以为就此能迷糊住张,谁料张只轻轻酌了一口便拆穿了闵老的谎言,更神奇的是在张再一次品茗后就猜出了正确答案。接着张岱问这个茶用的是何水,闵老又卖起了关子,回是"惠泉水"。张岱对此发出了疑问:"惠泉水有千里之远,经受颠簸而光影不动,是何道理?"闵老不敢再有所隐瞒,向张岱诉说其中奥秘。话后闵老还兴致勃勃地另沏了一壶茶,张岱依据该茶的浓烈香气和味

---

① 本文作者系浙江越秀外国语学院中国语言文化学院 2016 级学生,指导教师余晓栋。

道醇厚推测是春茶,并且判定之前的为秋茶,闵老大笑起来,为张的品茗水平叫绝。

许多学者把两人的这次品茗过程称为"斗茶"。

所谓斗茶,又曰茗战,其方法是以沸水倒入黑色的茶碗中,再将茶叶碾碎成为茶末,放入沸水内,使茶末与沸水搅动,成为泡沫的形状茶色是白的.能在黑碗中显示水痕,黑白分明,斗茶者便以茶色的标准评定胜负。[①]

由此可见,斗茶其实是双方各自用同样的方法制茶,通过茶色评判胜负。本质上说斗茶是评定茶叶的一种方法,而非一方考量一方问答。况且斗茶是流行于宋代,在明代时已销声匿迹。故笔者认为闵老和张岱之间的较量实是一次单向考察和双方交流的融合,以"鉴茶"为名更为恰当。

二、亲身制茶

张岱除了精于品茶,还曾亲自参与制茶。《陶庵梦忆·兰雪茶》中就有记载张岱依照松萝焙法制作日铸茶,而后改名为"兰雪茶",这件事还影响了越地的茶风。制茶的缘由起初是王龟龄曾称赞:"龙山瑞草,日铸雪芽。"这时张岱的三叔恰好懂得松萝培法,就拿瑞草来试一试,香气扑鼻。张岱却认为瑞草虽好,但是每年产量太少,供不应求。而日铸的茶产量很多,足以满足茶客的欲望。加之瑞草和雪芽同为绍兴名茶,欧阳修也曾评价:"两浙之茶,日铸第一。"[②]所以以松萝焙法制作日铸茶更合适。于是张岱就招募歙地的人来日铸,抖、掐、挪、撒、扇、焙、藏,都照松萝焙法的样子。在茶叶制成后,用其他的泉水煮,没有闻到散发的香气。于是改用禊泉水煮,投放一小罐,香气却太过浓郁。因为《罗芥茶记》中记载:"茶之色重味重香重者,皆非上品。"[③]于是张岱把茉莉花掺杂进去,再三较量,用敞口的瓷盅,稍微放一些,等茶叶凉了,再将滚烫的水倒入冲茶。最后又取清妃白倒入白色的瓷器中,至此张岱才制出符合心意的上品之茶。那茶看起来如素兰与雪涛并泻,雪芽得其白色,没有得其香气,便戏称它为"兰雪"。

除了上面提到的制茶缘由,笔者认为还缘于张岱希望扩大自己家乡好茶的名声。每个人都有属于自己的乡土情结,都希望自己家乡的优秀文化能为人熟知,张岱也不例外。然而当时全国最出名的为松萝茶,张岱也许期望着赶超它吧!

---

① 柯秋先编著:《茶树茶艺、茶经、茶道、茶圣讲读》,中国建材工业出版社 2003 年版,第 243 页。

② 张岱著,卫绍生译注:《陶庵梦忆》,吉林文史出版社 2001 年版,第 54—55 页。

③ 陈祖椝、朱自振编:《中国茶叶历史资料选辑》,中国农业出版社 1981 年版,第 162 页。

三、茶魂与茶器

莫言曾说"水乃酒之魂",水之于茶同样如此。精茶真水,永远是茶人追求的目标。再好的茶叶,若无好水衬托配合,茶的色香味韵便会大打折扣。所以古人对于品茗之水非常有讲究。陆羽《茶经》说:

"其水,用山水上,江水中,井水下。"①

山水,其实就是泉水。所以陆羽认为品茗之水最好取用泉水。在《陶庵梦忆》中就有不少名泉,比如惠山泉。它在《煎茶水记》的天下名泉排名中位列第二。

张岱既喜茶,必然也钟情于寻觅少为人知或被人遗忘的好泉。禊泉就是其中之一。在《陶庵梦忆·禊泉》中写道,甲寅年的夏天,张岱途经斑竹庵取水喝,惊觉这泉"如秋月霜空,噀天为白;又如轻岚出岫,缭松迷石,淡淡欲散"②,然后用扫帚将井口扫干净,"禊泉"二字就遁入眼帘。根据字体,张岱猜测是王羲之留下的,只是不知本该闻名于世的好泉为何后来荒废掉了。张岱试着用它烹茶饮用,就此深深爱上了它。他还发明了一套辨别禊泉水的办法,就是先喝一口水,然后慢慢把舌头翘起,用舌头舔上腭,如果舌头刚过面颊,口中空荡荡的好像无水可咽,这样的水即是禊泉水。作品中曾写到他拆穿长工拿别的地方的井水充当禊泉水欺骗他,可能就是采用了这个方法。

张岱对禊泉的评价很高,把它当作煮兰雪茶的首要之选,还认为禊泉胜于会稽的陶溪、萧山的北干、杭州的虎跑泉,只有惠山泉能与之相提并论。但是由于惠山泉难以运输和保存到此地,甚至略逊一筹。当然,从张岱对众泉的评价中也说明了他都亲自品尝过这些泉水,由此更能体现他对好水的执着追求。

好茶还需好的茶器来盛用,茶具在历史的长河中也经历了众多波折。明代人注重返璞典雅,开始追求茶的本色,因为绿叶在白盏的衬托下更显清越透亮,于是为斗茶量身制作的黑盏也就被遗弃了。明人在茶形上也有所创新,他们尚陶尚小,所以当时瓷窑多生产色白,器形贵小的茶具,江西景德镇的白瓷茶器就是一个典型。

明代还有一个重大贡献就是宜兴紫砂茶壶局的崛起。紫砂壶在明代之所以大受欢迎,除了本身造型古朴、颜色素雅,可称为艺术品,并且紫砂壶泡茶有其他陶瓷

① 陆羽、陆廷灿著,志文注译:《茶经·续茶经》,三秦出版社 2005 年版,第 29 页。
② 张岱著,卫绍生译注:《陶庵梦忆》,吉林文史出版社 2001 年版,第 52—54 页。

所不具备的特点。比如能耐温度急剧变化,不会轻易炸裂;传热慢而不烫手;用其煮茶,茶不失原味,不易变质,内壁无异味。①

在《陶庵梦忆·闵老子茶》中,张岱对茶具也有多处描写,证明了明代茶客对茶具的讲究。如张岱在闵老处见到了荆溪壶、成宣窑瓷瓯等十多种精美绝伦的茶具。"荆溪壶"即指宜兴紫砂壶。至于成宣窑的瓷,细腻轻薄,釉色白中带青。闵老用此盛罗岕茶,在灯光下看茶汤近于无色,所以难以区别茶色与瓷器。这既是写实的描写,又突出了茶水与茶具浑然天成的融合。同时,闵老家中的诸多茶具,不仅是为了实用,也是作为一种艺术品陈列观赏。明代人注重在质朴典雅中寻求一种艺术美,就好像中国的山水画,这种审美情趣流传至今。

四、茶人和茶馆

现存的有关明代饮茶的著述大多为江南文人大夫的作品,在他们的文字里除了自己,不时会出现一些隐逸山野的世外高人,总之两者都是超然脱俗之人。他们将聚饮共赏的人视作精神伴侣,所以会有所要求和选择,通常会设置考验。

张岱笔下的闵老就是这群人之一。张岱拜访闵老,虽不像刘备求见卧龙"三顾茅庐",但是整个过程也并非一帆风顺。张岱起初一直处于等待之中,直至天渐黑才见得晚归的闵老。可是双方还未交谈几句,闵老便要借故离开。张岱不愿空手而回,又等到夜半时分,最终他用"慕汝老久,今日不畅饮汝老茶,决不去"②打动了闵老。这话虽短,却道出了张岱对好茶的执着追求。再后来便是闵老以三个问题来考查张岱的鉴茶水平,实则是为测试其是否真心爱茶,结果没有令闵老失望,双方更是从此结为知己。闵老和张岱的友谊看似简单,其实包含着真正爱茶之人对茶本身的尊重。

在复杂的社会里,喝茶的有超然脱俗的真正爱茶之人,也有好事者,甚至有利欲熏心的商人。《陶庵梦记·兰雪茶》中曾提到京城的茶客一到日铸雪芽的采摘时节,便蜂拥而至。他们真正的目的不在采购雪芽,而是用于牟取暴利。还有越地有些好事者在雪芽占领市场后,便抛弃当时的天下第一名茶"松萝茶"。更可笑的是,徽州和歙州把松萝改名为兰雪。一向称作松萝的茶叶,封面却都换成了兰雪茶的样子。无论是好事者还是茶商,他们本质上并不爱茶,所以没有形成自己评判茶优

---

① 晓红编:《中华一壶茶:中国茶的故事》,中国林业出版社 2007 年版,第 187 页。
② 张岱著,卫绍生译注:《陶庵梦忆》,吉林文史出版社 2001 年版,第 59—60 页。

劣的一套准则,只能依据那些茶学大师的评判或者茶市的动静采取行动。

明代中叶以后,文人们乐于吟诗作赋,焚香品茗,茶馆就成了他们聚众的地方。随之文人也越发注重饮茶的环境,要求环境清幽典雅,充满质朴自然气息,因此陆地上的茶馆特别注重幽闭和隔音。为了更好远离世俗的喧嚣,甚至还出现了水上茶馆——"船茶"。旧时西湖上有一种载客的小船,摇船的称为"船娘"。船布置得干净整洁,搭着白布棚,可遮阳避雨。舱内摆放一张小方桌和几把椅子,桌上放置着茶壶、茶杯。游客上船,船娘便先沏上一壶,然后摇着船桨出发,这变成了一座流动茶馆。①

张岱在《陶庵梦记·西湖七月半》也确实写下了这种特有的现象。张岱把七月十五那日出现在西湖的人分成了五类。而这第五类人就是乘坐着小船,罩着轻纱帷幔,船上茶几洁净、茶炉温热,人们一边用茶铛煮茶,一边用白瓷盏品茗。如此也相互印证了这个事实。

值得一提的是,张岱笔下还刻画了另外一种有关茶馆的现象:扬州那些样貌不端的各色妓女流连于茶馆酒肆招揽恩客,并且来一个客人其他人就一哄而上。徐晓村在《茶文化学》里记载了杭州也有此现象。由此可见,在当时明末清初的江南并非所有的茶馆都是爱茶之人的精神场所,有些成了"三教九流"吃喝玩乐,藏污纳秽的聚众之地。色欲、金钱、喧闹争斗全是超然脱俗的茶客所厌弃的,理想化的茶馆正在渐渐消失。直至城市化的今天,我们才捡回当初的那份初衷,期冀清幽典雅、质朴自然的茶馆永驻。

《陶庵梦忆》展现了张岱痴茶的程度和辨水焙茶的能力,展现了明清时期茶文化的巨大改革,还有茶客对于水、茶具、茶伴、茶馆的要求甚高。尽管有些茶人茶事不尽如人意,但是总体上还是能体会到明清当时崇尚闲适自然、古朴典雅的审美风尚,这种风尚可能源于当时流传的儒、释、道文化以及文人自身不求仕进,豁达洒脱的特点。同时笔者也发现张岱虽然在此书中对于"茶艺""茶俗""茶礼""茶道"的内容未曾直接叙述,其实精髓已是融会于中。

(本文原载于《名作欣赏》2019 年第 23 期)

---

① 徐晓村主编:《茶文化学》,首都经济贸易大学出版社 2009 年版,第 128 页。

张岱作品中的遗民情结

——以《陶庵梦忆》《西湖梦寻》为例

胡　盈[①]

　　遗民,有不同的意思,或指亡国之民,或指沦陷区的百姓,或指改朝换代后不仕新朝的人,或指劫后余留的人,或指后裔、隐士、百姓等。遗民现象在中国历史上并不罕见,从商周开始,西东周交替之际、宋元交替之际直至明清易代,都会产生所谓的前朝遗民。这里所讲的遗民,特指那些在旧朝灭亡之后不愿出仕新朝的人,基本是指那些名士,包括旧臣、文学家、思想家等,因为只有他们才有机会在历史上留名,也才会有人去记录他们的事迹。对于真正意义上的遗民来说,他们生活于新旧王朝交替之际,不论他们在旧国是否有功名,是否曾出仕,到了新朝都不应参与科举,更不必说出仕新朝。

　　崇祯十七年(1644),明朝灭亡,清朝取代明朝,遗民现象可以说达到了有史以来的顶峰。当时出现了一大批的明末遗民,其中在历史上留下名字的名人也很多,比如鲁迅先生在《藤野先生》中提到的朱舜水,"明末清初三大思想家"黄宗羲、顾炎武、王夫之以及张岱、钱谦益等。对于明末遗民来说,他们生活在明清两代,在明末因受压迫、躲避兵灾而选择逃离,隐居避世,新朝掌政之后也不问世事。张岱虽不如其他遗民享有盛名,但他的一生却在明朝遗民中极具代表性。他出身于仕宦家庭,家境优渥,从小过着奢华不羁的生活,然而时代变迁,明朝灭亡,清朝统治者上位,张岱成了众多遗民中的一员。为了躲避兵荒马乱的生活,他选择隐居,并写下了大量文学名篇以及学术著作,其中《陶庵梦忆》和《西湖梦寻》是张岱散文的代表作品,我们可以从这两部作品中了解到张岱在隐居之后的经历。这两部作品均为张岱于国变后所作,都是一种回忆录形式的散文。《陶庵梦忆》中不仅含有大量关于明代百姓日常生活、娱乐和风俗人情等方面的描写,还有对当时贵族子弟们的浪漫生活、闲情逸致的描写。

---

　　① 本文作者系浙江越秀外国语学院中国语言文化学院 2018 级学生,指导教师余晓栋。

《西湖梦寻》是张岱以当年在杭州的生活为背景而写成的书。其中对西湖风景名胜如数家珍般地详尽记录,对先贤前辈所作湖山诗文的咏诵,生动地展示出他昔日徜徉山水、吟诗作对的贵族公子哥儿的生活。两书的内容回忆过去,感叹现实,既表达对故国的思念,也表达对国破家亡的心痛。

一、隐居不仕

崇祯十七年夏天,清朝建立,明朝势力溃散,张岱作为前朝遗民,选择生或是死,都令他感到痛苦,但为修《明史》,张岱放弃了为国殉节的念头,在社会动荡之际,他归隐山林,开启了他的隐居生活。

张岱一生为躲避兵灾,曾逃难到许多地方。在隐居避世的这段日子里,他完成了许多传世佳作。顺治二年(1645)九月,张岱为了避乱,隐居于嵊县(现嵊州市)西白山。隐居期间,方国安邀请张岱一同商榷军务,张岱无法推辞,便决定出山,但在赴约途中,某一日梦到了自己殉国的好友祁彪佳,梦中祁彪佳劝诫张岱不要轻信方国安,说他会向你勒索饷银,建议张岱应该立刻回到山中。次日醒来,张岱选择相信自己的好友,便和儿子启程返回山中,继续隐居生活,并且再未出仕。同年九月,张岱又到剡中躲避兵灾。顺治四年(1647)至顺治六年(1649),是张岱第一次来到绍兴山阴项里避难,后来经过几番奔波避难之后,张岱带着妻儿移居绍兴山阴项里,并最终在这里安顿下来。

二、故国之思

作为明朝遗民,张岱的后半生都在隐居。这期间,他难免回忆过去,因此他的作品中自然少不了对故国的思念之情。《陶庵梦忆》中有一篇《绍兴灯景》,文章首先交代了绍兴灯景兴盛的缘由:"绍兴灯景为海内所夸者无他,竹贱、灯贱、烛贱。贱,故家家可为之;贱,故家家以不能灯为耻。"继而又详细描述了元宵节前后绍兴灯景的热闹场面,既描写了各式各样的灯,也描写了来来往往看灯的人。"故自庄逵以至穷檐曲巷,无不灯、无不棚者。棚以二竿竹搭过桥,中横一竹,挂雪灯一,灯球六。大街以百计,小巷以十计。从巷口回视巷内,复迭堆垛,鲜妍飘洒,亦足动人。""城中妇女多相率步行,往闹处看灯;否则,大家小户杂坐门前,吃瓜子、糖豆,看往来士女,午夜方散。"而在文章的最后一段,张岱则提到了万历年间和长辈们在龙山放灯的事:"万历间,父叔辈于龙山放灯,称盛事,而年来有效之者。"从描写元宵节绍兴灯景兴盛的场面,到最后追忆曾经经历过的放灯盛事,字里行间都透露着对故国、对前朝的思恋。另外,在《西湖梦寻》一书中,收集了大量关于杭州西湖及其周边的山水风光、寺庙楼阁的散文。其中有一篇《湖心亭》,文章虽然短小,却展现出了张岱对故国的思恋:"湖心亭旧为湖心寺,湖中三塔,此其一也。明弘治间,按察司金事阴子淑,秉宪甚厉。寺僧怙镇守中官,杜门不纳官长,阴廉其奸事毁之,并去其塔。嘉靖三十一年,太守孙孟寻遗迹,建亭其上,露台亩许,周以石栏,湖山胜概,一览无遗。数年寻圮。万历四年,金事徐廷祼重建。二十八年,司礼监孙东瀛改为清喜阁,金碧辉煌,规模壮丽,游人望之,如海市蜃楼。烟云吞吐,恐滕王阁、岳阳楼,俱无其伟观也。"清喜阁规模壮大,金碧辉煌,张岱觉得连滕王阁和岳阳楼都没有如此雄伟的景观。

两篇散文分别描写了元宵节时绍兴的壮丽灯景和杭州的秀丽风光,都是对故乡繁华景象的回忆,是对故乡美好生活的怀念。张岱脑海中的故国是热闹繁华的,过去的生活也是潇洒美好的,然而如今却盛世不再,前朝的辉煌都只存在于记忆中。虽是追忆过去的盛世美景,但实则是在表达对故国深深的思念之情。

三、亡国之痛

既然思念故国,那么必然就会有因为旧朝灭亡而产生的痛苦与愤恨。然而这种感情,张岱并没有用文字直接表达,比如张岱在《陶庵梦忆》中的《龙山放灯》一文中,描绘了自己曾经和父叔辈们在龙山放灯时看到的壮观景象:"山下望如星河倒注,浴浴熊熊,又如隋炀帝夜游,倾数斛萤火于山谷间,团结方开,倚草附木,迷迷不去者。好事者卖酒,缘出席地坐。山无不灯,灯无不席,席无不人,人无不歌唱鼓吹。"生活在明朝的张岱亲眼见证了如此盛景,然而因为改朝换代,战乱不断,这些美景都已不复存在,虽然没有直抒胸臆,但我们可以感受到张岱对乱世的痛恨,因为这动荡的社会,令他失去国和家。

又比如在《陶庵梦忆》中的《西湖香市》一文里,张岱通过西湖香市的兴衰对比,来表达自己的亡国之恨。文章前段描绘了一幅热闹非凡的西湖香市图:"至香市,则殿中边甬道上下、池左右、山门内外,有屋则摊,无屋则厂,厂外又棚,棚外又摊,节节寸寸。凡胭脂簪珥、牙尺剪刀,以至经典木鱼、伢儿嬉具之类,无不集。""数百十万男男女女、老老少少,日簇拥于寺之前后左右者,凡四阅月方罢。恐大江以东,断无此二地矣。"寥寥几句,便为我们展现了曾经西湖香市的盛大场面,然而文章的后半段则叙述了香市的衰落,"崇祯庚辰三月,昭庆寺火。是岁及辛巳壬午洊饥,民强半饿死。壬午庚鲥山东,香客断绝,无有至者,市遂废。辛巳夏,余在西湖,但见城中饿莩异出,扛挽相属。"当时明朝将亡,战乱不断,张岱期待见到的西湖早已不复存在,剩下的只有一片狼藉,满地饿莩。由于朝代变迁,张岱所钟爱的西湖也染上了一层浓重的亡国之恨。虽然文中表现的多是张岱对西湖风光不再的痛惜,但更多的是因为国破家亡的痛与恨,因为纷扰的战争令他失去的不单单是西湖,真正失去的是他挚爱的故土与旧王朝。

张岱的作品总是以"梦忆""梦寻"反映晚明时期的风俗人情,展现时代变迁的沧桑,表现他自己内心感情的转变。作为明末遗民的代表人物,张岱的心态变化也恰恰反映了当时大部分明代遗民的内心世界。

《陶庵梦忆》与《西湖梦寻》是张岱的两部著名散文作品集,从作品集的名称我们便可看出它们的相同点——"梦",张岱思念故土和愤恨旧王朝消逝的遗民情结在这两部作品中展露无遗。其中描绘的往日生活中的一切平凡场景,无不细腻动情,饱含眷恋。他在散文中描写了大量的故国美景与趣事,虽然没有文字正面抒发内心的苦闷与愤恨,但张岱通过对美好往昔的叙述,从侧面展现了作者的内心世界,让我们感受到他对故国旧朝的喜爱与思念,感受到他因为国破家亡而产生的痛苦与惋惜。历史的巨大转变造成了他生活的大转折,昔日的繁华已成过眼云烟,虽然保持操守与解决现实的基本生活问题造成了他内心的巨大矛盾,但他依然坚持着自己的遗民身份与气节。许多名士在成为旧朝遗民后所作的文学作品中,很大一部分都在怀念往昔,然而本质上都是在通过自己的生活态度表明自己保持操守与气节的决心。张岱在许多篇作品中都在回顾往昔、追忆过去,他也想忘掉那些梦中的美景,直面现实,但他做不到,昔日的繁华令他魂牵梦萦,他的作品中没有很多直接的情感表达,有的只是关于曾经美好生活的叙述,张岱经历过故国带给他的繁华与美好,如今又深陷在亡国的愤恨之中,正是这种强烈的转折对比,给他带来了极大的打击,也令他的作品中饱含浓浓的故国之思与亡国之痛。

参考文献

[1]马桂珍:《名士与遗民双重人格的展示——论张岱的散文》,山东师范大学2002年硕士论文。

[2]周海涛:《从"名士"到"遗民"》,中南大学2007年硕士论文。

[3]杨泽君:《明遗民心态:张岱个案分析》,《史学月刊》2002年第4期。

[4]张兵:《遗民与遗民诗之流变》,《西北师大学报》(社会科学版)1998年第4期。

[5]韩金佑:《张岱年谱》,河北大学 2014 年硕士论文。

[6]夏咸淳:《论张岱及其〈陶庵梦忆〉〈西湖梦寻〉》,《天府新论》2000 年第 2 期。

[7]沈星怡:《近十年张岱研究综析》,《苏州大学学报》(哲学社会科学版)2005 年第 2 期。

[8]胡冠莹:《"自然之声"——小议张岱〈陶庵梦忆〉和〈西湖寻梦〉的散文风格》,《中央政法管理干部学院学报》1997 年第 1 期。

[9]黄晖:《幅短神遥墨稀旨永——论张岱〈陶庵梦忆〉〈西湖梦寻〉的韵外之致》,《淮阴师范学院学报》(哲学社会科学版)1997 年第 4 期。

[10]许卫全:《略论张岱〈陶庵梦忆〉的审美特质》,《苏州大学学报》(哲学社会科学版)2003 年第 4 期。

(本文原载于《名作欣赏》2019 年第 23 期)

《赤雅》中少数民族传统风情蕴涵探寻

陈乐媛[①]

在悠久的文学萌生、发展过程中,关于少数民族文学的整理、修缮以及研究正在有机地融入中国文学史,不断展现出符合文学研究内部规律的中华多民族文学史观。抚今思昔,民族风情可简指民族地方特色的凝聚,具体包括当地形成的礼节、风俗风气、饮食文化、服饰文化、人文地理等等。而对少数民族传统风情的研究,一定程度体现了少数民族文学的整体风貌,且不是一个被历史洪流遗忘、缺失的重要课题。

站在众多科学的角度,《赤雅》作为一部有一定质量的明代史料笔记小说,向读者呈现了关于我国明代南疆粤西地区少数民族传统风情的文字面貌,时至今日仍然有值得探索之处。同时,有关少数民族传统风情的整理和研究,对于洞察地方文化上少数民族传统风情影响力,研究和思索我国古代地方上历史文化、文学等都有可贵的学术价值。

一、《赤雅》之概述

《赤雅》此书,作者为明代广东地区汉族诗人邝露,收录于《四库全书》中,是一部民间文学著作。主体以笔记传记的文学形式汇聚古粤西地区地方上少数民族风情。而"赤雅"二字,"赤"本义为火红色。《周礼》记载,在五行说中南方属火,而火,在《周礼·考工记·画缋》中有所载,其"在时为夏,在卦为离,在星象上称作'朱雀'",颜色为赤色,故赤又为南方之色。后在引申义中有指南方的意涵。有专家指出,"雅"字于"赤雅"二字具有符合规范的意思。《说文解字》记载:"雅,正也。"在这里,关于"赤雅"二字,邝露意为以博学之面记述南方风情,对古粤西地区的少数民族风情做出较为完善的诠释,是为我国古代壮、瑶等南方民族民间文学之集大成

---

① 本文作者系浙江越秀外国语学院中国语言文化学院 2018 级学生。

者,对研究我国古代粤西地域的历史文化、文学等有可贵的学术价值,值得研究。

二、瑰丽的少数民族传统风情描写和文字面貌

《赤雅》分为上、中、下三卷。上卷、中卷汇集了关于当地当时的民间掌故、人文特色、民俗民情等十分有价值的史料,下卷赏山水古韵,采用神话、民间传说等文学艺术形式记述岭西地区少数民族风情。

《中国西南地区少数民族的服装服饰》一文中指出,大多数少数民族传统服饰常自纺、自绣、自制。因此,人们常对少数民族服饰加诸:"参与""关联""承诺""信仰"这样生动的词。在《赤雅》中提及了各式各样类型的少数民族服装、衣料,如"卉服""鸟章""锁袱""鹅罽""火浣布""娑罗布"等。

少数民族服饰的自纺形制很是特别。"卉服",卉,本义草。即葛越,古代南方布名,东南沿海地带少数民族以葛纤维织成。按《赤雅》卉服的条目描述,光其材质、做法就多种多样:"勾芒布、红蕉布"(作皮绩),"苎麻"(作弱锡衣,即细衣),"桐花布、琼枝布、娑罗布"(作花绩),"龙油锦(又称簇蝶锦,锦类)",等等。在发饰与妆面上也颇有讲究,在《赤雅》上卷"四姓髻鬟"条目中记载发髻多样,依据头上有无佩戴装饰、年龄、上下阶层使得发饰梳妆各不相同。

此外,其衣五彩,衣面上大多绣有鸟章。"鸟章",即用刺绣或蜡染的技巧将象征族源图腾的鸟纹在服饰上。众女短裙及膝,衣服五彩斑斓。邝露借用刘禹锡的诗句"蛮衣斓斑布"来描述其衣色五彩鲜亮,为时人惊叹,凸显出其衣独特之处。少数民族服饰上绚丽悦目的色彩是构成其服饰独具特色,诠释民族风情的途径之一。在一定视角下,衣,标志着自身安全的满足,是满足人们生存与发展的必需品,从某种意义上讲更是审美意识的泛化。这些衣饰环佩既是劳动而成的,也是各民族衣饰文化的传承与创新。正如现今传统少数民族色彩的服饰与绝妙的光影结合应用在摄影,影视等领域,正是时代创新背景下的转变。

在《赤雅》中,当时当地建筑尚且较为简陋。民居文化的精神内核是该民族建筑中社会意识、风俗习惯等社会因素的体现,可从中窥见其生活截面。当地民居采用传统的干栏结构,在安置人畜上已经有了一定的人上畜下的空间结构,"伐木驾楹,人居其上,牛羊犬猪畜其下,谓之麻栏子。子长娶妇,别栏而居"。早期的罗汉楼,以一株巨木埋地搭建出独脚楼,在顶部上盖五色瓦,阳光下可折射出漂亮的光芒,归家之时,"攀男子歌唱饮啖……缘宿其上,以此自豪"。以及当时有"狑"人散居莽中,不室而处的生活现象。

饮食文化。一方水土养一方人,《赤雅》三卷记载了"青精饭""枸酱""蜜唧""白妾鱼脍""无头鲊""蜗牛脍"等古粤西饮食风情。正如人们所说,饮食文化常被先人拉入文化艺术的范畴,其中既包含了口腹之欲的满足,文化艺术的造就,也包含了风俗等环境因素系统的影响。此外,《赤雅》有粗有细记载了当地风土。如食盐,作为一种生活重要角色在《赤雅》中也极为细致地有所提及。明清是商品经济迅速发展的时代。在明代谢肇淛《百粤风土记》中有所记载:"粤西食盐皆产于粤东。"邝露就记载道:"鼻夷……间出市盐,与之酒,鼻饮辄尽。"

《赤雅》记载了当地传统节日习俗,如在婚姻传统上采取依歌择婚,瑶族祀典,苗女不落夫家落母家,疍人土人不通婚,峒女春秋时节唱浪花歌,地方上赛神宴客有击打伏波铜鼓的习俗,桂林竞渡,等等。此外,《赤雅》还细心收录了大量历代文化古籍记载或口耳相传的民间文学。如岭南地区多瘴气,特记瘴气形成原因、时节、危害、规避之法、调养要诀;南疆养蛊的异闻多有呈现,在书中"獞妇畜蛊""獠食蛊""破蛊"这样的奇闻异法也并不少见;古代历史佳人,如广西玉林的绿珠、杨贵妃;再如记载当地山川风貌,如五岭秦城地势险要鸟不可越、鬼门关"十死九生"、昆仑关南北分歧为兵家要道、二壶城绕城水九曲回肠、华岩洞山高数仞有桃花洞的传说等等;记载词义的象征色彩,如不祥之鸟"鸪鸐""钩鵅",巫术新生"鬼鱼",判罪"忽雷"(即鳄鱼),等等。

三、《赤雅》的文学价值

《赤雅》广泛涉及当时的风物和史事,丰富了人们对岭西地区风物的知识,人们在品赏它呈现的文字面貌的同时,也在不同的时代背景下品味出不同的文化意蕴。它作为史料笔记虽说可弥补正史之不足,但另一方面,它的文学价值显然高于它的史学价值。

其一,《赤雅》是一部笔记小说。笔记小说一般被认为是随笔随地记录见闻的杂记,存在着因缺乏各种鲜活的实际操作导致其内容深度不足与陈旧,传播力度不够,传播理念和技术滞后的问题。但其实,笔记小说在长期的古代社会中逐步形成了语言简洁、饶有风趣的文化特色,是一笔巨大的文化遗产。《赤雅》的形式短小,题材广泛,集少数民族民间文学、汉族诗词文赋、史书典籍于一体,不拘体例,写法灵活;收录于《四库全书》史部地理篇,用成熟绚丽的笔法记载了我国古粤西地区的民族风物,为我国少数民族风情研究提供了具有参考价值的素材,具有一定的内在艺术价值。

其二,在多民族文化交融下的古代文学研究中显示价值。中国古代文学承载着必要的思想和精神价值,包含着各民族的创造。《赤雅》在文学价值创造及实现上大有作为。邝露虽为汉族人,但他并不仇视少数民族文化,相反,他在《赤雅》《峤雅》等作品中都或多或少通过文字对少数民族文化进行了追溯,系统性记载了地方风物。

一方面,邝露是游历粤西地区时创作此书,其本身身处少数民族文化聚集区域。文化影响了人们的实践活动,为创作提供了素材与驱动力,如作者在书中描述了不少丰满的少数民族人物形象,通过对少数民族人物打扮和外在形态的描写,表现其文化和生活状况,使作品本身显得突出有味,如世胄土司、云英禅娘、苗女等等。另一方面,就民间文学而言,明代文人墨客开始注意到民间文学簇新文坛的功用,各种文学理论与文学创作齐头并进、互相影响,民间小曲、歌谣等民间文学体裁呈现出旺盛的生命力。明代民间文学站上了新台阶,促使其呈现日益书面化趋向,由口头性特征逐步显露出变异性和传承性。如王同轨的《耳谈》,冯梦龙的《山歌》《挂枝儿》等。

在当前网络新媒体时代,网络的覆盖使得传播变得便捷迅速,但在另一方面,网络新媒体具有瞬间性和碎片性,容易简化拆分少数民族文化,甚至容易囿于简单机械的复制文化符号。但总而言之,言语行为受到理性的教育和启示,这种无声的较量既是早可预见的磨难,又是为博得广泛传播所重新产生出来的机遇。

四、文化传承视角下的发展

从明代少数民族传统风情的文化内涵和状态、《赤雅》在民间文学中的个性化展示到深入地探索文化传承精神,人们最能直观地体悟到其存在的深刻道理和意义。

其一,对少数民族特色文化的保护传承的重视,其中包括但不限于惊艳珍贵的文化古迹、古籍,汉民族文化体系下的古书记载,少数民族史料,等等。警醒世人,以俟后者。

其二,专业队伍关注少数民族传统风情资源的挖掘与内涵研究。同时,当前新媒体时代的全面认知和网络资源的有效运用,为寻找具有契合点的伟大作品提供帮助,为人们深刻了解少数民族的传统服饰、传统建筑、传统美食等等提供平台。

其三,少数民族特色文化活力的激发。

现如今,少数民族文化展厅、民族博物馆并不少见。可利用良好的社区环境,向社区居民提供民族政策法规宣传以及民族风情展示,展现中华审美风范,弘扬和传承中华美学精神等服务。其次,作为我国重要的旅游文化资源,少数民族的传统节日、传统礼仪、传统技艺等等都极为勾魂摄魄,如苗族八月八民族风情节、布依八音坐唱、彝族火把节、集体婚礼、少数民族刺绣、染织等传统工艺等等极具少数民族特色的传统风情。众所周知,中国幅员辽阔,旅游城市有许多,可利用少数民族风情,为旅游城市带来自觉性追求与规模化发展。

五、结　语

本文以把握中国语言文化精髓为母题,从文化传承视角下探索明代史料笔记小说《赤雅》中少数民族传统风情,并分析了它的历史价值。出于实践与创新的想法,也尝试性地提出了可行的对策和方案。正如人们所知,"海纳百川的文化才是真正的兴盛根基"。人们在文化传承视角下突出创新方案,推出一批民族文化艺术精品和旅游精品,抢救和保护少数民族文化和少数民族文化精品,探索着使少数民族优秀的语言文字、传统技艺等瑰宝得到有效保护和传承的同时,滋养美丽的少数民族传统风情凝聚力与生命力之花,带动其从地方"走出去",弘扬中华美学精神,展现出中华美学风范。涓滴之水可成海洋。众志成城,从而促进少数民族文化传承和发展。

（本文原载于《牡丹》2020 年第 8 期）

沈善宝题咏诗研究

高雪妮①

女性文学在中国有着悠久的历史,先秦时期就已经有鲁次室女所作的《女贞木歌》。从唐代开始,鱼玄机等女诗人登上了历史的舞台,在诗歌创作方面达到了很高的艺术成就。宋代的才女李清照更是婉约词的大家,创作了众多思想艺术都臻于顶峰的词作。明代是女性文学逐渐走向创作主体家族化的重要时期。明清易代之后,社会文化思想进一步活跃,再加上女性由于自身努力而争取到地位提高,使女性受教育的机会增大,受教育程度提高。她们有机会从事诗词歌赋等文学作品的创作,推动女性文学在清代达到鼎盛。胡文楷《历代妇女著作考》收录的清代女诗人作品数量甚至超过历代女性作品的总和。沈善宝(1808—1862),字湘佩,晚年号称西湖散人,浙江钱塘(今浙江杭州)人。清道光、咸丰年间活跃于杭州闺秀诗坛与北京文坛,是当时具有一定影响力的闺秀才媛。其流传在世的著作有《鸿雪楼诗集》十五卷、《鸿雪楼外集》一卷、《鸿雪楼词集》一卷及《名媛诗话》十五卷。沈善宝是清代中后期女性文坛上的领军人物,通过自身勤勉的写作和广泛的文学交友,闻名于江南闺秀作家群和北京闺阁诗坛。沈善宝所编撰的《名媛诗话》集女性诗话之大成,《鸿雪楼诗集》则是其文学生命中的独特结晶。题咏诗是沈善宝大量创作并且展示出较高文学水准的一类诗歌。通过题画之诗、题花卉之诗和题赠友人之诗,体现了她的绮丽才思,展现了女性诗人的细腻文思和独特的人格魅力,同时也让我们看到了她广博的文学知识和自觉的女性自强意识。

一、独有寄托的题画诗

李儒光在《题画诗简论》中为题画诗做出了如下界定:"题画诗即为画而题的诗。或题在画上,或题于画外,可以就画论画,也可借画咏怀,或发一些与画面无关

———————————

① 本文作者系浙江越秀外国语学院中国语言文化学院 2014 级学生,指导教师李贵连。

的议论。"①题画诗是通过诗歌创造与绘画艺术的结合,体现精神世界的文学产物。通过画中有诗、诗中有情,向大众传达作者的情感和志向。诗歌和绘画本身在艺术上具有互通性,借助画的艺术感觉,加以丰富的想象,赋予它情感蕴涵,让尺幅之间的图画有了思想上的灵动感,达到更深层次的审美意境。

沈善宝精于丹青且善于作诗,在家庭落难时靠售卖诗画以维持生计,说明她的诗画作品颇具审美价值并广为男性文人所认可。在她的题画诗中,有对画作本身进行描述,然后寄情感和经历于其中的诗作,如《题山水画》《题盟鸥榭图》《题仕女图》《题葬花图》等;也有对友人的绘画作品进行评析,发表见解的题咏,如《题步珊姐十二梅花连理楼小照》《题云舫十兄观海图》《题清华夫人画天女散花图》等诗作。沈善宝受袁枚"性灵说"的影响,认为创作应该缘情而发、不落窠臼。沈善宝在《名媛诗话》中提出:"诗本天籁,情真景真,皆为佳作。"②沈善宝因家庭生计和诗社活动常年在外行走,山水景物幅幅入目。有着绝妙才思的沈善宝将之灵动细致地表现在诗歌之中。如《题山水画》:"几曲清溪几叠山,便分仙界与人间。白云遮断红尘路,只许松风自往还。"③她依托山水景色将悠闲惬意形诸笔端,延伸画境,吟咏出遗世而独立的风味。再如《题蛱蝶图》:"茧化罗浮便欲仙,穿红度翠影翩翩。东风撩乱滕王谱,飞入南园绿草边。"④沈善宝以诗人的敏感,捕捉到蛱蝶生动的意象,通过动词"穿""撩""飞",简洁有力地展现了化茧成蝶后的翩翩起舞。发挥动静结合的技巧,带给了读者奇妙的想象空间,同时也隐喻了自己对田园生活的向往。

沈善宝不凡的经历赋予她独特的思考方式,其自觉的女性意识展现出独特的文学立场与诗学观念。从《鸿雪楼诗集》中可以看出她本人对风格豪迈的诗词更青睐,如《题张孟缇〈陶山赠别吟卷〉》中写道:"林下高风思不群,词坛笔阵扫千军。即看此日珊瑚网,收尽金闺锦绣文。"⑤从对他人的题赠诗中,也可以看出她对雄奇豪迈、沉着深刻的诗歌格外欣赏。沈善宝认为诗歌要不同凡响,必须气韵沉雄。沈善宝所作的《题画》诗云:"草白沙黄边塞寒,河冰冻合马蹄干。行人似话征途苦,几度停鞭侧帽看。"⑥她在叙述上注重景物的层次感,色彩搭配上创造出萧条的艺术意境,寥寥数语,就将一幅边塞行路图展现于读者眼前。她感慨时局动荡不安,百姓

---

① 李儒光:《题画诗简论》,《湖南师范大学学报》1990 年第 5 期。
② 沈善宝著,王英志编:《清代闺秀诗话丛刊·名媛诗话》,南京凤凰出版社 2010 年版,第 475 页。
③ 沈善宝著,珊丹校注:《鸿雪楼诗词集校注》,中国社会科学出版社 2013 年版,第 46 页。
④ 沈善宝著,珊丹校注:《鸿雪楼诗词集校注》,中国社会科学出版社 2013 年版,第 62 页。
⑤ 沈善宝著,珊丹校注:《鸿雪楼诗词集校注》,中国社会科学出版社 2013 年版,第 189 页。
⑥ 沈善宝著,珊丹校注:《鸿雪楼诗词集校注》,中国社会科学出版社 2013 年版,第 378 页。

备受战争流离的羁旅之苦,字里行间显露出她的忧民之心与宏阔胸襟。

题仕女图是题画诗中的一大焦点,在文学史上占据了一定的位置。唐寅画过许多形象生动的仕女图,他的题词画面感极强,如其《题仕女图》:"佳人独步语冷冷,只隔中堂孔雀屏。香穗已消灯欲尽,侍姬知是读仙经。"①诗人吴伟业写有《戏题仕女图》:"霸越亡吴计已行,论功何物赏倾城?西施亦有弓藏惧,不独鸱夷变姓名。"②层层递进地表达曲折深婉的感情,赞誉西施的聪慧过人,试图牺牲自己去拯救沦亡的国家,突破了"红颜祸水"的观念。男性文人通常通过题咏仕女图,赞赏女子的风华魅力和高尚品性。沈善宝的《题仕女图》十首和《续题仕女图》十首,深入展现了女子的细腻感情,或者可以说是她想传达的女性意识。何谓"女性意识"?根据乔以刚的说法,女性意识即为:一是以女性的眼光洞悉自我,确定自我本质、生命意义及其在社会中的地位;二是从女性的立场出发,审视外部世界,并对其加以富有女性生命特点的理解与把握。③

沈善宝透过诗歌探讨古代女子在文学、官场、社会中所扮演的传奇角色,分别对卓文君、卫茂漪、苏若兰、娄逞、吴绛仙、黄崇暇、花木兰、冼夫人、韩夫人、秦良玉、曹大家、班婕妤、蔡文姬、王明妃、江采苹、冯嫽、缇萦、谢道韫、平阳公主、宋若昭进行颂赞,从女性立场出发,审视和彰显她们的非凡作为。像对"史笔如椽三绝该"④的班昭,"千秋笔阵仰夫人"⑤的卫茂漪,"红笺染翰擅才华"⑥的吴绛仙等不凡女子的褒扬。事实上,这也是沈善宝想借古代女性形象以寄托胸中丘壑的体现。沈善宝对花木兰、娄逞、黄崇暇等女扮男装,为国家做出卓越贡献的巾帼女子表达了由衷赞赏。叱咤战场和官场的她们是如此自立自强,不需依赖男子,不需要成为他们的附属品。沈善宝借诗词抒发内心的愤懑和愁思,企盼自己的才华能被社会认同,传达了强烈热切的求名之心。

题画诗中的鉴赏体现了沈善宝的审美意识和文化价值观,让后人以此为线索,探视她的诗画世界。她在题仕女图中所强调的独立自强的女性意识,也是她借以建构理想女性世界的途径。

---

① 唐寅:《唐寅集》,上海古籍出版社 2013 年版,第 157 页。

② 吴伟业著,叶君远选注:《吴伟业诗选》,人民文学出版社 2009 年版,第 301 页。

③ 乔以钢:《多彩的旋律——中国女性文学主题研究》,南开大学出版社 2003 年版,第 18 页。

④ 沈善宝著,珊丹校注:《鸿雪楼诗词集校注》,中国社会科学出版社 2013 年版,第 116 页。

⑤⑥ 沈善宝著,珊丹校注:《鸿雪楼诗词集校注》,中国社会科学出版社 2013 年版,第 119 页。

二、清丽绝尘的题"花中四君子"诗

中国传统文化中,赏花是雅致怡悦的人间乐事。历代文人墨客,以玩赏花卉与友人赋诗为乐,通过花的意象展现出巧妙的韵味,反照出自己的审美取向和价值选择。沈善宝赋予花卉丰富灵动的意象,寄托志趣和情感,具有较高的文学价值。梅、兰、竹、菊"花中四君子",是沈善宝尤其喜爱吟咏的花卉。既有单纯赞叹花卉的题咏,又有借花比喻他人品格的诗作,艺术手法力求多样。

沈善宝在诗歌书写上不仅求真,而且求异,具有追求不落俗套的诗学观念。她以花喻诗:"诗犹花也:牡丹芍药,具国色天香,一望知其富贵;他如梅品孤高,水仙清洁,李桃秾艳,兰菊幽贞。此外或以香胜,或以色著,但具一致,皆足赏心,何必泥定一格也。"①百花争艳各有姿态及韵味,诗歌创作应与花儿一样各有神韵,才有欣赏和品评的价值。

沈善宝喜爱用梅花喻人,结合自己的情愫画梅图、题梅诗,在酬唱赠答的作品中也大量使用梅花。如《题白梅》《题红绿梅赠穆君》《题梅赠言佩箴女史》《夏日为冯夫人写梅自题》等。沈善宝把梅花看作知己般的物象,题诗中常以其自喻,如《题梅赠冷香》:"一枝清影绝红尘,一点冰心天地春。昨夜月明曾驭鹿,罗浮亲见缟一人。"②用盛开在严冬的梅花借喻处在困厄之境的自己,并期待自己有朝一日能成就才名,犹如那些洁白散发着暗香的花朵。在赠答诗作中,沈善宝会充分利用梅花的神韵比喻他人的气度和品格。《题梅赠宗鹿竺即送南归》中,描写了犹如云烟般弥漫浮沉的离别的哀伤。宗鹿竺卓尔不群的品格,好比梅花清孤傲岸的风雅,让人难以忘却。沈善宝《题梅花帐沿赠家剑芝于归潘氏守贞》谓:"独标情操凌霜雪,甘向空山老岁华。我为阿咸传小影,冰心铁骨写梅花。"③沈善宝将梅的神韵与潘氏守贞的行为融为一体,梅花被她赋予高洁傲骨的情操和坚贞气节。沈善宝的题梅诗赋予了梅花独特的艺术美感,表达的志趣意象颇具个人特色,在某种程度上丰富了梅文化的文学呈相。

兰花生于幽山空谷,散发浓郁的香气,历来是文人墨客所喜爱欣赏的。沈善宝在《题兰》中写道:"隐来空谷如君子,赋到《离骚》感美人。一自瑶琴传雅操,国香千

① 沈善宝著,王英志编:《清代闺秀诗话丛刊·名媛诗话》,南京凤凰出版社 2010 年版,第 467 页。
② 沈善宝著,珊丹校注:《鸿雪楼诗词集校注》,中国社会科学出版社 2013 年版,第 279 页。
③ 沈善宝著,珊丹校注:《鸿雪楼诗词集校注》,中国社会科学出版社 2013 年版,第 338 页。

古竟无伦。"①她借兰花的品性抒发自己在逆境中仍期盼有作为的心灵境界,展现了孤傲不群的情志与淡泊隐世的审美理想。竹子挺拔青翠,也是骚人雅士喜以之自喻的高洁形象。年少的沈善宝曾将豪情壮志寄情于竹子,用词大胆豪放:"云笋联班真拔萃,龙荪转眼便成林。初筛幽径三更月,已抱凌云一片心。"②言语间充满着自信与豪情,沈善宝对自己的美好未来充满期待。历来诗人们对菊花的意象多定位于隐士,"采菊东篱下,悠然见南山"(《饮酒·其五》)。③ 这是陶渊明涉菊作品中最有名的一句诗,充分表现了他的隐士情怀。沈善宝将自身的情感契合于传统文化意象,"料峭西风透碧纱,茱萸欲插感天涯。彩毫却与秋争艳,写出东篱五色花"④。肃杀秋风中怒放的菊花让她感受到重阳节思乡怀人的氛围,突出了菊花的灵动感,展现了菊花耐寒傲霜的特性。

从某种程度上说,"花中四君子"在诗歌中的意象描绘,至沈善宝的时代,已经陷入描写的困境,题材内容陈陈相因,作品的表现张力不足。沈善宝立足梅、兰、竹、菊四君子的传统意象,结合丰富的人生境遇,丰富了"花中四君子"的题咏。

三、交际融通之中的题赠友人诗

明清之际,社会风气带动了女性文学的发展。袁枚、潘奕隽、陈文述等男性文人纷纷开始结社收女弟子。袁枚招收的随园女弟子,是同类诗社中规模较大的。其次是陈文述招收的碧城女弟子,沈善宝即为其中一员。此类诗社的出现,不仅帮助女性文人提升了诗文创作的技巧,还扩大了她们的社交范围,冲破了被狭隘女性观念桎梏的封锁。同时,求知的欲望也刺激并唤醒了女性自觉的独立意识,使她们的价值观发生了转变。

随着诗歌创作在女性文人中的盛行,越来越多的女作家搜集他人之作,选编成诗话作品。如此,诗歌文集能保存下来不易散佚,而且方便文人墨客对诗词作品进行品题,带动文化交流的同时,也提高了作家的名气。沈善宝第一首题咏他人作品的诗,是十三岁所作的《题庄瑞红女史诗集》:"翰墨盈笺泪先收,东风习习入高楼。柔肠一日回千转,一转都添一缕愁。"⑤没有过多华丽的辞藻,也没有人情来往的应酬之感,其自然感慨之情,感人颇深。

①② 沈善宝著,珊丹校注:《鸿雪楼诗词集校注》,中国社会科学出版社2013年版,第2页。
③ 陶渊明著,王叔岷撰:《陶渊明诗笺证稿》,中华书局2007年版,第273页。
④ 沈善宝著,珊丹校注:《鸿雪楼诗词集校注》,中国社会科学出版社2013年版,第358页。
⑤ 沈善宝著,珊丹校注:《鸿雪楼诗词集校注》,中国社会科学出版社2013年版,第4页。

沈善宝虽一生颠沛坎坷,但女子内心的那份细腻和敏感,并没有被沧桑的生活所泯灭。沈善宝在《题黄韵珊孝廉宪清〈凌波影〉传奇》《题孟缇〈澹菊轩诗集〉》《题徐贞女征诗启后》《题朱葆英女史花卉画册》等题诗中,尽量发现其他文人作品中的亮点,或借以抒发自身的情感,以引起他人的共鸣。在题赠诗坛前辈的诗作中,沈善宝的字里行间充满着谦逊风度。除了挖掘诗文、字画和作品集的文学价值之外,她还会着意描摹作者本人的丰神。如在《读〈卧云阁诗草〉题绿梅画扇寄孙九畹夫人兰韫》中写道:"林风高下见大家,一编冰雪净无瑕。丰神潇洒吟情逸,想见仙人萼绿华。"①沈善宝在题赠男性诗人作品,如《题张仲远大令〈海客琴樽图〉》《题魏滋伯广文诗集叠前韵》《题张仲远大令〈谨言慎好斋诗集〉》《题云舫先生三癖图》等诗篇中,则着意展现自己男儿般的豪情气概,落笔健阔高迈。

如果一定要指摘沈善宝题赠友人之诗的不足,或许表现在过多的酬唱赠答,使其作品中多了份恭维人情之意。沈善宝的许多题赠友人之作有类型化、模式化的缺点,所寓含的由衷之言并非每首作品都有,深挚感情有时候难以体现。如"击剑投壶复嗜书,将军风雅古今无"②,再如"吴下书名曹墨琴,十三行迹重词林。晨来喜见簪花格,仙骨珊珊迈古今"③。她单以辞藻的大气营造出豪迈的诗歌氛围,却难以让人体会出感人至深的深沉力量。但是,沈善宝积极与文坛前辈、男性文人、闺阁诗人进行酬唱赠答,通过广泛的文学交游和勤勉的诗词创作,促使她的文学作品有更广泛的传播。如果说女性闺友圈的接纳和赞誉为其日后发展奠定了基础的话,那么来自男性前辈文人的物质和精神帮助,则直接为其前行铺平道路。④ 通过题赠友人之诗,沈善宝在诗坛中开辟了一条通向才名的道路,在交际融通之中实现了文化价值的自我追寻。

(本文原载于《文教资料》2019 年第 16 期)

---

① 沈善宝著,珊丹校注:《鸿雪楼诗词集校注》,中国社会科学出版社 2013 年版,第 287 页。
② 沈善宝著,珊丹校注:《鸿雪楼诗词集校注》,中国社会科学出版社 2013 年版,第 53 页。
③ 沈善宝著,珊丹校注:《鸿雪楼诗词集校注》,中国社会科学出版社 2013 年版,第 368 页。
④ 张秀珍:《清代女性作家沈善宝研究》,陕西师范大学 2016 年博士论文,第 85 页。

浅析妙玉的人物形象

——欲洁不洁，终陷淖泥

金璐瑜[①]

《红楼梦》这部作品中不只有宝玉、黛玉这"双玉"，还有"气质美如兰，才华馥比仙"的妙玉。妙玉作为金陵十二钗中的一员，她在文中却没有很多的描述。但文中的只言片语也为世人描绘出了栩栩如生的妙玉形象。本文便通过《红楼梦》来简单地分析那个"世难容"的妙玉。

一、妙玉其人

妙玉在金陵十二钗中排第六，作为一个与贾府没有半点血缘关系的女子，却在贾府中占有一席之地，足以证明妙玉这个人物的特殊之处。《红楼梦》第十八回中，王夫人因元春省亲而造了大观园，其中买来了许多的尼姑、戏子。其中便提到了妙玉，她本来是个出身于书香名门的大小姐，可惜从小体弱多病，一直不好，这才带发修行做了尼姑。这便是妙玉的出场，在管家的口中，妙玉是个文墨极通，经典极熟，模样极好的官宦女子，但父母双亡，只有两个老嬷嬷和一个小丫鬟服侍。就是这样一个出身于书香门第的女子却只能为了生存而不得已出家了。

二、妙玉其性

妙玉，作为一个从官宦世家，被迫成为低微女尼的形象，在王夫人与林之孝家的之间的对话中不难看出妙玉心中的自命清高。她在苏州的老家因"权势不容"所以对"侯门公府""贵势压人"极其敏感，有着极高自尊心的她，不愿就这样不三不四地答应贾府的邀请，但她内心深处却有着作为官宦小姐的极度高傲和对虚荣的高

---

① 本文作者系浙江越秀外国语学院中国语言文化学院 2018 级学生。

度追求,所以在王夫人下帖"请"她,遣人备车轿去接,给足她面子之后,她便来到了贾府。

妙玉钟爱茶道,作为一个精通茶艺的女子,茶具是生活中必不可少的物件。文中,贾母带着刘姥姥等人,来到了妙玉所住的栊翠庵中,众人吃茶。此时的贾母与刘姥姥用的是成窑五彩小盖钟,其他人用的则是官窑脱胎填白盖碗。她在使用刘姥姥喝完成窑的茶杯后,便嫌弃这个茶杯肮脏,文中写道:"妙玉刚要去取杯,只见道婆收了上面的茶盏来。"妙玉忙命道婆将这个茶盏不要收回来,这便十分体现妙玉对于刘姥姥的嫌弃了。而在宝玉向妙玉讨要这杯子送给刘姥姥时,她更是认为若非这个杯子是自己没用过的,不然无论如何都不会给的。这足以说明妙玉心理上与生理上的洁癖。在宝玉与妙玉吃茶时,宝玉提及让小厮来帮妙玉打扫道观。这里边说明宝玉对于妙玉的洁癖是有所了解的,而且接受程度很高,让他可以主动提出洗地这件事。而妙玉的回答也是十分不同:"这更好了,只是你嘱咐他们,抬了水只搁在山门外头墙根下,别进门来。"面对宝玉的说法,她可以说是欣然接受。但她却不愿意让这些帮忙的人进入山门,这也可以体现她对于自己生活范围的要求之高,不过是贾母与刘姥姥一行来着吃茶一会儿,她便要大费周折地洗地,她洁癖的性情表现无遗。

妙玉虽有着性子中的清高,但她内心是有着极强的自尊心的。她对于别人的轻视情绪十分敏感。当他人对她低微的身份有一丝看不起时,她内心极强的自尊心就开始显现。比如品茶时宝玉笑道说他人用的是奇珍,自己用的是俗物。这时的妙玉便反驳自己这若是俗物,那就没有什么能作为奇珍的了。当妙玉面临宝玉对她的些微不解言辞,她立马为自己进行了辩解。她不愿意面对自己低微的身份,自尊心不允许她受到了别人的些微轻视。但她强烈的自尊又与她实际生活中女尼的身份有所冲突。妙玉的这种极度的自尊也是源于她对自身身份的不自信。

妙玉对于身边的俗物是有着不同的执着的。她沉溺于形式上表面的高洁和孤傲。她在被邀请入府时的一番话,足以体现这一点。而且当品茶时,黛玉问及这是否是旧时的雨水时,妙玉的一番回答也足以说明。在她看来品不出这水便是俗人了。妙玉精于茶道,她说:"隔年蠲的雨水那有这样轻浮,如何吃得。"她眼中的茶雨水泡的吃不得,而梅花上的雪是极好的。过分地执着于外物的精致,也体现她在生活中对于仪式感,对于生活质量的苛刻追求。这都体现了她对于上层生活的喜爱。即使她此时此刻的身份不与之相呼应,她也不会放弃。

与妙玉交好的宝玉,曾评价她"为人孤僻,不合时宜,万人不入她目"。她的孤僻在文中也有多处的显现。妙玉对于和自己志趣不合的人一向是以"白眼"对待的。文中她对李纨、对粗鄙下人的不喜也是很明显的。李纨也曾说过"厌妙玉为人"这句话。而与妙玉同为邻居的岫烟也说她"僧不僧,俗不俗,女不女,男不男",正应了"太高人愈妒,过洁世同嫌"的唱词。

三、妙玉其交友

但妙玉在文中也不是全然只有青灯古佛之人,她会与惜春下棋谈笑,也会听湘云和黛玉联诗。她有着相伴依旧的好友,也有像黛玉那般的知音。而与宝玉之间的交往更是印证了她"欲洁何曾洁,云空未必空"的判词。

《红楼梦》中宝玉与妙玉的品茶、乞梅与贺寿的三个情节深刻地表现了二人之间说不清道不明的情感。品茶时,宝玉所用的茶杯是妙玉自己常日吃茶的绿玉斗,能让妙玉这样一个高度洁癖的人拿出自己用的茶杯,足见她对宝玉的不同;乞梅时,李纨命人好好跟着,黛玉忙拦说:"不必,有了人反不得了。"这就更加突出了妙玉对宝玉和其他人之间的态度的差异;贺寿时,妙玉只给宝玉写了一张粉红色的笺纸"槛外人妙玉恭肃遥叩芳辰",宝玉看到时便跳了起来,连忙问"是谁接了来的?也不告诉"。继而他又急忙着要回信,足以说明他此时此刻的受宠若惊,也说明了宝玉对于妙玉的示好的重视。但是他又不知如何回信,请教了岫烟后,他还亲自拿到了栊翠庵,从门缝投了进去。宝玉、岫烟、平儿、宝琴四人同日生日,而妙玉无视做过十年邻居的岫烟,独独给宝玉写了拜帖,还用的是一张折射出情爱萌动意识的粉色笺纸,印证了妙玉对待宝玉的与众不同。但妙玉作为一个带发修行的人,她对于宝玉的情感终究只能让她深陷淖泥之中,也印证了判词中的"可怜金玉质,终陷淖泥中"。

而她与黛玉之间的交往,更是体现了"知音说与知音听,不是知音莫与谈",宝玉被遣去栊翠庵乞梅时黛玉知道不必命人跟着,"有了人反不得了"。在那之后更有妙玉深夜偕湘云黛玉回栊翠庵,妙玉的清高众人皆知,但在那时妙玉却主动提出"你们也不怕冷了?快同我来,到我那处吃杯茶,只怕就天亮了",这是妙玉鲜少的邀请,可能是听了黛玉、湘云二人的诗作后产生的惺惺相惜,毕竟知音难觅,偶然得知两人情趣相同,让妙玉对黛玉产生了欣赏之意。而后她们品茶论诗,相互唱和,一派和乐融融的景象,这也是妙玉生活中少有的暖色的一幕,妙玉因此唱出"彻旦休云倦,烹茶更细论"的心声。到黛玉和湘云离开栊翠庵时,与之前贾母走时的妙玉不出门远送,也不留恋不同,妙玉将这二人送出了山门,还望着她们远远而去。此时妙玉的依依不舍的情绪兀然可见。之后宝玉送妙玉回庵途经潇湘馆,听到琴音清切,二人坐定在潇湘馆墙外山子石上,听墙里黛玉曲复一曲。操琴者声声叹息"风萧萧兮秋气深""人生斯世兮如轻尘",终因难托深重忧思而君弦断绝。听琴者"太过,恐不能持久""呀然失色""何思忧之深",终不忍卒听而"竟自走了"。走时宝玉问起对此如何看待时,妙玉回答的却是日后你自然会知道的。从这便不难看出妙玉对黛玉的内心的了解,两人无须多言,仅仅通过琴音便知,这大约就是妙玉与黛玉之间的知音之感。

妙玉与岫烟之间的交往可谓来源深远。她与岫烟从小认识,岫烟也时常找妙玉说话。在宝玉看来,岫烟能与妙玉来往,是因为岫烟不是俗人。但在岫烟心中,妙玉与她的交往只是"天缘凑合""旧情未易",并不是二人相互敬仰敬重,也足以说明,岫烟对于妙玉的不理解,更是体现了妙玉的与众不同。固然,妙玉与岫烟的君子之交也不无缘故。妙玉作为一个清高孤傲的人,当她面临岫烟对其"放诞诡僻"的形容,如何让一个自尊心极强的女子对你敞开心扉。但又不能说岫烟对于妙玉的性情不了解,当妙玉给宝玉去笺上自称"槛外人",宝玉问及岫烟时,岫烟对于妙玉这一做法的解释,无不说明两人之间的了解。"如今他自称'槛外之人'是所谓蹈于铁槛之外;故你如今只下'槛内人',便合了他的心。"在为宝玉解惑后便告诉了他如何回信,这种不假思索的应答,恐怕只有岫烟能做到。岫烟还十分了解妙玉的喜好,知道妙玉所喜的范成大的那一句诗,他常说,古人中自汉晋五代唐宋以来皆无好诗,只有两句好,说道:"纵有千年铁门槛,终须一个土馒头。"所以他自称"槛外之人"。她也知晓妙玉常赞文是庄子的好。不无说明,岫烟是妙玉为数不多的朋友。至于二人之间的关系恐怕是未能达到"知音"的地步。

四、妙玉其身份

妙玉,作为一个尼姑,却有着很多清高、雅趣的生活追求,她精晓弈道,知晓乐律,举凡花卉盆景,古玩茶饮,无一不是高水平的。文中在她与宝玉听黛玉弹琴之时,便可说明她对音律的精通,"第一叠""第二叠""君弦太高了,与无射律只怕不配呢""如何忽作变徵之声?音韵可裂金石矣"这些对于琴音的分析,对于其中意味的看破,足以体现妙玉的欣赏水平。妙玉不仅在音律方面造诣不浅,在文学方面也是颇有心得的。在中秋夜,她与黛玉、湘云一起作诗,黛玉与湘云,二人共作二十二韵,而妙玉则一人创作了十三韵,还说起了写诗的方法,在她看来,写诗就要情感饱满,抒发真情实意,不能矫揉造作,这样才能抒发心中的真实感想,写出好的文章。从她对于诗词写作的一番言论不难看出她对于诗词创作也是颇有心得的。但这与她尼姑的身份并不是十分吻合，反而像个"小隐隐于野，中隐隐于市，大隐隐于朝"的隐士。妙玉虽身在佛门，但却热爱老庄之文。她崇尚意随心动的道教思想，但又无法脱离佛门下无欲无求的束缚。她渴望度人、度己，但最后却一无所获。妙玉是个被迫进入佛门的无奈之人，也是个深受佛门迫害的苦痛女子。她向往大观园中女子的花红柳绿，但却受世俗礼教的限制。她本不该沦落至此，但天性却让她最终走向了"泥沼"。

妙玉是向往庄子的，在她的心中庄子的文章是极好的。在她的心中她是个"畸零之人"。深居简出，极少抛头露面，寡言独行，不喜与人交往，爱洁成癖，生性孤冷。她似乎是《红楼梦》的众多女子中的寂寞者。在大观园这个大环境中，她只能埋藏起自己的无奈，将自己对于生活的追求掩埋起来。妙玉的才华正如判词中所说的那般出众，连黛玉这样心性高傲的人都忍不住夸赞妙玉。虽然之前妙玉对于文学，对于尘世的认识有些偏激，但是作为大观园中一直无法做真正自己的妙玉，又如何能拒绝抒发心志，愉悦生活的美妙诗歌呢？而妙玉作为个体性极其强烈，原则问题上不容改变的一个人，她无法委曲求全地让自己去融入那个她不愿意进入，不愿了解的世界。妙玉她以"畸人"自居，自然是不同于常且超越于众人、常人、俗人之上。出身权门，蔑视权门，又不得不依附权门，这是妙玉的高洁，也是作为她的悲哀。

妙玉，是《红楼梦》这部作品中一个矛盾的集合体。一方面，她崇尚老庄思想，以槛外人自居；但另一方面又接受了贾府"拜帖"与"车轿"双重礼遇下的邀请。一方面她是个修行之人，自恃清高；但另一方面，她又对宝玉有着"剪不断，理还乱"的情愫。她的一生都在渴望六根清净和对情感的难以放弃之间挣扎。这也注定了像妙玉这样一个"不惟金玉其质，亦且冰雪为心"的女子终将走向悲剧的命运。

（本文原载于《牡丹》2019 年第 32 期）

中国近、现代文学研究

试论秋瑾诗词中女性意识

刘东旭[①]

自古以来,对于女性的看法多种多样。女子只能以夫为天,活在深闺之中,不能做自己想做的事情,这是一种看法。还有一种则是坚信女子不会不如男,《花木兰代父从军》说明女子也可以如男儿般上战场;女权主义作家严歌苓的作品《一个女人的史诗》《第九个寡妇》等都是对女性的正面看法。秋瑾是一位诗人,在她短暂的一生中,她写下了许多诗词。在这些诗词中,我们能看到她的文采,她的信念,她对女权的追求。她不愿意被封建制度束缚一辈子,她希望女子可以和男子一样在国家需要的时候奋斗。处在一个女权主义薄弱,社会混乱,民族危机严重的时代,秋瑾以诗词为武器,不顾一切,坚持女权革命。一个小小的女子,身体里却蕴含着强大的力量。如此令人佩服的女性写出的诗词值得研究,研究她的诗词必定要看到她的生活、她的作品以及她作品的影响力。

秋瑾生于官宦家庭,从小就跟随兄长饱读诗书,她喜文史,好诗词,擅长骑马击剑。因为性格豪爽,所以才能写下"浊酒不销忧国泪,救时应仗出群才。拼将十万头颅血,须把乾坤力挽回"[②]如此豪迈的诗词。秋瑾的婚姻逃不过封建传统的媒妁之言,在父亲的安排之下她与王廷钧结为夫妻。但秋瑾不同于一般闺阁女子,她会因为丈夫是一个游手好闲没有抱负的人而写下"可怜谢道韫,不嫁鲍参军"[③]的表示不满的诗句;她依旧会饱读诗书,会与志趣相投之人谈诗作词。但对于胸怀爱国情怀的秋瑾来说,这不是她想要的生活,她渴望像男子一般为国战斗。她多数诗词倡导女性勇于跳出束缚女性的封建制度的牢笼,引领更多的女子投身革命,为女性,为国家奋斗。她的悲也就因此从悲个人变成了悲天下。日本留学,参加同盟会,创办报刊,准备起义,事泄被捕,最终就义。虽然坎坷,但是她乐在其中,就算为女权斗争献出自己的生命也在所不惜,也因此创作了许多具有影响力的诗词。秋

---

① 本文作者系浙江越秀外国语学院中国语言文化学院 2016 级学生,指导教师余晓栋。
② 秋瑾:《秋瑾集》,上海:上海古籍出版社 1979 年版,第 81 页。
③ 秋瑾:《秋瑾集》,上海:上海古籍出版社 1979 年版,第 76 页。

瑾虽已离世,但她的诗词,她所坚持的女权却是永垂不朽。

一、秋瑾诗词中的女性形象

秋瑾的诗词基调是豪放的、激昂的,这与她豪迈的性格密切相关,但时代的局限让她的诗词充满了凄凉、悲苦和孤独。如果说前期作品是秋瑾个人情感的流露,后期的作品则更倾向于把思想升华到国家层面以及她对女权的追求。在这篇文章中,笔者将重点放在秋瑾诗歌中女性形象的分析。在她的诗词中你会看到一个女革命家的成长。鲍家麟、刘晓忆在《秋瑾的生平和诗词》一书中分析了秋瑾的诗歌中体现出来的斗志和理想。她热爱国家,身为一名女子,依旧愿意为国家"浊酒不销忧国泪,救时应仗出群才。拼将十万头颅血,须把乾坤力挽回"[①];作为一个女性,她对全民族的女性斗争充满斗志,"身不得,男儿列;心却比,男儿烈"[②],"莫重男儿薄女儿,平台诗句赐娥媚。吾骄得此添生色,始信英雄曾有此"[③]中充满了对女性的维护以及坚信女子的强大。笔者也试图从秋瑾的诗词中分析她眼中的那个时期的女性形象。

(一)闺中女性的柔情形象

还未参加革命的秋瑾,也只是那个时期普普通通的女子。年轻的秋瑾也和当时多数的女性一般,会想要和姐妹们一起开心地相处,也会想要有与自己交心的好姐妹,《月夜怀古人》书写的便是多数女性对友情的渴望与珍惜。看着时间匆匆流逝,岁月在自己身上留下了深深的痕迹,身为一名女子,如何会不感慨呢?又如何会不忧伤,不忧愁呢?《踏莎行》便是对岁月流逝,青春不再的忧伤与忧虑的表达。"平生不借春光力,几度开来斗晚风。"[④]不同于深闺中女子的缠绵悱恻,秋瑾体现出来的更多是刚强傲骨的女子性格。那个时期的女子也只是表达自己个人的忧愁。通过秋瑾前期的作品,我们能够清楚地看到晚清时期大多数女子的状态。她们处在深闺之中,她们会有自己想要的和姐妹们愉快相处的生活,她们会因为自己的生活而忧愁,但只是悲己。虽然她们会感慨,但以多愁善感为主。她们从未想过

---

① 秋瑾:《秋瑾集》,上海古籍出版社 1979 年版,第 81 页。
② 秋瑾:《秋瑾集》,上海古籍出版社 1979 年版,第 105 页。
③ 秋瑾:《秋瑾集》,上海古籍出版社 1979 年版,第 57 页。
④ 秋瑾:《秋瑾集》,上海古籍出版社 1979 年版,第 59 页。

去争取男女平等的权利。这就是秋瑾前期作品中展现出来的悲己的富有柔情的女性形象。

(二)革命女性的英雄形象

参加革命后,让秋瑾的诗词变得更加成熟,她不再单纯地感慨自己的人生,她开始书写她所坚持的女权。而在这些诗词中,女子的英雄形象展露无遗。"如斯巾帼女儿,有志复仇能动否。多少须眉男子,无人倡议敢排金。"①这首《题动石夫人庙》是秋瑾在途经嵊县天姥山动石夫人庙的时候写的,相传,这里的夫人大显神威,让山石滚下,让到此的金兵死伤无数。她感慨巾帼英雄,这是她一腔爱国情怀的展现,也体现了她的女权主义,认为女子也是可以和男子一样参与斗争而且能力不俗。"不惜千金买宝刀,貂裘换酒也堪豪。一腔热血勤珍重,洒去犹能化碧涛。"②一首《对酒》让人不禁想到在秋风秋雨中慷慨就义,热血化碧涛,洗了百年耻的英雄女子。秋瑾这个奇女子,让清代的诗词充满了侠气,让更多的女子敢于革命,勇于为自己的人生做出改变,更让晚清的女子受到尊重,让女性的地位更上一层楼。"祖国沉沦感不禁,闲来海外寻知音。金瓯已缺终须补,为国牺牲敢惜身?嗟险阻,叹飘零。关山万里作雄行。休言女子非英物,夜夜龙泉壁上鸣。"③一首《鹧鸪天》让多少人不得不为秋瑾的英勇折服,一腔热血让多少心中爱国却没能做出行动的人热血蓬勃,她霸气地告诉当时社会的所有人:女子也能是英雄,不要对女性有偏见。"花刀帕首桃花马,不愧名称娘子师。"④"漫云女子不英雄,万里乘风独向东。"⑤为民族,为国家做出巨大贡献的秋瑾亦是还在纠结中的女子的榜样,她的行为无疑让更多的女性不再躲在深闺之中,只是等待丈夫归来,只是将所有的希望寄托在孩子的身上,她们冲破了封建社会对女子束缚的牢笼,她们开始为自己做主。这也就和秋瑾诗词中倡导的一样,她呼吁更多的女性加入革命,比男子更加英勇地为国为民族做出贡献。秋瑾后期的作品特点更多的是雄浑刚健、遒劲豪放,和一般女子的"胭脂文学"截然不同。在秋瑾的诗词中看到的是她相信女子有超越男子的智慧与能力,多次说女子也能成为英雄。在笔者看来,真正做到"唤醒女界"的是女

---

① 秋瑾:《秋瑾集》,上海古籍出版社 1979 年版,第 98 页。
② 刘东:《近代名人文库精萃:宋教仁 秋瑾 黄兴》,太白文艺出版社 2012 年版,第 82 页。
③ 秋瑾:《秋瑾集》,上海古籍出版社 1979 年版,第 116 页。
④ 秋瑾:《秋瑾集》,上海古籍出版社 1979 年版,第 57 页。
⑤ 秋瑾:《秋瑾集》,上海古籍出版社 1979 年版,第 85 页。

革命家秋瑾的弹词《精卫石》,是这一阶段最突出的作品,它标志着弹词小说"振兴女权"的思想上升到新的高度。这些怎能说不是秋瑾凭借诗歌想要表达的女性试图和当时社会的男子一般为国家奋斗的雄心壮志呢?

我们在秋瑾的诗词中不难看出晚清每一个时期女性的模样以及社会对女性的态度。我们能看到当时社会的各种各样的女子模样,包括闲时感慨,咏物愁春的闺中女子形象,但是这时的女子并不能得到社会的认可,她们只是局限在社会给予的范围中度过一生;亦有不甘被封建制度束缚,敢于跳出牢笼,为女权做斗争的英雄女子形象,这些人让社会给了她们不一样的看法,她们也得到了更多的社会尊重。

二、诗歌中表达的女性感情

在晚清封建制度的压迫下,有多少女子不能顺着自己的心,找到自己的如意郎君,一辈子幸福地生活在一起,而是嫁给婚前从未谋面的男子,然后一辈子处在深闺之中,以夫为天,一生只为丈夫和孩子而活?同样处在晚清的秋瑾,亦逃不出封建社会制度的媒妁之言,她只能听从家中的安排,嫁给了志向、喜好与自己毫不相同的男子。在这样的婚姻中,秋瑾写下"琴瑟异趣,伉俪不甚相得"[①],还有"小住京华,早又是中秋佳节。为篱下黄花开遍,秋容如拭。四面歌残终破楚,八年风味徒思浙"[②],以及"俗子胸襟谁识我? 英雄末路当磨折。莽红尘何处觅知音? 青衫湿!"[③]等诗词,为的就是表达自己满腔的女子不能为自己婚姻做主的愤懑之情,以及身为女子深受封建礼教束缚,不得自由的愤愤不平之情。她反对封建压迫,要求男女平等的思想也因此崭露锋芒。在她前期诗词中,描写秋天的景物特别多,《秋雨》《梧叶》都是借用秋天的景色来表达自己个人生平的忧伤。而这份忧伤多数来自自己的婚姻和令她不满不快的封建制度。秋瑾会用诗词表达对封建制度的不满,定是因为当时社会上女性都处在其控制下,社会地位低下。女子得不到社会应有的尊重,得不到她们想拥有的自由。

这些都是秋瑾前期作品,更多的是写春愁、闲情、咏物的小桥流水的婉约诗风。虽然青涩,但是在很多诗词中都不难看出她对被封建制度束缚的女子的愤愤不平,她试图跳出封建的牢笼,要求社会对女性的平等对待。

---

① 金满楼:《晚清原来是这样》,现代出版社 2017 年版,第 141 页。
②③ 秋瑾:《秋瑾集》,上海古籍出版社 1979 年版,第 112 页。

三、诗词影响下的女性意识

不得不说,秋瑾的诗词产生了巨大的影响。国内外对秋瑾诗词的研究不计其数。《秋瑾事迹研究》《秋瑾文学论稿》等就是国内对秋瑾成长环境、妇女解放运动以及诗词创作方面进行了研究。日本研究学者则肯定了秋瑾诗词的影响力。武田泰淳先生在他的著作里,就曾多次引用秋瑾的诗作,比如咏刀剑一类的诗歌,并给出了"她的诗和散文感情与它的表现,生活态度,不,她的整个生与死,都献给了为摆脱封建的桎梏而进行的斗争"的评价。秋瑾已经过世多年,但是她的诗词却依旧记在人心,可见她的诗词对人们尤其是女性的影响是很深远的。秋瑾的好友徐蕴华便是典型的例子。同样是一名诗人的徐蕴华和秋瑾是好友,她们少不了诗词文学上的交流。徐蕴华在秋瑾言语和诗词的影响下,开始励志成为一名女杰,走上了革命的道路。后来同姐姐徐自华帮助秋瑾起义,以及与姐姐还有陈去病创办秋社等。像徐自华、徐蕴华姐妹这样受秋瑾诗词影响从而走出闺阁,开始为国奋斗的女性有很多。秋瑾诗词所要表达的思想内容,多数是她对个人的忧愁;对国家民族的斗争精神;最为重要的是她对女权主义的倡导。她想要社会对女性的地位给予肯定,追求男女平等。在她诗词的影响下,越来越多的妇女加入革命,参与了女权解放运动。

在笔者看来,现如今的人们更多的应该是在感慨秋瑾诗词中的英雄主义,身为一名女子,但是坚信女子不会不如男,也因此她对很多男同志都畏惧的革命活动斗志激昂,甚至拥有"拼将十万头颅血,须把乾坤力挽回"[1]的决心;同样地,就是因为她是一个女性,但她能做出这样一番普通女子无法做到的爱国行为,正是她对当代女性地位以及社会对女性看法的深深的不认可,并且她用自己的诗词和行动来呼吁倡导更多的女子争取自己的权利,让社会对女子的看法能因此发生改变,受到社会的尊重,为自己而战,为民族而战。

四、结　语

秋瑾短暂的一生十分精彩,她留下了二百四十余首诗词。这些诗词是秋瑾对革命对女权主义的斗争的体现。她说"莫重男儿薄女儿"[2],因为她也可以"夜夜龙

---

[1]　秋瑾:《秋瑾集》,上海古籍出版社 1979 年版,第 81 页。
[2]　秋瑾:《秋瑾集》,上海古籍出版社 1979 年版,第 57 页。

泉壁上鸣"①。"谁说红颜不封侯"②？秋瑾亦可"花刀帕首桃花马，不愧名称娘子师"③。秋瑾的诗词中有对时间的感慨，对友情渴求，闲时感慨、伤春愁春的女生形象，也有对封建社会不满，不甘就这般被束缚的女子想法，还有抛头洒热血地追求男女平等，为民族奋斗的女性意识……秋瑾对女权的追求，越是说明当时社会对女性并不认可，女子的社会地位很低下，女子处在深闺之中以男子为天的现象甚是普遍。但是有越来越多的女子加入革命的行列，开始争取自己的权利。这就是秋瑾诗词中的女性意识。

（本文原载于《名作欣赏》2019 年第 23 期）

---

① 秋瑾：《秋瑾集》，上海古籍出版社 1979 年版，第 116 页。
②③ 秋瑾：《秋瑾集》，上海古籍出版社 1979 年版，第 57 页。

李叔同《送别》的诗歌意蕴

许丹红①

李叔同是民国才子,"二十文章惊海内"的大师。与许幻园、袁希濂、蔡小香和张小楼结为金兰之谊,被称作"天涯五友",且与许幻园感情最深,共同宣扬民权思想,倡导移风易俗,支持男女婚姻自主,为推动社会精神文明的进步做出了很大的贡献。1915 年,二次革命的失败、层出不穷的社会巨变,使得许幻园家道中落,当许幻园打算离开时,李叔同怀着复杂的情感写下了脍炙人口的经典诗歌《送别》,影响深远。

一、《送别》的艺术手法

《送别》原文只有简要的几行字:"长亭外,古道边,芳草碧连天。晚风拂柳笛声残,夕阳山外山。天之涯,地之角,知交半零落。一觚浊酒尽余欢,今宵别梦寒。""长亭外,古道边,芳草碧连天",其中包含的景物意象与情感,非常丰富,抒情温柔、哀而不伤的诗歌以及充满中国风格的舒缓旋律,使之成为一首名曲。

古往今来,许多文人墨客对于离歌总是歌吟不绝。为朋友赋诗,是中国古典诗歌一个很重要的主题。送别诗,是唐诗宋词中很重要的组成部分。在诗中,除了感伤的情绪之外,经常还会寄予许多微妙美好的感情。或者激励劝诫,或者表达友情,或者寄寓诗人自己远大的理想与情怀。王维的"劝君更尽一杯酒,西出阳关无故人"(《送元二使安西》),王勃的"海内存知己,天涯若比邻"(《送杜少府之任蜀州》),王昌龄的"洛阳亲友如相问,一片冰心在玉壶"(《芙蓉楼送辛渐》)都是千古名句,而《送别》的意象和语言,则是对中国传统送别诗的继承。

《送别》分为三个部分,第一段着眼于"写景",写长亭外、古道边送别的场景;第二段重在抒情,抒发朋友要散落在天涯的感伤之情;第三段文字虽然重复,然而在

---

①　本文作者系浙江越秀外国语学院中国语言文化学院 2018 级学生,指导教师余晓栋。

内涵上却有所升华。李叔同在经历了与朋友分离的悲伤之后,对于人生也有了新的认识与感悟。诗歌充斥着人生的迷茫与哀伤之感,蕴含着要遁入空门的暗示。《送别》不仅仅是李叔同送别朋友所引出的感慨,也是诗人送别自己的旧身与过去,对自己要离开亲人而出家做的一种告别。

这首诗歌的体裁很像宋词的小令,歌词为长短句结构,篇幅短小但却优雅精致,意味无穷。而且因为这首诗歌是以曲写词,因此又带有很强的节奏感。而这首诗歌中的几个意象:长亭、古道、芳草、晚风、杨柳、笛声、夕阳、远山是传统送别诗词最常见的,所以它的文学价值也很高。

二、《送别》中的离别意象

在中国古典诗歌的送别曲中,"离愁别怨"是永恒的主题,李叔同创作的《送别》人人传诵,经久不衰,其中关于离别经典的意象,也是值得后人研究探讨的。

长亭。第一句是景象的描写,古代诗歌中"长亭"的运用非常广泛。例如元代剧作家王实甫在《西厢记》中多次提到长亭,崔莺莺与张生的离别就是在长亭发生的,最有名的那一幕场景"长亭送别",不知牵动了多少读者的心。"遥望见十里长亭,减了玉肌,此恨谁知?"古代的分别、远行、离家都与长亭分不开。那时交通工具不发达,远行意味着多年不能见面团聚,因此长亭就寄托了许多分别的忧思。因此"亭"是很重要的文化研究内容,尤其是"亭"的意象与文化底蕴。"亭"的意象经过一个时期的艺术沉淀,包含着浓厚的历史情怀,它是历史发展和变迁的有力见证者。

柳永有一首著名的《雨霖铃》:"寒蝉凄切,对长亭晚,骤雨初歇。都门帐饮无绪,留恋处,兰舟催发。执手相看泪眼,竟无语凝噎。念去去,千里烟波,暮霭沉沉楚天阔。多情自古伤离别,更那堪,冷落清秋节!今宵酒醒何处?杨柳岸,晓风残月。此去经年,应是良辰好景虚设。便纵有千种风情,更与何人说?"相传,柳永这首词送别的对象是一位女子,与《送别》中的抒发对象有所不同,但是其中运用到的意象却有共通之处。"长亭""杨柳"这些字眼一出,就不自觉地抒发了一种离别的忧思之情。古往今来有离别之苦的人们,读到这首诗的时候,都会产生强烈的共鸣。

笛声。"笛声"在唐诗宋词中也是经常出现的一种意象。听觉上传达的感知,也会对人的思维方式产生深刻的影响。李叔同用一个拟人化的"拂"字把晚风吹动柳梢的感觉表现得惟妙惟肖。风吹过柳树的尖端,仿佛手在轻柔地抚摸,长笛的声音断断续续,余音凄凉。不仅微妙灵动,声情并茂,而且处处暗示着抒情主人公的心理感受。现代诗歌中也不乏笛声的运用。席慕蓉有一首诗《乡愁》,她在里面这样写道:"故乡的歌是一支清远的笛,总在有月亮的晚上响起。"席慕蓉也以月亮下的笛声象征和寄托了一种乡愁。

浊酒。酒在诗歌中的运用比比皆是。古人爱酒,恐怕这也是使他们产生作词灵感的"催化剂"。而《送别》中的"一壶浊酒尽余欢"也将酒和人的情感巧妙地结合在一起。什么是浊酒呢?浊酒是和清酒相对的。古代酿的酒都是米酒,里面大多有不少的沉淀物,所以有了"浊酒"一说。最初浊酒的典故可能出自嵇康的《与山巨源绝交书》,对好友山涛劝他出仕说了自己的苦衷,然后说:"今但愿守陋巷,教养子孙;时与亲旧叙阔,陈说平生。浊酒一杯,弹琴一曲,志愿毕矣。"嵇康表达了自己不追求荣华富贵,只愿和子孙享受简单的天伦之乐的生活态度。由此我们知道,浊酒只是普通人家喝的很寻常的酒。浊酒,便成了不追求物质、简单生活的象征。浊酒表达了诗人虽然处在贫寒环境中却不改初心的高尚品格,同时也体现了诗人感慨美好不再的忧愁。李叔同先生诗歌中的"浊酒",又何尝不是寄托了这样的高尚情怀呢?如何拥有剩余的快乐?一杯浊酒早已足够。

芳草。即将分别的友人望着前方分别后将走上的路途,愁绪就如那绵延的芳草地一样到了无尽的远方。如果仅仅说离别,形容碧草辽远就可以了,而李叔同先生用了"芳草碧连天",他想表达的是比离别更悠长的心思。和友人天各一方,很难相见。但是我们的感情没有断,被"连天"的芳草羁绊。碧绿的芳草,象征着我们深厚的感情才刚开始,虽然分开了,但是以后的日子还长,至少我们的心是永远连在一起的。草原辽阔,一望无际,别情依依,路长情更长。唐宋是诗歌高度繁荣的时期,"芳草"的意象也在其中得到了淋漓尽致的体现。范仲淹《苏幕遮》有一句"山映斜阳天接水,芳草无情,更在斜阳外",下面就接着写了"黯乡魂,追旅思"。借景抒情,芳草蔓延,正如离情难以遏制地滋长。《黄鹤楼》里说"芳草萋萋鹦鹉洲",下一句就说"日暮乡关何处是?烟波江上使人愁",离情展露无遗。"晴川芳草"一句与前文沧海流变、物是人非接应,使用衬托,烘托出诗人的羁旅之情。

三、从《送别》看学堂乐歌的人文精神及起源

《送别》是学堂乐歌的开篇之作。学堂乐歌中的人文精神也体现在特定历史时期对西方文化的主动学习上。这种对传统文化的学习与重新审视也在《送别》中得到了体现。一方面,它直接采用西洋曲调填词,另一方面,它由产生它的过程体现。

学堂乐歌不仅是我国近代音乐的开端,也是中国人意识觉醒的开始。康有为、梁启超积极推动音乐在思想启蒙中发挥的重大教育作用,积极提倡学校音乐教学大纲的建立,发展音乐教育,提出改革音乐的思路。鲁迅先生在《呐喊》的自序中说:"凡是愚弱的国民,即使体格如何健全,如何茁壮,也只能做毫无意义的示众的材料和看客,病死多少是不必以为不幸的。所以我们的第一要着,是在改变他们的精神。"[①]而李叔同的音乐,就是在改变中国人的精神面貌。在"学堂乐歌"的填词和创作中,我们可以看到他对中国传统文学技巧的成熟运用以及浓厚的中国古典文学韵味。李叔同的作品属于含蓄和典雅的风格,他作品的意境,受中国传统诗词曲赋的影响较深。从结构、押韵方面看,他的歌词既具有我们民族均衡和对称的审美习惯,又具有我国传统诗词的押韵特征。中国古典诗词中的意象、表现手法在现代歌词语境中又重放光辉。但李叔同的学堂乐歌创作,其语言上的雅化现象,不失传统词体特征的雅净清丽,是一种介于古典与现代之间的"雅俗相加"之雅,即"不远俗"之雅,而不是近于诗的古朴重拙之雅。

1942年农历九月初四,已经出家为弘一大师的李叔同圆寂于福建泉州温陵养老院。几十年来,纪念弘一的活动不断在举行。他做人的品德被几代人所赞颂,直到今天,仍然是当代人学习的楷模。陆渊雷在《永恒的追思序》中写道:"许多青年追思他,为他做纪念。纪念他的平凡,不是纪念他的煊赫。煊赫的纪念,往往不是真心的纪念;唯有平凡的纪念,才是真心的纪念。这种'心悦诚服'的忠实信徒,绝不是权位势力所能钓取,也绝不随权位势力而动摇其信心。"[②]在很多成就上,他是令人叹为观止的"第一",其实,他的非凡成就,我们绝不能仅仅看作是一种过人天赋,而是他血液里流淌的与生俱来的对世人的怜爱,加上他敢为天下先的进取精神,对待事物的执着与认真,才能达到这样的一种崇高境界。

长亭外,古道边,又夹杂着多少往事,艺术的生命又有多长?大概时间已经给出了答案。

古道边,篱畔菊花未老;长亭外,岭头又放梅花。

（本文原载于《名作欣赏》2019年第23期）

---

① 鲁迅:《呐喊》,人民文学出版社1976年版。
② 平湖市李叔同纪念馆编:《李叔同（弘一大师）研究文论选》,团结出版社2016年版。

《围城》中的反讽艺术探析

王艳菲[①]

　　《围城》是钱锺书的旷世名篇,其细腻的讽刺艺术构建,成为《围城》的重要艺术形态。从文学分析的角度出发,《围城》深刻而独特的主题意蕴,将反讽艺术演绎得淋漓尽致,成为研究《围城》文学艺术的重要窗口。在对《围城》的研究中,我们不难发现,钱锺书的反讽艺术,体现于简述类、指令性的语言行为之中,看似平淡无奇,实则细腻透彻,将反讽艺术中的主旨思想放大,体现出《围城》独特的语言风格。因此,本文立足《围城》的文化艺术,就其反讽艺术是如何呈现的,从以下几个方面做了如下具体阐述。

一、文学创作中反讽艺术的构建原则

　　在文学创作中,文学艺术的合理构建,是体现文学作品价值的重要载体。综观世界名著,其文学艺术的价值体现,在于其极具表现力或讽刺力的艺术呈现,以实现文学艺术的有效体现。反讽艺术的价值体现,在于其以"话中有话""意中有升华"的艺术展现力,将文学作品的艺术形态更加多样化,为作品的整体风格塑造,起到了重要作用。在文学创作中,反讽艺术的构建,要尊重主体原则,在突出作品艺术风格中,把握整体协调等原则,利用人物性格特点,将反讽艺术的构建意义最大化,这是反讽艺术构建的基本原则。因此,文学创作中反讽艺术的构建原则,体现在以下几点。

(一)尊重作品艺术风格

　　在反讽艺术的构建中,实现艺术风格的有效塑造,要求作品创作应从主体价值

---

① 本文作者系浙江越秀外国语学院中国语言文化学院 2018 级学生。

元素出发,将作品的艺术风格在人物性格、行为及语言等方面进行呈现,这是实现艺术风格构建的基本原则。因此,在反讽艺术的构建中,需要尊重作品的艺术风格,将反讽艺术作为作品艺术风格塑造的重要元素,才能更好地将反讽艺术与作品艺术风格有机结合。"尊重作品艺术风格"是文学创作中的基本要求,反讽艺术的形成,要从整体把握中,将艺术风格在反讽艺术的呈现中实现最大化,这符合反讽艺术的构建原则。也就是说,在对反讽艺术的构建中,要尊重作品的整体艺术风格,从风格元素中将反讽意境扩大,进而形成良好的文化艺术价值。

(二)构建艺术价值元素

反讽作为文学作品构建艺术价值的重要元素,在反讽艺术的构建中,要坚持以艺术价值元素的载体原则,将作品所承载的艺术价值元素进行呈现与释放,促使反讽艺术有效生成。从著名文学作品来看,在反讽艺术的构建中,注重艺术价值元素的构建,通过"反讽"艺术的多维度空间,将人物性格、情绪等要素融入其中,让文学作品的艺术架子更饱满,体现了反讽艺术中强烈的对比、升华的价值意义。因此,在反讽艺术的构建中,要从构建艺术价值元素的角度出发,将作品的文化艺术进一步丰富,体现其文化艺术价值。

(三)把握人物个性特质

实际上,在反讽艺术的构建中,人物无疑是重要的载体,能够在人物个性特质中,实现反讽艺术的有效呈现。一方面,在人物性格、行为及语言表达中,能够以反讽的艺术方式,将反讽艺术融入人的日常生活行为之中,以小见大的反讽艺术形态,能够更好地表达反讽的艺术效果;另一方面,通过特定的人物性格特质,将反讽的艺术元素融入其中,可以更好地提升人物在作品中的展现力,同时也让人物的性格特质更加饱满。因此,在反讽艺术的构建中,要从"人"出发,在人的个性中弥补性格缺陷,保障人物性格随着剧情等的演绎,更加丰富而精彩,这是反讽艺术构建的立足点。

二、《围城》反讽艺术的构建策略

《围城》作为钱锺书的著名文学作品,其文化价值的体现及艺术文化的构建,关键在于其包含意境的反讽艺术,将人物性格、情绪及品质进行了多维度展现,让作品的文学主题更加鲜明、文学艺术的形态更加饱满,这符合反讽艺术的构建原则。就《围城》而言,在反讽艺术的构建中,着力于多维度、多要素的有效生成,特别是在阐述类语言行为中,通过人物对话等形式,将"话中有话"的反讽艺术实现有效构建,体现了《围城》的反讽艺术价值。因此,具体而言,《围城》反讽艺术的构建,可从以下几个方面有效实施。

(一)在阐述类语言行为中呈现反讽

在《围城》中,语言行为中的反讽艺术呈现,是其显著特点。能够在看似平淡、合乎事实的条件之下,将反讽艺术融入其中,进而更好地体现其背后的意蕴。因此,当事人在语言行为的发展中,要承担语言行为的真实性,同时在其语言行为发生时,当事人本身却不相信其真实性,这就形成了强烈的反讽意味,更值得读者回味。例如,方鸿渐道:"我自惭愧了,我这次什么都没有做,真是个饭桶。"李梅婷说道:"是呀,小方是真正的贵人,坐在旅馆里面也不动……咱们虽然一无结果,但跑得够辛苦。"方鸿渐在自我批评反省中,虽然看到了其内心的责备,但实则通过这种阐述新的语言行为,将其语言的反讽意味呈现,更能体会语言行为的反讽效果。李梅婷在阐述中,将方鸿渐什么都没做的事实做了陈述,虽然是对李鸿渐说词的同意,同时也是借此对其进行反讽,什么都没做,自己还邀功请赏。也就是说,在阐述性的语言行为中,双方的情感矛盾得到进一步彰显,同时也通过这样的方式,让方鸿渐明白这是怎么回事。因此,语言行为是实现反讽艺术的重要载体,在呈现中生成矛盾关系。

(二)在指令性情感元素中展现反讽

钱锺书在反讽情感艺术的构建中,从指令性的语言情境中,将反讽的意味进一步提升。在指令性语言中,说话人试图让听话人去做一件事。但是,在听到这些话时,会感觉到不符合情理,则会从另一个角度将话中的真正含义衬托出来。因此,在指令性情感元素中,展现出的反讽意味,情理之中又投射出不同的情感与情绪,将人物的思想情感展现得更加淋漓尽致。例如,方鸿渐对鲍小姐说,"你行李多,要不要我送你下船?"鲍小姐以很疏远的情感说道,"谢谢你!不用劳你驾,李先生会上船来接我"。而此时的苏文纨说,你可以把方先生介绍给李先生。从指令性的情感元素中,可以表现苏小姐对鲍小姐的情绪,对鲍小姐有未婚夫的情况下,与方鸿渐保持的暧昧关系,表达了"不齿"情感。甚至在特定的情境之下,表达了方小姐对方鸿渐选择如此女人而不满。因此,在看似维护彼此关系的情感表达中,则传达出反讽的意味。《围城》在很多地方,都是通过指令性的情感元素,将反讽的意境进行了构建,表达的不仅是源于情面上的维护,更多的是将背后的情感元素带到各方的情绪之中,所表达的层级意思更加丰富。很显然,对于苏文纨的语言,方鸿渐的内心肯定是恨之入骨,对于这种羞辱方式,虽然是在维护某种关系,实则是对当事人的侮辱。当然,从中也可以看出苏文纨对鲍小姐的妒忌,这种反讽式的情绪元素表达,增强了文学艺术效果,将人物心态描写得入木三分。

指令性语言的生成,看似平淡,但实质上可能裹挟着不满、妒忌等心理情感,进而在人物情感活动的变化中,将反讽的艺术意蕴进行有效呈现。首先,《围城》的反讽艺术不拘囿于某一特定形式,而在多元化的艺术风格中,将反讽意境进行有效构建。为此,在指令性语言中,可以将人物的性格品质进行展现,进而在情感情绪的带动之下,将语言中的反讽意思进行有效呈现;其次,反讽艺术不能离开语言性的指令,这就决定了指令性语言成为《围城》对于反讽艺术构建的重要领域。从主人公的精彩对话中,可以折射出指令性语言所形成的反讽意境,体现了《围城》高超的艺术文化展现力。因此,从实际出发,将情绪与人物相结合,将指令性语言与反讽艺术相融合,实现文化艺术的有效展现。

(三)在承诺的对比中折射出反讽

在承诺对比中,对反讽意境的有效折射,同时也是关系构建、情绪表达的重要载体。在《围城》中,关于承诺的对比折射,所呈现出的反讽意境,在很大程度上将故事情节、人物情感得到了进一步释放,让读者能够在平和的关系中,感受到强烈对比下的反讽意味,是一种文学艺术的展现手法。在方鸿渐与父亲之间的一段对话中,就是基于承诺对比下的反讽折射,描写得十分精彩。"既然如此,你辞了就好,咱们这种人,万万不可以贪图小的便宜而忘了大意。我宁愿你逃出来做难民,不肯回乡,也不过是为了这一小点民族气节。"在对话中,我们可以看到,承诺的语言坚定而富有情感。方鸿渐一气之下,就辞去了报馆工作,这在父亲看来,儿子的行为是莽撞的,内心有所埋怨。但是在两人的对话中,父亲并未直接当面表达,而是通过承诺式的语言,给儿子另寻出路。然而,以父亲的实际能力,给儿子找一条出路,显然没有那种能力。这表现出父亲要维护形象,但反讽中又将父亲承诺的反讽意味表达得淋漓尽致,不过是自我安慰。

实质上,在剧情的演绎中,随着人物之间矛盾的升级,以及情感元素的表达,导致承诺所形成的反讽艺术风格更加尖锐而富有文学艺术表现力。从《围城》的语言特点就可以知道,承诺的背后"话中有话",能够在情感升华中,将反讽的意境有效构建,形成良好的艺术展现力。因此,《围城》的艺术价值体现,反讽艺术是重要的载体,能够从问题出发,立足人物关系矛盾的建立,将承诺中的对比,折射反讽艺术的表现形态,这符合反讽艺术构建的原则,是《围城》对反讽艺术展现的集中体现,也是钱锺书表现文化艺术的根植。

三、结　语

综上所述,《围城》的艺术形态,呈现出其独特的艺术元素,也是钱锺书文学情感价值的重要表现。在本文探讨中,钱锺书在反讽艺术的构建中,着力于反讽艺术元素的生成,在阐述类语言行为、指令性情感元素、承诺的对比中,将反讽意味进行了拓展与延伸,体现了《围城》的艺术气质。在对《围城》的文学价值赏析中,应从不同维度空间,将其艺术文化深入剖析,反讽艺术的构建,突出了《围城》的文学价值,从文学的视角,拓展《围城》的文学价值面。

参考文献

[1]郭茗瑄:《关于钱锺书〈围城〉的语言艺术探析》,《剑南文化》2016年第14期。

[2]张红:《基于语言行为理论分析〈围城〉的反讽艺术》,《中州大学学报》2017年第7期。

[3]蒋婧:《试论钱锺书小说〈围城〉中的讽刺艺术》,《剑南文学》2016年第11期。

[4]刘认真:《从〈围城〉谈钱锺书文学的讽刺艺术》,《湖北函授大学学报》2017年第3期。

[5]Liu Jianhua. *On the Construction of Irony Art in Literary Creation*. Journal of Yulin Normal University, 2017 (18).

[6]Chen Zaitian. *The Artistic Value of Irony in Literary Works：A Case Study of The Old Man and the Sea*. Ghana Literature Journal，2018 (12).

(本文原载于《青年文学家》2019年第35期)

许地山作品中的闽文化印记

钱康娜[①]

许地山出生在中国动荡不安的年代里,他的一生辗转流离,有过安定,有过漂泊。他也一直在寻找属于自己的真正的人生意义。他的出生注定了他是一个对故乡土地有真切感情的人。他出身于一个爱国志士的家庭,从小的家庭文化教育,让他知道故土对于一个人有多重要,也让他即使在以后的日子里远离故土,也依旧没有忘记那片生他的土地。许地山一生的作品中,都带着闽台两地的文化色彩。他从生活中各种各样的小事来告诉世人他从未放下过这片土地,他总是带着爱来理解这片土地。闽文化对他的影响是一生的,他的出生,他的家庭,他的经历都紧紧地被这两地的文化所包围。

因交通原因不易传播的闽文化,在独特的地理位置下却极容易吸收其他的外来文化。这样一个封闭又开放的环境,使得闽文化不断地充实和多样,也使得在闽地成长的许地山在写作时既有浪漫主义的精神外衣,又有现实主义的文化内核。"许地山的成长及创作本身就体现了这种博采与融合,无论从社会生活及精神领域都留有福建文化的多维元素,许地山的创作虽深受异域文化影响,兼容多方精神信仰,但福建文化仍是他追求文学及人生目标的巨大动力。"[②]这种对闽文化的追求使得他的作品留下了深深的闽文化的印记。笔者将从闽地的地理环境、方言文化以及民俗信仰入手,分析许地山作品中的闽地文化。

一、作品中的闽地环境描述

一方水土养一方人,地理环境对文化的影响是非常大的。地理环境决定着这片土地上生长的植物,影响着这片土地上人们的生活饮食习惯。许地山出生在台

---

① 本文作者系浙江越秀外国语学院中国语言文化学院 2016 级学生,指导教师余晓栋。

② 张蜀彤:《闽不落地的"落花生"——许地山与福建文化》,《福建理论学习》2014 年第 8 期。

湾,随后因为战争原因举家回到福建。他一直生活在闽文化区,地理环境的影响下,因此在用笔写下对故乡的思念之情时,这些属于闽地的自然环境和饮食习惯就会浮现在他的脑海中。比如:

> 他们谈话时,丫头端了一盘牡蛎煎饼来。老太太举手嚷着蔚明哥说:"我定知道你的嗜好还没有改变,所以特地为你做这东西。"①

福建临海的牡蛎煎饼是当地人经常食用的一种小吃,这属于福建饮食文化特色,因为独特的地理位置造就了当地人靠海吃海的饮食习惯。这样一个小小的牡蛎煎饼就是闽地饮食文化在许地山记忆中不可磨灭的部分,虽然它只是一个看似不起眼的食物,但却是许地山心中独属于他的闽文化的饮食记忆。

> 我们住的地方就在桃溪溪畔。夹岸遍是桃林:桃实、桃叶映入水中,更显出溪边的静谧。真想不到仓皇出走的人还能享受这明媚的景色!我们日日在林下游玩;有时踱过溪桥,到朋友的蔗园里找新生的甘蔗吃。②

桃溪是福建一条著名的溪流,这是闽地留下的自然环境,也是闽地留在许地山心中的自然标志。桃溪虽然只是一条小小的溪流,但却承载着属于闽文化的地理印记,这条溪流必然也在童年的许地山记忆中留下过影子。一条小溪能勾起许地山多少的童年记忆我们不得而知,但我们可以知道的是桃溪带给许地山的必定是快乐且难忘的故乡回忆,所以他才会在作品中留下桃溪的名字。

> 在高可触天的桄榔树下。我坐在一条石凳上,动也不动一下。我的生活好像一棵龙舌兰,一叶一叶慢慢地长起来。③

福建地处丘陵地带,气候湿热,产生许多适应这类气候的植物。"桄榔""龙舌兰""甘蔗"等都是福建极为常见的植物。这些平常人家常见的植物,也深深地留在了许地山的记忆中。在异国他乡看到这些植物时,他的记忆也一定会被唤醒。那记忆深处的桄榔树、甘蔗园都是福建在他脑海里最开心的记忆。再后来,许地山到

---

① 许地山:《许地山文学精品选》,北京现代出版社 2017 年版,第 3 页。
② 许地山:《许地山文学精品选》,北京现代出版社 2017 年版,第 6 页。
③ 许地山:《许地山文学精品选》,北京现代出版社 2017 年版,第 8 页。

了漳州,漳州到处生长着荔枝树,在离开福建以后,"许地山还专门编撰了一本《荔枝谱》;甚至在散文《小俄罗斯的兵》中通过'短篱里头,一棵荔枝,结实累累。那朱红的果实,被深绿的叶子托住,更是美观'这样的句子描写了荔枝繁盛生长的样子"①。这些食物和植物,带给许地山的是童年深处最美好的记忆。

一个地区的地理环境能影响一个人的性格。闽地的沿海环境造就了当地人民的包容和坚忍,这也带给许地山很大的启发:要学着接受其他的文化,不应当局限于一种文化之中,所以他的作品中不仅仅只有闽地的文化,还有许多异国他乡的风土人情。但无论外面的文化多么吸引人,在他心中闽文化依旧是他生命中没有办法放下的根。

二、作品中的闽地方言文化

"语言是人类社会最重要的交际工具,是人类思维长期发展的成果。它不但是物质文化和精神文化的每一个变化和发展的忠实记录,也是社会文化活动赖以进行的凭借。语言不但是文化的形式,它的发生和发展本身就是一种社会文化现象。"②方言更是一个文化的重要特征,由于地理条件的限制,使得闽文化不能更快地传播,尤其是语言,这就让闽方言在许地山的心里留下了深刻的印象,而这样的语言文化环境,必然也会对许地山的文学创作有所影响,他的文学作品中必定出现闽方言的影子。比如:

> 红儿才知道掉在水里的是她所赠予的小团。她曾对阿芳说那小团也叫红儿,若是把它丢了,便是丢了她。所以芳哥这么谨慎看护着。③

小团是闽方言中特有的对小男孩的称呼。这种特殊的称呼对许地山来说是亲切的,这可能是他从小在家庭中最常听到的称呼。乡音最容易勾起一个人对故乡的回忆,熟悉的乡音对许地山来说是在异国他乡最亲切的记忆。在闽方言中,常见的小团在许地山的文字中却成了最深的乡情。

---

① 张蜀彤:《闽不落地的"落花生"——许地山与福建文化》,《福建理论学习》2014 年第 8 期。
② 李如龙:《闽南方言与闽台文化》,《中华文化与地域文化研究——福建省炎黄文化研究会 20 年论文选集》(第四卷),2011 年 10 月 1 日。
③ 许地山:《许地山文学精品选》,北京现代出版社 2017 年版,第 12 页。

> 丈夫速把她揪住,央求说:"好人,我再不敢了。你往下说吧。以后若
> 再饶舌,情愿挨罚。"①

"好人"在闽方言中是对喜欢的人的称呼。现在的大多数语言中"好人"是形容一个人的品行,但在闽方言里却是对一个人的喜爱,这是独属于闽方言的表达。许地山长期生活的语言环境,也让他在落笔时不自觉地写下了这种独特的语言。

> 在南口那边站着一个巡警。他看是个"街知事",然而除掉捐项,指挥
> 汽车,和跟洋车夫捣麻烦以外,一概的事情都不知。②
> 她随着人到北京来,因为总布胡同里一个西洋妇人要雇一个没混过
> 事的乡下姑娘当"阿妈",她便被荐去上工。③

上面提到的"街知事""阿妈"都是闽方言中对特定人的称呼,这些称呼是闽方言中最为特殊的一部分。这些词语受用于特定的人群,在异国街头看到这群人时,不知许地山的脑海中是否会响起熟悉的乡音。

乡音难改,一个地方的方言是这个地方的人对故乡最深的羁绊。两个互不认识的陌生人在听到熟悉的乡音时都能够潸然泪下,更何况对故乡有深切感情的许地山。乡音是最能代表一个地域文化的特征,许地山把它们写在书里,表达的是对故乡最亲切的思念。

三、作品中的闽地民间信仰

一个地方除了自己的语言之外,还有属于自己地域的民间信仰。早期福建等东南沿海巫觋文化盛行,又因为临近海洋方便文化的传播,因此推动了宗教的传播发展,这也就促进了民间对佛教的学习和信奉。许地山的家庭也不例外,他从小生活在一个宗教氛围十分浓厚的家庭环境中。这样的佛学环境造就了许地山的作品中时常会出现属于佛教文化的观念。比如:

> 这样的荫算什么! 我愿你作无边宝华盖,能普荫一切世间诸有情;愿

---

① 许地山:《许地山文学精品选》,北京现代出版社 2017 年版,第 7 页。
② 许地山:《许地山文学精品选》,北京现代出版社 2017 年版,第 30 页。
③ 许地山:《许地山文学精品选》,北京现代出版社 2017 年版,第 74 页。

你为如意净明珠,能普照一切世间诸有情;愿你为降魔金刚杵,能破坏一切世间诸障碍;愿你为多宝盂兰盆,能盛百味,滋养一切世间诸饥渴者;愿你有六手,十二手,百手,千万手,无量数那由他如意手,能成全一切世间等等美善事。①

我心里本有一条到达极乐园地的路,从前曾被那女人走过的,现在那人不在了。这条路不但是荒芜,并且被野草,闲花,棘枝,绕藤占据得找不出来了!②

宝华盖、净明珠、金刚杵、盂兰盆、极乐园地等都是佛教的语言文化。许地山的作品中拥有大量的这类佛教语言。这和他从小生活的家庭环境是分不开的,闽地主流的民间佛教信仰影响着许地山的家庭,而从小生活在这样家庭中的许地山也耳濡目染地学习了佛教文化。这样的民间信仰影响了他日后的作品风格,也影响了许地山的一生。

而闽文化中最普遍的民间信仰应该是对"妈祖"的信仰。"妈祖生前是福建湄洲屿的女巫,此后在各类文本及民间传说中被誉为海神,福建民间流传了诸多有关妈祖的故事。妈祖代表着人类的慈善与博爱,恩泽百姓、福佑闽域,是维护福建这个临海之地平和与安稳的保护神,深受闽粤台等地信众的爱戴与敬仰。"妈祖是福建的海上保护神,靠海吃海的福建人民对妈祖更是敬重。深受佛学和地方文化影响的许地山,在写文章时自然而然就会写下带着妈祖品格的女性形象。比如,"尚洁""惜官""云姑""玉官""麟趾""春桃"等,这些民间女性虽然屡次遭遇人生中的巨大挫折,但是随着故事的发展,她们身上跟妈祖相似的品行也渐渐地显示出来。她们善良坚忍、乐善好施、乐观坚强,即使在经历了人生重大变故以后依旧可以宽容、乐观地面对生活,这就是她们对妈祖精神最好的阐释。

闽文化中的民间信仰对许地山的影响是深远的,信仰就是在你迷茫无措时的指路明灯。不管是佛教信仰还是妈祖信仰,这些信仰都是许地山创作上的灯塔。独特的闽文化信仰,使得他在写作时,不自觉地写出属于两种信仰的人物性格,而他的作品更是离不开佛教对他的影响。

---

① 许地山:《许地山文学精品选》,北京现代出版社 2017 年版,第 20 页。
② 许地山:《许地山文学精品选》,北京现代出版社 2017 年版,第 31 页。

四、产生的原因及意义

一个作家作品中的文化特色一定不是凭空产生的,这跟他从小的生活环境、长大以后的人生阅历有着重要的关系,许地山也不例外。他一生一直在各地辗转,从未安定,他永远在颠沛流离,这样的经历,让他在拿起笔时最先想到的就是自己的故乡。那个他离开再也没有回去过的地方,因此他的作品有着鲜明的闽文化色彩。

首先,许地山从小生活在一个爱国志士的家庭,这样的家庭氛围让他从小就把故乡和祖国放在心中很重要的位置,这也造就了之后的岁月里他不管身在何处都牢牢地记着自己身上有着闽文化的血脉。许地山有着很强的爱国情怀,他一个人独在异乡的时候,心里必定会产生对故乡深深的思念。他会怀念故乡的人事物,怀念故乡的方言,在他无法回到故乡的时候,他只能用手中的笔来表达这份感情。

其次,他出生在台湾,后来又到福建,在他最容易受文化影响的年纪里,一直生活在闽文化区。闽地的自然环境、方言和信仰都在这个少年的记忆中留下了深刻的印象,这就使得许地山的作品中大量出现闽地文化的印记。不论是散文中的桃溪溪畔,还是小说里熟悉的乡音,这都是他作品中没有办法磨灭的闽文化印记,因为这些就是他童年甚至青少年记忆中最美好的一部分,而这样的回忆值得用文字记录下来。

最后,因为当时的社会大环境,他一次又一次地漂泊,这让许地山知道自己故乡的文化才是真正的能让他有归属感的文化,这也加深了他对闽文化深切的爱。一个重回祖国的游子,听着熟悉的乡音,看着熟悉的山水。虽然当年的家人朋友或许早已不在,但是这片土地带给他的记忆却一直存在。于是许地山不断用笔记录下属于自己的闽地记忆。

一个作家的作品会诚实地告诉我们这个作家的故乡文化,许地山带着对闽文化独特的感情,把属于自己的闽文化记忆用自己的方式呈现给后人。他带着我们看过了桃溪溪畔夏天树林里的热闹,带我们领略了闽方言特有的魅力,感受到了妈祖文化下福建人民的坚忍善良。闽文化的多样性和矛盾性在许地山的作品中展现得淋漓尽致。它带着对故乡沉沉的爱,带着对文化深深的情,用自己的语言让闽文化的印记永远留在他的作品中。

（本文原载于《名作欣赏》2019 年第 23 期）

母语的牵引与表现的奇效

——论魏金枝小说的方言运用

裘宇梵[①]

鲁迅[②]在《门外文谈》中说:"方言土语,很有些意味深长的话,我们那里叫'炼话',用起来是很有意思的。恰如文言的用古典,听者也觉得趣味津津。"文学是语言的艺术。作者通过组合语言符号生成文本,读者对文本的接受也最先从语言层面切入。文学语言的艺术特质离不开语言自身的多样性。这种多样性不仅表现为不同民族往往使用不同的语言,还表现为同一民族语言内部有共同语和方言之分。现代汉语就是现代汉民族共同语(普通话)与方言共生的复杂体系。汉语方言在语音、词汇、语法诸方面与普通话拉开距离,成为独具特色的语言资源,一经作家巧手妙用,就转化为增强文本陌生化效果的重要材料。这在中国现当代文学史上多有实例,魏金枝即是其中的代表。魏金枝是 20 世纪著名的小说家,他的创作多次受到鲁迅的褒奖和肯定,其方言土语的运用产生了强烈的艺术效果,这一点已为学界所关注。刘桂萍[③]率先论述了魏金枝运用方言活化人物性格的问题;刘家思[④]揭示了方言运用与魏金枝小说浓郁的乡土特色的密切关系。后来,他们在专著《魏金枝传》《魏金枝浙东山区世界的审美表现——魏金枝小说创作研究》中又继续予以探讨。这是开创性的成果,具有重要的学术价值和参考价值。但是,因为论题与视角的原因,他们没有从语言学——方言的角度进行专门的语言运用研究,留下了值得进一步阐释的学术空间。本文拟对魏金枝小说中的方言运用问题进行较为全面、细致的探讨。

---

① 本文作者系浙江越秀外国语学院中国语言文化学院 2018 级学生,指导教师刘家思。
② 鲁迅:《鲁迅全集》第六卷,人民文学出版社 2005 年版,第 100 页。
③ 刘桂萍:《魏金枝小说〈活路〉之我见》,《大庆师范学院学报》2013 年第 2 期。
④ 刘家思:《魏金枝乡土小说的创作历程、审美特征和艺术渊源》,《浙江工业大学学报》2017 年第 2 期。

一、魏金枝小说中的方言归属及要素类型

方言作为全民语言的变体,实际上包括社会方言和地域方言,但在现代汉语研究中一般仅指地域方言。魏金枝小说所用的方言基本上是作者的家乡话——浙东山区嵊县(今浙江省嵊州市)方言。它在《中国语言地图集》上属吴语区——太湖片——临绍小片。如果从地域文化的角度看待,则嵊县方言是越地(越文化)方言的组成部分。

魏金枝小说中的方言要素包括方言词汇和方言句式,但以方言词汇为主。方言词汇广泛进入魏金枝小说文本,类型很多。依据现代汉语词类划分标准,包括了名词、动词、形容词、代词等实词,也涉及语气词和拟声词等虚词。此外,魏金枝还引用家乡话中的惯用语来建构小说语境。总体来说,都收到了很好的艺术效果。不仅增强了地域色彩,而且强化了艺术表现力和审美感染力。但方言句式——实际上只有倒装句,偶尔为作者所化用,其艺术效果并不突出。下文重点就方言词汇的运用进行一些分析。

(一)方言名词

从语义上看,魏金枝小说中的方言名词基本可归为表人和表物两大类。表人的名词,一是表示亲属关系的称谓名词,这集中体现在《活路》一文中。它们有的与普通话"同形异义",如:"伊又推搡我格肩膀,轻轻介讲:'白无常今朝同伊拉尼姑老妈讨相骂……'"(《活路》)"老妈"是"妻子"的意思,与"母亲"义大相径庭。也有的与普通话存在词源上的联系,"异形同义"。如"三老爷格尾巴头"中的"尾巴头"指"儿子",由尾巴的本义引申而来。类似这样的词还有"内眷"(妻子)、"娘娘"(祖母)、"囡头"(女儿)等。二是附带职业属性的名词,如:"中央人"(为双方介绍买卖、调解纠纷等并做见证的人,见《七封书信的自传》)、"肚仙"(巫婆的一种,见《做肚仙的人》)等。这些称谓名词和职业名词往往不能望文生义,细究其含义后则带给读者新奇之感,从而吸引其深入文本。

相较于表人方言词,表物的方言词在魏金枝小说中的呈现情况更为复杂。通常都是用多音词,增加表达的准确性。如"弄堂"(小巷,见《活路》等)、"灶间"(厨房,见《蜓蚰》)等词语,展现的是地方建筑特色和民居结构要素的组成。还有一些词,除了使表达更加准确之外,还显示出地方民众的心理与情绪,具有很强的修辞

意义。例如，"洋钿"（银圆，见《焦大哥》等）、"洋财"（原指对外贸易所得财物，见《白旗手》）等，反映了外资侵入后民众的情绪，具有鲜明的时代印痕；再如，"天公"（天气，见《裴君遗函》）、"羊眼癫"（癫痫，见《做肚仙的人》）、"脚船肚"（小腿，见《家庭琐事》等）、"背脊"（背部，见《坟亲》等）等都具有修辞格的特征，不仅十分形象，而且主观色彩十分突出。这种词语，不胜枚举，都显示了浓郁的浙东山区话语色彩。

除了表示具体人、物，魏金枝小说中还有一些方言名词只具备抽象意义。如时间名词，如"时光"（见《沉郁的乡思》等）、"辰光"（见《活路》），都是"时候"的意思；处所名词，如"间壁"（隔壁，见《小狗的问题》）等等。它们在一定程度上促使文本的语言风格更为多样化。

（二）方言动词

魏金枝小说中的方言动词数量众多，显示了浙东山区表意的独特性，赋予了作品特有的美感。在浙东山区，一般的方言动词都非常精准，比较容易理解，魏金枝加以运用。如：踱（慢步走，见《留山镇上的黄昏》等）、湛（突出，见《想挂朝珠的三老爷》等）、相骂（对骂，见《磨捐》等）……这些词表意精练，均可通过文字形式或借助上下文推测其意义，理解难度不大。但是浙东山区嵊县的方言中，有个别能愿动词兼有双重词性，如"好"字就是这样的。魏金枝也经常运用这种双性词。如："我和阿孔是顶好的，阿孔一定会对我说，去，我们到那里去说。"（《沉郁的乡思》）这里的"好"是形容词，意为友爱、和睦。再如："好吃中饭了，那堂兄弟才发现了他，于是将他背到了家里。"（《做肚仙的人》）这里的"好"就用作动词，表示应该、可以的意思。

值得关注的还有一些保留了古汉语用法的动词。其中一部分是越地方言在与北方方言融合的历史过程中保持了自身表达习惯的结果，它们与普通话语素次序颠倒，但意义相同。魏金枝的小说中用了不少这种词，读其小说时值得注意。例如："要到我自己愿意，要到我自己欢喜！"（《七封书信的自传》）"欢喜"就是普通话"喜欢"。又如："老婆么，起首是爱着的，可是后来生孩子了，一直生五个，于是一切都变了，活像一只干瘦的狗娘，把孩子们打着骂着，烦厌死了，……"（《校役老刘》）"烦厌"就是普通话中"厌烦"的意思。

还有一部分是对古汉语词类活用现象的继承，也达到了使用动词的表达效果。例如："药杀的老鼠是见过的，那畜生简直不愿死似的还睁着眼睛吓，我想它在寻找药死它的人啦。"（《前哨兵》）"药"本是名词，这里却活用作状语，"药杀""药死"相当于"用药杀""用药杀死"，起到了用动词"毒"一样的效果。再如："啥人困？自然是给演员客人困的!"(《义演》)"困"本是形容词,指"疲倦欲睡",这里活用为动词"睡觉"。

总的来说,魏金枝小说中的方言动词有强化场景真实性、服务人物性格刻画等作用,但需要根据具体语境来解读。

(三)方言形容词

魏金枝小说中使用了不少方言形容词。这些词语的运用,大都反映了乡村社会的传统秩序和底层农民的普遍心理,同时也契合了小说书写现实的主基调。例如:"那男子,二十多岁的酒鬼鸦片鬼,胡天胡地的浪荡着……"(《报复》)本来农村的男子应该趁着年富力强辛勤耕耘,才是生活的正轨,但作品中的"男子"沉迷酒精和毒品,成为常人眼中的"非人",因此给了他两顶"鬼"帽子。传统的农民敬天乐土,天地崇拜是农民的信仰,这男子的堕落行为显然背离了这一信仰,故而被形容为"胡天胡地"。再如:"他还要比别的做儿子的人格外的勤力,使家里的人们欢喜他——他自己也就快活了。"(《父子》)这是《父子》的主人公之一"小废物"的心理独白,因为自身残疾遭家人嫌恶,因此觉得自己要"勤力"些。勤力就是勤劳,在农民眼里,勤劳的表现就是肯花力气种田、畜牧、渔猎……勤力的人才为人欢喜,不违本心。小废物的心理也就成了传统农民心理的真实写照。作为"中国最成功的农民作家"[1],魏金枝对农村、农民有深刻的洞察,这些方言形容词的切中肯綮,可为一项佐证。

(四)方言代词

魏金枝小说中,也用了不少方言代词。这里既有名称代词,也有指示代词,还有疑问代词。除疑问代词"那介(怎么样)"和少量的指示代词"介"(这样)、"带"(读作[ta],这儿)、"亨"(读作[mu],那儿)之外,最具地域色彩的是人称代词。它们包括表示第一人称的:我拉、外("我拉"的快读);表示第三人称的:伊、伊拉、野("伊拉"的快读,读作[ia]);还有表示第二人称的"乃"("侬拉"的快读);等等。其中,《活路》用得最多,表现得最为典型,但"侬拉"未在《活路》中出现。从音节数量上看,这些人称代词又可分为单音节的"外、伊、野、乃"和双音节的"我拉、伊拉"两类。

---

[1] 该赞誉出自 1931 年上海湖风书局出版魏金枝小说集《七封书信的自传》时所打的广告,转引自刘桂萍、刘家思、周桂华:《魏金枝传》,中国社会科学出版社 2016 年版,第 77 页。

前一种情况除了"伊",均基于连读而造成部分音位的脱落,反映了嵊县方言的某些音变特征。后一种情况,"拉"等同于"们",表示复数,体现了嵊县方言的形态变化。这几组形式多样的人称代词,集聚在一部短篇小说中,折射出魏金枝在人称的选择上,注意了同中有异的艺术取向。

(五)方言虚词

魏金枝小说中也运用了方言虚词,虽然类型不及实词丰富,但复现率高,几乎在每篇小说中都有所体现,尤其是语气词和拟声词。语气词主要有"吓""么""末",拟声词有"悉索"(见《前哨兵》)、"杭育"(见《跟着他走》)、"卜碌"(见《活路》)等。这两类词在小说中的区别是:前者多用于语句的结尾,特别是人物对话的结尾,形式上多为单音节;后者只出现在特定语境中,在语句中的位置不固定,音节数量也视具体情况而定。此外,《活路》中还出现了介词"拨"(把),连词"搭"(和),助词"格"(的)。这些虚词的运用,更加强化了方言运用的效果。

(六)方言熟语

熟语与专有名称一起构成词汇中的固定短语,它包括成语、谚语、歇后语和惯用语等。魏金枝小说中出现的熟语多是嵊县民间的惯用语。这些惯用语数量不多,但往往运用得恰到好处,十分生动。有的为行文平添幽默,语境轻松活泼。如:"田地?哼!田地就好像<u>粪缸里的蜜枣</u>,丢了它可惜,有了它也不见得有什么口味!"(《赌》)"粪缸里的蜜枣"就是嵊县人口中食之无味,弃之可惜的"鸡肋"式事物,用它来比喻田地,一下子就把说话人天法叔对于田地的矛盾心态刻画得活灵活现,还揭示出天法叔为人比较粗鄙,故而打起比方来也不甚高雅。"灶头打来脚船肚上"也是一句幽默的嵊县惯用语,指一个人四处游荡混吃混喝,就如同做饭的炊具是附在腿上的一般。再如:"伊话:'伊那好做保长!伊做保长,<u>灶头打来脚船肚上</u>,我那里去寻伊?'"(《活路》)这是作品中人物罗乡长形容白无常的话,借助这句正巧妙地点出白无常为人游手好闲的性格,不靠谱、不事生产的为人和生活方式,颇令读者会心一笑。有的熟语,使语境沉重,引人深思。例如:

"现在什么人都讲漂亮引女人了,我反对这种样子。"老刘有一次对他的同辈发表他的意见。

"老棺材,棺材里子,闭了你的嘴巴!"一个青年同辈就骂。

(《校役老刘》)

棺材是民间的不祥之物,是为人所忌讳的。青年同辈用"老棺材""棺材里子"当面代指老刘,实际上就是诅咒老刘去死,不伤身却诛心。两个恶毒的比喻体现了青年同辈这类压迫者的恶毒心态,以及老刘这类被压迫者悲惨的遭遇。再如:

令我记起年幼的时分,近家的山上发现了个大的土坑,里面备有饮食坐卧之物,我们的长者都说:"这是十节尾巴九节黄时的遗物,……"

(《裴君遗函》)

"十节尾巴九节黄"源自一种古老的传说:人类曾经是有尾巴的,分十节,待到九节都变黄的时候,人就临近死亡了。这些人不愿拖累后辈,就会自行找一个僻静处等死,而其后辈也装作不知。这一传说,实际上反映了生产力不发达时期残酷的"弃老"现实,强调个体只顾自己"不受苦痛",不顾所谓"正义大道""朋友六亲"。《裴君遗函》是漂泊异乡的"我"写给爱人的遗书,作者在这里引用这句熟语,表现了"我"无依无靠的悲惨境遇与冷漠无情的人际现实。

此外,在魏金枝的小说中,也化用了一些方言句式。我们知道,现代汉语的基本句型包括陈述句、疑问句、祈使句、感叹句四种,而在此基础上总结出的一些特殊的句子结构即是句式。方言的口语化特征明显,语法上比较随意、不严谨,因而出现了与普通话语序相颠倒的句式——倒装句。魏金枝小说也时而使用了一些嵊县方言中的"倒装句"。例如:"帮着你们?自然我是帮着你们,我去帮谁呢。"(《磨捐》)在这里,"自然我是帮着你们"的正常语序应该是"我自然是帮着你们",句子结构为主语+状语+谓语+宾语。可魏金枝在小说中采用了句首状语"自然"+中心语"我是帮着你们"的形式,突出了帮助的理所应当及帮助者的主动性,这正是嵊县方言为强调局部而灵活组织语序的表现。再如:"硬牠不过,还是吃了吧!"(《父子》)"硬牠不过"在普通话中的语序是"硬不过牠",为述宾补结构。在小说中,补语"不过"则出现在了宾语"牠"之后,这也是方言特有的表达,在客观上突出了说话人较劲("硬"在这里表示较劲的意思)的对象。显然,魏金枝小说运用的方言句式,使人物更加真实,具有生活质感。

自然,不同于方言词汇运用上的异彩纷呈,魏金枝小说中对于方言句式的运用比较少,似乎只是家乡话印记在其创作中的不自觉流露,但增添了人物对话或内心独白的口语化色彩。

二、魏金枝小说方言运用的艺术效果

方言是鲜活的,一旦巧妙地进入文学文本的具体语境,其通俗性、生动性、地域性的特征就能发挥特有的审美功能,不仅能够更好地彰显民族性特征,而且能够多层次地拓展小说的审美价值。就魏金枝的创作而言,方言的运用充分发挥了通雅俗、绘善恶、记风土的作用,凸显了民族性特征,更增强了小说的审美功能。

(一)增强了语言书写与表达的效果

方言是民族共同语普通话的重要补充。普通话是现代汉民族的共同语,它以北京语音为标准音,以北方话(官话)为基础方言,以典范的现代白话文著作为语法规范,这种现代标准汉语对于南方人本色的交流与表达,其效果客观上难以与方言相比。因此,适当地运用方言,能够增强语言书写与表达的效果。魏金枝的小说创作,不仅以较为规范的普通话作为主要的表达工具,而且也同时在行文中巧妙地穿插方言,甚至通篇以方言创作,如《活路》。可见他对方言的重视。但是,魏金枝不滥用方言,只是用方言来弥补现代汉语书写的不足,打破了单调性,使小说的语言风格更为多样化。特别是前述方言称谓词和方言代词,往往都是越文化地区独有的表达,与普通话这一以北京方言为基础的语言系统相差很大,它们解放了共同语带给作者的思维束缚,使其得以用更为自由的书写方式调和小说语言的共性和个性。

方言的成功运用促成了魏金枝小说雅俗共赏的特色,奠定了更广泛的接受基础,有助于扩大小说的受众面。"地方话又称'土话',不论是旧时说的'乡谈''俚语',或者至今还在通行的'平话''白话',都是着眼于它的'俗'。"①嵊县本地人提及家乡话,从来只称"嵊县土话",究其心理动因,恐怕就和"土"字附着的民间情调和通俗色彩有关,唯其通俗易懂,故而为大众普遍接受,广泛使用。魏金枝小说选用的方言土语,至今仍通行于嵊县地区,人们一直用它进行日常交际。对于本地读者而言,即便文化程度不高,仍然会因小说言语的"接地气"而备感亲切,从而进入其中的审美世界。而体现全民性和典雅性的共同语占据小说言语的主体,又使得

---

① 李如龙:《汉语方言学》,高等教育出版社2001年版,第1页。

小说能进入外地读者与学院派的视野,方言制造的阻距性也吸引他们深入文本,从而使作品不断地被理解或误解,一次次地激活作品的生命力。由此可见,共同语为主方言为辅的书写特色,无疑帮助魏金枝小说争取了更多的阅读、欣赏及批评对象,从而为拓宽小说的解读视域奠定了某种基础。

(二)刻画底层小人物性格的利器

通过分析方言补充共同语书写这一观点,我们可以感受到方言自身之于魏金枝小说具有独特的审美价值。但它是魏金枝小说创作的一种技巧。魏金枝指出,"技巧到底只是表现形式的问题,灵魂还在于内容。只有内容才能决定形式,形式是不能决定内容的"①。小说创作的核心内容是通过塑造人物形象来表现思想。在创作中,魏金枝运用方言这一艺术技巧,也是为其小说的人物塑造、环境展现等内在艺术世界服务的,显示了作者的思想倾向。这种方言的运用,对文本形象和意蕴生成,意义重大。下面就方言词语表现小人物性格与乡村自然、社会环境方面的功用详加说明。

魏金枝小说塑造了身份各异的人物形象,但总的来说都是些"小人物"。这些人物社会地位低下,普遍受到社会的压迫。他们出身平凡、身处社会边沿和底层,多生活在山乡村野之间,这种相对闭塞的世界对人性发展有利有弊。一方面,保护了人性中的淳朴质实,培育了一颗颗真善美的心灵。作者描述他们时运用方言词汇,也包含着他对人物的喜爱、赞美之情。如《老牯和小牯》中,儿子小牯形容母亲是个老实人,说她"<u>肚肠是直的</u>"(指性格直爽,品性正直),这是嵊县地区评价人正直厚道的习惯说法。魏金枝本人就被认为"他性格憨直,说话坦率,从不拐弯抹角,是我们浙东俗语所说的'一根肠子通到底'的人物"②。小说中的小牯母亲的确是正面的传统农妇形象,虽然文化素质不高,中华人民共和国成立前也不理解丈夫老牯闹革命,但还是努力尽到为人妻、为人母的职责,勤劳地操持家庭,而且热情好客,即使和丈夫闹情绪也还能积极地款待我这样的"外人"。魏金枝借小牯之口夸她"肚肠直",是对传统农妇美德的肯定。

另一方面,身处穷山恶水之中,生存是第一要务,为了实现自身利益的最大化,人性中的黑暗一面也就暴露了出来。地主压迫贫户,贫农之间也尔虞我诈,山村社

---

① 魏金枝:《编余丛谈》,作家出版社1962年版,第66页。
② 王西彦:《向死者告慰》,《新文学史料》第2期。

会内部凸显出种种矛盾。这时,作者在方言书写中始终寄予对弱者的同情,同时也开始反思弱者自身的缺陷。如《野火》中的高利贷主炳生阿太,作者称她为"老活尸",是有深刻寓意的。一来因为她行将就木,多年来不事生产而靠放高利贷过日子,活像一具吸血僵尸;二来在嵊县方言语音中,"老活尸"谐音"老弗死",意为"老而不死是为贼"(《论语·宪问》)。作者对地主罪恶的暴露与鞭挞,凝聚在这简短的绰号中。又如《做肚仙的人》中的洪焕叔遭逢谷贱、捐税重、虫灾泛滥,处境的确是可怜的,但他装起"肚仙"欺骗同村难民的钱财,却又是可恨的了;而以见林太婆为代表的愚昧农民极为相信这种巫术,为了请洪焕叔作法招来儿子的鬼魂,愿意把"归老衣"(寿衣)也拿去当,足见封建迷信对农民的荼毒之深,故而这个形象也是发人深省的。《做肚仙的人》被认为是魏金枝现实主义创作道路由主观同情农民向客观审视农民发展的转折之作,"揭示了农民在遭遇虫灾、颗粒无收的绝境中,人性被扭曲和异化的程度"[①],从作者选用"肚仙""归老衣"等方言词设置情节的安排来看,这一观点是可以得到印证的。

人性是复杂的,受环境的影响。当外部世界的矛盾冲击古老山村的时候,人性在动荡的变革面前迷失了方向。魏金枝的小说就表现了人类在社会不同的环境中的异化状态,一些人在抗日战争时期自觉或不自觉地成为卖国贼、恶保长等等,为虎作伥。魏金枝在塑造这类人物时,方言就成为作者批判这些人物形象的工具。譬如,在《想挂朝珠的三老爷》中,作者写到三老爷做了汉奸以后,在村里"巡逻"的样子:"踱着方步,脱出眼珠。"三老爷早年就在村里臭名昭著,为众人嫌恶不敢在白天出门,而今投靠了日本人,居然就敢挺直腰板"踱"起来了。这一个看上去气定神闲的动作,表现出三老爷"狗仗人势"以后嚣张的气焰和内心的膨胀,"脱"字则描摹出其凶恶的神情,与他种种残害同胞的行为形成照应。简单的两个方言动词,就勾勒出一个典型的汉奸形象,也表达了作者对这一卖国群体强烈的讽刺与愤慨。又如"凑巧保长"王德昌,跟王家宅的其他两个保长比,业务上"头挑"(最好的),不但"不揩油"(不占公家便宜),还肯赔点油水。可他做这一切不过是为了升官,甚至尽责到强抓过路理发师充壮丁,人品十分卑劣。作者褒词(语)贬用,反讽了国民党统治下的基层统治者保长群体一心向上爬而不顾人死活的丑态。

① 刘家思:《浙东山区世界的审美表现》,中国社会科学出版社 2018 年版,第 60 页。

(三)精彩表现越东四明山区的风土人情

从越文化视角研究魏金枝的成果显示,他的小说始终以越地东部的四明山区为原型,不仅反映了四明山大山文化给予人性格上的影响,而且直接展示了四明山区的自然景观与人文风俗。魏金枝小说创作中对方言词语的选用,更好地突出了越东四明山区的风土人情,显示了很强的地方色彩。

在魏金枝小说中,反映越东山区的方言词,首先是一些指称土物特产的名词,如苞芦(见《磨捐》)、番薯胖(见《老牯和小牯》)等等。"苞芦"就是玉米,在当地又称"六谷"(作为传统"五谷"的补充之意);"番薯胖"是一种零食,番薯切薄片炸制或在高压炉中烘焙后体积会膨胀,似人变胖,故曰"番薯胖"。嵊县至今尚有民间艺人制作"番薯胖""六谷胖""米胖"等,他们被称为"弹(tán)胖佬"。越东地形素有"七山一水二分田"的说法,平原土地稀缺,在科技不发达的年代,稻米产量低,农民选择种植苞芦、番薯这些对地形依赖程度不高的"杂粮",是适应生存环境的做法。因此,魏金枝在《磨捐》中描写妇人磨苞芦,在《老牯和小牯》中描写老牯一家用番薯胖招待"我"这样的情节,是建立在真实了解四明山区真实的自然地理环境的基础上的,经得起推敲。

魏金枝小说中还有一些方言熟语来自越东地区的风俗习惯,反映了该地区人民的生活方式和思想意识。如倒灶(见《赌》等)、送夜头(见《山地》等)、吃福肉(见《山地》等)、请财神(见《竹节命》《跟着他走》等)等等。"倒灶"是"倒霉"的意思。"灶"是一种传统炊具,在今天的越地农村仍有较多人使用,民以食为天,煮饭的家伙倒塌了,自然生活也就触了霉头。"送夜头"是一种驱鬼的方式,用羹饭"贿赂"鬼怪,祈盼除病消灾;"吃福肉"则是在祭祖之后,吃掉"沾了福气"的猪肉,以获得祖宗的庇佑。这两种习俗反映的是吴越地区的鬼神崇拜。"祖先是作为善鬼,它对下代子孙是保护的,……孤魂幽鬼却是祸害人的恶鬼,所以对他们也须小心伺候,不能得罪"。[①]"请财神"是越地土匪代指"劫财"的黑话,反映了闭塞山区民风剽悍、盗匪盛行的现实。但在魏金枝小说的语境中,"请财神"更多地渲染了土匪的侠义精神。佘来在绑票过程中保护了"财神"家无辜的小姑娘,庞大海为营救在爱国运动中被捕的师母而"大义灭亲"——绑架了可恶的地主舅父杜重山。作者叙述这些人物的"请财神",一定程度上是对"嵊县强盗"行侠仗义精神的肯定。

---

① 姜彬:《吴越民间信仰民俗》,上海文艺出版社1992年版,第71—72页。

总而言之,魏金枝运用方言描绘越东山区的社会风物和人情世态,不仅奠定了其小说塑造典型性格的生活基础,也进一步浓化了魏金枝小说的地方色彩和民间情韵,突出了现实主义的创作特色。

三、魏金枝小说运用方言的原因

就笔者搜罗到的魏金枝小说来看,魏氏在其第二篇小说《官衙》的写作中已经使用了方言。自此至其封笔之作《义演》,每篇小说都能寻到方言运用的踪迹。可以说,将方言融入创作是魏金枝自觉的选择。这种选择源自以下几个方面:就内在心境而言,受到浓厚乡土情结的驱动;就外部社会环境而言,是文艺大众化运动提倡方言的引导;就文学审美上说,这是在政治强化的环境中坚持维护文学审美追求的一种策略。

(一)乡土情结的内驱作用

魏金枝的小说,基本上都是乡土小说。所谓乡土小说,是指"靠回忆重组来描写故乡农村(包括乡镇)的生活,带有浓重的乡土气息和地方色彩的小说"[1]。魏金枝自"五四"至"文革"近半个世纪里创作的小说,一直取材于故乡四明山区、黄泽江畔的村镇,表现越东风土人情,进而审视社会的发展进程。乡土情结,一直萦绕在魏金枝的心头。这种情结使他在创作中自觉地运用了一些方言。

情结,简单地说,就是深藏在心里的感情,乡土情结即个体对家乡的魂牵梦萦。柯灵说:"辽阔的空间,悠邈的时间,都不会使这种感情褪色。"[2]热爱家乡、怀念家乡是魏金枝乡土情结的基本内容。魏金枝从青年开始辗转沪杭,中年之后长期定居上海,但一直乡音无改,不能不说是眷恋家乡、羁愁难解之故。这种情思植根于他从出生到初离家乡之间十七年的农家子弟生活,也就是说,魏金枝乡土情结的深层因子是农民意识、农村意识。左泥曾回忆魏金枝生活像个农民;魏金枝自己也说正是早年农村生活给他"打下了坚实的写作基础","农村生活是最丰富的,也是获得文学资源最便当的"。[3] 魏金枝曾在1935年前后写过《潮海老伯那一辈》《故乡风光》《"的笃戏"小史》等一批专门回忆家乡生活的散文,尽管批判了家乡落后、衰败

---

① 钱理群、温儒敏、吴福辉:《中国现代文学三十年》,北京大学出版社1998年版,第82页。
② 柯灵:《乡土情结》,《柯灵文集》第一卷,文汇出版社2001年版,第492页。
③ 魏金枝:《编余丛谈》,作家出版社1962年版,第136—141页。

的气象,但也真挚地赞美了家乡人淳朴厚道的优秀品质,深情地怀念了儿时苦中有乐的生活,并在灰暗的主调中羼进了希望的亮色。在他的小说创作中,方言恰如其分地表现地方色彩,成为其主体乡土情绪的最佳载体。反过来说,正是浓郁的乡土情愫,驱动魏金枝在小说创作中选择乡土题材,运用方言书写。方言既为作者用以日常交际,则惯性必然影响创作思维;它又是可以直接"拿来"且极富语言张力的资源,亦不能不入魏金枝的法眼。

(二)文艺大众化的积极实践

文艺大众化是五四时期开始出现的创作取向,在 20 世纪 30—70 年代广泛提倡,备受重视。魏金枝的小说是紧随时代潮流的,又呈现出阶段性特征,受到外部社会潮流的影响。他的方言书写就是这种外部影响内化的具体表现,是贯穿 20 世纪 30—70 年代的文艺大众化运动引导及其具体实践。

"文艺大众化"是伴随左翼文学思潮而兴起的,从 20 世纪 30 年代起受到格外重视,"左联"曾就这一议题展开了几次大讨论,魏金枝直接参与讨论,他认为"中国现在的文学需要大众化,实在是格外的迫切",迫切的一个重要原因"就是言文脱离这一点"。[①] 魏金枝赞成"言文合一",即口头说的话和写在纸上的话要一致。魏金枝说:"我曾参加过早年左联的活动,多少受到过党所领导的当时文艺运动的影响,知道一些文艺为劳苦大众服务的道理……"[②]因此,魏金枝小说创作受到直接影响。在 1934 年掀起了大众语讨论的热潮,有一派观点就认为大众语应吸收方言。如鲁迅提出"到大众中去学习,采用方言"[③]。夏丏尊也强调白话要"在可能的范围以内尽量吸收方言……方言只要有人使用,地方性就会减少"[④]。魏金枝创作中的方言书写,应当说是对鲁迅、夏丏尊观点的实践,即通过建构大众语促成"言文合一",进而推动文艺的大众化。魏金枝在创作、生活上都曾受到过鲁迅的指点、帮助,其小说从思想意蕴和艺术技巧上的确深受后者影响,加上二人的母语系统十分接近,他接受鲁迅的这一提倡而积极运用方言写作也是顺理成章的。到 20 世纪 40

---

① 魏金枝等:《〈北斗〉杂志社文学大众化问题征文》,文振庭编:《文艺大众化问题讨论资料》,上海文艺出版社 1987 年版,第 144 页。

② 魏金枝:《编余丛谈》,作家出版社 1962 年版,第 200 页。

③ 鲁迅:《致曹聚仁》,《鲁迅全集》第 13 卷,人民文学出版社 2005 年版,第 188 页。

④ 夏丏尊:《先使白话文成话》,文振庭编:《文艺大众化问题讨论资料》,上海文艺出版社 1987 年版,第 224 页。

年代,毛泽东在延安文艺座谈会上指出大众化"就是我们的文艺工作者的思想感情和工农兵大众的思想感情打成一片。而要打成一片,就应当认真学习群众的语言"①。这不能不影响到魏金枝小说创作,使其坚持用方言表达,保持大众化取向。也许正是这样,他的小说受到毛泽东主席的青睐。

(三)平衡政治性和艺术性的努力

从 20 世纪 30 年代起,文学创作强调突出阶级性和政治性,到"十七年"文学时期达到高峰,如何既坚持政治性又把握艺术性,对作家是一个很大的考验。如何平衡政治与艺术在文学创作中的地位,使许多作家陷入矛盾之中。自然,魏金枝也是不可避免的。他在《漫谈技巧》一文中明确提出作品好坏的标准是"政治第一,艺术第二";其"十七年"小说也确乎一致增强了政治性,歌颂新中国,歌颂中国共产党和毛主席。但强烈的艺术良知又促使魏金枝专门撰文《反对教条主义和公式主义》,拒绝概念化写作。魏金枝在本时期的方言书写,实际上是他试图在政治和艺术上保持平衡的一种努力,反映了他的矛盾心境。

语言是代表意识形态的,方言很大程度上受到民间文化的影响,承载了民间意识形态。魏金枝融方言入小说,就是要传达来自民间的声音,反映社会底层的真实面貌。从《活路》中的老唐开始,魏金枝塑造了一批所谓的"中间人物",包括《一个危险的计划》中的朱志林、《老牯和小牯》中的老牯等。他们尽管愿意接受新社会,但由于小农思想的限制,往往出现不理解政策的情况。所以,老唐觉得解放军要他自述保长经历是"骗工来啦"(指骗人),朱志林在中华人民共和国成立后做了新农村干部,面对村务建设却像个"敲瘪锁"(指言行吝啬,脾气蔫),老牯觉得干部总给他"戴大帽子"(指上纲上线,夸大罪名)。这些方言描写,真实表现了人物,反映了中华人民共和国成立之初民间意识疏离、抗衡官方意识的现实,使"中间人物"具有了"生气"。作者正是顺从内心的艺术自觉,才采取了这样的书写策略。应该说,魏金枝借助塑造中间人物、描写方言等艺术技巧,一定程度上弥补了突出文学政治性所带来的艺术审美的不足。

综上所述,魏金枝小说中的方言要素类型多样,涉及方言实词、虚词、熟语的直接入文和方言句式的化用。他运用方言,不仅避免了民族共同语书写的单调性,使小说语言丰富多样,雅俗共赏,而且刻画出越东山区底层小人物的品行,彰显其美

---

① 毛泽东:《在延安文艺座谈会上的讲话》,《毛泽东选集》第三卷,人民出版社 1991 年版,第 851 页。

善与丑恶,再现了越东地区的乡土风情。魏金枝持续运用方言进行创作既有主体内在的情感动力,也有外部社会运动的引导,还有主体艺术追求的努力。

(本文原载于《语言与文化论坛》2019 年第 3 辑)

绝望的觉醒

——略论《日出》中的陈白露与小东西

官 粹①

曹禺是中国现代杰出的话剧剧作家,同时也是新文化运动的开拓者之一。曹禺童年时期就受到了中国戏曲的熏陶。童年时他就随继母看了不少的中国传统戏剧,感受到京剧、河北梆子、山西梆子、唐山落子、文明戏等中国传统戏剧的艺术风韵,所以童年时代的曹禺在心中便播下了戏剧的种子。从小在封建旧官僚家庭长大的他,见过太多的三教九流,"兼容并包",这样的生活环境奠定了他作品中不断揭露社会黑暗现实,探索光明未来的基调。另外,他曾这样感慨其所从事的戏剧工作:"南开新剧团是我的启蒙老师:不是为着玩,而是借戏讲道理,它告诉我,戏是很严肃的,是为教育人民、教育群众,同时自己也受教育。"这些因素共同促使他创作出了像《雷雨》《日出》《原野》《北京人》这样的经典戏剧作品。

本文主要讨论的是 1935 年,曹禺因著名电影演员阮玲玉自杀,愤慨万分而写下的《日出》。郭富民在《中国现代话剧教程》里提到"当时任燕京大学西洋文学系主任的谢迪克在《一个异邦人的意见》一文中,十分中肯地写道:'《日出》在我所见过的现代中国戏剧中是最有力的一部。它可以毫无羞愧地与易卜生和高尔斯华绥的社会剧的杰作并肩而立'"②。

《日出》以 20 世纪 30 年代具有中国特色的半封建半殖民地都市为背景,以"交际花"陈白露的华丽客厅和小东西所在的三等妓院"宝和下处"为具体地点,展示了"有余"和"不足"两个社会阶层完全不同的生存状态,实现了对"损不足以奉有余"的社会的揭露与批判。曹禺在《日出》跋中曾经写道:"《日出》写成了,然而太阳并没有能够露出全面。我描摹的只是日出以前的事情,有了阳光的人们始终藏在背影后,没有鲜明地走到面前。我写出了希望,一种令人兴奋的希望。我暗示出一个

---

① 本文作者系浙江越秀外国语学院中国语言文化学院 2018 级学生,指导教师李伟民。
② 郭富民:《中国现代话剧教程》,中国戏剧出版社 2004 年版,第 125 页。

伟大的未来,但也只是暗示着。"①

在《日出》中,陈白露本是一个出身书香世家的小姐,却因家庭变故,不得不来到大城市,走上"高级交际花"的不归路。陈白露虽然物质生活很充裕,但其精神上一直得不到作为一个"人"的满足。最终她不愿再做上流社会的玩物,在茫茫的黑夜中,静静地吞下安眠药,悄然离开了人世……看剧时,可能很多人会一致对出场最多的陈白露津津乐道,悲叹她的命运,惋惜她的自杀,俨然陈白露就是《日出》中最核心的人物。但是曹禺曾在《日出》跋里写道:"《日出》不演则已,演了,第三幕无论如何应该有。挖了它,等于挖去《日出》的心脏,任他惨亡。如若为着某种原因,必须肢解这个剧本,才能把一些罪恶暴露在观众面前,那么就斫掉其余的三幕……"②可见第三幕的重要性,而作为第三幕中赚足观众眼泪的小东西,就是本文除陈白露外第二个要略论的女主角。

一、娼妓:女性的悲凉

我问过很多读过《日出》的人,他们都说陈白露和小东西很像。这点我是十分同意的,甚至我觉得她们不仅仅是像,她们有时候就是同一个人,或者说她们代表了那个旧社会一众深受荼毒,有着悲剧命运的女性。鲁迅先生曾这样评价过娼妓现象:"其实那不是女人的罪状,正是她的可怜……奢侈和淫靡只是一种社会崩溃腐化的现象,绝不是原因。私有制度的社会,本来把女人当作私产,当作商品。"③陈白露与小东西两人最为直观,也预示着她们终将走上绝望的相似初始点就是其娼妓的身份。

虽说陈白露的生活表面上比小东西要光鲜亮丽得多,但是在其背后有些东西早已腐烂与变质。"我是一辈子卖给这个地方的""我弄来的钱是我牺牲过我最宝贵的东西换来的……我对男人尽过女子最可怜的义务"等等话语都透露着这位高级交际花的无奈、不甘与悲哀。陈白露实际上也是一个很渴望被爱的小女人,不论是她早些年与诗人的生活"他叫我离开这儿跟他结婚,我就离开这儿跟他结婚……他说'你应该生个小孩!'我就为他生个小孩。结婚以后的几个月,我们过的是天堂似的日子",还是她几次三番地要求方达生留下来陪她,都可以看出在她的观念里,希望可以找到一个给她依靠,托付她终身的男人,即便她外表展现给我们的有多高

① 曹禺:《日出》跋,《曹禺全集》(5),花山文艺出版社1996版,第28页。
② 曹禺:《日出》跋,《曹禺全集》(5),花山文艺出版社1996版,第33页。
③ 鲁迅:《关于女人》,《上海申报月刊》1933(二卷),第六号。

傲,多不羁。然而现实带给她的却是巨大的反差,逼着她走向绝望。最后的最后,所有人都离开了她,与诗人分道扬镳,方达生去做他所谓有用的事,潘月亭因为破产而摆摆手对她说"回头再来"却再也没有回来过。种种的一切,让陈白露终于认识到,自己不过是他们的附属品,传宗接代的对象,甚至是泄欲的工具,自己终将会被他们抛弃,这样的幡然醒悟透露出浓浓的绝望之情。

如果说陈白露受到的摧残主要是来自内心,那么小东西受到的就是实实在在的身体摧残。先来看看小东西的出场:"因为寒冷和恐惧,她抖得可怜,在她亮晶晶的双眼里流露出天真和哀求。她低下头,一寸一寸地向后蹒跚,手提着裤子,提心吊胆,怕一个不谨慎,跌在地上。"这样一个胆怯,瘦弱,小心翼翼的孩子放到现代都很容易让人联想到"虐待未成年""家庭暴力"等等令人胆战心惊的词汇,更何况是在那个视社会底层女性为蝼蚁的年代。被卖到那个如同蚂蚁窝似的,住满了"人类的渣滓",长隘黑秽的三等妓院"宝和下处",小东西完全没有能力去反抗,她的命运是被黑三等人操控的,反复的毒打,无尽的羞辱。在又一次遭到黑三的毒打后,她终于清醒地意识到,要让自己变成一个真正意义上的人,要得到真正的自由,逃是没有用的,唯有死亡……著名作家聂绀弩在《论娼妓》里曾愤然提出:"娼妓是恶之花。生长于恶的土壤之上,吸收的阳光,水分,空气,无一而非恶,人类的恶,制度使人变成恶的花呀!"[①]陈白露和小东西就是那个旧社会的制度下恶的牺牲品。

二、本心:自由的向往

竹均,是陈白露儿时的小名。和"小东西"一样,当我们看到这个名字时,总会生出些许可爱之情。为什么笔者会觉得陈白露与小东西有时就是一个人,答案就在这里。小东西实在太像小时候的自己,陈白露才会在见到她的第一眼就决定义无反顾地解救她。即使整部剧再压抑,再绝望,陈白露和小东西,确切地说,是竹均与小东西。她们身上总透露出一种单纯,善良,天真的自由,年轻,有希望的特质。

陈白露在表现为竹均时,无疑是孩子气,天真善良的。她喜欢白霜,"我顶喜欢霜啦!你记得我小时候就喜欢霜。你看霜多美,多好看!"白霜是洁白无瑕,纯净之至的,象征着其纯真烂漫的心灵。这样一段话的流露,无比的自然,发自内心的感叹,可见她有多么怀念过去那段自由自在、无忧无虑的日子。竹均还喜欢春天的太阳,"你看,满天的云彩,满天的亮……春天来了(满心欢悦,手舞足蹈地)哦!我喜

---

① 聂绀弩:《聂绀弩杂文集》,上海三联书店1995年版,第314页。

欢太阳,我喜欢春天,我喜欢年轻,我喜欢我自己。哦,我喜欢!"她说这段话时,与她身后昏昏欲睡的潘月亭形成鲜明的对比,凸显了她和那座大旅馆里可以说是行尸走肉的人是不一样的。武尔夫在《手势心理学》中认为:"想象是情绪的避难所。"①现实的压抑总是让陈白露喘不过气,所以她时常向往着春天的新生,向往着太阳的光明,向往着自己的生活还充满希望!而当陈白露看到满身伤痕的小东西时,仿佛是看到了多年以前的自己,她不希望小东西和她走一样的路。只要还有一点点的希望,存留着美好、善良、希望的本心都会驱使她去拯救小东西,即使知道这样的代价会是与大魔鬼金八站在对立面,也毫不畏惧。

说起小东西,人们所给出的评价大多都是可怜、弱小、怯懦。的确,这些是正确的,但我也在小东西身上隐隐看到了其他不一样的东西。评论家认为"小东西一次次地反抗和逃跑,却终逃不脱被买卖的命运,她反抗黑三的毒打,以致最终走向自杀都是悲剧性的,但她却有强烈的反抗意识与行为。她的那句'罪也有受够的时候'是对妓女们'求生不得,求死不能'的悲剧命运的强烈控诉"②。每每读到小东西都会让我不得不思考,表面上的被救者,实际上会不会也是施救者呢?首先就是那股初生牛犊不怕虎的倔强劲儿,"嗯。他拼命抱着我,我躲不开,我就把他打了,(仿佛这回忆是很愉快的)狠狠地在他那肥脸上打了一巴掌!"最初读到这儿的时候还觉得奇怪,总觉得这样一个不谙世事的小孩,怎么敢打她的施暴者呢?再看到第三幕,发现直到小东西死去,她还是完璧之身。我想曹禺先生这样安排是有用意的。小东西身上存在的希望太多了,使陈白露想把她救出深渊的愿望也越来越深。而且小东西身上的那股反抗劲,在无形中也给陈白露带去了力量与勇气,她要为小东西拼一拼!"罪也有受够的时候。"这是小东西在第三幕刚上场时说的,这种反抗意识对于当时还是小孩子的她来说着实是不易的。也正是这句话,暗示了最后她不惧死亡,寻求真正的自由。

三、死亡:觉醒的控诉

"死亡是对个体生命的否定,也是个体生命对正在发生的时代的否定"③。陈白露与小东西是《日出》整部剧中明确给出结局的两个人物,又都是死亡。这不得

① 周芳芸、宋光成:《毁灭中的新生——试论陈白露悲剧的美学意义》,《成都大学报》(社科版)1994第1期。
② 杨馥菱、杨镇:《论〈日出〉中女性人物的悲剧》,《山西大同大学学报》(社会科学版)2012年第2期。
③ 王尔晴:《浅析话剧〈日出〉中陈白露和小东西形象之相似性》,《戏剧之家》2014年第10期。

不让读者联想到在大丰银行破产后,其他人的命运是否也是死路一条?的确,在那个人吃人的时代,唯有死亡才能将心中的悲愤宣泄出来,唯有死亡才能不让堕落腐烂吞噬自己,唯有死亡才能真正得以明志!

要说死亡,就不可避免地要说到出生。老师曾经这样跟我说:"导致陈白露与小东西自杀的一个重要相似点是她们的父亲都去世了。"是的,陈白露原本出身于书香门第,爱华女校的高才生,若不是父亲死了,她也不会沦落到"舞女不是舞女,娼妓不是娼妓,姨太太不是姨太太"的地步。而小东西,用她自己的话来说"我爸爸是个规矩人。他比黑三有劲多了,又高又大,他要看见黑三把我下了窑子,他一拳就会把黑三打死"。所以在决定自杀时,小东西才会低咽地叫出"爸爸"二字。狄德罗说:"美妙的一场戏所包含的意境比整个剧本所能供给的情节还要多;正是这些意境使人回味不已,倾听忘倦,在任何时候都感动人心。"①来看看小东西死时的舞台提示,这段场景有各种幕后音作为陪衬,外面的叫卖声,男人淫荡的哼曲声,女人的隐泣声……这样的对比营造了一种愤慨又无力的悲凉意境,甚至有些让人喘不过气。这赤裸裸的讽刺,明晃晃的鞭挞,就像直击心灵的一拳重击,我想无论是谁看到这样的一幕都会因小东西的悲惨结局而动容甚至愤懑吧。当然,现实的东西,总会受到一些批判,有评论家觉得小东西死得太惨,过于刺目了。而曹禺先生在《日出》第三幕附记中这样回应:"但过后我又念起那些被这一帮野兽们生生逼死的多少'小东西'们,(方法自然各个不同,有些甚至于明明是死了却看来还像活着的)我仿佛觉得她们乞怜的眼睛在黑暗的壁落里灼灼地望着我,我就不得不把太太小姐姐们的瞧戏问题放到一旁。我求人们睁开眼看看这一段现实,我还是不加变动,留在这里。"②对啊,戏剧的存在,不就是为了反映社会的种种问题,折射世间的百态吗?一个伟大的戏剧家必然是要讲真话的。多亏了曹禺先生,才得以让小东西最后的死,有力完成了对那个把人逼死,"损不足而奉有余"的畸形社会的强烈抨击。

鲁迅说过:"人生最痛苦的是梦醒了却无路可走。"③关于陈白露的死,有很多说法。有说因为她厌倦了糜烂的生存状态,有说因为潘月亭的破产让她失去了经济来源,有说因为小东西的死是压垮骆驼的最后一根稻草……但无论哪种原因,陈白露的死都是伟大的。这是她内心本我真正觉醒的选择,这是她实现人格自尊回归的坚定。小东西的死,给了她沉重一击,使她从长久以来的梦中惊醒,让她无比

---

① 狄德罗:《论戏剧艺术》,《文艺理论译丛》1958年第1期。
② 曹禺:《〈日出〉第三幕附记》,华夏出版社2011年版,第252页.
③ 鲁迅:《娜拉走后怎样》,《鲁迅杂文集》,译林出版社2013年版,第198页。

清晰地意识到生活永远保有它的残忍。自己只不过是失去自由,桎梏在残酷牢笼里的金丝雀。她本可以再次随波逐流地睡去,但是她没有,这次她勇敢地选择了痛苦,选择了无路可走的绝望,选择了死亡。这样的死亡,使她得到了一种精神上的升华,更是给了万千和她一样还在半梦半醒中挣扎着的困顿人民有力的一锤,让他们认清现实。曹禺曾说:"一个剧作家,应该是一个思想家才好。一个写作的人,对人类,对社会,对世界,对种种大问题,要有一个看法,作为一个大的作家,要有自己的看法,自己的思想,有自己的独立见解,没有一个头脑运用这些东西,从中悟出一个道理,悟出一个主题来,那还是写不出一个深刻的作品。"而《日出》的结尾就代表了曹禺对旧社会的独到见解,死亡是绝望的,但觉醒却是带有希望的,黑暗终将过去。陈白露死前的最后一句话是"太阳升起来了,黑暗留在后面。但是太阳不是我们的,我们要睡了",其与窗外工人们高亢而洪壮地砸夯声相呼应。即使最后陈白露将窗帘缓缓地拉上,却也阻止不了阳光从缝隙中照射进来。就像黑格尔所说的:"历史是一堆灰烬,但灰烬深处有余温。"不管那个旧社会有多黑暗,多冷漠,但只要历史还在前进,总会有人扛起希望的大旗,只要还有希望的余温存在,通过有心人的努力,光明总会来临。而在那充满希望的阳光真正普照大地之前,鲜血的祭奠是必需的。陈白露愿意用她的鲜血来警醒世人,站起来,拿起手中的武器,去反抗那个不公、扭曲、丑恶的世界。

四、结　语

"天之道其犹张弓与? 高者抑下,下者举之,有余者损之,不足者补之。天之道损有余而补不足。人之道则不然——损不足以奉有余。"[1]这是曹禺先生在《日出》题辞里摘录的《道德经》中的一段话,也是《日出》最核心的思想,最永恒的主题。恩格斯赞美:"死亡要么留下某种生命的原则,即某种或多或少地和灵魂相同的东西。这种原则不仅比人,而且比一切活的机体都活得更长久。"[2]陈白露与小东西最后死亡的悲剧命运,是一种绝望的觉醒,她们用自身的死亡猛烈地反抗、批判着当时"损不足以奉有余"的黑暗社会。

(本文原载于《曹禺研究》第 15 辑)

---

[1]　曹禺:《〈日出〉题辞》,华夏出版社 2011 年版,第 129 页。
[2]　曹禺:《日出》跋,《曹禺全集》(5),花山文艺出版社 1996 版,第 30 页。

奴才的可怕与黑暗

——《日出》中王福升的形象

刘华森[①]

《日出》创作于 20 世纪 30 年代,那时候封建自闭的中国人民还深度沉睡在封建礼教迷信的黑暗当中,清政府政权的倒闭,新政权的频繁更替,战乱不止。在黑暗社会中,某些人打着"仁义道德"的旗帜,干的却是禽兽不如下三烂的事。那是真实的黑暗时代!30 年代,是中国半封建半殖民地社会资本主义畸形发展的阶段,各种畸形的社会现象都更加突出了。[②] 那时候绝大多数的人民过着极其痛苦的生活,而在都市化的大城市里却是另一番景象,这儿的人有的过着纸醉金迷的生活,有的人悲惨无助,到处是失业与自杀。面对到处都是压迫与欺诈,年轻的作者曹禺用这冷酷的社会作为创作出发点,写出了《日出》。在艺术创作上,作者曹禺采用横断面的描写手法,力求写出社会生活的真实面貌,一切都像生活本身而不像"戏"。作者用真实的语言揭示了这个"损不足以奉有足"社会的真实面貌,通过作品《日出》批判腐败的社会,同时也尝试唤醒人们心中的良知。这正如周扬所说:"写《日出》时,作者对于客观社会已有了进一步的认识,他认清了'损不足以奉有足'社会形态——人剥削人的制度。他已开始意识到'诅咒四周的不公平',对荒淫无耻的人们泄这愤懑,把希望寄托在光明的人们身上,而不再对隐约不可知的事物的憧憬和恐惧,那种悲天悯人的思想了。他的创作的视线已经从家庭伸展到社会。他企图把一个半殖民地金融资本主义制度下的脓疮社会描绘在他的画布上。"[③]《日出》通过对豪华旅馆和下三等妓院的描写重现了当时社会生活画面。在剧中出现了当时不同阶级各类的人物有上流社会的红舞女、大银行经理、旅馆的茶房、博士、富孀、"宝和下处"的妓女、流氓、地痞等。而王福升虽然是一个小角色,但在剧中,他加速了悲剧的发生,加重了小东西和陈白露的悲剧,具有重要的穿针引线的作用。

---

① 本文作者系浙江越秀外国语学院中国语言文化学院 2018 级学生,指导教师李伟民。
② 田本相:《〈日出〉论》,《文学评论》1981 年第 1 期。
③ 周扬:《论〈雷雨〉和〈日出〉》,中共中央高级党校文艺理论专业学习参考资料,1996 年 3 月。

而其可怕的人性也为我们充分展示了当时社会的真相。

一、王福升——黑暗势力的帮凶

王福升的社会阶级是受别人驱使的茶房,但是,却看不到他身上有被奴役着的品德。① 身为底层的工人,王福升对待同一阶级的同胞们却充满傲慢和偏见。仗着自己处境优势,对别人下手满足自己的癖好。在王福升的台词中有"我就 Kay 了她,宰了她,活吃了她""你要是再敢骂我一句,敢动一下手,我就打死你"。作为"损不足以奉有余"社会的典型代表,王福升的"吃人"本性露出了马脚。他对贫穷、可怜的黄省三挖苦嘲讽,采用各种手段对小东西极尽压迫、调戏和残害,这些都是他行凶的证据。他爱好用他的丑恶讽刺的言语行动摧残着别人坚持生活的意识。从某一个角度讲,这和鲁迅在《狂人日记》中讽刺的狼子村的佃户直接吃人的行为有几分相似。他在弱者面前嚣张跋扈,在权势面前却胆小如鼠,几次对手戏把他欺软怕硬的人物形象表现了出来。

《日出》中构建的是一个金钱腐败的社会。金钱这种颠倒黑白的力量,它腐蚀着人们的灵魂,也扭曲了人们的性格。② 而这早已腐烂在王福升的骨子。"人家有钱,您看,哪个不说她年青,好看?"顾八奶奶是个外貌极其丑陋的老太婆,王福升却要说她长得年轻漂亮。"把这么一个活财神爷都打走了,我就 Kay 了她,宰了她,活吃了她。"小东西这原本是非常勇敢的行为,在他眼里,却是"没福气"。在他眼中,钱是万能的,如第一幕中的台词"有了钱做什么不成"。他对金钱权势的痴迷和向往蒙蔽了他的双眼,他为了金钱可以不择手段。涉及"钱"的问题,一切好说。他经不起金钱的诱惑,把可怜的小东西卖到了"宝和下处"当雏女。他经不起金钱的诱惑,低头俯首成为别人的奴隶。这也说明了他的处世哲学是以金钱为标准的,谁有钱就给谁送上笑脸,谁有钱就给谁献上殷勤。③

①②③ 田本相:《〈日出〉论》,《文学评论》1981 年第 1 期。

二、围绕着戏剧冲突的人物关系建构

(一)奴才的处世法则

"情节通常围绕着寻找一个人道德的临界点"①来建构。当时的中国社会动荡,烽火硝烟,战乱四起,广大中国普通百姓过的是苦不堪言的日子。多少普通老百姓过着饥寒交迫,露宿街头的日子,心中的苦楚不胜言语。正如曹禺所说:"生活在那个社会底层的人,如黄省三、小东西、翠喜、小顺子等,则是广大劳动人民的缩影,他们的痛苦是亿万劳苦群众的痛苦,他们的命运也是劳苦群众的命运。"②王福升原来也属于这个阶层,王福升出身乡下,家境贫寒。幼年时的生长环境让他的自我规划意识早就被封建社会摧残。他明确知道这个社会的"人之道"到底是什么——人剥削人,而这早已深深地嵌入他的意识中。他明白只有拥有金钱权势才能在这个社会中立足。他明确知道自己不能丢了这份差事,不愁衣食住行。他渴望利益权势,他迫切希望和有钱有势的人搞好关系,从他们身上得了好处报酬。马克思说:资本主义的炼金术是可以把"圣骨"都熔化的。无论什么人沾满金钱的铜臭,就会变化,直到全部消失人性。王福升在资本主义的炼金炉里演变成了一个灵魂颇为丑恶的人物,他不仅是恶势力的帮凶,而且其本身已经沦为了恶势力的代表,欺压劳动人民,为底层社会的劳苦群众带来了极大的痛苦,可谓助纣为虐的恶势力的代表人物。

王福升是潘经理聘来伺候陈小姐的,理论上和陈小姐是主仆的关系。但在内心里王福升是藐视陈白露的。其一,陈白露自己没有厚实收入,这还拖欠着一屁股的债。其二,陈白露通过出卖肉体给潘月亭,被潘经理包养在这个豪华的旅馆里,过着无忧无虑、放荡、堕落的生活。在王福升的观念中,陈白露的社会地位和妓女又有什么样的差别,她自身没有实质的权力,只不过认识一些有权势的人罢了。当然,王福升吃这么一口饭是要给别人办事。随着潘月亭在经济上的垮台,王福升对陈白露的不屑和鄙夷也慢慢地表现出来。

---

① 曹禺:《自己费力,找到真理——1981年2月17日在北京人艺〈日出〉剧组的谈话》,《曹禺全集》(第5卷),花山文艺出版社1996年版,第118页。

② 曹禺:《我为什么把〈日出〉改编成电影》,《曹禺全集》(第5卷),花山文艺出版社1996年版,第133页。

　　王福升　　是,陈小姐您别着急,我这就跟您收拾。(露起来,他拦住她)您也别进去,省得看着别扭。

　　陈白露　　这个东西,简直——也好,你去吧。

　　刚开始,当陈白露有潘经理作为靠山在上流社会风光一时,王福升对陈白露的照护还是细致入微的。第二幕也是帮小姐出谋划策劝小姐把小东西交出去,他知道金八爷是个不好惹的主子,他自己也不想惹上任何麻烦。

　　王福升　　可是,小姐,今天的账是非还不可的,他们说闹到天也得还!

　　陈白露　　(冥想)也许会从天上掉下来的。

　　王福升　　那就看您这几个钟头的本事吧。我福升实在不能再替您挡这门账了。

　　后来当潘经理的计划失败导致破产之后,陈白露失去了坚实的后盾。这意味着陈白露一下子从天上掉到了地上,而且毫无缚鸡之力。王福升看出了真相,他受不惯对眼前这个谁也不是的陈白露继续低头哈腰,他变得越来越不耐烦。他开始在鸡蛋里面挑骨头,按捺不住想要肆意妄为。他像饿狼一样跃跃欲试,想要把心中憋屈的不满和愤懑发泄出来。

　　陈白露　　……不是我们允许不允许金八活着的问题,而是金八允不允许我们活着……

　　王福升　　金八爷!金八爷!这个地方的大财神。又是钱,又是势……

　　金八在剧中虽然没有出场过,但从陈白露和王福升的对白中,我们可以得到一个大概人物形象。他是个金融大亨、封建帮派头目,后者使他性格残忍冷酷,手段毒辣,流氓成性;而前者则是其性格充分显示的坚实后盾。他的魔爪伸向社会各个角落。他的阴影笼罩着《日出》的这个社会,他的手很肮脏,沾满了人血。金八爷无疑也是这部剧中权力最大的人,拥有损不足同时也损有余的专制强制。像王福升这样贪生怕死的人又怎么敢惹怒金八爷呢?

　　王福升　　……是,我不敢。……是,下次我再不敢。……啼……啼……我就是福升！我就是那王八蛋的福升，……您千万别生气，别气病您老人家。……是我混蛋，……是……是，您找潘经理？（望着潘）您等一下，是，您骂的一点也不错，……是，是，是，我是。

第二幕，王福升刚把前来向潘经理、李石清求情复职的黄省三赶出去，还沉浸在自己高高在上的自我膨胀中。这来了个电话，王福升刚开始的嘴气还很冲，不知天高地厚。当得知对面打电话过来的人姓金是大财神金八的时候，王福升更像是双腿一紧，尾巴一缩，被吓得满头大汗，立马点头哈腰赔礼道歉。在"阎王"金八面前，王福升就像是一只被揪住尾巴的狐狸，疼痛难忍，但还是恐惧得不敢出声。最令人感到讽刺的是，王福升对于金八的辱骂却感到非常的光荣舒坦。

王福升　您这些账条不从四爷身上想办法难道会从天上掉下来吗？

潘经理是剧中权力最大，也是唯一与金八爷有对话的人，他自信能在高级宾馆这一上流聚集地有生杀予夺的大权，因而进进出出，视若自家。① 潘月亭是剧中王福升最有机会接触的最有权力的门客，潘月亭和王福升之间有直接的金钱关系。潘月亭给王福升报酬照护小姐陈白露，还不定时地给王福升一些小费。所以王福升总是巴不得潘经理来旅馆。王福升了解时局，他明白要和潘经理搞好关系，所以他对潘经理唯命是从。王福升是潘月亭的傀儡，他乐意替潘月亭干坏事，他串通好黑三把可怜的小东西卖到妓院去。潘经理的金钱和权力是王福升最渴望得到的。为此，他在潘经理面前说尽好话，讨好潘经理，完全是为了自身利益。

（二）奴才可怕的一面：将自己的快乐建立在别人的痛苦之上

文学语言是一种艺术性的语言，文学语言体现在个人心理中具有重要的显现形式。"'手势姿态''形象画面''发声叫喊'是人类最初语言显现出的一些基本特点，它们有可能作为一些'示踪原子'，帮助我们揭开文学语言在个体心理发展中的秘密。"② 在《日出》中我们看到，王福升在旅馆忙前忙后，还要被别人指指点点。上头不高兴还把气撒在王福升身上，他也只能忍气吞声，不敢吱个声。长时间消极的情绪

---

① 苗祎：《笼罩着整个社会的阴影——〈日出〉中的金八形象浅析》，《周口师范学院学报》2002 第 4 期。
② 钱谷融、鲁枢元：《文学心理学教程》，华东师范大学出版社 1987 年版，第 250—251 页。

越积越多会腐烂发臭掩埋人的良知。他的人性被压迫的欲望扭曲,他变得可怕,他变得毫无人性。他对失魂落魄的黄省三发怒,骂他是混蛋,拳打脚踢把他赶出去。他去到三等妓院中,把心中的压迫,欺凌的兽性发泄到可怜的小东西上。

> 王福升　他妈的,我要有这么一个女儿,她也跟我装这份儿蒜,把这么一个活财神爷都打走了,我就 Kay 了她,宰了她,活吃了她。真他妈的"点煤油的副路"。

小东西是个 15 岁左右的小姑娘,他的爸爸不幸被铁桩子砸死,就留她一个人孤零零的,没人照护。他被王福升暗地里卖到了下三等的妓院,接不到客,还得遭受黑三的毒打。小东西坚决不从。这本来是振奋人心的行为,在王福升眼中却是"没福气"。在他看来,金钱比性命更要紧,为了金钱他可以放弃生命。在他的压迫性的台词中充满了崇尚个人主义的自私自利和封建礼教"吃人"思想。他崇尚重建礼教的霸主地位,他的行为让人感到咄咄逼人,不寒而栗。

黄省三和外面打夯的人都是最基层的工作者。他们很淳朴、天真。他们通过辛苦的工作得到可悲的薪水,养活自己和自己的家人。王福升身为下等用人,但他却对劳动者充满了鄙视。

> 王福升　听!听!听!没玩了,这帮死不了的,唱起来没完了。哼,我有儿子,饿死也不干这个!呸!

同样是最基层的工作者,一个是旅馆的茶房,一个是工地上打工的工人。工人们辛勤地劳作,打桩子的声音络绎不绝,在旅馆工作的王福升却是极度不满,咒骂他们死。而事情的原因是他们铿锵有力的歌声破坏了王福升的休息时间。

> 王福升　我在这儿旅馆看见你三次,你都不认识我,就凭你这点王八记性,你还找事呢!去你个蛋吧!

黄省三失去工作上门来找潘经理求情。面对他的窘境,王福升丝毫没有恻隐之心,还摆出刁难的姿态"连我都不认识,就凭你这点王八记性",王福升仗着自己的处境优势。对黄省三是百般讥讽、谩骂甚至还动手打人,王福升一点点吞噬着黄省三活下去的希望。当被激怒的黄省三要动手打他时,他立刻摆出了一副流氓架势:"你要敢骂我一句,敢动一下手,我就打死你。"肢体和语言的强硬暗示着黄省三人物悲惨的命运走向。同时也揭露了王福升为人的可怕本性。他调戏弱者,开他们的玩笑,别人的痛苦是他大脑活跃的兴奋剂,从而来满足他"吃人"的特殊癖好。曹禺真实、深刻、集中地描摹出王福升丑恶的嘴脸,暴露出人性中的丑恶,并且也超越了社会的真实,上升为一个艺术典型,因为艺术创造的超越性需要,"表明艺术家把献身创造作为目的,而不是当作手段。创造活动本身显示了艺术家的存在价值,这不仅是纯个体意义上的价值,而是在群体,在社会意义上的价值。因为他创造了具有永久魅力的,显示人的生命活动的艺术作品:一方面,他把对象世界变为美的王国,将对象世界崇高化、个性化,向人类提供审美观照的对象;另一方面,他进行着两种类型的人的活动,即主体的外部活动与内部活动"①。显然,在《日出》的审美观照中,王福升的"个性化"存在使读者更加认清了人性的丑恶和那个社会的黑暗。

三、结　语

"根据必然性和可能性而具有普遍意义的艺术的真实性。"②依我看来,王福升是个可怜的人,可怜是因为王福升不管是在精神上还是在肉体上都完全沦落为一个奴隶,他不仅仅是权势的奴隶,还是当时半封建半殖民地社会的奴隶。当然,可怜之人必有可恨之处,王福升身为底层阶级的劳动人民,却对同阶级的人极尽压迫和残害,行为手法骇人听闻。他一面虚伪奸诈,一面任劳任怨,真是个不择不扣趋势炎凉的双面人。而这一切的一切都是拜当时黑暗社会所赐。当时天下这样的人数量庞大,黑暗社会又该何时结束。"死根本不是构成生命活动和存在的一切形式的完全而简单的消灭"③,在《日出》中孕育着新的祈盼,唯其如此,这才有了曹禺撕心裂肺的呐喊:"必须打倒这个吃人的社会。"曹禺通过对《日出》中王福升的描写尝试揭开当时黑暗的社会"吃人"的面纱,他想让纯净的阳光照进来,他要粉碎这个黑暗的社会。

（本文原载于《曹禺研究》第 15 辑）

---

① 周文柏:《文艺心理研究》,中国人民大学出版社 1988 年版,第 100 页。
② 缪朗山:《西方文艺理论史纲》,中国人民大学出版社 1985 年版,第 318 页。
③ 列维-布留尔:《原始思维》,丁由译,商务印书馆 1987 年版,第 345 页。

苏童《黄雀记》多重意象的生成及其隐喻义探析

左佩泇①

作为先锋派小说代表作家,苏童偏爱悲剧,喜欢写小地方、小人物的故事。他的作品中往往充斥着奇特的意象,王安忆便说:"苏童的小说里面总是有道具。"这些象征式"道具"使作品有着独特的苏童式味道。

《黄雀记》基本延续了苏童惯常的叙事风格,但又有创新。小说主要围绕一起"冤案",从三个少年人的视角出发,讲述了发生在南方香椿树街,保润、柳生、仙女三人之间的羁绊与人生悲剧。在叙事中运用多种意象建构起一个寓言世界,充满讽刺与隐喻的张力。保润、柳生、仙女在这个隐喻的网里生长、衰败。世俗性与神性并存,这种矛盾式的存在,使小说呈现出一种缥缈感,令人难以捉摸。

一、人生的隐喻:"螳螂捕蝉,黄雀在后"

从命名上看,《黄雀记》有"螳螂捕蝉,黄雀在后"之意,该典故出自汉代刘向的《说苑·正谏》:"园中有树,其上有蝉,蝉高居悲鸣饮露,不知螳螂在其后也!螳螂委身曲附,欲取蝉而不顾知黄雀在其傍也!黄雀延颈欲啄螳螂而不知弹丸在其下也!此三者皆务欲得其前利而不顾其后之有患也。"这与《黄雀记》的故事内蕴是相通的。起初苏童想将小说命名为《小拉》("小拉"是 20 世纪 70 年代末 80 年代初在南京流行的一种舞蹈,这种舞蹈主要是男女之间的互动),但又认为"小拉"太过直白,他"更倾向于稍微抽象、明亮一些的名字,哪怕没那么切题",恰恰"情节中有一个看不见的黄雀,所以永远是'螳螂捕蝉,黄雀在后'的感觉。黄雀可能是灾难,可能是命运,看上去很漂亮的意象后面是一个阴影、一个线索"。于是,《黄雀记》诞生了。

故事中并未出现直接的"黄雀记"三字,但暗含保润、柳生与仙女三人的身份定

---

① 本文作者系浙江越秀外国语学院中国语言文化学院 2016 级学生,指导教师尹传兰。

位以及他们的悲剧命运。三个意象分别对应强奸案中的三人：仙女——蝉，保润——螳螂，柳生——黄雀。保润在水塔绑架仙女，柳生在保润离开后侵犯了没有反抗能力的仙女，他们三人构成了一个闭合的食物链环，三人互相牵制、互相纠缠，这个稳定的三角关系内蕴巨大冲突。之后，三人又生发出另一层内置三角关系：仙女——被柳生母亲收买而指认保润，柳生——买通受害者仙女，逃避承担法律责任，保润——无权无势、平庸憨厚的替罪羊。这三个人不再仅是案件本身的当事人，更是金钱社会不同阶层的象征。他们又构成另一套"食物链"，两套"食物链"相互叠加、环环紧扣。可见苏童寓意借此批判这个金钱至上的社会，揭露权势群体操纵底层弱势群体的现象，上层群体借此逃避惩罚，底层遭受不公。

仙女是一个典型的拜金主义者，为钱她将保润送进监狱，助柳生逃脱法网；作为一只"蝉"，仙女远走他乡后，在夜场讨生活，为钱她卖笑卖身，怀孕不打胎也是因为庞先生的许诺，她甚至和庞先生签下一份合同，将孩子当作期货。在仙女心中，一切皆可有标价，钱远胜过爱情。依附他人生活的选择决定了仙女成为被捕食者的角色，仙女的堕落史，就是她被捕食的历史。仙女指控保润也全因柳生给出的价码，却害保润蒙受不白之冤，这注定她要受到良心的谴责。从指控保润的那一刻起，保润便成为仙女的债务人，再次与保润重逢时，她才会显得手足无措，因为她的内心深处无法直面因自己谎言而陷入牢狱之灾的保润。无论是与柳生、保润的纠葛中，还是在社会大环境中，仙女都无法掌控自己命运，其身份定位一直都是蝉，她一辈子都无法挣脱这个"食物链"。

"柳生的秋天"中，保润、柳生、仙女三人重逢，但原来的三角关系发生变化。开篇就有："柳生夹着尾巴做人，已经很多年了。"即便柳生逃脱了法律制裁，也没能逃过良心谴责与道德拷问，出于愧疚，他一直精心照顾保润祖父。他深知这段自由岁月是从保润那里"偷"来的，侥幸的时光只能换来深度心虚。而仙女回归，则时刻提醒着柳生曾犯下的罪恶。此时，柳生不再是掌控他人命运的黄雀，而是退居为被他人捕食的"蝉"。在保润和仙女面前，他永远无法抬头。保润出狱、仙女回归对柳生是一种精神折磨。柳生最后死在保润手里，完成了一场命运轮回。昔日的"黄雀"，今日却沦为"蝉"，被他人捕食。

保润出狱后，实际上处于道德制高点，仙女与柳生皆有愧于他。他的身份也随之发生转变，他不再是"螳螂"，而是"黄雀"。在仇恨驱动下，保润杀死柳生，看似"黄雀"的身份让他再次入狱。相对柳生来说，他是"黄雀"；相对保润自己的命运而言，他却不是"黄雀"。保润在自身欲望的驱使下犯罪，完成自身欲望的终结，他的人生在杀死柳生那一刻便画上句号。但柳生与保润各自代表的社会群体依旧只是

"蝉",是"螳螂",仍旧会被名为"命运"的"黄雀"捕捉。"黄雀"象征不可预测和掌控的人生,象征对未来的无知。"黄雀"可以瞬间摧毁一切,这是人生难以摆脱的阴影,"宿命是悲剧中重要的因素,最终的归结点是人无法走出命运之网"。也许,苏童传达的就是人在命运面前无力抗争的窘境。

二、生命的轮回——"春""夏""秋""冬"四季的隐喻

四季在文学作品中往往有固定的象征意,所包含的情感色彩一般也较为固定。春天,万物复苏,象征希望与新生。夏天,潮湿闷热,象征各种生物开始大量繁衍滋生,充满生命力。秋天,秋高气爽,象征收获与喜悦。冬天,寒冷沉寂,万物休整,象征等待春天的到来。而《黄雀记》中的四季似别有用意,分别喻指人物所处的人生阶段。小说结构是典型的三分式,分别为:"保润的春天""柳生的秋天""白小姐(仙女)的夏天"。这里的季节喻指小说人物所处的人生阶段。三个季节中的不同叙事角度互为补充,保润、柳生、仙女的命运分离又交织,共同描绘了三人的命运轨迹。而貌似在故事字面上缺失的"冬天",却在隐匿中为下一个"春天"埋下希望之种。

(一)"春"之殇

"保润的春天"交代了三个主人公的命运背景:在青春期躁动下,朦胧的情感以及性格上的问题促使保润绑架仙女,柳生强奸仙女。从此,三人的人生轨迹发生变化。这部分叙事为后期三个主人公的果种下了因。这段"春天"的旅程,不仅属于保润,更为柳生、仙女共有,三人间的一切羁绊都在这个"春天"种下。

保润的"春天"在被捕那天戛然而止,十年青春荒废在监狱,青春、希望,甚至家庭都被埋葬在污蔑中。四处奔走的家人无力改变既定罪名,环绕在保润家庭上的阴云何尝不是现实生活中底层人的写照?保润作为一个无权无势的底层人,面对柳生所拥有的权势,只能咽下冤屈,他的人生瞬间从春天步入冬天。仇恨不断滋生、茁壮生长,最后难以压抑,保润杀死柳生可以说是必然。保润第二次入狱,这让他彻底进入人生的"冬天",毫无回旋的余地。

(二)"秋"之苦

柳生的"秋天"中的"秋"并不是充满喜悦的丰收季节,而是喻指面对仙女回归

与保润出狱的压力。柳生将面对的正是一段充满愧疚且大局已定的人生阶段,他在自己人生的秋天为之赎罪。

柳生是一个小市民,本能驱使他作下恶,而内心残余的善与身上的市侩在拉锯。因此,柳生逃过牢狱之灾,却没逃过良心谴责与精神负担。与仙女偶遇后,柳生并没有遵照母亲邵兰英的嘱咐远离仙女,反倒主动接近。面对保润——这个受害者,柳生更是一厢情愿地认为自己能化解保润前嫌,这种幼稚念头最终让柳生自食迟到多年的恶果。作为蔑视法律的既得利益者,柳生反倒在多年侥幸生活中保持了一种愚蠢的天真。柳生一方面深觉愧疚,一方面又淡化自己带给他人的痛苦,这既矛盾又轻慢。柳生有愧疚感,可他无法对保润的痛苦感同身受。因此,在深受牢狱之苦的保润眼中,柳生自以为是的赎罪反倒变成一种挑衅。企图赎罪的柳生在以为自己能够偿还罪恶的时候,保润却给了他最后一刀。柳生的人生结束在保润手中,而他助纣为虐的家人也沉浸在无尽的痛苦中。这个蔑视法律的家庭最终还是受到命运审判,他们是侥幸的,又是不幸的,白发人送黑发人是他们咽下的苦果。这正是柳生和家人所面对的"冬天"。

(三)"夏"之恶

白小姐(仙女)的"夏天"是罪恶的夏天,罪恶在潮湿中肆意生长,一切都显得如此污秽不堪。她的欲望在"夏天"蓬勃生长,欲壑难填是她的写照。

仙女其人同其外号与姓名大相径庭。"仙女"这个词带有美好的正面情感色彩,给人的感受也多是纯洁、美丽的,但当这个词放到仙女身上时,充满了讽刺与悲凉。仙女的人生并不美好,她生世不幸,性格不讨喜,命运也称得上多舛。这样一个人却用着如此美好的词汇,这种反差更有讽刺意味和悲凉感。仙女在成年后为自己改名"白蓁",人称"白小姐"。"白"象征着纯洁,"蓁"是草木茂盛的样子,这个名字充满仙女对新生活的期许。新的名字是新的开始,是仙女逃离香椿树街的开始,也是仙女对未来的期望。但"白小姐"并"不白",新生活也是新堕落的开始。

离开香椿树街后,仙女在歌厅、酒吧、夜总会讨生活,认了不少的哥哥和几个干爹,并出卖自己的肉体与尊严。身为一个性犯罪案中的受害者,仙女明确感受到柳生带给她的伤害,但是她没有去维护自己的正当权益,反而自甘堕落,彻底放纵自己的"不洁"。仙女感到自己"不洁"是受到社会普遍价值观念的影响,她麻木自己,将自己从强奸案中的痛苦中脱离,而后用一种极端的方式来合理化自己的痛苦,既悲哀又可笑。仙女的堕落是柳生、社会以及她自身的缺陷导致的,她是受害者,也是自己人生的加害者。

柳生死后,仙女被当作"扫把星",柳生的母亲甚至想杀死害死自己儿子的女人。渴望救赎的仙女在无力抗争的命运前,产生了一丝忏悔。但前路未知的仙女是迷茫的,最后她也踏入自己的"冬天"。小说的结尾,苏童为仙女设定了一个开放式的结局:仙女出走了,没有人知道她去了哪里,她将孩子留下,断开世间一切人际关系。苏童为仙女画下一个充满可能性的省略号:仙女可能去别处开始平凡的生活,也可能继续以往的堕落生活,抑或遁入空门⋯⋯而事实无人知晓。但从仙女的性格发展逻辑看,仙女的性格早已定型,她并非一个善始善终的人,内心一时的平静无法让她接受宁静困顿的生活,也无法让她脱离对他人的依靠。就像仙女突然出现的母爱,它没能把仙女留在孩子身边,她仍旧自私。她的命运其实与保润、柳生一般早已定型,难以靠一时内心的变化来抗争宿命。仙女出走后,也许会回归一时的平静生活,但内心欲望的不满足与前后生活的落差会让内心空虚的她再一次陷入以往的堕落人生。

(四)"冬"之生

苏童在季节隐喻上,做到了"留白"。"留白"是一种国画技法,在小说创作上,留白也同样焕发出独特魅力。未知、隐藏的"冬天"未显露,却又在情节深处悄悄露出痕迹,引得读者深思,这种设计令人不由得称妙。

故事结尾,保润、柳生、仙女三人分别入狱,死亡,逃离,都走向人生悲剧的结局。这是最为直白的未言之喻:三人都走向沉寂覆灭的"冬天"。但仙女留下了一个孩子,这个"冬天"似乎又多了一份暖意。冬天既属于三个主角,因为他们都走向人生的覆灭;也属于仙女的孩子,寓意着人生新的开始。雪莱在《西风颂》中有"冬天来了,春天的脚步还会远吗?"这样的诗句。小说中四季象征不同的人生阶段,而四季在自然界是永恒的轮回。三人的悲剧在前三季萌芽发生,在"冬天"归于沉寂。尘埃落定的"冬天"后,是新的春天,新的希望。就如同仙女的孩子一样,一切罪恶都将过去,新生就在眼前。

三、人性的复杂:意象丛生

《黄雀记》不仅外部结构充满隐喻,而且小说中每个道具都是一个意味深长的意象。

(一)绳索——绑缚别人亦绑缚自己

保润相貌平平、性格憨厚、家境普通、智商一般,没有什么特别出挑的,独独在结绳上可以称得上"艺术家"。这门手艺是从祖父身上不断实践而来的,这个不善言辞的少年,在一次次将年迈发疯病的祖父用绳索捆绑起来时,慢慢摸索出自己的艺术。苏童在小说叙事过程中运用大量笔法描写保润与绳子的关系,他与绳索密不可分。依着他人要求,保润用绳子绑住祖父、柳娟及其他井亭医院的病患,这也是保润人生的高光时刻。平庸的保润是一个缺乏自信的人,仙女的嘲讽令他更迫切去找寻自信,而手中的绳索是他自信的来源,因此他才会绑人,以致蒙冤入狱。保润手中的廉价绳是他的生命之绳,他操控绳索打出一个个绳结,也被绳子紧紧绑住灵魂。

绳索是诱使保润犯罪的牵引绳,也是束缚着保润命运的绳子。保润人生重大转折时刻总有绳索的影子:如结识柳生、绑架仙女、成为强奸案中替罪羊、杀死柳生等。绳索作为串联保润一生的物件,让他找到自己独有的价值,也让他一生都逃不开束缚。表面上看,是保润操控绳索,绳索在他手中变化各种样子,实际上他自己陷在绳索的圈套之中。

保润的一生可悲可叹,他是一个倒霉蛋,蒙受冤屈,为他人过错买单。经历十年牢狱之灾的保润不再像年少时那般憨厚单纯,他内心充满愤恨,表面却与柳生周旋。通过苏童对出狱后的保润各种描写,可以一窥这个男人的内心。他按捺住仇恨,令柳生放下警惕。正如他身上的刺青"君子报仇,十年不晚",保润为复仇潜伏、克制,等待最佳的复仇时机。仇恨随着时间愈加壮大,最终带着柳生与保润自己走向毁灭。保润被柳生毁了人生与家庭后,也同样毁了柳生的家庭,他用暴力还击柳生一家犯下的恶,两个家庭就此散了。杀死柳生时,保润从一个假强奸犯变成一个真杀人犯,他为自己的仇恨买单。复仇道路上,绳索像一个影子一般一直围绕着保润,它就是保润的命运。"绳索是世界的象征,也是命运的象征,在绳索的束缚之下,每个人都难以逃脱、身不由己。"如果说,保润第一次入狱是受污蔑,第二次入狱则是自己的选择。他从监狱走出,最终又回到监狱,就像他手中结的绳环,起点就是终点,就此走完他的一生。

同时,一根看不见的绳将保润、柳生、仙女三人的命运也绑缚在一起,他们三人谁也不能摆脱其他两人的存在。即使仙女离开香椿树街、保润入狱,他们依旧会被看不见的"绳"带回香椿树街。故事结尾,出走的仙女还是会被"绳"联结着死去的柳生和入狱的保润,三人的命运羁绊之绳永不会被割断。

(二)水塔——堕落与救赎

"水塔"作为一个贯穿全文、具有深刻含义的意象,总是在重要关头出现。它以一个旁观者的身份,沉默不语却又参与整个故事进程。作为见证三个主人公爱恨情仇的关键,水塔见证了罪恶的开端,也见证了罪恶的收束,它的形象设定极其富有深意。在小说的不断发展中,水塔的形象从本身的自然含义一步步加深。水塔在小说中有四个"变身":废墟、欲望宣泄地、香火庙、避难所。

废墟。小说开始,水塔就处于一个特殊的地理位置:它位于树林边缘,爬满藤蔓,荒芜封闭。水塔最先出现是因为它足够荒芜,没有什么人接近这里。保润偷走仙女的兔子作为仙女拿走自己八十块钱的报复,而柳生则建议保润将兔子藏到水塔。这时,水塔仅是一处废墟,无人问津。

欲望宣泄地。随着情节冲突的上演,这处荒芜的环境慢慢沾染暧昧气息。保润出于一时愤怒和对仙女的喜爱,脑子一热绑架仙女,并要挟她同自己跳"小拉",遭到拒绝后,保润在对少女肉体的好奇中逃离。但他没想到柳生会强奸仙女,正如他想不到仙女会撒谎一样。原本只是报复仙女的场所变成柳生的犯罪现场,他们的人生悲剧正式拉开帷幕。水塔中人性得以宣泄,保润与柳生都释放了自己内心隐藏的欲望。

香火庙。作为罪恶发生地的水塔,之后却摇身一变成为供奉菩萨的香火庙,罪恶与神圣共处一地,颇具戏剧性。更具讽刺的是,水塔是经由柳生之手改造而成:"他亲手堵住了一个黑暗的记忆,他亲手堵住了一条通往罪恶的路。"经过多年侥幸生活,柳生总是有意无意间切断与过去的记忆,但当他面对变身为香火庙的水塔磕下第一个响头时,柳生意识到自己只能赎罪。由水塔改造的香火庙备受追捧,普度众生的菩萨被请进罪恶深渊。如同多年前见证柳生犯罪一样,水塔日夜接收着人们的愿望,沉默聆听各种欲望,掩盖在菩萨慈悲面容下是无情的旁观者,它不会实现愿望,那些黑暗也被藏在无人可见处。水塔身份的转变也是一种赎罪观念,一般来说,人难以做到自救,芸芸众生所求的其实是内心的自我慰藉,他们借上香来求得希望,求得"他救"。这种依靠人有所图的慰藉物最终也会被他们自己推翻。因而,香火庙盛景不长,最后也只是落得一片荒芜。

避难所。保润和仙女走投无路时,水塔又成为避难所。保润出狱后曾在水塔暂住,生下孩子无处可去的仙女也曾在水塔暂居,水塔成为二人唯一的栖身之所。

仙女出走后,祖父和孩子又成为水塔新的暂住户。

水塔一直作为一个标志性建筑矗立,它本身不具备人性中的荣辱感,它不因繁荣而喜,也不因衰败而悲。不论主人公之间的爱恨情仇,还是生离死别,它冷眼看待世事变迁、灵魂堕落、救赎渐行渐远。作为罪恶的见证者,水塔是保润、柳生、仙女三人不愿提及之处,但当他们陷入危难时刻时,水塔又变成了三人的救赎之地。水塔是三人不愿提及的痛苦回忆,是三人的希望与救赎,也是属于三人的秘密,他们始终逃不开水塔。在整个故事结构中,水塔的形象跟随人物关系而变化,作为一个串联全文的线索或是道具,整个小说以它为始,也以它为终,这种命运式的轮回与故事本身的宿命感相同步。

(三)红脸婴儿——羞耻与希望

苏童在塑造女性角色时,主要通过描写女性心理与其所受压迫表达对女性的悲悯。

小说最后一章,名为"红脸婴儿",这是仙女生下的孩子。仙女受到家庭、社会、个人等多重影响,自甘堕落成一个风尘女子。作者安排这么一个堕落腐败的女性生下孩子有其特殊寓意。仙女的孩子是红脸,因此被人叫作"耻婴"和"怒婴"。耻,是对现实的羞耻;怒,是对现实的愤怒与无望。红脸婴儿作为仙女生命的延续,会沿袭仙女的罪恶与羞耻,这正是苏童对仙女这类人物的警告:堕落与黑暗会在新生命中得以延续。即使红脸婴儿什么都没做,母亲带给他的羞耻也不会消失。红脸不仅是仙女自身的罪恶与羞辱,还是他人对仙女看法的外化。在他人目光中,红脸就是仙女的罪证。

但同时,婴儿又象征着生机与希望,"怒婴依偎在祖父的怀里,很安静",与离开母亲哭闹不止的孩子相比,安静接受母亲离开的怒婴显得格外不同,这正是他摆脱仙女罪恶与羞耻的开始,属于他的未来充满了希望和各种可能性。

(四)失魂——主体性的丧失

"失魂"是无形的心理意象,作为一种独特的心理现象,是精神被极度压抑后的一种外在反映。

《黄雀记》中,"失魂"有两类:一类是以祖父、绍兴奶奶等人为代表的传统意义上的"失魂";另一类是保润、柳生、仙女的"失魂"。两类失魂都是丧失了主体性,无法自控,以致做出丧失理智的事情,后一种"失魂"更具破坏性,害人更害己。

保润因绑架仙女、杀死柳生,在情欲与仇恨中失魂;柳生因强暴仙女,构陷保润,在内疚与恐惧中失魂。二人失魂都与犯罪有关,也都与仙女有关。保润第一次失魂就是出于迷恋仙女,他在无名少女愤怒面孔中"感到一种难以形容的亲近",而后开始三人的纠缠。柳生曾对仙女说:"你不在,我的魂就在,你回来了,我的魂又丢了。"仙女是造成保润、柳生"失魂"的人,恰恰也是"还魂"的人。

与保润、柳生相比,仙女失魂程度是最深的。如果说保润与柳生是间歇性失魂,仙女便是持续性失魂。家庭教育的缺失与性格的缺陷使仙女的三观出现偏差,浮躁的金钱社会与虚荣让她在遭到柳生的侵犯后选择自甘堕落,为利益出卖身体与尊严,为利益伤害保润与柳生。失魂的仙女毫无道德可言,随心所欲,对自己不负责,对他人也不负责。

如果说"失魂"是迷失自我,"还魂"便是找回自我。小说结尾,仙女生下怒婴后,灵魂开始归位,她认识到自己的罪恶,学会忏悔。失魂程度最深的仙女是唯一找回"魂"的人,但"还魂"只是一时的,帮助仙女暂时还魂的"红脸婴儿"并未拉住她离开的脚步,出走的仙女注定不能安心生活,她终究还是"魂不附体"。苏童曾在一次采访中表明:"从某种意义上来说,陀思妥耶夫斯基的《罪与罚》和《被侮辱与被损害的》这两部小说恰好可以言简意赅地表达《黄雀记》的脉络和精神取向。"这从三人的失魂现象中便可见一斑,苏童依托"失魂"这一充满迷信味道的心理意象来表达人生的罪与罚。三人在失魂中犯罪,在失魂中受罚,也在失魂中赎罪。

四、结 语

苏童在《黄雀记》中构建了一个具有浓郁寓言味道与审美意韵的奇特世界,将故事中人物深层灵魂意象具体化以呈现给读者。他将生活中常见的意象进行艺术加工,赋予其更独特的审美意韵,将故事中人物深层灵魂意象化,这也是对小说人物命运的讽喻。通过借助描写社会转型期小人物的现实困境,侧面反映当时部分群体的生存状态和心理状态,揭示生活中的矛盾与冲突,同时也批判那个时代部分人的道德丧失。

参考文献

[1]苏童:《黄雀记》,作家出版社 2013 年版。

[2]高瑜爽:《论〈黄雀记〉中的意象美》,《小品文选刊》2017 年第 4 期。

[3]洪玉洁:《〈黄雀记〉中的苏童式宿命悲剧研究》,《大众文艺》(学术版)2015年第23期。

[4]周名瑞、周春英:《苏童的"绳索"——〈黄雀记〉赏析》,《名作欣赏》2015年第5期。

[5]赵戈:《论〈黄雀记〉中黄雀意象的双重内涵》,《齐齐哈尔师范高等专科学校学报》2017年第3期。

[6]杜真真:《关于"魂"的言说及其隐喻——解读苏童小说〈黄雀记〉》,《绵阳师范学院学报》2014年第9期。

[7]苏勇:《〈黄雀记〉的叙事策略:荒诞、寓言与解构》,《佳木斯大学社会科学学报》2016年第3期。

[8]刘向撰,卢元骏注释:《说苑今注今译》,天津古籍出版社,1977年版。

[9]陈思和、王安忆、栾梅健:《童年·60年代人·历史记忆——苏童作品学术研讨会纪要》,《渤海大学学报》(哲学社会科学版)2010年第6期。

[10]刘科:《新长篇〈黄雀记〉出版,苏童五十天命重归"香椿树街":它一直疲倦而柔软地靠在我怀里》,http://www.time-weekly.com/html/20130606/21611_1.html。

(本文原载于《文教资料》2020年第13期)

《推拿》中盲人群体的双重边缘性与人类通性

李知闲①

毕飞宇的小说《推拿》采用人物单元叙述法,每章讲一个人的故事,共十章。所有人围绕一个中心旋转,类似同心圆。圆心是"沙宗琪推拿中心"老板沙复明,他推动整个小说故事的发展。交错的人物单元叙述方式使小说的故事线不再单一,变得复杂而有层次感。

叙述采用"上帝"视角,以第三人称的口吻,客观冷静地"记录"着这个群体在生活中的种种艰难。扯下大众对处于双重边缘处境的盲人群体的误读,展现他们与常人一样的尊严、物欲及情感方面的需求。

我们之所以将这些残疾人视为边缘人群,原因在于:一方面,因为他们既无法融入社会,也无法被社会"利用",即无法创造出等同于正常人的社会价值;另一方面,因为他们主动或被动选择与家庭亲人疏远,与主流社会隔离。前者是社会上依旧存在的客观现实,是一种不公与悲凉,它使这些盲人的生活和心理产生很大变化,而后者则更多出于他们的自我选择,是一种无奈与辛酸。

一、残疾与底层劳动群体双重身份下的边缘生存状态

《推拿》以盲人群体为书写对象,其中有推拿中心的老板沙复明,有员工王大夫,有先天失明的张宗琪,也有后天失明的都红。但无论什么角色,他们都是一群挣扎在社会最底层的残疾劳动者,既不能被当作正常人接纳,又拒绝认同自身残疾,只能群聚在似"沙宗琪"一样的盲人推拿中心。

人物与其所处环境间的复杂关系是这部小说的着眼点,可将其大致分为三大类:与原生家庭之间关系、与工作场所之间关系、与健全人之间关系,三者又相互缠绕,更显复杂。

---

① 本文作者系浙江越秀外国语学院中国语言文化学院 2016 级学生,指导教师尹传兰。

盲人与他们原生家庭间的关系并不亲密,基本介于亲近与疏离之间。对他们而言,同类更容易彼此信赖。相比之下,推拿中心倒更像是他们的"家"。一般来说,推拿师们是不说"下班"的,他们直接把下班说成"回家"①,这个"家"其实是员工宿舍。他们与同类的关系近似亲人,如王大夫、小孔、张宗琪、小马等,无一不是此种情况。

除了残疾人身份之外,他们还是处在社会底层的劳动者。毕飞宇选择将残疾人与底层两重身份叠加在一起,是为了让存在于盲人群体中的问题异常尖锐地暴露出来,而这些问题的暴露又展现了这一群体的脆弱与不堪一击。

但《推拿》又是"以常态、健康的暖色调塑造底层形象"②,没有将这一群体写得异常悲惨或者着意突出生活的残酷,如明飞龙所言,毕飞宇"把重点放在'日常生活'而不是'底层苦难'上"③,以细腻的笔触描写日常琐事中盲人的生活状态,表面看并无太多起伏,实际上却让其中人物的矛盾冲突产生一股强大的压迫感。例如引发"沙宗琪推拿中心"危机的原因——"羊肉事件"。事件起因于两个身体健全的员工高唯与杜莉间的摩擦,形成两个对立团伙,引发健全人厨师金大姐在分配伙食时对盲人员工的不公与欺瞒,导致推拿中心里员工站队、权力争夺等一系列纠纷。作为小说中最强烈的冲突之一,不仅深刻表现出正常人对盲人世界的巨大打击,更凸显出在物质利益前,盲人世界的脆弱与不堪一击。同时也为沙复明、张宗琪两人间的权力角逐和员工们的聚散离合埋下伏笔。

最具讽刺的是,引发"羊肉事件"的三个主角是推拿中心的健全人。一伙是厨师金大姐和她的跟班前台杜莉,一伙是前台高唯。她们之间的矛盾起因于对员工间的利益计较。高唯看不惯杜莉做错事不负责的人品;杜莉看不惯高唯对都红好,认为高唯巴结未来老板娘;金大姐与杜莉关系亲密,悄悄助阵杜莉,通过菜量分配给高唯"穿了小鞋"。矛盾终于爆发,高唯当众揭发金大姐分配羊肉时的龌龊举动,暴露了健全人对盲人的欺侮。在数羊肉时,高唯的"适可而止给每一个当事人都留下了巨大的想象空间"④,高唯是健全人,她可以通过语言、语气利用盲人眼盲去轻松搅乱盲人世界的秩序,使盲人陷入猜疑和想象。她们双方背后则分别代表了推拿中心的两位老板张宗琪和沙复明,这个矛盾直接引发两位老板争夺推拿中心权力的斗争,盲人员工也要被迫选择站队。张、沙二人从前极力维持的公平、人道局

---

① 毕飞宇:《推拿》,天地出版社 2017 年版,第 39 页。
② 王东凯:《论毕飞宇〈推拿〉对当代底层人物形象塑造的启示》,《枣庄学院学报》2014 年第 4 期。
③ 明飞龙:《从"奇观"到"日常"——毕飞宇〈推拿〉底层叙事的意义》,《创作与评论》2012 年第 2 期。
④ 毕飞宇:《推拿》,天地出版社 2017 年版,第 176 页。

面就这样被轻易打破了。

也就是说，尽管毕飞宇没有大肆渲染残疾人的不幸，但因这些群体本就是失去视力的社会底层，这就使他们确实比健全人底层群体生活得更加困难，面临双重困境。毕飞宇的高明之处就在于，用日常小事来展现盲人生活的不易。每个人都要面对日常生活和工作情感，但眼盲的确给盲人群体的生活额外增加了一个难度。他们既要有尊严地支撑自己的生活，又要反抗命运以实现自己的理想追求，这份执念与小说平和的文字间产生一种奇妙的张力：在无奈的日常中挣扎，在残酷的境遇中喘息，达到"于无声处听惊雷"的艺术效果。

可以说，残疾和底层劳动群体的双重身份，凸显了被社会边缘化的盲人群体的特质。他们既与社会隔离，又与亲人疏远。前者是一种不公与悲凉，而后者是一种无奈与辛酸。作为弱中之弱的群体，他们辗转于各城市的推拿中心，除了找同类共同谋求生活之外，更重要的则是边缘、弱者群体的群聚自保心理。

二、尊严意识压迫下的价值追求和精神情感诉求

小说中的盲人大多都表现出非常强烈的尊严意识，这种尊严感并非完全出于理智，而是出于对物质、权欲得失的计较与对自我价值的偏执追求。这两种心态的出现，恰恰源自残疾与底层劳动群体双重身份的重压。

《推拿》中盲人各自守护的尊严表现为两种样态：一种是拒绝将自己当作社会弱者的自尊感，主要通过敌视外界的偏见来实现。都红即属此类。都红在慈善公演后，由于观众的"同情"毅然放弃钢琴选择中医推拿，用自己的职业选择对抗这些"好前途"。她拼命维护自己的尊严，不想被"另眼相看"；另一种是通过"自虐式"的奋斗，以提升自身社会地位的自尊感，往往与现实物质、利益相关联。沙复明最典型，为赚钱他将吃饭变成了喝饭，"把饭菜搅拌在一起，再把汤浇进去，这一来干饭就成了稀饭，用不着咀嚼，呼噜、呼噜、再呼噜，嘴巴象征性地动几动，完了，全在肚子里了"[①]。最终导致沙复明的胃由隐"痛"变为难忍之"疼"。毕飞宇巧妙地利用推拿手法的特点，比较了"痛"和"疼"之间的细微差别——痛就像推拿手法中搓和揉，痛在一个面上，是发散的，痛感是钝的；疼就像推拿手法里的点和按，疼在一个点上，是集中的，疼感是锐利的。与其说是在比较"痛"与"疼"，毋宁说是借此表明沙复明追求老板梦和物质财富的执念。

---

① 毕飞宇：《推拿》，天地出版社 2017 年版，第 40 页。

如果说沙复明的尊严感完全演化为极端利己,即为了个人利益而不惜让渡友情(尽管他们同为残疾人,也不惺惺相惜)。那么,都红所追求的尊严感则更偏向精神层面的追求,即对真诚情感的向往。都红很好强,但为了养活自己,她必须学会妥协和隐忍。她渴望无利益牵扯的情感,但理想在现实面前总是不堪一击。一次意外让本就眼盲的都红拇指被门夹断,无法继续做按摩师,成了残疾人中的残废。但她不愿意靠他人养活,认为这是自我尊严的丧失。为了仅存的骄傲,都红选择拒绝同事的钱、放弃沙复明的情感,默默回到老家。小说对都红离开后的状况并没有过多描述,但基于作品的写实风格,我们不难想象,就算都红一时避开利益纠葛,但实际上,利益牵扯无处不在,她"企图逃出社会结构之外",躲开健全人世界对于她的同情施舍,"实则无处可逃"①。

外部生存环境对盲人群体的影响固然很大,但毕飞宇并没有仅限于此,而是通过细节慢慢展露这些盲人自身的内在因素。

徐泰来由于身体残疾、第一段恋情的失败等因素自认为配不上金嫣,小孔没有勇气对父母说出爱人是全盲而不停撒谎,这个群体对自身先天缺陷无力化解的自卑感,使他们更加敏感,潜在地放大了外界在心底的影响,逐渐对健全人社会产生排异性的恐惧。他们"自成一体,铸成自己的小围城,别人进不去,他们也出不来,更是不想出来"②。

正是在这种强烈的自尊的压迫下,盲人群体的价值取向和精神情感上的诉求慢慢浮现。价值取向上表现为对物质利益、金钱超乎常人的执着,这种执着除自尊因素外,更因残疾群体拥有的太少——身体残缺又处于社会底层,先天的劣势使他们格外珍视已拥有的东西。如王大夫,当欠债弟弟的债主上门讨债时,王大夫毫无掩饰地表示,对盲人来说钱就是命,甚至用刀砍伤自己,宁愿以命相抵也不愿给钱。这种将钱当命的决绝和狠劲与沙复明为了挣钱甘愿压缩吃饭时间一样促人深思:健全人社会对物质、金钱的追求,在残疾人世界表现得更偏执,甚至成为他们用以抵抗健全人世界的方式。

除了着重表达物欲追求之外,《推拿》在这一群体的情感诉求方面也着力颇多。事实上,无论哪个群体,都逃不开爱情、亲情、理想这类话题。毕飞宇描绘了"王大夫和小孔""徐泰来和金嫣"这两对情侣,是为了表现恋爱婚姻对这类群体的影响、他们相处时的纠结和小心翼翼,与健全人无异;描写沙复明和都红时,表现了爱情

---

① 李广旭:《残疾人感觉的异化现象及其成因——重读〈推拿〉》,《山东社会科学》2016 年第 6 期。
② 安姝媛:《毕飞宇小说〈推拿〉中的边缘人生》,《文学教育》(上)2018 年第 2 期。

在这个群体中发酵的过程,反映出这个群体对外表的好奇与探索。双眼看不见不代表他们对美、对外貌不在意,这从沙复明对都红长相的忖度、周围人评价徐泰来长相与金嫣不相配等事件中,均可见盲人群体对美、对外貌的在意,这也是小说中富有深意的一点。

三、盲人群体的自我解脱与人类通性

《推拿》借盲人群体的日常与社交,表达了这类群体为人的艰难及人类的共通性。

首先,看"为人的艰难"。它不仅关涉盲人群体在健全人社会遭受的偏见、求生的困难与不易、身为弱势群体难以保全尊严等境况,更关涉盲人群体如何理解自身困境的问题。其实,拨开表层的苦难,其背后表现出的是他们无法实现自我解脱。这里的"自我"不仅限于表层意义上的个性、独立,更关涉个体自我认知和精神向度,人之所以为"人"的关键在于是否有清醒的自我意识。《推拿》中的人物生活在他们所构筑的嬉笑怒骂和酸甜苦辣中,却恰恰又是被他们自己编织的生活所束缚,渐渐迷失自我。盲人群体的全部生活、理想追求、情感世界,皆围绕尊严展开,几近偏执到扭曲。如,都红通过观众的反应感到无地自容,王大夫因弟弟婚礼没被邀请深感自尊受挫,等等。他们所追求的尊严大多都逃不开外界的态度,他们太在乎别人眼中的自己,乃至将外界的态度当作衡量尊严的唯一筹码。可见,盲人群体从未坦然接受身体残缺的现实,在其潜意识中也从未正视过自己的盲人身份。回避自身的残缺,逃避与健全人交流,使其最终找到了明确的生活目标却也逐渐看不清自我,发生可怕的自我异化:精神追求偏执化、情感诉求缺失化。这些都慢慢腐蚀着这个盲人群体,使他们迷失自我,被畸变的自我绑缚难以挣脱,成为不被正常社会接纳的人。

其次,看人类通性。所谓"人类通性"是指,作为与动物相区别的人无论彼此间在个性上有多大差别,但在面对生活、工作、情感、思想、理想追求等方面,尤其是在爱情、亲情、友情这类人类世界永恒的人生主题时,都会做出相似的选择。

《推拿》便是通过盲人们错综复杂的人际关系,展示了上述"相似的选择"。

如对爱情的憧憬。小说中人物大多是在推拿中心工作的男男女女,在他们日常交往过程中,爱情的产生和发酵是自然而然的。金嫣与徐泰来、王大夫和小孔、沙复明和都红,甚至包括一闪而过的张宗琪与其前女友,他们在各自的爱情故事里表现出的勇气热情、不安自卑等情绪都与健全人世界的爱情无异。而在沙复明与都红的爱情中还表现出另一种特质——对美的幻想,沙复明对都红的好感缘于导演的赞美。在他黑暗的世界里,想象着都红的美,感受到人生另一种美好,人也变得鲜活起来。"美感染了他,却又离他远去,残缺的美让人心痛,残缺的爱让一个理智的人感受到情感的温度"①,与其说这是专指沙复明的爱情体验,倒不如说是属于每一个活生生的人的爱情体验。

再如对物质、权力等欲望追求上。"羊肉事件"使沙复明与张宗琪的暗斗明朗化,但卷入的人并不止这两位盲人。作为事件挑起人的高唯、杜莉等健全人也代表另一类利益争夺,因她们"戏份"较少,所以易被读者忽略。其实,无论是健全人还是盲人,他们都很计较自身利益得失。只是因各方矛盾交错纷杂,造成读者暂时忽略沙复明等人眼盲的事实,聚焦于各方的拉锯战,这表明人类对权力的追逐都是一样的。盲人的世界虽然只是物理世界的黑暗,但在这方面依旧逃不脱与健全人世界一样的选择;而健全人世界虽是五颜六色,但在追逐利益上却与盲人世界一样"黑暗"。

也就是说,《推拿》展现了一个群体却又让这个群体不被某些特质所局限。既描绘了处于边缘群体地位的盲人的差异性,又将盲人当成常人写,这不是为了弱化盲人的不幸,而是为了表明生活在同一个社会中,无论哪个群体都会因其内部成员的关系处理而展现出相似的复杂性,即是以人类通性为旨归。

《推拿》中无论是时间的流逝还是人物的情绪都是沉默压抑的,压抑到最后一刻爆发,其背后充满无力与无奈。盲人因失去视力而丧失观察花花世界的机会,看似少了一些外界的干扰,貌似会活得更纯粹,但事实并非如此。他们与健全人一样逃不开生活的碾轧,一样会迷失自我。小说的核心观念是:关注"心盲"比关注眼盲更重要,既要先将盲人视作正常人去看待,又要再去关注他们眼盲的事实。

(本文原载于《文教资料》2020年第12期)

---

① 李贤:《论毕飞宇〈推拿〉的主题意蕴》,《阜阳师范学院学报》(社会科学版)2017年第1期。

论曹文轩与里下河地域文化的关系

柯璐雨[①]

在江苏省中部的一个平原摇篮里躺着一个大港湾,有一个以水为滋养和浸润而人杰地灵的区域,名曰里下河;在中国文坛上有这样一位作家,水网密布的苏北里下河是他的故土,坚毅细腻的家乡精神是他的支柱,独特纯美的文学艺术是他的代表,他就是曹文轩,一位属于里下河文学流派的作家。这个文学流派就如同这片自我绽放、与世无争的土地,清清浅浅地出现在世人的眼前。"楚汉雄浑"与"维扬风骚"是里下河地区的代名词,细腻与雄浑并存、朴实和健壮相依的独特色彩给了里下河鲜明的特色,并且反映到每一个土生土长的平民和作家身上,而这也给了曹文轩不小的影响,让他的无数作品都投射出强烈的地域色彩。地域文化影响着曹文轩的创作内容和品格,还影响着他创作时的情感机制、美学表达和精神力量,引发了我们对里下河外在风情和作家对美的呼应之间深层次的思考和探究。

一、曹文轩笔下的里下河地域文化风貌和品格

(一)山水环抱的乡村艺术

翻开曹文轩的书,到处都是河道相错的湖泊、涓涓细流的溪水、一望无际的芦苇荡、灿烂金黄的大麦田……相对于浩浩汤汤的黄河和磅礴壮阔的长江,里下河的河水显得极不起眼。它清清浅浅地流着、自由自在地流着、无忧无虑地流着,它没有一点攻击性和胁迫力,但这位温婉美丽的水美人,日复一日年复一年,却默默地、渐渐地流淌到了每个人的心房。"这里的人和事多带有点洑洑水汽。人的性格多平静如水、流动如水、明澈如水。"[②]里下河山水环抱的地理特征衍生出了曹文轩笔

---

① 本文作者系浙江越秀外国语学院中国语言文化学院 2016 级学生,指导教师余晓栋。

② 汪曾祺:《菰蒲深处自序》,浙江文艺出版社 2000 年版。

下独具一格的乡村艺术手法描写和形象塑造,他的作品体现了这种细水长流的古典美学风格,无论是写人还是写事总选取最温和的方式,多选择具有人性美的中间人物来表现。村民们的心性如山水般交融,柔中带刚,他们朴实勤劳,但对人对事严谨踏实,有自己的原则,为乡村艺术的美丽展现了自己最全面的"里下河人"风貌。

"二十年的岁月,家乡的田野上留下了我斑斑足迹,那里的风、那里的云、那里的雷、那里的雨、那里的苦菜与稻米,那里的一切皆培育了我、影响了我,从肉体到灵魂。"[①]这些关于家乡的记忆留在曹文轩的脑海深处,即便等他长大后离开了,仍旧是信手拈来的熟悉。他坚守着的是"永远的古典",所有作品都寓教于美,故事情节不跌宕起伏,甚至显得平淡,却余韵悠长,带有深刻的寓意。他喜欢乡村大麦地中不竭的纯净,他不断地书写着美,在牧歌式的凝眸、绘画似的意境营造中,构筑起一道亮丽的风景,将现代乡土小说诗化,艺术特色展现得晶莹剔透。即便是转型小说《山羊不吃天堂草》,他也没有放弃乡村的描写,将明子这个带着一腔赤子之心的乡村男孩,在熙攘城市中不断承受着生理和心理考验的迷茫成长史刻画得入木三分。这个宁静淳朴的苏州水乡、这段古典诗意的邻里故事、这种真挚自然的语言,塑造了一个又一个关乎幸福、真情和道义的佳话。曹文轩的艺术为乡村渲染了纯美的氛围,而被山水环抱浸染的质朴人民为他提供了取之不尽的文学灵感源泉和动人的灵魂呈现。在他的作品中,艺术和山水相间的乡村无法分割,它们天生一对,它们地设一双。

(二)刚柔相济的热情品格

刚柔相济可以说当之无愧地成为概括里下河地域文化品格的形容词。刚,即刚毅顽强;柔,即水性的柔情细腻,它们都是村民们性格的真实写照。"对水我一辈子心存感激,在我的脑海里所记忆的故事大半与水有关。水对我的价值绝非仅是生物意义上的。由于水,我的灵魂永远不会干燥。"[②]里下河的地域文化风貌不仅滋养了曹文轩的童年,同时滋养了他的整个人生,让他同时赋予了笔下那些栩栩如生的人物独特动人的文化品格。《青铜葵花》中那个哑巴哥哥青铜细腻温顺,为了妹妹事无巨细地默默奉献,但却在被侮辱成是偷鸭贼时奋起反抗,表现出了血气方

---

① 曹文轩:《细米》,江苏凤凰少年儿童出版社 2009 年版,第 242 页。
② 王倩:《曹文轩和他的水土乡村》(访谈),《中国图书评论》2005 年第 6 期。

刚的男孩气概。这就是里下河人，他们细腻在生命中的点点滴滴，刚毅在性格中的分分秒秒，刚柔相济，寄予纯美的文化品格。

曹文轩的作品与一些充斥着满满的疼痛感和绝望感的乡村作品大相径庭，他所描写的乡村总体都是向上的，是带有倔强生命力的，环抱着人性美和环境美的无声融合。比如说在追梦旅途中不断追逐自我生命价值的根鸟，充斥着对生命意义的渴求和满腔诚挚的热爱。人性的美丽光辉给了生命力量，力量的诞生催生了追求的热情。这是曹文轩作品的品格，也是里下河人民的独特精神所在，他的作品品格来自地域风貌的滋养，而这片土地回馈的是渗入到灵魂中的美好品质。水中的人和事，处处展现着属于里下河这片净土独一无二的细腻坚忍品格。

二、曹文轩对里下河地域文化的呼应

（一）人情与风土的浸润

对于文学，我们有时候需要做减法。土壤、根系和血脉构成了曹文轩作品中最美的一部分。我们所追求的并不是跌宕起伏的刺激情节，也不是跌破眼镜的奇人怪事，更不要无病呻吟的自我哀怜。曹文轩的故事里，孩子们的主线都是清澈而明媚的，他们的爱都是内敛而深情的，即便除去表层所有的道具符号，这些浓浓淡淡、意蕴深沉的风土人情会若隐若现，栖居在文化精神和意义追求中，给予文学灵魂和生命。里下河地区的环境和风土聚集着中国最有代表性的含蓄柔软的专属于东方的情感表达。它不需要像西方文化那种荡气回肠和大胆直露的血誓告白，而是一个原始的细节就能够打动每个人的心。在《山羊不吃天堂草》中有一段明子第一次碰到紫薇的手的描写："明子的心慌慌地跳，脸上有一种火烧的感觉，他的那双由于劳动又缺乏保护而变得粗糙敏感性不强的手，仍然真切地得到了关于那双小手的印象：柔软、温暖、乖巧而安静。明子不明白，当时为什么想到了小时候到草垛去抱草，发现两只小鸡雏，他一只手捉住了一只时的情景。"其实不过寥寥数语，却将一个少年第一次碰到心爱女孩的手时青涩和紧张的心理活动表现得淋漓尽致，一只无辜动人的带着女孩子气息的手折射出了那个远离城市的乡村中最宁静最深远的温暖回忆，一种温煦和幸福的感觉不禁油然而生。而《红瓦黑瓦》讲述了国家政治和一个特定时代背景下民族的骚动和喧哗，他在这部小说中反映出鲜明的政治色彩，但是又不像一个完全刻板的现实主义作家，而是带有直面生活的勇气，将这些动乱的内容融入平淡而真实的生活中,完全地将政治的投影变得生活化了。每个村民面对社会动荡时的人性心路历程和变化都被他描写得生动形象,摒弃了绝对现实主义的僵硬。浓浓的风土味和人情味相互追逐着、打闹着,带着写实的真,带着生活的美,在男孩女孩纯洁的心动中锦上添花,在动荡起伏的社会中熠熠生辉,描绘出一幅幅灵动优美的生活画卷。

(二)纯美与思想的力量

"美的力量绝不亚于思想的力量。一个再深刻的思想都可能变为常识,只有一个东西是永不衰老的,那就是美。"[①]思想转瞬即逝,捕捉到定格后的定义就变得平庸客观,但其中所呈现出来的美却经久不衰,也许有时候说我们热爱某段文字里传达出来的思想,倒不如说我们被蕴含其中的深层次美感深深打动。当今的中国文学,主要是以教化为主要目标,更倾向宣传某种思想,逼迫孩子们潜意识地接受这种对大环境来说正确的价值观,而忘记了作品最为返璞归真的审美品格。曹文轩则不然,他避开了这两种现象,挖掘着人性记忆深处最为宝贵的东西,以一个温柔的江南水乡小镇为背景,用一段诗意盎然的文字娓娓道来一个个孩子童年的轶事,使作品有着独特深刻的审美品格。不论是有情有义善良真诚的细米,还是一路挫折战胜诱惑的根鸟,以及维持正直、拒绝堕落的明子,他塑造的少年形象都没有绝对的善与恶或正与邪,都是有血有肉的带着自己真诚勇敢、善良正直的美好人格品质,用细腻的笔法刻画着在他们的成长历程中生理和心理上的变化,将全方位的、活灵活现的人物展示在我们眼前,在他们每个人的身上都赋予了独特的美感,非常耐人寻味。

在写作视角上,曹文轩更偏爱用孩童的眼光来呈现大千世界的花花绿绿和悲欢离合。儿童对于生活的悲剧并不能透彻地理解,他们不像大人一样如此现实和悲观,相反,他们会用自己独特的方法来排解和暂时躲避这一切,躲入其乐融融的世外桃源,所以这个视角一定程度上就被诗化了,带上了朦胧的诗意的美。这个世界真实又虚幻,体现了曹文轩对于美的不懈追求。

---

① 曹文轩:《草房子》,江苏凤凰少年儿童出版社 1997 年版,第 296 页。

三、里下河地域文化与曹文轩创作精神

(一)顽强、相扶、理解的道义精神

里下河与水相伴,特殊的河道穿连的地形特征和一条贯穿中间的大运河以及以农业为主的生产方式,都决定了它的文化具有顽强、相扶和理解的道义精神,而曹文轩在其中居住的漫长岁月变迁中,也体现出了朴实顽强的精神特质。可以说,每个在里下河待过一段日子的作家,身上都带有他们自身对于苦难的理解。

贫穷这个词,形容里下河区域再贴切不过。《草房子》中有这样一段描写:"这里的孩子们,一年四季,实际上只勉强有两季的衣服,一套单衣,一套棉衣,中间没有过渡的衣服,脱了棉衣,就穿单衣,脱了单衣就穿棉衣。"[①]那个时候人们生活的艰难和困苦也许对我们来说都是无法想象的事情,但对年少的曹文轩来说,贫穷、饥饿和寒冷都是近在咫尺且触手可及的。但受里下河地域文化的影响,曹文轩对于苦难也如水般细腻和从容,他与那些痛苦的记忆相撞时,带有的更多的是一种悲悯情怀,并非不满和抱怨。所以他塑造出面对病魔和死神变得愈加善良的桑桑、面对蝗虫饥荒奋力号召充满正能量的村主任、女知青梅纹对割麦有心无力时家人们的关心和帮助,这一幕幕都令人泪目。我们看不到对于当时恶劣时代和环境的厌恶,却一次次被淳朴村民们身上理解和扶持的道义精神感动。骨子里的美带来了文字的美,即使是写苦难,也"是要以一种优美的方式"。优美细腻给了曹文轩最博大的心和最优美的文字。

(二)古典、美感、和谐的悲悯表达

水和土地,构筑了曹文轩的作品灵魂。他出生在里下河的一条大河边上,这滋润了他的性格,影响了他的文学风格和创作手法,给了他与生俱来的悲悯情怀。曹文轩对事情不会做简单的道德判断,不会像个道德指挥官一样指手画脚,他会用最抚慰人心的力量来治愈这一切,在进行悲悯表达时充斥着美感和谐。在这片充满诗意的土地上,他的气质中带有独特的古典味道。诗意的江南水乡和朴实顽强的

---

① 曹文轩:《草房子》,江苏凤凰少年儿童出版社 1997 年版,第 135 页。

精神陶冶,给他的骨子里晕染了一缕缕挥之不去的浪漫情愫,在"靠拢古典"的原则上写出了一个个富有美感与和谐艺术风格的悲剧故事。感动和美感异曲同工,但不能相提并论。他所描绘的主人公不靠眼泪和凄惨博取同情,而是靠他们人性的光辉来赢得尊重。如《草房子》中的纸月恬静善良,虽然从小没有父母的照顾和关心,与外婆相依为命,但为了让自己和家人满意一直都能取得优异的成绩,这种懂事的美好品格给人们感动,同时也相连了美感,是塑造得非常成功的人物。

不幸也许是庄严的,悲剧也不一定就要哭天抢地、寻死觅活,它的表达方式也同样可以让人美得心醉。曹文轩追求古典和美感,并且将这两者非常和谐地相遇、相交、相融在了一起,用悲悯的情怀和表达给了我们一场独一无二又纯美感动的视觉盛宴。也许苦难和痛苦对他来说并不是什么不幸的东西,它们甚至是美丽的,正是它们的存在才给了一个人逆境重生的希望和锻炼心智的可能。悲剧插上美丽的翅膀便能重生,便是希望。

悠悠流逝沉积的里下河文化,孕育出了一代又一代的文明,也为像曹文轩这样的笔者在记忆长河中留下不可磨灭的影响和精神土壤。他不仅用自己独特的地域文化风貌创造出了细腻顽强的文化品格,也将这份深入骨髓的古典美丽的道义精神和悲悯情怀注入每一个里下河人的心中。"里下河作家群"的队伍越来越壮大,每个人都对这片土地有与众不同的理解,书写出一个又一个跳跃着灵动和美感的故事,丰富了中国的当代文学,给文学史的价值和意义研究提供了资源和对比。每个故事的字里行间中都透着他们对生活、情感和世界的理解。他们是衡量和体现世界的人,我们是观摩和感受世界的人。在里下河地区的这片文学土地上,一定会有更多新鲜优秀的作品争相涌现出来,带领我们走入更深更广的研究视野。

(本文原载于《名作欣赏》2019 年第 23 期)

比较文学与世界文学研究

封建社会中的两个悲剧女人

——李纨与蘩漪女性形象对比

裘　薇[①]

　　法国著名女权主义作家波伏娃曾说过:"女人并不是生就的,而宁可说是逐渐形成的。"[②]即是说,处于黑暗社会的女人们,她们之所以为女人,只是社会的产物,而并非拥有她们自身的人格,本文中的李纨与蘩漪就是如此。她们的思想活动、文化素养常常受制于男权文化的统治,这使得"女性渐渐成为低于男性、受制于男性的'第二性',成为被压迫、被边缘化的'他者',被排斥在社会政治、文化、教育各领域之外,她们是无历史、无自主权、无话语权的'沉默者'"[③]。《仪礼·丧服》曰:"妇人有三从之义,无专用之道。故未嫁从夫,既嫁从夫,夫死从子。"[④]"在封建宗法制社会里,女子只有'三从'之义,没有完全人格,'既嫁从夫',丈夫就是妻子的主人,即使是丈夫死了,这种隶属关系也是不能改变的。"[⑤]除此之外,在班昭的《女诫》讲道,"夫有再娶之义,妇无二适之义",要求妇女"从一而终"[⑥];刘向作《列女传》提倡妇女要"持贞(肉体的纯洁)守节(对丈夫尽忠职守)"[⑦]的主张;王符在《潜夫论》中指责改嫁女子不贞洁、无廉耻,要求女子"一许不该"[⑧]。而在伍尔夫《一间自己的房间》中写道:"贞洁,或许只是一些社会不知出于何种居心所创造出来的崇拜之物——但却是不可避免的。"[⑨]因此女性在这些重重压迫之下,成为男权之下的牺

---

　　① 本文作者系浙江越秀外国语学院中国语言文化学院 2017 级学生。

　　② 波伏娃:《第二性》,湖南文艺出版社 1986 年版。

　　③ 李伟:《从两个"疯女人"的对比中看女性主义——〈雷雨〉蘩漪 VS〈简·爱〉伯莎·梅森》,《文汇报》2008 年 11 月中旬刊。

　　④ 李晓东:《中国封建家礼》,陕西人民出版社 2002 年版。

　　⑤ 夏桂霞:《李纨形象的社会意蕴——清朝满洲贵族节妇苦难命运的真实写照》,《湖北民族学院学报》(哲学社会科学版)2017 年第 5 期。

　　⑥ 班昭:《女诫》,团结出版社 2017 年版。

　　⑦ 刘向:《列女传》,哈尔滨出版社 2009 年版。

　　⑧ 王符:《潜夫论》,三秦出版社 1999 年版。

　　⑨ 伍尔夫:《一间自己的房间》,陕西师范大学出版社 2014 年版,第 65 页。

牲品,无我之下的禁锢品,鲁迅《狂人日记》中写道:"我翻开历史一查,这历史没有年代,歪歪斜斜每页上都写着'仁义道德'几个字,我横竖睡不着,仔细看了半夜,才从字缝里看出来,满本都写着两个字是'吃人'!"①而繁漪与李纨就是在这样的社会中生存着的,但是她们两个则表现出了不同的行为态度。

一、"礼完"式李纨和"雷雨"式繁漪的性格表现

(一)"礼完"式的李纨

曹雪芹在《红楼梦》中对李纨的出身与性情有这样一段介绍:"这李氏亦系金陵名宦之女,父李守中曾为国子监祭酒,族中男女无有不读诗书者。至李守中承继以来,便说'女子无才便有德',故生了李氏时,便不十分令其读书,只不过将些《女四书》《列女传》《贤媛集》等三四种书,使他认得几个字,记得前朝这几个贤女便罢了,却只以纺绩井臼为要,因取名为李纨,字宫裁。因此这李纨虽青春丧偶,居家处膏粱锦绣之中,竟如槁木死灰一般,一概无见无闻,惟知侍亲养子,外则陪侍小姑等针黹诵读而已。"②"李纨外表沉静贞节,'如槁木死灰',但内心暗潮涌动。她内心的痛苦不轻易展露,正像她所抽到的花名签所描述的,如'竹篱茅舍自甘心'的老梅,以独具特色的'寒霜晓姿'展现。"③李纨就是这样一个人物,在贾府这个大家庭中,她有着恪守礼教、性格善良的完美形象和大家闺秀的才气,又有着孀居寡妇的哀怨和胆怯自卑之气。她是一个典型的封建"旧式"女人的形象,是被封建阶级制度所迫害后的产物,"是清朝千千万万个受苦受难节妇的代表"④。

李纨与有着"不安分的灵魂"的繁漪相比,她的灵魂安分得多,"她从不焦躁,自始至终坚守着自己的生存基点。无论家里发生什么变故,她都一如既往地守礼尽孝、训导儿子"⑤。因此,对于李纨来说,安分守己,才是安身立命的根本。"她明白'恭近于礼,远耻辱也'(《论语·学而》),以守礼尽责为自己获得了生存空间,赢得

---

① 鲁迅:《故事新编(鲁迅小说精选集)》,天津人民出版社 2015 年版,第 176 页。
② 曹雪芹、高鹗:《红楼梦》,人民文学出版社 1979 年版。
③ 王海萍:《淡极始知花更艳——论李纨形象的艺术魅力》,《安徽文学》2014 年第 5 期。
④ 夏桂霞:《李纨形象的社会意蕴——清朝满洲贵族节妇苦难命运的真实写照》,《湖北民族学院学报》(哲学社会科学版)2017 年第 5 期。
⑤ 李鸿渊:《才与德的悖论——王熙凤与李纨形象比较》,《山东女子学院学报》2013 年第 1 期。

了人格尊严",使得"全族上下没人敢轻视她"。①

她年轻丧偶,终年独守空房,过着凄清寂寥的生活。"内心的痛苦,无人可诉,为了排解心中的惆怅,李纨唯独只有在大观园——'女儿国'中获得短暂的快乐。"她"常常与宝钗、黛玉及迎、探、惜们在一起做针线、起诗社,借此来疏解心中的忧伤。"也只有在那里,她黯然无光的生活中才会依稀出现点亮光,并且时常有着少女般的活泼开朗。但是她的这种快乐也是暂时的,一旦离开大观园,封建社会对妇女的禁锢又将把她"打回原形","迫使她不得不回到'标准寡妇'的礼教社会"。在李纨的一生中,"寡妇"这个名词伴随着她,让她遭受着不断的折磨,她"已经被封建礼教打入了另册,常常被人看作是不完整的有缺陷的'未亡人'"。"似乎寡妇不忌讳死,且是死了'一半'残留于世的人。"②

(二)"雷雨"式的蘩漪

刘西渭认为:"她(蘩漪)是一只沉了的舟,然而在将沉之际,如若不能重新撑起来,她宁可人舟两覆,这是一个火山口,或者犹如作者所谓,她是那象征着的天时,而热情是她的雷雨……到了表现的时候,反而冷静到像叫你走进了坟窟的程度,于是你更感到她的阴鸷、她的力量、她的痛苦;你知道这有所顾忌的主妇,会无顾忌地揭露一切,揭露她自己的罪恶。"③

蘩漪在《雷雨》中是一个充满叛逆的女性,她对周朴园的反抗,对爱情的执着追求,说明她是最具有"雷雨"式性格的女性,大胆无畏、敢爱敢恨,她说过:"我没有孩子,我没有丈夫!我没有家,我什么都没有,我只要你说——你要我。"④她就是这样一个大胆表达自我的女性。她爱起人来像一团火,但恨起人来也像一团火,她说:"我忍了多少年了,我在这个死地方,监狱似的周公馆,陪着一个阎王十八年了,我的心并没有死。"⑤所以她大胆与周萍恋爱,并把这种爱情当作生命中唯一的希望与安慰,蘩漪的形象表达了曹禺对女性个性觉醒的文化思考。而且这种文化思考是遵从自己内心、敢于反抗禁锢、超越伦理的。她从情欲中体会到精神的自由,"只要有周萍的爱,这'闷死人'的屋子也会使她留恋,她会安于虚伪和欺骗的不自

---

①　李鸿渊:《才与德的悖论——王熙凤与李纨形象比较》,《山东女子学院学报》2013年第1期。

②　夏桂霞:《李纨形象的社会意蕴——清朝满洲贵族节妇苦难命运的真实写照》,《湖北民族学院学报》(哲学社会科学版)2017年第5期。

③　刘西渭:《〈雷雨〉——曹禺先生作》,《大公报》1935年。

④⑤　曹禺:《中国现代文学百家·曹禺集》,华夏出版社1997年版。

然的关系里"①。

繁漪的性格是两个方向上的极端:极端的压抑和极端的报复相结合。这种逼上绝路的忍无可忍,正是我们民族柔弱性格中潜在蛮力的代表。同时,她又没有力量改变一切,最后还是在"宇宙这口绝望的井"中挣扎,在命运的悲剧中不能拯救自己,这也就增强了整部作品的张力和冲击力。

繁漪的这种反抗精神正是"五四"解放思想在她性格上的显现,"但是,繁漪的反叛并没有达到高举个性解放旗帜的思想境界"②。周朴园常常让没有病的繁漪喝下难以下咽的药,以此来变态般地宣誓自己的主权,甚至还命令周萍跪在他的继母面前,"请"繁漪喝下药。周朴园还极力地宣称繁漪有精神病,为她请来德国的医生为她看病,强迫繁漪接受治疗,并且要她"替孩子做个顺从的榜样","即便如此,繁漪也没有想过冲出令人窒息的封建家庭,她的人生选择只希望在不改变现状的前提下为自己保留一点心灵的自由"。繁漪没有将自己置于与周朴园一样的平等地位,她畏惧周朴园,因为只有周朴园才是这个周公馆的主人,她只是周朴园的工具、任他摆布的玩偶。因此,从中我们可以看出繁漪个性解放中的不彻底性。

繁漪的这种不彻底性,其实是与李纨有着相同之处的,她们都深受封建礼法制度的迫害,是黑暗社会下的产物,她们都是婚姻的牺牲品,但是,繁漪有着"被反抗者"最绝望的反抗,而李纨没有。

二、李纨与繁漪的性格成因

李纨可以说是《红楼梦》中受封建礼教毒害最深的一个人物。丈夫英年早逝,对于年轻的李纨来说,无疑是致命的打击。当然,在贾府当中,除了李纨之外,还有贾母、薛姨妈等数位寡妇,但是,李纨与其他人不同,她既没有贾母的地位与权力,也没有薛姨妈的财富与自由,残酷的现实将她压成了"槁木死灰"。"李纨在贾府中得不到真心的关怀,她面对的是贾府犬牙交错、尖锐激烈的矛盾纠葛,李纨程式化地按照程朱理学对于一位孀妇的要求生活着,行动呆滞、枯板,脸上挂着敷衍的笑,以应对这个虚伪而压抑的环境。"③

由于李纨这样的寡妇身份以及她所处的生活环境,使她不得不压抑自己内心

---

① 周扬:《论〈雷雨〉和〈日出〉》,《光明》2卷8号,1937年。

② 王玉屏:《繁漪:从封建旧式女人向资产阶级女性过渡的悲剧典型》,《首都师范大学学报》(社会科学版)1999年第2期。

③ 彭爱:《从精神分析理论看〈红楼梦〉》,《美与时代(下)》2015年。

的本来面目,以迎合贾府及整个社会对她合理的标签,拼尽全力去努力扮演好自己寡妇这一身份的应有形象,因此,李纨自出场,就给人一种沉默、呆板、木讷的印象。

而繁漪作为 20 世纪 20 年代的进步女性,出身于书香门第,接受过一些新式的教育。因此,她既有中国"旧式"女性的雅致与懦弱,又兼具渴望平等自由、个性解放的反封建思想。她的这种复杂的性格,使得她做了许多"越轨"的事情,和周萍偷情,让她走上了一条"母亲不像母亲,情妇不像情妇"的道路,她的这种不正常的情感,也是在当时特定的环境下必然扭曲的结果。在周公馆十八年的禁锢下,她的思想、智慧与灵魂统统被剥夺,残酷的现实摧残着她成了"石头样的死人"。但"当'五四'反对旧礼教的思潮吹进周公馆时,繁漪便从'冬眠'中苏醒了。她是一个受过新式教育的人,她不甘心自己成为一个'石头样的死人',于是她从冷漠地等死转为对真正活着的追求"①。她追求周萍,是周萍的出现"救活"了她"将死"的心,她久久被这"闷热"的周公馆所抑制的热情又迸发了出来,她把所有的希望都寄托在周萍身上,但是周萍却躲着她、远离她,让她刚刚燃起的希望之火,又瞬间被浇灭。"她原来也是善良富于魅力的女子,周萍也曾爱过她,她是周萍见过'最聪明,最能了解人的女子',她的阴郁乖戾是因为她的心灵遭受了践踏。"

繁漪看似是一人之下万人之上的太太,实则她的一举一动无不在周朴园的控制下。周朴园作为一个万恶的资本家,他让繁漪连最基本的权利都没有,宛如一个"活死人"。周朴园年轻的时候去引诱女仆侍萍,又在要迎娶繁漪的时候将她抛弃。娶了繁漪以后,又闹起了对"死去"的侍萍的精神之恋。正如张爱玲在《红玫瑰与白玫瑰》中说的那样:"也许每一个男人全都有过这样的两个女人,至少两个。娶了红玫瑰,久而久之,红的变了墙上的一抹蚊子血,白的还是'床前明月光';娶了白玫瑰,白的便是衣服上的一粒饭粘子,红的却是心口上一颗朱砂痣。"②周朴园毫不忌讳地在繁漪面前表现出对"死去的前妻"的念念不忘,使得繁漪内心遭受到了极大的挫伤,使得她时刻忍受着与精神情敌争夺丈夫的痛苦。这也是形成她扭曲性格的一方面。

李纨和繁漪都是在她们所处环境之下大时代的映射。李纨没有接受过新式教育,因为当时的中国正处于闭关锁国的封建时期,国家对于妇女有着苛刻要求,李纨接受的是儒家教育下的"男尊女卑",她没有意识到自己其实就是这个时代的牺牲品、真正的奴隶。当然,就算她意识到了这一点,她也没有勇气去反抗,因为她的反抗,将颠覆整个时代的价值观。那么,到了那个时候,她将会成为整个社会的罪

① 魏玲坚、孙云芳:《一团浇不灭的火——谈繁漪的人物形象》,《文教资料》2018 年第 6 期。
② 张爱玲:《红玫瑰与白玫瑰》,花城出版社 1996 年版。

人、一个污秽的女人、名誉扫地的女人。她的家人,以及家族、社会,都会因为她而感到耻辱、恶心。或许世界的虚荣心比我们想象的要强大。而繁漪作为受过新式教育的女性,她的血液里流淌的封建思想和平等自由是一半一半的,作为一个半新半旧的女性,她有了反抗的意识,但是没有反抗的勇气,她知道她所处的环境是"闷死人的",但是在周朴园的控制下,她没有勇气,她不能完全将自己放在与周朴园平等的位子上去看待,她自始至终都有强烈的意识——自己是个女人,然而这种意识最终带给她的是走向毁灭。

三、结 语

"《红楼梦》中的李纨,生活在一个全社会倡导'女德贞操'的时代。"[①]"她有着丰富的生存智慧,这种智慧是由她的身份地位所决定的,也是由她的个性教养来调节的,并带有中国历史文化的深刻烙印。"[②]当然,繁漪这一人物形象也是"带有中国历史文化的深刻烙印"的,她们都是时代的牺牲品,是时代创造了她们,也是时代毁灭了她们。

从李纨到繁漪,我们可以清楚地看见传统女性向现代女性的转换。

艺术启示着人性的觉醒,在李纨与繁漪中都有不同程度的体现。而在当下这个获得精神解放、人性自由的社会主义现代化社会,女性充当着社会中不可或缺的一部分,她们的思想不再局限于家务劳作和"三从四德",她们将眼光看向了世界,做自己喜欢的事,不再任人摆布、不再懦弱,她们有着和男人一样平等的权利。

综上,通过李纨和繁漪这两个女性形象的悲剧命运,可以看到中国封建主义制度的可怕与对人性的磨灭。她们不仅是作者控诉黑暗社会的利剑,也是当代人看清封建现实的一面明镜。

(本文原载于《牡丹》2019 年第 30 期)

---

① 夏桂霞:《李纨形象的社会意蕴——清朝满洲贵族节妇苦难命运的真实写照》,《湖北民族学院学报》(哲学社会科学版)2017 年第 5 期。

② 张云:《论李纨的生存智慧》,《红楼梦学刊》2007 年第 2 期,第 154—169 页。

《堂吉诃德》对比手法的应用及运用效果

李雪倩①

西班牙作家塞万提斯在对小说《堂吉诃德》进行创作的过程中,运用了大量的对比手法,将其所要表达的思想寄托在各种对比之中,使得人物形象更为鲜活和丰满,更好地体现出主人公堂吉诃德荒唐的行为和可怜的命运,在各种对比形成的强烈反差之下,升华了文学作品的主题思想,使得堂吉诃德吸引了无数读者。

一、《堂吉诃德》概述

《堂吉诃德》的作者塞万提斯被称为西班牙文学史上最伟大的作家。他的一生经历了太多坎坷。16世纪的西班牙虽然社会动荡,却还是涌现出了一批优秀作家。塞万提斯出身于贫困家庭,一生颠沛流离,为生活整日奔波。他从事过的工作众多,如政府中的小职员、税吏,接触过农村生活,也曾派遣到美洲公干。他被捕下狱多次,原因是不能上缴该收的税款,就连他那不朽的《堂吉诃德》部分也是在监狱中构思写作出来的。塞万提斯50余岁开始写作《堂吉诃德》,一经出版立即风行全国,一年内再版了6次。

二、谈《堂吉诃德》对比手法

(一)堂吉诃德精神对比手法分析

堂吉诃德与桑丘都有着精神的两面性,堂吉诃德经常处于神志不清的状态,很多行为都比较疯狂可笑,主人公堂吉诃德从小沉浸和幻想生活在骑士精神世界,具

---

① 本文作者系浙江越秀外国语学院中国语言文化学院 2017 级学生。

有匡扶救世的骑士游侠梦想,这与生活的现实世界有着很大的不同。离开骑士精神世界后,他会变得清醒,高度的原则性和高尚的道德情操,可以让他清楚地辨析现实中的是非,对待周围的人也十分和善,时常做出让人感到滑稽可笑的行为,很多人都无法理解堂吉诃德是否真疯。

而另一个主人公桑丘是在清醒的状态中受到主人公的骑士精神影响,变得更加糊涂,最后认为骑士世界是存在的。他开始总是以惊讶的方式来告诉堂吉诃德现实的真实面目,他有着十分清醒的头脑,还利用堂吉诃德沉迷于骑士世界的糊涂进行欺骗。随着小说中人物的不断演变,桑丘相信了堂吉诃德所说的骑士世界,相信有现实世界存在着正义与和平。小说中两个关键人物的精神对比可以更好地体现出 16—17 世纪西班牙人无法明辨现实社会是非的现状,这就导致桑丘无法相信现实社会,更侧重于相信堂吉诃德所说的骑士精神世界。

(二)心灵层面的对比分析

《堂吉诃德》这本书利用文学的形式将人类精神层面理想与现实的矛盾淋漓尽致地揭露了出来,笔者每每想到这个末路骑士,心中就会荡起莫名的心虚。在这部文学作品中,塞万提斯创造了一个既充满喜剧感,又使人不得不哭的悲剧形象。这本书主要是在骑士精神正在瓦解的社会背景下展开创作的,它瓦解了当时社会中神圣的道德观念,但这却是建立在一个非常沉重的社会矛盾之上,虽然如此,却也设计出了一个柔弱但真诚的卫道士。在这种情况下,当人们与社会道德观念进行战斗时,也突然发现了站在自身对立面的并不是强大的敌人,而是一个孤独、柔弱的老头。此时,只要有基本良知的人在面对弱者进行柔弱的抵抗时都会考虑自己所捍卫的正义性。

堂吉诃德奉行的是真正的骑士精神,他无条件地忠诚着上帝思想,在面对爱情时也是至死不渝,然而,此时骑士精神中所践行的现实意义早已被社会的虚伪所渗透。而堂吉诃德以自己微弱的力量无条件地冲向了巨大的风浪中,虽然能够体现他对骑士精神的崇敬,但是当时的社会群体却认为这是非常可笑的,这些最终就导致了堂吉诃德成为一个社会上多余的人,甚至被人们诟病为一个"疯子"。疯子的实际价值不过是被正统思想拒之门外,而堂吉诃德这个"疯子"的思想中却包含了当时社会中人类的善良以及对美好的崇敬,所以,其也具备着一定的合理性,从而充分体现出了当时理想主义与现实主义的差距。

在《堂吉诃德》这本书中,主人公堂吉诃德与桑丘体型方面形成了强烈的对比,构建了世界文学长廊中的绝配。与以上不同的是,这会产生各种想象不到的艺术效果,书中的人物互补,可以看出人性与社会呈现的多面性。性格与理想的不同。一直以来堂吉诃德都是理想的代表人物,针对这方面,文章已经有所论述。在书中,桑丘的形象则是朴实、善良、机灵但目光短浅的,从桑丘的身上能看到平凡的一面。他不会掩盖自己对于金钱的需求,是非常平凡且安于现状的人,这便形成堂吉诃德严肃的理想主义和桑丘现实主义的对比,从作品中能看出产生了如下效果:

喜剧效果。在书中,堂吉诃德与桑丘的形象便是充满了喜剧色彩。在外貌、语言、行动方面产生的反差让人忍俊不禁。想象在荒野之中露宿的两个人,在外形、表情等方面都形成了强烈的对比,这便是较为喜剧的画面,然而,两个"一文一白"谈话更有情趣。作品在如上喜剧氛围中,逃离了现实主义,也反映出现实的沉重,让人更加感觉活泼。

升华人物形象。在本书中,光明与黑暗、崇高与滑稽、理想与现实都在人物的身上表现了出来,而这一切都与桑丘密不可分。从另一个角度上讲,桑丘是堂吉诃德第一任读者,少了他,堂吉诃德只有可悲、可笑、可怜。这评论正中要害,桑丘傻乎乎的且贪婪的性格成就了堂吉诃德。桑丘非常注重对金钱的不断追求,这也将转变为堂吉诃德对理想的不断追求。正是因为桑丘的形象,才造成堂吉诃德变得严肃且惹人喜爱。如果没有桑丘细心的照顾,那堂吉诃德这个不懂得人间烟火的人物,早已被寒冷、饥饿打败,他的骑士梦也只能在天堂幻想。

体现人文主义。《堂吉诃德》这本书中,如果要问及主人公是谁,那堂吉诃德与桑丘都是主要的人物,在这本书中,能从以上两人身上了解更多人性的复杂。堂吉诃德一直以来都追求骑士一样的精神,崇尚自由、平等,堂吉诃德一直都表现出理想与进步,在以上思想影响下,最为受益的便是桑丘。桑丘和堂吉诃德在共同冒险的过程中,原来陷入俗世中无法摆脱的桑丘受到主人公理想精神世界的影响,内心世界变得开阔起来。在任职总督以前,就对主人公堂吉诃德说过自己的灵魂要比全身还要更加宝贵。在担任总督职位期间,他并没有把自身的狭隘和短浅带入到工作中。之后受到公爵夫妇的侮辱戏弄以后,桑丘开始更加注重自由,便主动辞去了官职。小说里面的故事发展到这里,桑丘已经完全与出场时不同,更好地体现出了桑丘精神世界中的人文主义思想,他已经被堂吉诃德的精神世界完全同化,突出了主人公堂吉诃德精神世界中人文精神的宝贵。

（三）喜与悲共存

所谓的喜剧,无非是把生命中无价值的东西呈现给世人进行观看,而悲剧却恰恰相反。笔者无法对《堂吉诃德》是悲剧还是喜剧进行准确定位,每个人都对小说内容有着不同的理解,读者可以在阅读过程中发现喜剧、悲剧、高尚情感和滑稽可笑等多种不同内涵。把悲喜进行更好的结合与对比,往往让读者在开怀大笑中饱含泪花,很多地方都值得人们去深深思考。如上方式的笑,会让人们看过小说内容后进入到思考当中,这是优秀文学作品最值得人们钦佩的地方,所以,笔者无法对《堂吉诃德》进行准确定位,因为每个评论都有存在的合理依据。从小说角色设置进行分析,堂吉诃德在外形、言行谈吐等方面,都与桑丘形成十分强烈的对比,这就更好地制造出喜剧的气氛,经常使人们在阅读中感到主人公的可笑。

虽然小说主要以喜剧方式把内容呈现出来,但也隐藏着很深的悲剧色彩。读者用心去感受主人公堂吉诃德如何要去模仿中世纪的骑士,就可以更深刻地去感受主人公内心深度丰富的情感。在他的骑士世界里,他会同情弱者,他疾恶如仇,有着不畏生活艰难的高贵品质,在主人公身上的骑士精神世界目标和现实中处理事情的方法、理想和实现效果等相互间的矛盾就出现了。作者在喜剧内容中设置了一些隐藏的悲剧因素,但却通过主人公性格形成的矛盾带来的喜剧效果把悲剧因素体现出来,让一些情理中发生的悲剧,以让人想象不到的喜剧形式来不断得到实现,就使得悲剧具备的渗透力以喜剧方式呈现,可以提升到更高的层次。

（四）语言风格的不同

小说《堂吉诃德》在其他方面也应用了很多对比,例如在语言风格方面。当主人公谈论骑士时,就会表现得十分疯狂和神经质,前言不搭后语,言语极为荒诞。如果谈及社会上的重大事件或问题,语言又带着很多理想主义思想。而且,主人公在说话表现方面力求进行准确表达,这与另一主人公桑丘说话带有俚语有着很明显的对比。主人公在语言风格方面有着词与物的对应表达关系,利用词语具备非同寻常的表达方式把村姑美化为公主,而桑丘也受到词与物对应关系的制约,但桑丘却采用现实主义原始的词汇,把美丽的公主重新变成普通的村姑。

在《堂吉诃德》这部作品中,塞万提斯塑造了两个鲜明的人物形象,除了有喜剧一般的幽默、讽刺之外,还有着极为明显的悲剧色彩。然而,这都与全文所用的对比手法相关,在文中,骑士理想中的世界与社会现实形成了鲜明对比,骑士小说在西班牙中引得人们唏嘘。理想主义与现实主义的碰撞成就了堂吉诃德与桑丘,突出了悲剧与喜剧的鲜明对比,升华了小说的中心思想。

三、结　语

综上所述,《堂吉诃德》是一部伟大的现实主义作品,小说塑造了两个极为鲜明的人物形象。喜剧的幽默与讽刺、悲剧的庄重与深刻贯穿整个小说。然而这些鲜明情感的表达与多种对比手法是密不可分的。喜剧与悲剧、幽默与沉重的相互交融和对比,提升了小说的思想,耐人回味。

(本文原载于《艺术品鉴》2020 年第 6 期)

无私且执着的薇奥拉

陈 意[①]

用无私且执着来形容薇奥拉,慢慢地,薇奥拉的性格特点就浮现出来了。站在薇奥拉的角度,对她来说最重要的事就是接近奥西诺公爵,并且成为他的夫人。她愿意帮助奥西诺公爵去向奥丽维娅求婚,唉,怨只怨前程多阻碍![②] 她认定了奥西诺公爵,不达目的决不退却,所以她所做的一切都是为了守在奥西诺公爵身边。

整部剧中所有的人都喜欢她,除了马伏里奥,奥丽维娅喜欢她、奥西诺公爵喜欢她、塞巴斯蒂安喜欢她,托比老爷也助她一臂之力。为什么薇奥拉可以得到这么多人的喜欢?她的性格是不可忽视的一部分。

薇奥拉给人的感觉很复杂,她就像一本晦涩难懂的书,又像一首感情丰富的曲子,但有一点是可以肯定的,那就是她对奥西诺公爵的爱是无私并且执着追求的,最为关键的是,她通过自己的手段站在了奥西诺公爵的身边。也许有人会觉得薇奥拉城府很深,连身边的人都算计,但她对奥西诺公爵的爱是真挚的,因为她完全可以通过破坏奥西诺公爵和奥丽维娅之间的联系来达到自己的目的,但是她并没有这么做。奥西诺公爵除了相貌英俊、权力重大,并没有看出有什么优点,为什么薇奥拉要选择他呢?这就要联系到薇奥拉的另一面,那就是她对自己梦想的执着追求。

综上所述,薇奥拉的性格是无私并且执着的。

一、无私的爱

在此剧刚刚开始时,没有人知道薇奥拉为什么会选择奥西诺公爵,因为薇奥拉也是第一次来到这个国家,第一次知道这个国家的统治者是奥西诺公爵。但是凡

---

① 本文作者系浙江越秀外国语学院中国语言文化学院 2017 级学生。
② 莎士比亚著,朱生豪译:《第十二夜》,中国青年出版社 2014 年版,第 18 页。

伦丁的话还是透出了一丝的不寻常：要是公爵继续这样宠幸你，西萨里奥，你多半就要高升起来了；他认识你还只有三天，你就跟他这样熟了。[①] 另一方面，奥西诺公爵不断地催促薇奥拉去奥丽维娅那边宣布自己的恋爱的热情，但是薇奥拉一直都是拒绝的。薇奥拉，由于自身的魅力，早已超越了自己的身份，既然爱上了，就没有什么可以阻挡，就替奥西诺公爵完成一切他想完成的事：想他人所不敢想，做他人不能做。

让薇奥拉耀眼的是：她对奥西诺公爵的爱，是无私的，并不是一时冲动或者不负责任的。她的沉稳与聪明让她看起来与其年龄极其不符。在大多数人的观念中，年轻，就是冲动的，就是幼稚的，但是在薇奥拉身上，我们看到的品德与这些都不符，这也就显得她与众不同，也使她赢得了奥丽维娅的青睐。"你若盛开，清风自来"说的就是薇奥拉吧。无私的爱的目的当然是得到某个人的爱，薇奥拉最开始的时候也知道奥西诺公爵不可能会喜欢她，于是她就在奥西诺公爵的背后默默地为自己的爱付出着，必须是无条件地付出，奉献出自己全部的爱。所以她一直陪伴在奥西诺公爵的身边，做奥西诺公爵想做的事，实现奥西诺公爵的愿望。薇奥拉的爱的每一步都是做了赌注的，万一奥西诺公爵和奥丽维娅在一起了呢？

就薇奥拉的个性来看，她不是一个轻言放弃的人，但她这种无私的性格，造就了她的进退两难。"奥西诺公爵深深地爱着她；我呢，就像是一只可怜的小鬼，却也那样爱恋着他；而奥丽维娅呢，认错了人，似乎在思念我。这怎么了呢？如果我是个男人，我没有希望叫奥西诺公爵爱上我；因为我是个女人，唉！可怜的奥丽维娅也要白费无数的叹息了！"[②]

二、执着的目标

在欣赏这部剧时，观众们会不自觉地慢慢喜欢上薇奥拉，也会讨厌奥西诺公爵，因为很多观众会觉得何必爱上一个不爱自己的人呢？薇奥拉当然也清楚这一点。很多学者觉得，莎士比亚把自己投射在了这部作品里面，就像薇奥拉一样。众所周知，莎士比亚的出身并不是那么高贵和富有，但是他最终成了一位有名的剧作家，他的地位与财富让许多人都无法望其项背。再来看看薇奥拉，只身一人，通过自己的执着，最终嫁入豪门，并且生活得很幸福美满。

---

① 莎士比亚著，朱生豪译：《第十二夜》，中国青年出版社 2014 年版，第 15 页。
② 莎士比亚著，朱生豪译：《第十二夜》，中国青年出版社 2014 年版，第 39 页。

当薇奥拉在奥丽维娅这边没有取得进展时,她就转向了目标,她对奥西诺公爵说:"假如有一位姑娘——也许真有那么一个人——也像您爱着奥丽维娅一样痛苦地爱着您;我的父亲有一个女儿,她爱上了一个男人,正像假如我是个女人也许会爱上殿下您一样。"①说出这句话的同时无疑是朝自己的目标又近了一步。

执着的第二步就是奥丽维娅了。薇奥拉去了奥丽维娅的花园,当然她知道自己不可能一次性就打消奥丽维娅对自己的想法,可是,能断一点是一点,于是奥丽维娅有了以下这段话:"可是等到才情和青春成熟之后,你的妻子将会收获到一个出色的男人。"②更有意思的是薇奥拉的哥哥出现了,两个人长得一模一样,闹出了许多笑话,比如塞巴斯蒂安把托比老爷的头打破了,托比老爷却以为是薇奥拉打的;奥丽维娅和塞巴斯蒂安在一起了却以为是和薇奥拉在一起,因此薇奥拉还挨了奥丽维娅一巴掌。

三、结　语

薇奥拉的爱是无私且执着的,无论是奥薇拉对自己的爱执着多一点还是对奥西诺公爵这个目标执着多一点,这都不重要,这并不是莎士比亚要传达的重点。在爱情方面,莎士比亚突出了薇奥拉的形象。她对自己的爱是那么无私,尽自己全部的力量帮助奥西诺公爵。这种爱不是一般人能做到的,一个女子可以这么奉献自己,而薇奥拉恰恰就有这种执着的性格。

也许会有人说薇奥拉性格中有自私的一面,但是在这场爱情的追逐中,他们都找到了自己真正所爱之人。与其说薇奥拉选择了奥西诺公爵,不如说是命运让奥西诺公爵在人生路上碰到了薇奥拉,他需要薇奥拉。世界上的芸芸众生,没有谁的爱是百分之百为别人的,没有谁是没有私心的,哪怕是一点点,因为爱本身就是占有,不可能和别人一起分享。这样就可以理解薇奥拉的爱与目标了,这正是人类性格最本质的体现。

在《第十二夜》这部剧里,莎士比亚给我们呈现的是一个有血有肉、有蓬勃生命力的薇奥拉,她不是我们可望而不可即的完美女神,也不是自私自利心肠歹毒的夫人。如果她太完美,那么后世对她的夸耀都是浮云;如果她丑陋,后世对她的一切批评都显得没有必要。正是因为她的性格中包含了太多的生活气息,才会吸引这

---

① 莎士比亚著,朱生豪译:《第十二夜》,中国青年出版社 2014 年版,第 53—54 页。
② 莎士比亚著,朱生豪译:《第十二夜》,中国青年出版社 2014 年版,第 73 页。

么多读者。

正像全剧最后歌唱的那样：咱们的戏文早完篇，愿诸君欢喜笑融融。①

［本文原载于《参花》(上)2020 年第 7 期］

① （英）莎士比亚著,朱生豪译:《第十二夜》,中国青年出版社 2014 年版,第 135 页。

浅析《哈姆雷特》中主人公的悲剧性格

宋佳惠①

　　《哈姆雷特》作为莎士比亚悲剧中成就最高的作品,其中最吸引人的角色之一就是主人公哈姆雷特。造成他悲剧命运的因素有很多,他的性格就是其中之一。学者彭聃龄在《普通心理学》一书中说道,从人格的功能性角度来说,人格会潜移默化地影响一个人的生活方式,甚至会决定人的命运,因而是人生成败的根源之一。人的性格也并非完全是先天的,这与人生长生活的环境是密不可分的。本文所要探究的就是造成哈姆雷特悲剧性格的原因。

一、《哈姆雷特》创作背景

　　哈姆雷特的性格其实也是对作者思想的一定反映。《哈姆雷特》是莎士比亚在他的第二个创作时期所写成的,这部作品不但对后世作家产生了深远的影响,同时反映了莎士比亚对当时英国文艺复兴时期的真实想法。当时社会正处于封建主义社会过渡到资本主义社会的阶段,社会矛盾激化、动荡不安。作者莎士比亚处于这样的环境下生活,也透过种种浮华的表面看到了社会的黑暗与罪恶。《哈姆雷特》虽然将背景放到了丹麦,但是其最终的核心思想却又不仅仅局限于丹麦,而是对文艺复兴运动一味强调个性解放的反思。

二、哈姆雷特的悲剧性格

　　性格是一种与社会相关最密切的人格特征,在性格中包含有许多社会道德含义。它也表现了人对现实和周围环境的态度。哈姆雷特的悲剧性格不断推动着情节的发展。人格心理学家奥尔波特的人格特质理论认为,特质是决定个体行为的

---

　　① 本文作者系浙江越秀外国语学院中国语言文化学院 2017 级学生。

基本特性。哈姆雷特的性格影响着他的行动,而他的行动决定着他的命运。

(一)忧郁多疑的性格

哈姆雷特原本生活得无忧无虑。然而,老国王的突然离世,让一切都改变了。他的叔父继承了王位,母亲也随之改嫁于叔父。哈姆雷特最好的朋友也成了恶魔的帮凶。此后,哈姆雷特性格发生了巨大的改变。他开始变得忧郁、多疑,甚至开始"装疯卖傻",就连心爱的女孩奥菲利亚也不再与他来往。哈姆雷特对奥菲利亚说了看似疯疯癫癫的真心话,而奥菲利亚回道:"一颗那么高贵的心就这样陨落了。那我就是一切女人中最伤心的,我曾经从他音乐般的誓言中吸取甘蜜,现在,却眼看着他的理智像一串美妙的银铃般失去了和谐的音调。无与伦比的青春在疯狂中凋谢了……"这段话体现出曾经的哈姆雷特无论是对待爱情还是他的青春都是充满热情和希望的,然而现在他心中却失去了对人一切美好的希望。他变得忧郁、多疑了,而在他遇见自己父亲的鬼魂而得知一切事情的真相后,变得更加疯狂。当哈姆雷特心中的理想破灭后,他认为人都具有阴暗邪恶的灵魂。之后,复仇这项使命成了他生命中最重要的东西,直到他生命的尽头。这也奠定了他悲剧命运的结局。

(二)优柔寡断的矛盾心理

哈姆雷特优柔寡断的性格体现在他对复仇计划的犹豫不决。这种矛盾的心理可以通过心理学上的行为决策理论进行解释。行为决策理论认为,决策者想要做出最优的决策是不太可能的。学者纽维尔和西蒙认为,人们解决问题的有效方法是靠以往的经验,而不是在考虑一切条件后精确完美地决策。然而,哈姆雷特顾虑太多,以致他迟迟做不出复仇的决定。

"这样重重的顾虑使我们全变成了懦夫了,使决心发出的光彩被沉重的思维蒙上了一层灰色,使那些高瞻远瞩的计划半途夭折……"无论是复仇的决心还是复仇的计划,都因为哈姆雷特的犹豫而有所动摇。"死了,睡着了,睡着了也许还会做梦","死后做的梦,会梦到些什么",实际上可以理解为哈姆雷特无法知道他复仇后带来的后果而担惊受怕。重重的顾虑让他没有办法做出复仇的决定。而这种心理害人也害己,当他每次陷入这种两难境地时,都会造成他人的死亡。他不断地失去,最后一无所有。哈姆雷特的心中充满了各种复杂的矛盾。这更使他选择使用"装疯"来面对现实。但是又在不断地纠结自己行为动机的对错。哈姆雷特恨克劳迪思,他恨那个杀了他父亲、抢了他父亲的王冠以及强娶了他母后的克劳迪思,而他对失去贞洁的王后也有诸多的责怪,甚至加以强烈的指责。但是哈姆雷特又为什么要犹豫不决呢?同样是要为父报仇的福丁布拉斯和雷欧提斯,在复仇这方面却从来都没有犹豫过。雷欧提斯说:"今生怎样、来生怎样我一概不管,只要为我的父亲报杀身之仇!"而福丁布拉斯也在为了夺回当初他的父亲所丧失的土地而努力。哈姆雷特也说道:"真正的伟大不是轻举妄动,而是在荣誉遭遇危险的时候,即使为了一根稻草之微,也要慷慨力争。"这一定程度上体现了哈姆雷特的矛盾心理。对于雷欧提斯来说,他的杀父仇人是与自己毫无血缘与伦理关系的哈姆雷特,而福丁布拉斯,他是要夺回他父亲失去的土地,来捍卫父亲的尊严,既不是要杀人性命,也不损害自己亲属的利益。但是哈姆雷特不同,他所要面对的人,一个是已经背叛父亲的母亲,另一个是自己的叔父,也是自己名义上的父亲。他要复仇,就意味着他要杀自己的亲人,而失去了遮羞布的王后同样会痛苦不堪。道德伦理与亲情的纽带一直都横亘在哈姆雷特的复仇中间,所以他犹豫不决。他这种犹豫不决是来自内心人性与人道的挣扎。为此,他陷入一种极度的精神痛苦之中。

三、影响主人公悲剧性格的因素

哈姆雷特的性格忧郁、多疑、优柔寡断。这样的性格有其成因。

(一)缺乏丰富的社会经验

哈姆雷特的生长环境是优越的,他是一个有理想、有魄力、善于思考的文学青年。在笔者看来,在他父亲身死之前,他活得阳光,也活得热情。他过去可以竭尽全力追寻自己想要的。在前期,哈姆雷特只是一个学生,并不具有丰富的社会阅历。对于外面的一切丑恶,他还不能真切地了解。而现在整个王国的命运都与他的命运紧紧相连。他要担负起复仇的使命,要与黑暗势力做斗争。所以在突然遭遇这样最为黑暗的变故时,他的心理承受能力并没有那么强大。

在优越的成长环境与教育背景下,最初的哈姆雷特在脑海里憧憬着美好的未来。他同样认为人都是美好善良的,都是值得被尊重的。但是后来,哈姆雷特却发现人也有自私、邪恶、虚伪的一面。他很难接受这一切,特别是自己身边的亲人与爱人逐渐离自己远去以后。他对别人极度失望,不愿信赖和依附别人,这也使他处在一个孤立无援的境地,也奠定了他最终走向毁灭的结局。

（二）人文主义和宗教改革的影响

学者张旭在《试析哈姆雷特的悲剧结局》一文中说道："《哈姆雷特》故事情节虽然发生在12世纪的丹麦，但是影射的却是16世纪的英国。哈姆雷特求学的是16世纪人文主义堡垒的德国威登堡大学，接受的是人文主义教育，具有人文主义思想，他的斗争与当时的人文主义斗争是同步的。"学者赵林在《西方文化概论》一书中提到：马丁·路德出生于德国，他宣扬宗教改革，并且从《新约·罗马书》中领悟出"义人必因信得生"的道理，寻找到一条通过内在的信仰而非外在的苦行来解脱罪孽和获救的道路。而在德国留学的哈姆雷特的思想自然会受到人文主义和宗教改革的影响。

哈姆雷特是一个具有人文主义思想的人物，而"人性"与"人道"之间的联系，正是作为一个人文主义者需要探求的问题。他不得不在"人性"与"人道"之间权衡。从哲学的角度，他从未停止过对人生、人性问题的思考。他一再地思考"复仇"是否有意义，进而否定了其意义。同时他受到西方宗教文化的影响，有一种赎罪的思想，然而"复仇"本身也是一种罪恶的事情。这一系列思想的碰撞也更使他陷于一种复杂的矛盾之中。

哈姆雷特有着极其浓重的人文主义思想，他正直、善良、尊重人性。对于父亲刚去世却匆忙改嫁给叔父的母亲，并在得知叔父才是害死父亲的真凶之后，哈姆雷特依旧表现出了一个孝子的形象，仍然对母亲保有尊重。"心啊！不要失去你的天性之情，永远不要让尼禄的灵魂潜入我这坚定的胸怀！让我做一个凶徒，可是不要做一个逆子。"从这一番内心的独白可以反映出，哈姆雷特还是深爱着自己的母亲的。他要复仇，但是不愿意伤害母亲。在他良好的教育思想中认为父母永远是值得被尊重的。若要违背天理，成为一个"逆子"，对于他来说是一种罪恶。

（三）亲友的"背叛"

哈姆雷特的忧郁与多疑是如何产生的呢？整部戏剧中哈姆雷特没有展现对任何一个人的信任。他的母亲在他父亲死后迅速地嫁给了他的叔父，这使得哈姆雷特对母亲不再推心置腹；他曾经的同学罗森格兰兹与吉尔登斯吞对国王阿谀奉承的举动也让哈姆雷特产生极度的反感；哈姆雷特心爱的姑娘奥菲利亚对波洛涅斯唯命是从。这一切都使得他对所有人不再信任。这些挚亲的"背叛"和远去都对哈姆雷特的心灵造成了打击。哈姆雷特在民众当中的威望很高，他有着臣民的拥护，并且拥有着法定继承权。只要他愿意，他会是下一任的丹麦国王，并且，也许还能让克劳迪思提前卸任，这样他的复仇大计会十分顺利。而这一切并没有发生，一方面是他的纠结，另一方面也是他无法完全将这样庞大的计划告诉许多的人，请求他们来帮助自己。他的性格发生了转变，他变得不再信任别人，就算是曾经倾心相待的姑娘奥菲利亚，也已经不能让哈姆雷特表示信任了。

（四）社会阶级矛盾

学者唐珞在《〈哈姆雷特〉悲剧原因浅析》一文中说道，社会阶级矛盾的存在是影响他悲剧性格的重要因素。他的悲剧客观上是由于敌我力量的悬殊所致。敌即是相对强大的封建阶级的力量，而以哈姆雷特为代表的人文主义的力量相对薄弱。人文主义思想在当时的社会并未发展成熟，封建阶级虽然腐朽但是依旧强势，两者力量悬殊，且这是一对无法调和的矛盾。哈姆雷特自从担负起复仇的使命，他之前无忧无虑的生活便一去不复返了。这重大的使命感压得他喘不过气来，他想凭借一己之力就重整乾坤是不容易实现的。这也是他忧郁性格产生的主要原因。他会为了逃避对整个丹麦王国承担的责任而想要直接死去。毕竟，死对于他来说是一种解脱。其中明显的行为就是"装疯卖傻"，这也可以理解为他为了逃避现实所采取的一种行为方式。

四、结　语

哈姆雷特悲剧性格的形成因素也是多方面的。主要是他缺乏社会经验、心中"理想"与"现实"的碰撞，且面对着不可调解的矛盾。他一次次地纠结，也一步步地走向悲剧。《哈姆雷特》创作于16、17世纪之交，这时英国正处在封建制度向资本主义制度过渡时期，这部作品亦是社会矛盾的产物。虽然哈姆雷特只是戏剧的一个角色，但是，通过对这一人物性格多面性的分析，以及他悲剧命运的结局，可以让人从中获得更多有关生命价值的启示。

（本文原载于《牡丹》2020年第8期）

论川端康成小说的颓废美

张 茜①

川端康成因《雪国》《千只鹤》《古都》，而成为日本首位获得诺贝尔文学奖的作家。川端康成的一生，从出生到死亡都孕育着不凡的经历。这种生活给川端康成的写作带来了巨大的影响，孤独、哀伤、凄婉、颓废常是川端康成文学中的主旋律。"颓废"在英文中为"decadence"，译为"颓加荡"，它包含着"颓"与"荡"的意思。"荡"是生命的激荡与变化。在川端康成的文字中，我们发现了这"荡"包含着写作手法的变化以及精神的激荡。

颓废文学常常被人误解，这是因为颓废文学与古典文学崇尚的真善美背道而驰。颓废是"一种摒除了统一、等级和客观性等传统专制要求的风格"②，它意味着作家需要通过突破传统从而获得精神的自由。颓废文学往往表现反常的社会现象，描写细腻的肉体之美，以及表达直面死亡的空虚寂寞。它通过自由化的描写让人明白隐藏在传统道德之下最神圣的东西——"蜕化的生命、求毁灭的意志、极度的疲惫。"③因此，正确地理解颓废更易于让我们理解川端康成作品的深层含义。

一、萎靡境际与罪孽之情

颓废主义文学作家常重视对"视觉"的唯美处理，这并不仅仅是为了满足读者的阅读快感，更是希望通过"视觉"的唯美处理，为病态事件的发展创造一种萎靡境际，越是妖艳动人的场景越是能衬托出背德者在堕落时展现的奇异色彩与迷人诱惑力。川端康成在《睡美人》中，对秘密俱乐部的环境描写可谓面面俱到。建在悬崖边的秘密客栈、强劲有力的参天松树和枫树、深红色的天鹅窗帘、昏暗的房间、窗

---

① 本文作者系浙江越秀外国语学院中国语言文化学院 2015 级学生，指导教师刘红英。

② 马泰·卡林内斯库：《现代性的五副面孔——现代主义、先锋派、颓废、媚俗艺术、后现代主义》，顾爱彬等译，商务印书馆 2002 年版，第 183 页。

③ 尼采：《悲剧的诞生——尼采美学文选》，周国平译，上海人民出版社 2009 年版，第 373 页。

帘前微微的亮光、华美的鸭绒被、房间四周垂下的帷幔……这些朦胧的意境不仅让读者进入了一个充满诱惑的情欲世界,更让江口老人踏入了梦幻之境。这样的背景不仅滋生出了萎靡之境,更有超越萎靡的颓废。当享乐置于萎靡境际的时候,罪恶应运而生。然而,我们应超越故事本身去思考颓废的含义。

享乐、颓废与罪恶在川端康成的另一篇小说《雪国》中有更深层次的韵味。它表现为罪恶与美的缠绕不可分割,是罪恶增加了美的活力。小说中有妇之夫岛村和艺伎驹子发生关系,这是对世俗伦理的背叛;艺伎驹子在明知岛村已有家庭的情况下,还苦苦爱恋岛村,这是纯真感情对秩序道德的蔑视。驹子在承受世人异样眼光的同时,还在与自己的内心做着挣扎。她爱着游客岛村,知道这场感情的最终结局,然而她还是遵循自己的内心,执着地不求回报地爱恋岛村。这种非理性的执着突破了世道常规,显现出了审美的张力与艺术的魅力。我们透过不伦爱情的罪恶与爱情游戏的虚幻之后,看到的是驹子的单纯与善良。所以尽管罪恶,却滋生出了美。显然,川端康成的小说构思与人物关系安排,都不能被放置于常规日常伦理与道德范畴去理解。它以欲望、淫靡的描绘达到了一种"颓废之美"。这就是川端康成文学的魅力,川端康成的作品就像一本有毒的书,"书页上附着浓郁的熏香,搅得人心神不安"①,使人们在朦胧的境遇里迷失,在迷失的害怕中却又心驰神往。因为它透视出了人们心底最深处的邪恶却真实的东西,具有纠结人们灵魂的力量。

二、女性身体与死亡"之美"

川端康成在评价竹久梦二的画作时曾提出这样一种见解:"颓废似乎是通向神的相反方向,其实是捷径。"②颓废主义特别强调身体,企图通过展现身体的独特性来摆脱灵魂以及社会精神对于身体的控制和束缚。我们仔细阅读川端康成的作品,会发现川端康成对于女性的肉体有一种病态的痴迷,肉体的表达似乎是川端康成作品中不可缺少的一环。川端康成曾在《汤岛的回忆》中提及:"如果一旦缺乏了肉体的美,我对幻影的渴望和激情也会随之消失。"③由此可见,肉体之美对于川端康成的创作有决定性的影响。

在《雪国》中,身为艺伎的驹子有一个明显的特征——肤色惨白。当这样的肤色晕染着淡淡的红色时,驹子的洁净形象油然而生。驹子的美除了洁净之外,还是

---

① 奥斯卡·王尔德:《王尔德全集》第一卷,人民文学出版社 2000 年版,第 134 页。
② 川端康成:《美的存在与发现》,叶渭渠译,中国社会科学出版社 1996 年版,第 75 页。
③ 川端康成:《独影自命》,金海曙等译,中国社会科学出版社 1996 年版,第 18—19 页。

含蓄温和的,当中不免流出一种凄凉之感,生活的艰辛多多少少也给驹子染上了一丝哀伤,川端康成笔下的女性看似颓废,却融合在朴实的悲哀之中。然而这样的人在三弦琴的演奏上征服了岛村。当柔弱洁净的女性投入到艺术之中时,超越肉体束缚的原始生命力量迸发出来,精神已从肉体之中挣脱出来。白色与红色融合而成的色彩是介于幻想与现实之间的另一种颜色,是纯洁与原始生命结合的另一种生命属性——纯真。与此相关的是,女性肉体常胶着着死亡的描写。死亡常常是文学作家处理结局的一种方式,这并不稀奇,但如果将死亡与身体的体验、女性的刻画结合在一起,这样的死亡就不是只展现死亡的那个片刻,而是深化主人公死亡体验的思想,川端康成尤为喜欢在死亡之前展示美丽的事物。在《雪国》中,在叶子死亡之前,岛村和驹子跑向着火的蚕仓时,川端康成在这里对银河的描写尤为具体,他用大量的笔墨渲染出银河的瑰丽与辽阔。在这描写中,无论是银河,还是银河下的驹子都是纯洁而美丽的,可是等待他们的结局却是死亡,叶子从二楼掉落,原先见到银河的快乐因为叶子的掉落而转化为惨痛和悲戚,这巨大的转折像是在挑逗人一般,显得随意而慎重。当死亡与极端的美相遇的时候,颓废就出现了,盛极而衰是颓废的主旋律。与死亡接触得更为密切的当数老年人。在《睡美人》《山音》等小说中,主要是以老年人为对象展现死亡的。《睡美人》中,六十七岁的江口老人以及年龄比他更大的老人来到秘密俱乐部寻求青春的刺激。一个濒临死亡的肉体仍然向往着青春,仍渴望着通过某种途径而扭转衰老。福良老人在秘密俱乐部意外死亡。对于福良老人的死亡,川端康成似乎没有特意的描写,但我们仔细想想,福良老人的结局也许就是江口老人的,江口老人来到秘密俱乐部的心情体会也许是福良老人感受到的。福良老人在死前做了什么?也许在抚摸睡美人的身体,抑或仔细欣赏着睡美人,又或者在睡觉。因为心绞痛死亡的福良老人在死之前享受的是身体上的愉悦,是睡美人的青春气息。在死亡之前享受人生最欢愉的事情,可见当中所展现的颓废,并且这颓废表达得十分彻底。不仅是福良老人的死亡,川端康成更在结尾设置了黑姑娘的死亡。在黑姑娘熟睡时,江口老人曾仔细亲密地与她接触,江口老人因着黑姑娘的乳晕和狐臭,感受到了生命;揩了揩姑娘的嘴唇,回忆起了四十多年前的接吻。然而,当江口从睡梦中惊醒时,他发现黑姑娘的身体已经冰凉。川端康成这种在渲染女性肉体的同时展现死亡的艺术创造,让读者在获得身体和感官体验的同时,用死亡的方式让故事戛然而止。这如绚丽的烟花在绽放过后徒留烟尘一般的结尾是超越一般悲剧的。

川端康成的颓废带有日本传统色彩,是淡而绵长、不急不缓的,读者在阅读过程中,一边在受传统思想的干扰,一边又倾心于川端康成的安排。无论是女性肉体还是死亡,我们在阅读之后似乎很难找到词语去形容它们,这就是川端康成的魅力。无论再怎么背德的事情,看完之后,眼前一片皆空。

三、道德越轨与虚无体验

"穿过县境上长长的隧道,便是雪国。"这是《雪国》中的第一句话,川端康成仅用这一句话就将我们带到了另一个世界,那世界有纯洁的白雪,有山峦,有淳朴善良的百姓,还有最为真挚的情感。艺伎驹子拥有美丽的外形,有着对生活的憧憬,驹子可以说是一个完美的女人。然而驹子却对有妇之夫岛村产生了纯洁而热烈的爱恋,这份爱恋受到了干扰,不道德的爱情受到干扰是可能的,但我们发现这份爱情遇到的阻碍无关道德,而是因为驹子未照顾行男而受到了叶子的阻碍。这是另一个世界啊!让人类精神摆脱道德束缚,向着更加自由的空间发生成长。在《千只鹤》中,菊治和太田夫人的关系更是对现实生活的一种突破。超伦理关系已是脱离现实,然而当我们发现太田夫人与菊治的交往实际上是太田夫人对菊治父亲的渴望时,这更是让故事飞升到了另一个世界。川端康成的创作摆脱了现实生活的伦理关系等思想束缚,让肉体和灵魂得以自由伸展,这时候虚幻导致了颓废的出现。川端康成企图通过有意识的幻觉来找到美的各个阶段。在川端康成的作品中,常存在时空上的变化,最为明显的当数《睡美人》。《睡美人》讲述的是六十七岁的江口老人五次来到秘密俱乐部的故事。川端康成在讲述江口老人与年轻姑娘的接触的同时,还展示了江口的往昔,川端康成以江口老人回想的方式,将人们从现在拉回到了江口年轻的岁月,"他望着药片,有关令人讨厌的乳臭的回想和令人狂乱的往事的追忆又浮现出来"[①]。江口回忆起那个第一次教会他"男人的嘴唇可以使女人身上几乎所有部位出血"[②]的,乳头周围渗出血的姑娘,在回忆中他重新体味到那让一个男人一生变强了的感觉。除此之外,他还想到人到中年的董事长夫人向自己所坦白的对于男性的幻想。江口老人一边抚摸着昏睡不醒的睡美人,一边沉湎于一去不复返的对昔日女人的追忆中。本以为自己不会再来的江口老人,时隔半个月,再一次来到了秘密俱乐部。他回想起了第一次来到这里的情形,回想起那姑娘美丽的身体。当江口老人见到另一位睡美人时,姑娘肌肤的芳香又给江口带来了新鲜丰富的幻想。他想到了山茶花、紫藤花……这些花又勾起了江口对三个

---

① 川端康成:《睡美人》,叶渭渠译,南海出版公司2014年版,第13页。
② 川端康成:《睡美人》,叶渭渠译,南海出版公司2014年版,第14页。

已婚女儿的回忆。我们再次随着川端康成的笔触从现在回到了江口老人的中年时期。川端康成的这种手法,淡化了我们对江口老人接触甚至抚摸年轻女子的厌恶,那种违背道德的罪恶。在《睡美人》中,秘密俱乐部的存在像是川端康成创造的一个不同于现实的世界,在这个世界中,蕴含着川端康成对于年老的、对于生命消亡的恐惧,这呼之欲出的恐惧在川端康成的世界中一次次被压制,但又一次次被提及,这世界将孕育出一个悲剧命运,川端康成面对这样一个世界,不是选择逃避,不是选择另换结局,而是直面,坚持到悲剧来临的那一刻,得知福良老人去世,睡在身旁的黑姑娘死去,死亡是这世界的结局。这是颓废,是在能避免的前提下直面悲剧,并使自己成为艺术杰作的奇迹。

四、总　结

川端康成文学中透出的颓废是川端康成生命越过成熟之后走向衰败的一种艺术美,如果我们仅仅只看到川端康成作品中展示的衰败而不曾审视川端康成作品中的变化与激荡,就不能真正把握川端康成所要传递出的精神含义。对于川端康成作品的探究不仅仅是艺术上的研究,更是对道德、生命、人本身的无止境的思考和追寻。

[本文原载于《文学教育》(上)2019 年第 3 期]

试析中外文学作品中的吝啬鬼形象

李雪倩[①]

在《现代汉语词典》中,吝啬主要指的是对自己财物的过分爱惜,并且在该用的时候却不用。吝啬鬼主要指那些比较抠门的人。随着世界文学的发展,经典作品中也诞生了许多具有不同性格特征的吝啬鬼形象。这些吝啬鬼形象不仅能够体现其本身的特点,也代表了当时社会以及文化的特征。

一、中国文学作品中的吝啬鬼形象

(一)严监生

严监生是吴敬梓在《儒林外史》中塑造的吝啬鬼形象。当时我国正处于封建社会的衰落时期。但是严监生仍然保留了封建社会的封闭性和保守性。这也充分体现出了严监生为了积累钱财,百般算计、疑心重重、忧劳成疾的特征。

严监生作为地主主要通过地租剥削农民来获取钱财。并且当时商品已经通过货币来进行交易,他也通过典铺来获取利钱。虽然他已经拥有了十万多两银子,但是他仍然惦记着妻子王氏在典铺里的利钱。当发现了亡妻留下来的银子时,严监生竟然高兴地开始祭奠亡妻。虽然找到了这笔银子,但是严监生还是不放心,仍然带病算账、检查,直到下不了床。即使在生命的最后一刻,严监生都因为点了两根灯草怕浪费。这些细节的描写将严监生吝啬的性格特征表现得淋漓尽致。

---

① 本文作者系浙江越秀外国语学院中国语言文化学院 2017 级学生。

(二)贾仁

贾仁是郑廷玉在《看钱奴》中塑造的吝啬鬼形象。作者在创作时,元朝政治腐败,社会下层的知识分子无法获得出路。这也更好地诠释了文章中贾仁言而无信、自私无情、吝啬虚伪的性格特征。文中贾仁因为得到了周荣祖的祖财成为暴发户,不想最后却为周家守了二十年的钱财,成为名副其实的守财奴。

郑廷玉在文中运用对比的手法来体现贾仁言而无信、自私无情的本质。贾仁在庙里向神灵允诺一旦自己富贵,便会施舍僧人、搭建寺庙、修桥修路、尊老爱幼。但是当他暴富之后,一文钱都舍不得花,甚至还要抢夺别人的东西。在买周荣祖之子时,贾仁一直说着自己是个财主,言语间表明了自己非常大方,实际却非常小气。他甚至因为狗舔了他手指上的鸭油而气得一病不起。这些描述都体现出了他吝啬虚伪的一面。

(三)李梅亭

李梅亭是钱锺书在小说《围城》里塑造的一个吝啬鬼形象。虽然李梅亭在作品中只是一个陪衬,但是慢慢回味之后才发现其中的矛盾纠葛。在国难时期,我国军事、文化等各方面都受到了重创。西方拜金主义思想冲刷着我国的传统道德制度。这些时代背景造就了李梅亭庸俗浅薄、纵容欲望、吝啬刻薄的性格特征。

文章中李梅亭在研究自己的英文名时,那种庸俗浅薄的特征暴露无遗。而李梅亭的墨镜却成为他纵容欲望的道具。李梅亭摘了眼镜就是一个谦谦君子,戴上眼镜就表现出了他人性的弱点。在对待孙小姐时,李梅亭的吝啬刻薄已经完全地表露出来,他甚至连已经拆封的药丸都舍不得分给孙小姐。

二、外国文学作品中的吝啬鬼形象

(一)夏洛克

夏洛克是英国著名的戏剧大师莎士比亚在《威尼斯商人》中塑造的吝啬鬼形象。早在 16 世纪初期,英国资本主义在经济方面展现出了惊人的发展速度。而这也增加了资产阶级和王室之间的矛盾。到了 16 世纪 90 年代,这种无法调解的矛盾已经达到了顶峰。而夏洛克就是莎士比亚根据当时的社会背景创造出的具有时代代表性的吝啬鬼形象。夏洛克的特征是心狠手辣、贪得无厌、阴险狡诈。这正是高利贷资本的突出特点。

封建社会的敛财方式被夏洛克应用得得心应手,而同为商人的安东尼奥却表现出了宽厚、为人正直、善良等和夏洛克完全不同的性格特征。这使得夏洛克将安东尼奥看成了记恨的对象。在安东尼奥向夏洛克借了高利贷之后,夏洛克便开始了对安东尼奥的复仇之路。夏洛克和安东尼奥签约,如果不能够在期限之内还钱,就要在安东尼奥身上割下一块肉。这将夏洛克的心狠手辣体现得淋漓尽致。在法庭上,夏洛克说安东尼奥的这块肉是他花了很大的代价买来的,他一定要拿到手。他甚至认为六千块钱中的每一块钱分为六份,每一份都可以分为一块钱,他都不要,他只要对安东尼奥按照约定来处罚。而这些语言的描述也说明了夏洛克贪得无厌的特征。夏洛克不接受安东尼奥两倍到三倍的还款,执意要割下安东尼奥的一块肉。这是因为夏洛克的阴险狡诈在作祟,想通过这次签约来对安东尼奥进行复仇,除掉自己在高利贷行业的绊脚石,为自己获得更多的利益。

(二)葛朗台

葛朗台是法国批判现实主义文学大师巴尔扎克在《欧也妮·葛朗台》中塑造的吝啬鬼形象。19 世纪上半期,法国资本主义开始进入了发展时期,社会也呈现出了色彩斑斓的景象。在当时的社会背景下,葛朗台体现出的是一个贪婪狡猾、自私虚伪、爱财如命的守财奴特征。守财奴的主要意思是看守钱财的奴隶。人类应当是钱财的主人,拥有着支配钱财的能力。但是葛朗台却甘愿成为钱财的奴隶。而这一点也充分说明了当时资本主义社会人和人之间毫无感情的金钱关系。

在资本主义确立了之后,葛朗台通过货币投机、继承遗产成为当时法国索漠城最富有的商人。在所有的吝啬鬼形象中,贪婪都是一个共同的特征。吝啬鬼在财富面前往往都会表现出贪婪的一面,但在使用财富时则会体现出吝啬的特点。而巴尔扎克通过一个狂字将葛朗台的形象全面地展现出来。在看到女儿的定情物时,一个七十六岁的老头竟然能够身子一纵,像老虎一样扑上去。这些都足以说明了葛朗台的贪婪狡猾。在女儿已经声明金梳妆匣是她的定情物,不能够侵犯时,葛朗台竟然将欧也妮推倒在了母亲的床上。这个镶了金子的梳妆匣彻底地断送了父女之间的亲情。而这一行为将欧也妮的母亲气得晕死过去时,葛朗台却变得非常清醒,竟然劝女儿不要因为一个匣子生气,将梳妆匣还给了女儿,并且还送给欧也妮一把金路易。这一行为虽然表面上看起来大方,但是只有葛朗台自己明白,如果气死了太太,那么女儿将会拿到一半的家产。这对于葛朗台来说会是一场非常大的打击。因此,葛朗台想利用亲情来讨好女儿,让女儿放弃继承权。这些都能够表现葛朗台自私虚伪、贪婪狡猾的特征。在葛朗台弥留之际,爱财如命的特点被葛朗台完美地展示出来。葛朗台的眼睛能够几小时地盯着金子,并且在神甫给他做临终法事的过程中,竟然想要抓住镀金的十字架。这一行为却断送了他自己的性命。而他对女儿的遗言也只提到了金钱。金钱已经使葛朗台发狂,让他甘愿成为只为金钱而活的奴隶。

(三)泼留希金

泼留希金是果戈理在《死魂灵》中创作的一个吝啬鬼形象。在 19 世纪 40 年代,俄国实行农奴制。在果戈理的笔下,泼留希金代表着俄国封建社会的没落地主。这一时代背景造就了泼留希金丧失人性、贪婪迂腐、愚蠢落后的性格特征。同样作为吝啬鬼,泼留希金和夏洛克、葛朗台一样都有着贪婪的共性,都想获得更多的财富,但是果戈理所呈现出的泼留希金代表着俄国封建社会的消亡,虽然泼留希金比较贪婪,但他却有着迂腐、落后的个性。

果戈理在作品中不仅写到了泼留希金通过压榨农奴来敛取钱财,还写到了虽然泼留希金的仓库中收进了大量的钱财,但是却不能够好好地利用这些财富,使其在仓库中发霉、浪费。这种矛盾的写法正体现出了泼留希金的那种愚蠢落后的性格特征。另外,虽然泼留希金是一个地主,有着大量的财富,但是他的外表却非常寒酸,像个乞丐,任何东西都会去捡。这些也从侧面突出了泼留希金的守财奴形象。在女儿结婚之时,泼留希金送给女儿的礼物竟然是诅咒。儿子在他这里也没有拿到钱买衣服,这也使得儿子和他没有了关联,他不关心儿子的生死。而泼留希金的财富在他的仓库中也开始发霉、变质。泼留希金甚至自己都不知道拥有多少财富,只知道敛取钱财。这些行为正表明了泼留希金的贪婪迂腐以及为了财富丧失人性的特征。

(四)阿巴贡

阿巴贡是法国古典主义喜剧大师莫里哀在《吝啬鬼》中创作的一个吝啬鬼形

象。当时法国资本主义正处在发展时期,经济方面有着高速的发展。而这也造就了和夏洛克一样利用高利贷来获得暴利的阿巴贡。阿巴贡的性格特征是多疑如狂、乘人之危、吝啬如癖。

和夏洛克一样,阿巴贡也是通过高利贷进行敛财的。阿巴贡最鲜明的特点就是多疑如狂。他害怕别人知道他手上有钱,谎称自己手边没有存款,利用二分钱利息向别人借入,接着又要二分五厘的利息。另外的现款竟然要用一些实物充数。这也说明了他乘人之危的特点。同时,他放债的手段非常毒辣,利息计算准确。儿子说他是杀人不见血的凶手。阿巴贡在当时已经陷入了吝啬如癖的状态。他和儿子同时爱上了一个女人,他却要求儿子娶一个有钱的寡妇。女儿出嫁时,他看重的是对方不要嫁妆。并且在平时,他还会克扣儿女们的花销费用。请客时,阿巴贡招待十个人会要求仆人上八个人的菜。他不仅对别人吝啬,对自己也非常舍不得,经常会饿着肚子。另外,阿巴贡还会要求法庭传讯猫,原因是猫偷吃了剩下的羊腿。而莫里哀在作品中描述得最精彩的部分是阿巴贡在花园里埋的一万金币被盗,他已经几近发狂,希望动用国家的统治工具来替他找回金子。这些细节的描写更好地凸显了阿巴贡的吝啬鬼形象,表现出了阿巴贡贪得无厌的特点。

三、中外文学作品中吝啬鬼形象的比较

(一)中外文学作品中吝啬鬼形象的相同之处

虽然中外文学作品中的吝啬鬼形象生活在不同的时代、国家,有着不同的个性特征,但是他们的相同之处都是贪婪吝啬。空虚的精神世界、孤立的处境以及苟且的生活状态使得他们思想封闭,无法开阔眼界。他们即使在病重之时,仍然惦记的是自己拥有的财富,舍不得休息、花钱,在生命结束的那一刻,仍然在想着敛取钱财。

(二)中外文学作品中吝啬鬼形象的不同之处

每个吝啬鬼形象由于生活的国家和时代不同,造就了他们不同的个性特征。在中国文学作品中,严监生、贾仁以及李梅亭受着中国传统文化思想的束缚,显然是一种自虐式的吝啬。其中,严监生和贾仁的吝啬受到了封建思想的影响,李梅亭

生活在近代中国时期,他的吝啬主要受到了战乱以及外来文化入侵的影响。而在外国文学作品中,夏洛克、阿巴贡以及葛朗台比较精明、遇事机智、手段凶狠。其中,虽然阿巴贡和夏洛克都是高利贷者,但是阿巴贡和严监生一样,比较多疑。而葛朗台的头脑就比较清醒、善于算计,能够不择手段地扩大财富。葛朗台正是通过其阴险狡猾的个性来积聚财富的,成为吝啬鬼形象中的代表。泼留希金和严监生一样都是地主阶级的产物,受到阶级思想的限制,泼留希金的思想具有一定的封闭性和保守性,性格特点也非常迂腐,虽然通过一切手段敛取钱财,却不懂得利用,最终却变成了毁财。这些都充分说明了泼留希金的迂腐以及保守。

四、结 语

综上所述,虽然每个吝啬鬼形象都有着共同的贪婪特征,但是中外文学作品中的吝啬鬼形象也有着很大的不同。这些不同主要表现出了不同国家时代背景、民族性格、环境的差异以及对人民思想的影响。而通过对中外文学作品中吝啬鬼形象的分析,也使人们更深刻地认识到了中外文化精神的不同,更好地了解了中外文化在不同时代的发展历程。

参考文献

[1]王菊艳、王晓婷:《严监生、李梅亭和葛朗台的比较研究》,《绥化学院学报》2014年第9期。

[2]关晓雪:《女性主义视野下葛朗台、严监生家庭中之女性比较》,《重庆科技学院学报》(社会科学版)2013年第8期。

[3]商华:《论严监生并不吝啬——兼与葛朗台比较》,《乐山师范学院学报》2009年第3期。

[4]赵利娟:《从严监生到葛朗台——中西文化中吝啬鬼形象之比较》,《开封教育学院学报》2009年第2期。

[5]岳引弟:《西方文学四大吝啬鬼形象意蕴解析》,《山西大同大学学报》(社会科学版)2009年第2期。

(本文原载于《青年文学家》2020年第18期)

出走的女性

——安娜·卡列尼娜与曾树生形象对比

刘　晗[①]

《寒夜》和《安娜·卡列尼娜》同为现实主义的悲剧杰作。巴金和托尔斯泰对女主人公的塑造既有谴责,又有无限的同情。身处不同时代和文化背景的两位女主人公面对社会旧制和家庭矛盾,都选择用出走的方式进行反抗。"出走"是很多女性文学形象共有的选择,"娜拉出走后会怎样"在中国文学界也引起不小的争论。本文从原因、结果、意义三个方面对两位相似女主人公出走的选择进行比较,探析二者形象。

一、出走原因

曾树生和安娜选择用出走的方式重新寻找幸福,主要原因是二者身上相似的性格。曾树生爱热闹,要过热情的生活。安娜有着不甘被压抑的生命活力。她们身上蓬勃的生气使她们对于渴望的幸福无比执着。这也成为促使她们出走的最大因素。次要原因是二者现实处境的相似。首先,她们都处于社会动荡变革时期。在巴金对旧社会的控诉中,黎明似来又未见,匮乏的物资、不稳定的局势,使一切都充满着寒冷和压抑。人们惶惶度日,不知哪天才能迎来真正的光明。曾树生曾经的梦想被现实打败,四处逃难的生活和死气沉沉的家庭使她的人生观和追求都发生改变。托尔斯泰的《安娜·卡列尼娜》创作于 19 世纪 70 年代,当时俄国正在实施自上而下的农奴制改革,是封建社会向新兴资本主义社会急剧转变之时。人性解放、自由恋爱、婚姻自主的呼吁高涨的同时,封建社会顽固守旧的思想依然十分强大。弗朗斯基的妈妈对于他和安娜的风流韵事感到骄傲,但一明晓那是"某种少年维特式的不要命的激情"时,又立马露出虚伪的面目极力反对。上流社会里并不

_____

① 本文作者系浙江越秀外国语学院中国语言文化学院 2018 级学生。

乏欺骗丈夫出轨的女人，但当安娜捅破这层窗户纸时，他们又藏起一切的肮脏，站到制高点上批判安娜。其次，在存在其他出路的前提下，曾树生和安娜都有着难以忍受的家庭矛盾。相比于弗朗斯基的英俊多才、真诚深情。安娜的丈夫醉心仕途，一向虚伪冷酷。这使安娜备感压抑。相比于陈经理所代表的热闹快活日子，曾树生的婆婆百般刁难、丈夫懦弱无能、儿子冷漠疏远。这些使曾树生反复萌生去意。

二、出走结果

曾树生和安娜在出走中寻找自由，在自由中寻找人生幸福。出走的选择虽然合情合理，然而事实表明这并非正确的出路。曾树生热烈渴望热闹的生活但又带有对家庭的愧疚之情。安娜沉浸于爱情的幸福但总会想起心爱的儿子和自身的罪恶。这样的矛盾一直贯穿于出走前后，成为出走结果以悲剧收尾的征兆。其中除外部环境因素，有更多自身因素的阻碍。

（一）逃避性

巴金在谈《寒夜》时说道："她想摆脱毁灭的命运，但是人朝南走绝不会走到北方。"曾树生和安娜的出走是摆脱，也是逃避。她从没有真正地想过与自己的生活进行斗争。她不愿意继续当"花瓶"，但她也不甘结束这份没有价值的工作。一部分原因是可以贴补家用。但更重要的是这份工作对她而言是过上较好日子最易行的路。她满足于当"花瓶"带给她的快乐，从而逃避家庭生活带给她的苦闷。归根到底，这种逃避使她放弃家庭也不能获得真正的自由，她对自由的追求终究是空虚的。安娜出走以后，在短暂地与情人完全沉浸于冲动的甜蜜后，往事像噩梦一般涌上心头，安娜对此多次克制自己不去思考过去种种可怕的事。面对离婚的棘手问题，无论是情人还是朋友的相劝，更是再三逃避不愿提及片言。这种逃避也成为她今后悲剧结尾的重要原因之一。两位女主人公以出走方式寻求自由，但如影随形的逃避性并不能真正解决她们现实存在的问题。

（二）享乐性

曾树生和安娜都带有及时行乐的心理。弗洛伊德把人的精神分为本我、自我、超我三个部分。其中本我是最原始的自我，它代表了人的本能、欲望和冲动，不受任何理性、道德、法律和各种社会习惯的约束,完全按照快感原则,满足原始本能的需要。曾树生和安娜对幸福的追求也存在本我"堕落"的误区。在战乱和压抑的家庭氛围中,曾树生身上有着抑制不住的生命本能。这种生命本能使她忠诚于"快乐原则",沉迷在美貌、金钱和物质享受带来的快感中,离不开"花瓶"身份带来的益处。在多次牺牲自己、成全家庭和远离家庭、成就自我的思想斗争中,她最终仍是选择出走家庭。安娜本质上同曾树生一样遵循快乐指引,感情用事。她拒绝和丈夫讨论上流社会关于自己的流言蜚语,在被丈夫禁止的情况下和情人在家中私会。即使选择出走,其中也有很大冲动的成分。对曾树生和安娜来说,她们的出走都是屈服于本能和欲望。自身的享乐性使她们追求的幸福更加遥不可及。最终出走的结果以失败告终。

(三)依附性

曾树生和安娜都带有依附性。最突出体现在她们精神上的不完全独立。安娜没有独立的经济来源,即使出走,也必须依附男性生存。她把爱情视为生命和幸福的一切。热烈的爱情给予安娜反抗的勇气,但也使她过度依赖以致迷失自我,最终以牺牲自我生命表达最后绝望的反抗。相比安娜,曾树生有独立的经济来源,并且受过良好教育。在"花瓶"的工作中她体会到生活的享受和事业的成就感。她可以不用为一杯咖啡钱发愁,可以把儿子送去贵族学院接受最好的教育。这些都使她蒙蔽了双眼。她将"花瓶"身份带来的愉悦定义为真正的幸福和自由,选择出走家庭。她或许并不喜欢陈经理,但工作职位和经济上密切的往来使她必须要依靠陈经理。其本质上同安娜一样,都依附于男权社会。她对幸福的追求只是从对旧家庭的依附变为对新家庭的依附。并不能真正地让自己有所改变。更不能完全地实现真正的女性独立。

三、出走意义

(一)觉醒的女性意识

安娜身上体现着女性意识的萌芽。对爱情和幸福的追求使她大胆反抗陈旧的包办婚姻和与之相随的封建家庭的束缚。对于自己要选择的方向,安娜拥有独立的思考和抉择。"永远,由我去吧。我知道自己处境的全部屈辱、全部恐惧;然而,这并不像您所想的那么容易解决。就由我去吧,你听我的好了。"自己爱人跌马受伤,她不顾虚伪的体面,流露出真诚的担忧和伤心。她不仅向丈夫大胆承认自己的外遇,在出走家庭后,因为被丈夫冷酷拒绝,选择在儿子生日那天偷偷回到彼得堡的家中和他短暂相见。从安娜到曾树生,随着时代的进步,女性意识也进一步增强。曾树生明确受到过五四进步思想的教育,是一个五四新女性形象。"'你管不着,那是我们自己的事!'妻子昂然回答。"比起安娜个性解放,曾树生独立意识更加鲜明。她不顾婆婆的诋毁,捍卫自己妻子的身份。她发展自己的事业,有自己的交际圈,帮助家庭分担经济上的压力,甚至成为丈夫文宣精神上的支柱。安娜和曾树生作为独立个体对自己的生命进行积极的思考,摆脱旧社会对女性相夫教子的固有要求,选择出走寻找幸福。在外部社会环境的前进发展下,从安娜为了爱情而萌芽出女性意识,到曾树生以自我幸福为中心而强化的女性意识,我们可以看到女性意识发展的历程。女性的独立不仅需要经济的独立,也需要思想的独立、精神的独立。

(二)执着地反抗命运

曾树生和安娜的可贵也在于她们敢于去为自己的命运努力。客观来看,在动荡不安的时局里,曾树生有一份较高的薪资可以贴补家用,有一个完整的家庭。但这样平稳又沉寂的生活并不能麻木曾树生,使她满足于对自己人生的思考。在内心去留的矛盾面前,无论前路如何、对错如何,她都愿意去尝试和承担。安娜在遇到弗朗斯基前,她的生活是平淡又完美的。受人夸赞的地位、有权有势的丈夫、温顺可爱的儿子,一切都是美满的。但她仍然愿意为了自己相信的爱情抛弃一切,为爱出走家庭,承受世人的唾弃。这既是感情的驱使,也必须要有非凡的勇气。她们都有自身无法突破的局限,但对于停滞的现状,她们敢于做出改变和选择,在各自的脆弱里扛起一片天地。

(三)坚守的善美人性

曾树生认识到这样的家庭在一点一滴地消耗她的生命而同文宣离婚后,她依然没有完全放下这个相伴了多年的家。她按月汇款,关心丈夫和儿子的情况。在追寻自己自由和幸福的同时,源于愧疚,更源于感情,她依然在尽力弥补自己没办法做到两全其美的责任。没有独立经济来源的安娜，时代的限制以及对女性的定位使她没办法更好地在出走后弥补自己的责任。她不能争取到孩子的抚养权，甚至连和孩子想要见上一面的正当要求都被虚伪的宗教道义否决。"'这种冷酷无情，虚情假意。'她自言自语道，'他们就是要侮辱我，折磨孩子，我会顺从他们吗？决不！她比我更坏，我至少不撒谎。'"安娜作为一个母亲，在对孩子最真挚的情感面前，对一切的虚伪和反人性做出悲愤控诉。她追寻着自己的自由和爱情的同时又时刻牵挂着自己的儿子。人性的美丽在两位女性对于出走的思索和奋斗里得到充分体现。这也正是她们成为中西文学经典形象的一部分原因。

四、总　结

曾树生和安娜用出走的方式打破社会家庭旧规对她们的约束，以为可以通往自由和幸福之路。但时代的局限并不会承认她们"离经叛道"的努力。此外，即使出走，内心的纠结冲突始终如影随形。她们用出走冲破了家庭的束缚，但却无法达到内心的平静和统一。在自由责任得不到平衡的前路，最终必以悲剧收场。在对二者的对比研究中，我们要认识到她们的出走存在两面性。其中既有对幸福和自由大胆的追求、对社会束缚顽强的反抗，也有摆脱不了的局限性。个人不能超越时代，对于自由、解放、幸福、女性独立的探索更需要进一步的研究和全社会的努力。

参考文献

[1]列夫·托尔斯泰：《安娜·卡列尼娜》，草婴译，译林出版社 2014 年版。

[2]巴金：《巴金精品小说集》，二十一世纪出版社集团 2017 年版。

[3]郭晓岩：《〈寒夜〉人物之精神分析》，《忻州师范学院学报》2009 年第 25 期。

（本文原载于《青年文学家》2020 年第 12 期）

破茧之蛾与扑火之蛾

——杜丽娘与朱丽叶主体意识之比较

薛嘉嘉①

"女性主体意识"是指女性的自我意识,是女性作为主体在社会、经济、政治等关系中的地位、作用和价值的自我体现,它是激发妇女追求独立、自主,发挥主动性、创造性的内在动机。只有确立了女性主体地位,女性才会去感知、体验人生与世界,传达女性的愿望与追求。"女性如果自身缺乏主体性意识,那她就不能意识到自己在世界中的地位与作用,无法充分发挥自己的积极性和创造性,女性解放也许就成为一个空洞的口号。"②在父权社会中,男性把女性设定为他者,通过他者来映照自我,而他者身份的确立却意味着女性主体地位的丧失。西蒙·波伏娃曾说:"女性的意义在于她是一个活的存在,生理上的差别和心理上的情绪都无法规定她们生命的轨迹。她们是靠自己的价值选择来开拓自己的解放之路。"③由此可见,女性的自我觉醒和完善对提升自我认知程度起着关键作用。

杜丽娘与朱丽叶分别是《牡丹亭》与《罗密欧与朱丽叶》两部经典作品中的主要女性角色,她们虽然生活在男权社会的桎梏中,但却并没有像其他女性那样任由男权掌控与宰制。她们或是通过梦境大胆破除封建幽闭,为爱而死,为爱而生;或是在现实中向死而生,为爱殉葬。如果说将杜丽娘比作一只破茧的飞蛾,那么,朱丽叶更像一只扑火的飞蛾。

一、杜丽娘与朱丽叶主体意识的缺失

女性主体意识的缺失主要是指女性没有认清自己在社会和家庭生活中的作用和价值,在和男性的关系中,很容易成为男性的"他者",把自己视为物化的家庭附

---

① 本文作者系浙江越秀外国语学院中国语言文化学院 2013 级学生,指导教师尹传兰。

② 李佳梅:《女性解放与女性主体意识》,《长沙水电师院学报》(社会科学版)1994 年第 4 期。

③ 西蒙·波伏娃:《第二性》,湖南文艺出版社 1986 年版,第 247 页。

属品,并满足于这种角色,不想独立自主地追求自己的生活。起初,杜丽娘与朱丽叶就迷失于其中,她们主体意识的缺失主要表现在以下两个方面。

(一)家庭婚姻关系中的"无我"认同

在杜丽娘所处的那个时代,女性被要求"三从四德""大门不出,二门不迈",从小能见到的男性只有父亲与兄长。她们的婚姻由封建大家长一手操办,在出嫁前甚至连对方的外貌、品行都不太了解,这就是所谓的"盲婚哑嫁"。

而在伊丽莎白时代,一方面,个人情感生活的自由度十分大,男女关系十分开放,那时伦敦的女性以"热情友好"闻名整个欧洲;但另一方面,人们的关系又非常僵硬,交往方式也极为刻板,任何人若违反这些规则:如忘记给地位高于自己的人让座,试图当着地位高于自己的人的面穿过一道门,在教堂或饭桌上马虎地坐在自己不配坐的地方,都会惹上麻烦。在这样的社会规范里,女性在家庭中的社会地位自然不会很高,而她们将来的婚姻,也正像《罗密欧与朱丽叶》中所写,是基本由父亲按照自己的意志来决定的。朱丽叶之所以会有这样的悲剧,很大程度上在于她的父亲一意孤行地将她许配给她不爱的人,而执意拆散她与罗密欧的恋情。

(二)女性话语权的丧失

这里所说的话语权主要包括两层含义:一是指"'言语',即索绪尔所指的语言在实际生活中的运用";二是指"'话语',即福柯所说的话语,是与权力密不可分的"。① 女性话语权的丧失,主要表现在女性在经济、婚姻、家庭、社会中的受制行为。男性则通过话语统治女性,达到物化女性的目的。

杜丽娘是从小就生活在幽闺中的女子,并且她的父亲杜宝是一位封建大家长,奉行的是"祖宗家法"不可违,用其所膜拜的"礼教"训诫自己的女儿。杜丽娘从小被灌输礼仪规范,因此她一直被一系列礼仪规范约束着,就连因春日昼长而白日犯困小憩,也会被杜宝训斥一番。虽然她已是一个妙龄少女,但她的衣裙却不被允许出现成双成对的花鸟,就连到后花园散步这等小事,也是在婢女的怂恿下才敢偷偷溜出去的。她的行为仅被限制于深闺绣房,思想受制于封建礼教。狭小的天地,森

---

① 马红梅:《18世纪英国女性话语权的丧失——以丹尼尔·笛福的〈罗克珊娜〉为例》,《外语研究》2010年第4期。

严的礼教,让她像关在金丝笼中的小鸟,虽衣食无忧,却只能望着头顶的那片天空发呆。在家中,她也只能听从父母,如若顶撞或反抗即被视为"不孝"。

同样,朱丽叶在主体意识觉醒前也对父母的话言听计从,在未见到罗密欧之前,当她母亲询问她是否能接受帕里斯时,她道:"要是我看见了他以后,能够发生好感,那么我是准备喜欢他的,可是我的眼光的飞箭,倘若没有得到您的允许,是不敢大胆发射出去的呢。"①当朱丽叶与罗密欧相识并相恋后,她的家人却极力阻止并强迫她嫁给帕里斯,家中长辈没有人倾听她的想法。

两个不同家庭、接受不同教育的女性,她们在家庭生活中都要依附男性,完全缺失了女性本该具有的话语权。也正是女性话语权的丧失,让杜丽娘与朱丽叶的主体意识一直被压抑,直到爱情胚芽的破土而出才诱发了两人自我意识的萌醒。

二、杜丽娘与朱丽叶主体意识的萌醒

通常情况下,主体意识是以一种潜隐的状态存于内心深层的,当它受到某种外在机缘(可以是人也可以是物)的刺激后,便会被"引爆"而成为一种显在的表现。在这点上,杜丽娘与朱丽叶有着极为相似的经历。首先看杜丽娘。杜宝为了把女儿培养成合乎封建礼法的女性,为她请来了陈最良教授诗书。迂腐的陈最良给杜丽娘讲的第一课就是《关雎》,在他眼里,《关雎》宣扬的不过就是"后妃之德""宜室宜家""有风有化"等道德规范,是最好的规范读本。但出乎人意料的是,杜丽娘却认为《关雎》是一首爱情诗,讲的是一位男子对女子的追求。正是这首诗,唤醒了杜丽娘长期以来被压抑的青春之情,让她对情欲充满无限神往。当读到《毛诗》第一章"窈窕淑女,君子好逑"时,她悄然废书而叹曰:"圣人之情,尽见于此矣。今占同怀,岂不然乎?"在婢女春香的进言下,她偷偷踏进了从未被允许进入的后花园。花园里百花争奇斗艳、莺燕翩翩起舞,激起了这个长期幽闭在闺房中的少女的情感波澜——"可知我常一生儿爱好是天然",从未欣赏过的鸟语花香,从未嗅到过的清新扑鼻,使她不由自主地流露真情:"[皂罗袍]原来姹紫嫣红开遍,倾这般都付与断井颓垣,良辰美景奈何天,赏心乐事谁家院。朝飞暮卷,云霞翠轩,雨丝风片,烟波画船——锦屏人忒看的这韶光贱!"如此美丽的后花园景致,居然无人欣赏,只能静静等待秋风的驾临。杜丽娘不禁触景生情:正当花容月貌,如今却被锁深闺,红颜难久,韶华易逝。在《惊梦》一幕中,她唱道:"吾今年已二八,未逢折桂之夫;忽慕春

---

① 莎士比亚:《莎士比亚青春剧》,西南师范大学出版社 2015 年版,第 15、25、30 页。

学步集——浙江越秀外国语学院中文学院学生刊发论文选

情,怎得蟾宫之客?昔韩夫人得遇于郎,张生偶逢崔氏,曾有《题红记》《崔徽传》二书。此佳人才子,前以密约偷期,后皆得成秦晋。"此处提到《西厢记》里的崔莺莺并表现出她对崔莺莺的艳羡之情,说明她内心已慢慢在其引领下萌发了反抗封建礼教、争取爱情自由的主体意识。与《西厢记》里的崔莺莺相比,虽然两人均是封建大家庭的千金小姐,同样受着封建礼教的束缚,同样被封建大家长主宰着命运,但杜丽娘远没有崔莺莺那么幸运,她没有在普救寺里与一位青年才子偶然接触的机会,也没有张生这样的人向她求爱,更遗憾的是,她的丫鬟春香也没能像红娘那样给她以情感上的指引和帮助。可见,杜丽娘的生存环境比崔莺莺更加令人窒息,而她所能接触的男人也只有自己的父亲和老师。因此,杜丽娘只能凭借梦来寻找爱情了。在梦中,她与柳梦梅相遇、相知、相恋并与其私订婚约。美梦虽破灭,但她的心却留在了那个叫"柳梦梅"的男子身上。日复一日的相思使她饱受煎熬,相思之苦无法向人诉说,最终在遵循礼教与挑战权威的夹缝中郁郁而死,但她的主体意识却在相思和为爱而死中得以升华。"花花草草由人恋,生生死死随人愿,便酸酸楚楚无人怨"①便是她对自由的渴求,从中也流露出强烈的斗争意识。杜丽娘主体意识彻底爆发发生在《冥判》中,肉体虽死,魂却不散,虽在阴间,却仍不懈地追求爱情自由与个性解放。这一点远远超越了生死的界限。从生到死再到死而复生,这个循环过程充分体现了杜丽娘对生的眷恋和对爱的渴求。为了获得主体的自由,她可以不顾一切去冲破森严的礼教束缚。至此,杜丽娘完成了主体意识从无到有、由浅入深、由弱到强、由潜隐到爆发的演变历程。

再看朱丽叶。一个与杜丽娘远隔重洋的欧洲女性,其父亲虽视她为掌上明珠,从小到大对她呵护有加,但在朱丽叶萌发主体意识、主动追求爱情时,他却独断专行,丝毫不顾及女儿的感受,棒打鸳鸯,不容置疑地行使着封建大家长的权力。父亲凯普莱特为了能让罗密欧和朱丽叶死心,不惜火速包办她的婚事,并替朱丽叶做主答应了帕里斯的求婚。凯普莱特之所以会有这样的举动,全是因为在他眼里女儿就是父亲的财产,不仅她的婚姻还包括她的生死都应该是由父亲所决断的——"我可以大胆替我的孩子做主,我想她一定会绝对服从我的意志"。而在朱丽叶为爱违抗父亲的意志时,凯普莱特就视其为"该死的小贱妇,不孝的畜生",因为在他看来女儿只是父亲的附属品,他完全可以无视朱丽叶的意志和话语权,强势地把"嫁于帕里斯"的意志灌输给朱丽叶:"你倘使是我的女儿,就得听我的话嫁给我的朋友;你倘使不是我的女儿,那么你去上吊也好,做叫花子也好,挨饿也好,死在街

---

① 汤显祖:《牡丹亭还魂记》,山东大学出版社 2015 年版,第 39—67 页。

道上也好,我都不管,因为凭我的灵魂起誓,我是再也不会认你这个女儿的。"①哪怕朱丽叶极力哀求,父亲凯普莱特都无动于衷,根本没有给予朱丽叶作为一个女性本应有的独立与自主权。就这样,在男权主义下的女性的"人性"一直被压抑、束缚,没有权利去追求自己的爱情和理想。

在酒会上与罗密欧邂逅后,朱丽叶被抑制的"自我"开始觉醒。在得知罗密欧的身份后,她苦恼着:"唯一的爱恋偏偏是我唯一的世仇,懵懵懂懂的相识,知道了已是太晚的时候,这突然的钟情真是叫人担心,我偏偏倾心我应该恨的敌人。"②但爱情的火焰未被世仇浇灭,为了自己的爱情,她说道:"罗密欧啊,罗密欧!为什么你偏偏是罗密欧呢?否认你的父亲,抛弃你的姓名吧,也许你不愿意这样做,那么,只要你宣誓做我的爱人,我也不愿做一个凯普莱特。"③这表明朱丽叶的主体意识得到了诱发,压抑在她体内的"人性"被解放,开始为自己的人生而努力。

为了捍卫自己的爱情和追求,她曾两次求助劳伦斯神父。第一次求助神父是为了这段不被双方父母认可的爱情能够在上帝的见证下得到祝福。这一幕正是朱丽叶主体意识到了发芽的阶段,那时的她浑身散发着勇敢无畏的气息,因为在她看来,自己的感情是值得被肯定的,自己的人生是掌握在自己的手中的。父亲凯普莱特要将她许配给少年贵族帕里斯时,她再一次向神父求助。为了能以假死状态躲过父亲的逼婚,朱丽叶镇定地饮下药水,从她的举动可以发现朱丽叶的"本我"再次升华,而当她醒来看到爱人罗密欧的尸体时,她彻底地崩溃了,对世间再无留恋,毅然决然地拒绝了神父的帮助,以自刎的方式殉葬了自己的爱情和追求。在她两次反抗家长的过程中,尤其是她为爱殉情的那一幕,其主体意识彻底得到爆发,她蔑视封建家长,挣脱封建势力的束缚,在她的身上充分体现了肯定人、歌颂人的人文主义精神,为了人性能够得到解放,为了能掌握自己的人生,她敢于反抗固执的封建家长,敢于挑战顽固的封建势力,敢于抛弃性命,只为实现人格的独立、人性的解放、人生的自由。

杜丽娘和朱丽叶在一直被忽视、被压抑的环境中仍敢于抗争、敢于反抗父母安排好的所谓"人生",并能够在爱的契机下唤醒自己的意识,以自己的独特方式展现出女性独有的光芒。

① 莎士比亚:《莎士比亚青春剧》,西南师范大学出版社 2015 年版,第 15 页。
② 莎士比亚:《莎士比亚青春剧》,西南师范大学出版社 2015 年版,第 25 页。
③ 莎士比亚:《莎士比亚青春剧》,西南师范大学出版社 2015 年版,第 30 页。

三、杜丽娘与朱丽叶主体意识的差异及其原因

尽管杜丽娘与朱丽叶都渴望人格的独立、个性的解放、人生的自由,但她们两个人毕竟还是生活在不同的空间,迥异的自然与人文环境对她们性格的形成起到了不同的导向性作用。正如孟德斯鸠所言,"人们在寒冷气候下,便有较充沛的精力",有较强的自信、较大的勇气,而炎热的气候会使人心神萎靡,"就像老头子一样怯懦"。[①] 也就是说,不同的气候与环境会形成不同的意识与心态,也就会产生不同的行为举止。杜丽娘与朱丽叶主体意识的不同以及其原因具体如下。

(一)爱情欲渴求程度

杜丽娘的活动范围仅被局限于自己的闺房之中,整天除了做女红,就是看书,根本不能接触到外界的事物,在她的生活环境中所能接触到的男性只有两个,一个是她的父亲,另一个则是她的启蒙老师,因此她的爱情追求就充分体现了浪漫的梦幻色彩。她只能以梦境和鬼魂的形式表达自己对爱情的渴望,也只能用这种方式才能唤醒被压抑已久的人性。但由于封建礼教的长期束缚,在杜丽娘的身上仍然可见封建势力的残余:在梦境中,她仍顾忌着"父母之命、媒妁之言",在还魂后,她希望能得到父母亲的认可,从中可见她对爱情的追求缺乏破釜沉舟的气势,由此也可见她对爱情和婚姻的追求仍存在一定的局限性。

但朱丽叶恰恰与之相反,她是爱情的勇敢追求者。她热情奔放,以一种破釜沉舟的勇气执念于自己心目中的爱情,以勇敢无畏的精神反抗封建大家长,不仅无惧顽固的封建势力,亦无惧可怕的死神,在她身上我们能看到强烈的反抗意识。

可见,在渴求爱情这方面,朱丽叶的追求程度要远远高于杜丽娘,而之所以会造成这种差异,正是因为两位作者在人文思想上存在着差异性。

莎士比亚创作《罗密欧与朱丽叶》时,人文主义思潮达到顶峰时期。它主张一切以"人"为中心,肯定现实生活,肯定人有追求幸福的权利,要求人要解放个性、拥有独立的人格。深受其影响的莎士比亚在《哈姆莱特》中留有这样一段对人的精彩赞颂:"人是多了不起的一件作品!理想是多么高贵!力量是多么无穷!仪表和举止是多么端正,多么出色!论行动是多么像天使!论了解是多么像天神!宇宙

[①] 孟德斯鸠:《论法的精神》(上册),张雁深译,商务印书馆1963年版,第270—271页。

的精华！万物的灵长！"①这话集中反映了他对人的自由、平等、博爱的自然本性的渴望和追求。以"人"为中心的思想渗透到他的每一部作品中，自然他所塑造的朱丽叶同样也体现了他对自由的渴望和追求。所以尽管最后朱丽叶是以"死亡"控诉整个封建社会，但她的爱情却表现出了满腔的热情和勇敢，如同一把火，爱得轰轰烈烈、爱得无所畏惧、爱得粉身碎骨。

汤显祖所处的时代却与莎士比亚截然相反，在那个黑暗、艰难的年代，无人认可女性的地位与价值，女性在男性的眼里只是个传宗接代的工具，毫无独立可言。因此女性在命运面前毫无还手之力，与女性密切相关的婚姻，在封建社会也无一席之地，都由封建大家长一手包办。在这样的环境下，杜丽娘对爱情的追求就不能像朱丽叶那样现实、那样直白，她只能通过梦境和鬼魂来实现自己对爱情的追求以及人性意识的解放。

（二）主体意识觉醒程度

虽然朱丽叶在渴求爱情自由方面，其追求程度要远远高于杜丽娘，但在主体意识觉醒这方面朱丽叶却稍逊于杜丽娘。

第一，从小生长在森严的封建礼教下的杜丽娘，其所受的教育不过是"三纲五常""存天理，灭人欲"，她的世界被固定在狭窄的天地间，唯有用梦才能爆发出强烈的反抗意识。她所体现的精神实质是宁可为情而死，决不做淑女而生。她所追求的是无拘无束、张扬个性的人生，所希望的不过是自己的天性能够完完全全地表达出来。而朱丽叶所生活的时代却是生机勃勃的人文主义时代，处在这样一个"以人为中心"的环境中，朱丽叶的思想意识要远比杜丽娘开放。

第二，朱丽叶与封建势力抗争的激烈程度远不如杜丽娘。在中世纪的英国，人文主义思潮生机勃勃，欧洲封建势力被逐步瓦解，在朱丽叶追求爱情自由、独立人格时，她还能得到神父劳伦斯的支持，并不是只有她一个人在战斗。但杜丽娘则是一个人在战斗，在当时黑暗的年代，个人的价值、地位无人认可，个人毫无独立可言，可她却敢于追求个性解放、人格的独立，她是个性解放的先驱者。

可见，在主体意识觉醒上，朱丽叶的觉醒程度要远远高于杜丽娘。之所以会产生这个差异，完全在于双方宗教信仰以及伦理观念的不同。

首先，在宗教信仰上。在细致研读《罗密欧与朱丽叶》这部作品后，我们发现这

---

① 莎士比亚：《莎士比亚悲剧·哈姆雷特》，译林出版社 2013 年版，第 39—47 页。

部作品深隐着一条链式对抗线,即用人文精神反对基督神学,又用基督神学反抗封建思想。当朱丽叶与罗密欧相爱时,双方家族极力反对他们在一起,而朱丽叶为了捍卫自己的爱情和追求,两次求助于劳伦斯神父,在第二次求助神父时,神父一方面向上帝祷告:"愿上天祝福这神圣的结合,不要让日后的懊恨把我们谴责!"①另一方面又让朱丽叶假死,以此来祈求能躲过这次的逼婚。从朱丽叶两次求助神父的事件中可以看出作品并不完全排斥宗教,而莎士比亚所塑造的朱丽叶又有着浓烈的人文主义精神,要求解放个性、肯定人性,这与基督神学宣扬的"禁欲主义"是相对立的。随着朱丽叶与罗密欧的死亡,两个家族的世仇得到和解,而这又是个性解放对家族世仇的胜利。而《牡丹亭》一方面表现出用至爱真情反抗封建礼教,一方面又表现出对封建礼教的认同感。杜丽娘生活在两个世界里,一个是由纲常礼教主导的现实世界,一个是由欲望主导的鬼魅世界。在现实世界里,她是"大门不出,二门不迈"的大家闺秀,一举一动都符合名媛标准,她的"青春""人性"被森严的礼教紧紧裹缚着。但机缘巧合之下,杜丽娘以"梦境"进入一个全新的世界,在这个世界里,她释放了自己的"天性",在梦中追求自由和爱情,但求而不得与相思之苦使杜丽娘在愁苦中死去。死去的她以"幽灵"的形态寻爱,在柳梦梅掘坟开棺让她还阳后,她仍没有摆脱掉现实的森严礼教。在《婚走》一折中她言道:"秀才可记得古书云:必待父母之命、媒妁之言。""前夕鬼也,今日人也。鬼可虚情,人须实礼。"②在杜丽娘死而复生后,依然要求柳梦梅遵循"父母之命、媒妁之言""金榜题名"等旧的观念,这表现出她对封建礼教的认同。

其次,在伦理规范上。伦理是民族长期以来所形成的全民族人际关系和行为的准则,它"植根于民族每一个体的心理和意识中,它以习俗的方式表现,是民族内部凝聚力中最强有力的纽带"③。在西方,其社会伦理变革发生得不仅急剧,还很频繁。正因如此,欧洲各国对伦理不断否定、扬弃,这往往导致作家的作品总是充满悲剧色彩,其主人公具有强烈的悲剧精神,促使主人公在作品中常处于无法摆脱的"两难"境地,作品的结尾也常以悲剧冲突中的一方或双方死亡的方式收束。在《罗密欧与朱丽叶》中,朱丽叶就是陷入"两难"处境的悲剧主人公。一方面她要顾及家族的利益和荣耀,另一方面她又极其渴望自由的爱情,正所谓"鱼与熊掌不可兼得也",最后她义无反顾地选择自己的爱情并以此来反抗封建势力,她的人生悲剧就显而易见了。中国则与西方恰恰相反,其伦理变革很少发生否定性的急剧变

---

① 莎士比亚:《莎士比亚悲剧·哈姆雷特》,译林出版社 2013 年版,第 39—47 页。
② 汤显祖:《牡丹亭还魂记》,山东大学出版社 2015 年版,第 225 页。
③ 邱紫华:《悲剧精神与民族意识》,华中师范大学出版社 2000 年版,第 140 页。

革,使得我们的作品基本上很少会出现悲剧,中国读者也不喜欢这样的作品。因此"中国民族尽管不乏悲剧精神和艺术悲剧创作,但总的趋势是逐渐淡化,这种淡化趋势在艺术悲剧中常表现为'大团圆'结局"。《牡丹亭》中,杜丽娘只是通过进入"禁地"——后花园赏花来反叛封建礼教,也只能通过梦境与柳梦梅幽会,以此来表达自己对自由恋爱的追求。在梦境中她顾忌封建礼教,在现实中又空虚寂寞,渴望与爱人在一起,希望自己的爱情能得到父母亲的认可,这两者的冲突使得她的觉醒存在局限性。

综上所述,两位作家在同一时代创作出的两位女性在主体意识上各有特色。在两部作品中,我们能清楚地看到两位作家笔下的杜丽娘与朱丽叶突破了单纯的"大家闺秀"或"泼妇夜叉"的屏障,真正站到台前,如实地表演自己。朱丽叶直白、果敢,杜丽娘坚韧、隐忍,造成两人不同性格的原因则在于中西方在人文宗教信仰等方面存在鲜明的差异性。杜丽娘是一位大家闺秀,但当被礼教压抑住的"人的意识"觉醒时,她做了一件当时那个时代很多人不敢做的事,解放自己的欲望,勇敢追求爱情,为自由生生死死、死死生生,以自己微薄的力量与封建礼教这庞然大物战斗。朱丽叶在"相恋—分别—死亡"的过程中,最终意识到自己才是命运的主人,在与家族抗争时以死证明自己存在的价值。

(本文原载于《剧作家》2017 年第 4 期)

卡夫卡与残雪小说中疾病情结的文学呈现

唐亚芬①

富有荒诞色彩的残雪和西方现代派文学宗师卡夫卡一生都有疾病的经历和体验。在艺术创作过程中他们都颠覆了传统的创作,塑造了一个个荒诞恐怖的艺术世界。在他们笔下,人性高度异化、梦魇般的意象层出不穷,然而他们艺术创作的本质却充满了对人性的思考。正是这些从童年就开始的疾病体验和人生经历构成了他们独特的文学世界。从精神分析学看,人的欲求的不满足及内心的挫折,往往会成为日后个人艺术创造的原动力。个人在生活中受到内外阻碍,在本能及欲求得不到满足的情况下,会通过艺术或文学创作升华,将内心的价值转移到文学作品中,因此文学艺术作品是人的本能欲求的代偿品。也可以说"文学创作对个人的精神冲突和生活挫折起到了补偿作用"②。从这个意义上看,正是这些创作填补了残雪和卡夫卡的内心残缺,对他们的心理起到了一定程度的补偿作用。残雪与卡夫卡在创作中印证了人生体验与创作之间的关系,同时也可以发现他们在创作中体现的人性叩问的主题。

一、荒诞意象的择取

"现代心理学研究表明,幼年的经历和体验对艺术家具有深刻而持久的内在影响,形成艺术家独特的心理结构和意向结构,幼年时期的个性心理在这个结构中占有非常重要的位置,经常会作为一种基调渗透在作品中,隐性地影响着艺术家创作个性的建构,在其一系列作品中表现出来,则成为独具特质的艺术风格。"③

西方现代派文学宗师卡夫卡短暂的一生都在被疾病困扰,他曾患有胃病、头痛、失眠、神经衰弱、肺结核等疾病。卡夫卡说:"在失眠的背后,也许只隐藏了对死

---

① 本文作者系浙江越秀外国语学院中国语言文化学院 2013 级学生,指导教师尹传兰。
② 徐光兴:《世界文学名著心理案例集》,上海教育出版社 2004 年版,第 10 页。
③ 童庆炳:《现代心理美学》,中国社会科学出版社 1999 年版,第 36 页。

亡的巨大恐惧。我也许害怕,灵魂在睡眠时离开我就再也回不来了。也许失眠只是对罪恶的清醒认识,害怕随时受审判的可能性。也许失眠本身就已经是罪过。也许失眠是对自然的东西的反抗。"①这段话中,我们可以感受到卡夫卡有着犹太教固有的"原罪"思想。卡夫卡的朋友维利·哈斯曾说:"卡夫卡的生命是由自我折磨、自我谴责、恐惧、甜蜜和怨毒、牺牲和逃避组成的巨大的旋涡。"②因为疾病,卡夫卡一直在思考、一直在探寻,文学创作是卡夫卡独特思考的方式。他的创作中的意象总是充满了虚幻感与荒诞性,比如:老鼠,低矮、阴暗、像窟窿一样的小屋,阴凉、发霉的气息,短而黑的络腮大胡须,等等。这些昏暗的意象展示了卡夫卡眼里那个黑暗的世界。在那个社会里,是非颠倒、丑恶肮脏、黑白不分,法律想判谁有罪谁就有罪,你甚至不知道自己有什么罪,更加不知道该怎么赎罪。从他的小说中,我们不仅可以看到卡夫卡骨子里对那个社会深深的厌恶之情,而且可以感受到原罪意识深深地融入卡夫卡的血液里。这种原罪意识也在他的小说主人公身上都有体现,他们一直在寻找、一直在抵抗,但是最积极的抵抗也不过是在明白抵抗无用后,放弃抵抗。我们在卡夫卡的创作中体验到了生存的荒诞性。

中国先锋作家残雪与西方现代派卡夫卡的小说都有一个共同的特点,那就是小说的荒诞性。在他们的小说中,充满各种各样梦魇般的意象:人性异化,父子、母子之间对立,亲情关系淡薄。主人公总是带着莫名其妙的病态。显而易见,这都与他们的疾病经历有关,疾病经历早就为他们的文学创作埋下了种子。残雪从小疾病缠身,她患有严重的风湿病、过敏病、腿痛、头痛、冻疮痛、青霉素注射痛等等。身体的痛感贯穿了她的儿童时代和少年时代。童年的疾病经历使她不能像其他小孩那样每天蹦蹦跳跳地玩耍,生活的挫折让她提早进入了文学的世界,文学创作对她的疾病经历起到了某种补偿作用。在她的作品中充满了老鼠、蛆虫、蝴蝶、蝙蝠等丑恶荒诞的意象。她作品中也有很多充满荒诞的行为,如:吃草的爷爷、狐狸的脸、飞机模型里装满的昆虫、从爹爹胸腔里飞出来的彩蝶、涨成猪肝色的脸、喷火的眼睛、冷漠的表姐眼神里发出的贪婪的眼光、从骷髅中看到自己的脸、海与白胡子老头的对话、荒诞的西湖、肮脏的公寓、像蜜蜂一样又细又失真的老女人声音、没有人会真正死去的地方、没有楼层的房屋、抽象的紫晶月季花、到处都是垃圾的黄泥街、神秘的王子光。这些丑恶荒诞的意象象征了人物内心的异化,是内心情感世界的投射,构成了一个"残雪式"探讨人性的文学世界。残雪用荒诞意象撕开了人性世

---

① 雅努斯:《卡夫卡对我说》,时代文艺出版社 1991 年版,第 21 页。

② 卡夫卡:《卡夫卡全集》,河北教育出版社 2000 年版,第 443 页。

界里隐藏着的最黑暗的角落。

二、灵魂深层的人性拷问

卡夫卡与残雪的创作都着重于对人性的追寻,尤其是残雪的创作更被称作"灵魂之旅"。他们的作品中的人性总是极度扭曲:父子、夫妻、姐弟各种亲情关系被陌生化。我们从作品中可以看到人性的各个层面、各个维度。

敏感的心理、独特的感受、迥异的思考,这些因素共同诱发了卡夫卡对人性的探索。《判决》这篇小说让我们看到了人性的恶,表面上是站在人性的角度,谴责了父亲的行为,展示了对父亲的控诉,但这种表层异化关系却显露了卡夫卡内心深处对情感的渴望。在这种异化的背后,作者努力想让我们思考的是对当下人性关系的反思,是对人性、亲情的另类思考。站在情感的维度,异化的背后肯定是深深的爱。没有爱,何来的控诉? 在他的另一篇小说《变形记》中,格里高尔变成甲虫后的种种遭遇也让我们看到了人性的冷漠。《城堡》里的 K 与弗里达的爱情带着一种奇异的意味。与现实中给人美好的爱情不同,K 与弗里达在一起时是一种迷路、窒息的感觉。这种另类的爱情感受促使我们思考爱情背后的关系,思考爱情关系的情感维度。《城堡》显示了人性处处的诡异,所有人物都带着犹太教人的"原罪"思想。K 想进入城堡,可是无论怎么样都进入不了。阿玛莉娅一家的罪恶也是没有缘故的,他们想解除这种罪恶,但根本没有任何办法消除,因为他们根本就不知道自己到底犯了什么罪。《审判》中的主人公约瑟夫·K 也有着与阿玛莉娅一家相同的遭遇,都是无缘无故被判有罪了。但是人性的异化在于,他们在面对死亡时,竟然没有反抗。《审判》中的律师也与《城堡》中的律师异曲同工。他们仿佛是个工具,没有任何人性成分。

卡夫卡所有作品的主人公都带有一种孤独、忧郁、绝望的情绪,人与人之间冷酷、疏远,摧毁了人的本性。但是,卡夫卡并不是单纯地只为否定人性,在卡夫卡构建的人性之中还是可以看到反抗的,只不过是一种绝望的反抗,以此拯救绝望的人性。他的作品《变形记》就表现了人在孤独无助、荒诞境地的一种绝望的抗争。在《审判》中,卡夫卡让约瑟夫·K 在初审法庭上敢于慷慨激昂地抨击整个法律机构,对黑暗势力进行无情的揭露,对黑暗社会进行尖锐的批判。在《审判》中,虽然约瑟夫·K 努力地为自己洗刷冤屈,最后并没有成功,但这种努力、抗争还是显示了绝望的反抗、人性的拯救。《城堡》则描写了一个孤独的个体如何在一种制度面前无能为力,无法寻找而又不得不去寻找一个生存之地的尴尬。K 显示了这种绝望的反抗的精神。虽然最终没有进入城堡，但他也一直在为此努力。在这些作品里，我们可以看到卡夫卡是把人作为一个孤独的个体而对抗整个生存环境，充溢着绝望的抗争。卡夫卡表达了现代社会的荒诞、人与人之间的冷漠，他用绝望的抗争唤起人世间的爱，让人们透过表象去思考人性的本质。

残雪深受卡夫卡的影响。在一次访谈中她曾说起，自己第一次接触卡夫卡是在怀孕的时候。她一看到卡夫卡的作品，就被深深地吸引，并由此改变了她的文艺观。残雪和卡夫卡一样，作品都充满了精神梦魇般的呓语、重叠的恐惧、阴郁的意象、荒诞怪异的场景、孤独无助的情感、没有准确的时间地点，也没有情节与结局。王建斌评价残雪称"她的小说把荒诞推到极致"①。残雪对人性的探索有很多与卡夫卡相似的地方，但也有不同之处。卡夫卡认为："每一个障碍都粉碎了我。"残雪则认为："痛苦是一种启蒙。"②不同的生活背景、不同的人生经历、不一样的人生思考，使得残雪对人性有些许不同的感悟。她第一次接触卡夫卡正是迎接新生命的时候，她从这个新生命中肯定能够感受到人性的希望。但是"文化大革命"还是给她的心灵造成了极大的破坏，疾病的经历也给她的心灵蒙上了一层灰色。"文革"就是一场巨大的疾病，在那个人与人之间相互举报、人情淡漠的时代，残雪也身不由己受到了影响。她笔下的人物都处在窥视与反窥视、诱惑与反诱惑的处境之中，人性也呈现出极度异化的特质。《苍老的浮云》勾勒了现代人在被自由放逐后惊恐不安的生存图景。从虚汝华的生存处境来看，她陷入了一个到处充满敌意的恐怖世界。邻居慕兰在后面的墙上挂了一面巨大的镜子，镜子可以全方位监视她的生活，产生一种高度被窥视的恐惧，反映了一种窥视与反窥视的人生境况。虚汝华虽然找到了生活的慰藉，更善无在一段时期成了她灵魂的栖息之地，但是这种关系并不能长久地维护，他们是因为恐惧相互搂紧了，最终又嫌恶地分开了。这种诱惑与反诱惑也来自人性的异化。小说的最后，虚汝华把所有的门窗钉了铁条，将自己封闭在小屋里，与世隔绝。这是残雪对人生生存状况的思考，然而封闭的生活同样使她不得安宁，驱不尽的老鼠、杀不完的蚊虫，虚汝华的内心开始变异。我们可以看到，无论是虚汝华还是更善无都渴望在生的恐惧中抓住生命之绳，可是他们最后都被生存环境异化了。《公牛》中的夫妻之间也是这样，妻子总是在看到各种奇异、玄乎的景象时，不停地问丈夫是否也看到了，但是作品中的丈夫不但看不到，而且很多时候都听不到妻子说的话，每次回答总是词不达意。

---

① 王建斌：《先锋的堕落——论残雪的小说》，《天水师专学报》1996 年第 1 期。

② 残雪：《灵魂的城堡》，上海文艺出版社 1999 年版。

残雪说，她笔下的每个人物都是由内心对爱与美的追寻所催生的。《黄泥街》中的王子光是一个虚构的形象，在那条灰暗无光的黄泥街中，没有人能够确定王子光到底是一个人，还是一道光。人们充满热情地谈论着这位奇特的"王子光"。"王子光"这个连是否存在都不知道的人物，在他还未出现之前，人们就将他视为一个敌人，视为一个破坏者，把他当作一个神秘的存在。王子光这个人物的出现引发了黄泥街上种种可怕的景象。各种欲望的暴露显示了黄泥街地狱般的景象。人们期盼着王子光的到来，寻找着王子光的踪迹。深藏在人们内心深处丑恶的欲望都通过王子光这个虚幻的角色展现了出来。人们把黄泥街一切肮脏破旧、丑陋的环境都归结于王子光。其实人们对王子光所做的各种幻想都是毫无根据的，而是借对王子光的关注来实现对自身命运、自身生存的关注。

在这些作品中，残雪运用了夸张、变形、荒诞的创作手法，将人性做了透彻的剖析。虽然残雪的文学世界中的人都是极其丑恶的，生存状态极其恶劣、人性扭曲，身在肮脏破旧的环境中，内心迷茫阴暗，但却一点也不影响他们拥有超乎常人的热情和精力。残雪想要表达的就是人无论在面临多大的困难时，都应该永远保持坚定的信念。无论所处的环境多么不堪，都应该保持惊人的毅力。在这些人性异化的背后，更多的是残雪对人性的探究，在这些变异的人性身上寻找生命的意义，不断在荒诞的环境中寻找突破，这就是残雪的救赎之路。残雪的小说总是从各种丑陋的现象中看到本质，在荒诞的环境中寻找突破，实现生命的救赎。

三、缺失性体验的投射

在某种程度上说，文学作品是作家丰富性体验或缺失性体验的投射。缺失性体验是指主体对各种缺失（精神和物质的）的体验，疾病往往会让人情绪低沉，是造成缺失性体验最常见的一个原因。

卡夫卡一直在疾病中创作，他赋予疾病太多的精神内涵，并将其融入作品之中。卡夫卡身为犹太人，置身于一个荒诞险恶的社会，犹如萨特所说的"他人即地狱"。按照拉康"镜像学说"的阐释：小孩子的成长就是以大人为参照物进行模仿。卡夫卡出生在犹太教家庭，在这个家教森严的家庭中，父亲拥有至高无上的权威。他曾经在《致父亲的信》中提到过，他写的书都与父亲有关，他在书里无非是倾泻了当着父亲的面无法倾诉的话。在这里，卡夫卡体现了不同于常人的父子之情，他对父亲只有敬畏恐惧之情。再加上卡夫卡儿童时代的疾病经历，让他从小到大都瘦弱无比，这更促使他内心滋生极度畏惧心理。在他的心里，所有情感都是没有温度的。但是他并没有将自身的不幸深深埋藏在心灵最深处,而是寻找到了文学这条路径来宣泄,来拯救自己的心灵,将自己的情感感受化为文学幻象,以文学的形式对抗内心的极度苦闷。也就是说,他自身的缺失性情感体验带给他无限的创作源泉。

在短篇小说《判决》中,卡夫卡探讨了不同于日常世界的父子关系。与表达爱与善的主题相反,这篇小说让我们看到了人性的恶。其中的父子关系极度异化,父亲监视儿子并判决儿子的死亡。这与卡夫卡的心理疾病、与对父亲的恐惧心理不无关系。卡夫卡的代表作《变形记》中,格里高尔在故事一开头就病了,他变成了一只巨大的甲虫,这种疾病来得无缘无故。卡夫卡在文中并没有直接交代格里高尔的得病原因,但当我们深入故事,看到格里高尔的生存状态时,便可以明白这是一种心理疾病。卡夫卡采用了象征、比喻的手法将抽象的心理疾病具象化,以独特的视角达到了石破天惊的艺术效果,让读者感到触目惊心。短篇小说《饥饿艺术家》中的绝食表演者一直在演绎绝食表演并最终饿死,饥饿艺术家实际上已经异化成动物了,饥饿艺术家的表演也是一种疾病的表现。这部作品是作家在疾病中创作的,那一年,他戒掉了很多不好消化的食品,之后禁食的种类越来越多,后来他慢慢地成为一个素食者。最后,卡夫卡从拒绝吃食物到让自己挨饿,让自己成了一个真正的饥饿艺术家。正是这些缺失性体验,让卡夫卡创作了一系列与疾病有关的作品。

从小到大的疾病经历给残雪造成了严重的缺失感,这种体验对于残雪的写作产生了巨大的影响。她将自己的缺失体验艺术地转化在作品之中,把心中的苦闷与孤寂宣泄出来,企图达到自我救赎的目的。残雪认为,在她的审美活动中始终有一个先验的机制在起作用,这个机制引导着她的创作。"这个逻各斯和努斯共体的机制,就是人的高层次自我意识的机制。"[1]毫无疑问,这个高层次自我意识的机制是她人生各阶段与疾病对峙的结果。残雪一直强调这种先验机制和"操练",这在她的作品中都有所体现。《苍老的浮云》中,虚汝华的丈夫老况缺乏独立生活的能力,在婆婆的唆使下,搬去跟母亲住在一块,只是不时地送些蚕豆过来。这种荒诞的夫妻关系、恶劣的生存环境并没有让虚汝华放弃对生命的追寻。虚汝华一直在与这些丑恶的环境对峙,她从来没有放弃生的希望。残雪小说中的主人公身上都遭受着像虚汝华一样让人难以忍受的磨难,但他们却从来没有放弃过生命,总是用那个破败的身体体会着生命的奥秘、寻找着生命的意义。在短篇小说《男孩小正》

---

① 残雪、邓晓芒:《于天上看见深渊》,上海文艺出版社 2003 年版,第 24 页。

中,远蒲老师就体现了这种与疾病对峙的精神,他用操练的方式与疾病进行着对抗。在《美人》中,乌老太那精湛的口技是在环境的暗示下无师自通地锻炼出来的。最显著的是,疾病经历让残雪的作品染上了一层鲜明的病态色彩。无论是《苍老的浮云》中的虚汝华、更善无,还是《表姐》中的表姐,他们无一不是从身体到心理都呈现出一种病态。

虽然残雪与卡夫卡是生活在两个不同地域、不同时代的作家,但有着同样被病魔折磨的经历。这使得残雪比别人更能够理解卡夫卡,残雪曾经说过,卡夫卡对她有过决定性的影响。不得不说,疾病的经历在一定程度上成就了残雪和卡夫卡。残雪和卡夫卡人性探索的背后更多的是对人性的自我救赎。他们都是在不断自我怀疑和不断叩问中寻找生存的意义,这便是残雪和卡夫卡在当代的意义。

(本文原载于《文教资料》2017 年第 1 期)

文艺美学研究与文学批评

朱光潜对亚里士多德悲剧理论的继承和发展

吴寅妍[①]

对悲剧理论的研究一直是美学界的重要议题,早在亚里士多德时期,他就在《诗学》中将悲剧定义为:"对一个严肃、完整、有一定长度的行动的摹仿,它的媒介是经过'装饰'的语言,以不同的形式分别被用于剧的不同部分,它的摹仿方式是借助任务的行动,而不是叙述,通过引发怜悯和恐惧使这些情感得到疏泄。"[②]当时的柏拉图对悲剧大肆批判,认为悲剧能够引起怜悯,而怜悯则是应当压制而不该培养的毫无价值的感情。亚里士多德对悲剧作出辩护,认为悲剧的作用正是让这些情感得到疏泄,因此并非有害。

不同于亚里士多德通过希腊悲剧来阐述《诗学》,朱光潜在《悲剧心理学》中结合了大量前人的思想,通过阐述、总结、辨析他们的理论来得出自己的结论。他认为悲剧"是崇高的一种,与其他各种崇高一样具有令人生畏而又使人振奋鼓舞的力量;它与其他各类崇高不同之处在于它用怜悯来缓和恐惧"[③]。朱光潜以康德的《判断力批判》中对于崇高的观点为基础,提出悲剧是崇高感的一种,但并不是所有崇高感都是悲剧。两人在对悲剧的定义上着重强调了悲剧的作用,都认为悲剧能够帮助人们疏泄不好的情感,但在细节上,两者的悲剧理论存在一些不同。朱光潜继承了亚里士多德悲剧理论的一部分,并在此基础上有所发展,形成了自己的理论体系。下面对此进行详细论述。

一、朱光潜对亚里士多德"距离"说的继承和发展

首先要分析的是"距离"说。提到"距离",多数人最先想到的或许是布洛,又或许是朱光潜提出的"心理距离"说,但其实早在亚里士多德的《诗学》中,我们就能发

---

① 本文作者系浙江越秀外国语学院中国语言文化学院 2016 级学生,指导教师余群。
② 亚里士多德:《诗学》,陈中梅译,商务印书馆 1996 年版,第 63 页。
③ 朱光潜:《悲剧心理学》,张隆溪译,江苏文艺出版社 2009 年版,第 81 页。

现"距离"说的萌芽。亚里士多德在书中虽然并没有明确提出"距离"的概念,但他对于悲剧情节和人物的描述也已经有了"距离"的痕迹。他在第 13 章谈论悲剧人物的安排中写道:"悲剧不应表现好人由顺达之境转入败逆之境……会使人产生反感。""不应表现坏人由败逆之境转入顺达之境,因为这与悲剧精神背道而驰……既不能引起同情,也不能引发怜悯或恐怖。"①因为好人由顺达之境转入败逆之境、坏人由败逆之境转入顺达之境都违背了人情,就算能赢得人们的理解,也不能引起人们的恐惧与怜悯。在此基础上,他又提出悲剧应该取材于少数几个家族的一些不幸遭遇或做过可怕事情的人的故事。对此他没有做过多解释,只说只有这样才会产生最好的悲剧效果。而在人物为何遭受不幸上,亚里士多德则认为是因为他们"犯了某种后果严重的错误"②,这无意之中让观众眼里"完美无缺"的人物也有了普通人本该会有的瑕疵,从而拉近了悲剧人物与观众之间的距离。他将悲剧中的欣赏者与被欣赏者清晰地划分开来,通过例子说明了悲剧中主体与客体之间距离的重要性。

这个观点在后世被不断借鉴,朱光潜先生在亚里士多德的基础上发展了"距离"说,进一步提出了"心理距离"说。早在《谈美》中,他就对"距离"有了基本的概念:"美和实际人生有一个距离,要见到事物本身的美,须把它埋在适当的距离之外去看。"③这个观点在《悲剧心理学》得到细化,他第二章中着重分析了"距离"说:"我们可以把'距离'描述为说明审美对象脱离与日常实际生活联系的一种比喻说法。美的事物往往有一点'遥远',这是它的特点之一。"④"我们有可能在一物体和我们自己的实际利害关系之间插入一段距离。"⑤在解释这种"距离"的时候,朱光潜拿出海上起雾的例子来举例:水手会因为海上起雾而感到烦躁,因为这预示着危险,与他自身利益息息相关,但如果抛开实际利害的考虑,海雾就变成了一片美丽的风景。其中的差异正是由于距离的不同。正如他在《文艺心理学》中所说:"悲剧所表现的世界在观赏者的心中是一个孤立的世界,和实际利害相绝缘。观赏者在聚精会神观赏剧中情节时,不知不觉地随之旋转;他在过一种极浓厚的生活,他在尽量活动,尽量发散情绪;但是这种生活、这种活动、这种情绪都和他日常所经验的完全是两回事。它们带着活动和发散所常伴着的愉快,而却不带实际生活的忧虑和苦恼。这是悲剧的喜感的特质。"⑥与亚里士多德相同,朱光潜在"距离"的概念中也提到作为欣赏者的主体与作为被欣赏者的客体两个因素,认为距离取决于它

---

① ② ③ ④　亚里士多德:《诗学》,陈中梅译,商务印书馆 1996 年版,第 98 页。
⑤　朱光潜:《悲剧心理学》,张隆溪译,江苏文艺出版社 2009 年版,第 21 页。
⑥　朱光潜:《文艺心理学》,漓江出版社 2011 年版,第 255 页。

们，而悲剧中所展现的世界正是因为与观赏者不存在实际的利害关系，才使得观赏者能够沉浸其中，全身心地去欣赏悲剧之美。二者之间的关系必须是"切身的"，因为如果与人离得太远，太过违背人情，人们就会不理解它，也很难做到欣赏；但同时主体与客体又得"有距离"。因为如果主体与客体之间离得太近，就会像之前提到的海雾中的水手那样太过担心自身的利害得失，很难再做到单纯地去欣赏它的美。

结合之前亚里士多德提出的几个观点，我们能很清晰地看出朱光潜在"距离"说上受亚里士多德悲剧理论的影响，以及对其的继承。在主客体的分析上，两人同样将悲剧分为欣赏者和被欣赏者两个方面；在情节上，亚里士多德将悲剧的发生定在少数遭遇过或做过可怕事情的人身上，认为这样才能产生最佳的悲剧效果，这点与朱光潜提到的"悲剧高于一般生活，要用强烈的故事冲突来激起观众情绪"观点不谋而合。朱光潜在《悲剧心理学》第六章中着重探讨了亚里士多德在解决悲剧主角的问题时提出的"过失"说，认为他的观点虽然有时自相矛盾，在道德与艺术审美上摇摆不定，但同样也反映了适当的"距离"在悲剧中的重要性。因为悲剧人物如果太过完美无缺，人们就会觉得这个角色太过陌生，自己离他太过遥远，对于他的不幸也会因为觉得太过突然而产生反感；悲剧人物太坏，人们又会对他的遭遇起不了怜悯之情，甚至还可能对他的结局拍手称快。这点也充分说明了两人在"距离"说上的联系，由于时代久远，亚里士多德在《诗学》中虽然没有形成完善的体系，但其著作作为悲剧理论的经典代代相传，通过阐释与解析在一定程度上也影响了后世对悲剧的理解，而朱光潜则将他的观点继承后添加上自己的理解，最终才有了如今这样完整的理论体系。

朱光潜对亚里士多德的悲剧理论并不是单纯地借鉴，在继承的同时也有发展。这点主要体现在他对悲剧中"距离的矛盾"的理解。例如在上文中对海雾中的水手的描述，朱光潜不仅提出了这两者之间需要距离，并且还提出了距离不应该太近，同时也不应该太远。他将这个观点引入悲剧，用悲剧中的事例证明了这个观点：时间和空间上，剧作家为了控制主客体之间的距离，多取材神话史诗和民间神话而很少用同时代事件作为题材；在人物和情节上，他们多将悲剧英雄描绘得超乎凡人（比如普罗米修斯就是半人半神，希波吕托斯有格外高尚的品格），在情节上则用强烈的故事冲突来激起观众的情绪，使悲剧高于一般生活；在气氛的营造上，他们则采用超自然的手法；等等。这些例子无一例外都以"人"以及人们的日常生活为原型，但又通过艺术加工的手法让故事与真正的日常生活区分开来，在让人们感到亲近的同时加强了故事的戏剧性，也保持了距离感。而在"距离"这一概念上，朱光潜则将亚里士多德所指代的剧中人物与观众之间的距离扩充到了剧中时空、题材、人物、情节等与观众之间的距离。朱光潜在亚里士多德"悲剧主客体之间要有距离"的基础上将"距离"说进一步深化，形成了自己的"心理距离"说理论体系，说明了悲剧面对观众不仅需要距离，且需要保持合适的距离，更需要多方面合适的距离。

二、朱光潜对亚里士多德"怜悯"概念的继承和发展

论述完悲剧主客体之间的关系，我们将重点放在两个人对悲剧概念的阐释上。前文中提到过，亚里士多德称悲剧能够引发怜悯与恐惧，并使情感得到疏泄，而对于这里的"怜悯"与"恐惧"具体指什么，他在《诗学》中并没有详细描述，但我们同样可以从他对悲剧人物与情节的描述上大致分析出两个词的意思。在《诗学》的第14章中，亚里士多德首先比较了"恐惧"与"怜悯"在悲剧中的效果，认为"后一种方式比较好，有造诣的诗人才会这么做"①，然后再从悲剧快感出发，探讨了哪几种情节能让人产生怜悯与恐惧，并从中得到快感。他先从人物之间的关系入手，认为互相斗争的行动发生在仇敌或非亲非仇者之间时，并不能引发人们的怜悯，因为人们在观看这两类人物斗争时只会感受到人物所受的折磨。但如果人物之间本该是相亲相爱的亲人关系，那么除折磨外，人们更会对他们的遭遇产生怜悯；而在人物的行动上，亚里士多德则认为诗人应该采用让人物"在不知情的情况下做出此种事情，之后才发现相互间的关系"，或是"在不知之间和对方之关系的情况下打算做出某种不可挽回之事，但在动手前，因发现这种关系而住手"②，因为这样的处理不仅不会使人产生反感，而且人物的发现更能引起观众的同情与怜悯，从而产生震惊人心的效果。而其中"最糟糕的方式"，就是剧中人物在"知情的情况下企图做出这种事情而又没有做"，因为这样处理"令人厌恶，且不会产生悲剧的效果，因为它不表现人物的痛苦"③。亚里士多德通过举例的手法，阐述了自身对悲剧中"怜悯"的理解，即只有当相爱之人互相斗争，且两人因为种种原因并不知道自己与对方之间的关系而使事态发展成不可挽回的局面时，悲剧才能达到其最佳的效果。

从中我们不难看出，亚里士多德笔下的"怜悯"不仅有"同情"的成分，同时还有"惋惜"的层面在。因为如果悲剧发生在仇敌之间，或是非亲非仇者之间，人们绝对不会因为剧中人物的行动而感到可惜，甚至还会觉得痛快。只有在悲剧发生在至亲上，剧中人物却不自知的情况下，人们才能感受到剧中人物的痛苦，从而为他们

---

① 亚里士多德：《诗学》，陈中梅译，商务印书馆1996年版，第105页。
②③ 亚里士多德：《诗学》，陈中梅译，商务印书馆1996年版，第106页。

感到由衷的同情与惋惜,因为如果他们早知道自己与对方的关系,悲剧就不会降临在他们身上。

同样是面对"怜悯"这一概念,朱光潜则结合了亚里士多德的观点,用一个章节的篇幅来阐述它。对于"怜悯",他首先否定了莱辛将"怜悯"与"同情"等同起来的观点,认为"同情"是指自己和别人拥有一样的情感,不分愉快还是痛苦,但"怜悯"中包含的情感一定是痛苦的,并且由好几种不同成分构成。接下来他分析了包含在"怜悯"中的成分,将其一分为二:一方面,他认为"怜悯"当中有主体对于怜悯对象的爱或同情的成分,理由很简单,我们绝不会对一个自己恨的人感到怜悯;在另一方面,怜悯之中也有惋惜的感觉。人们看到怜悯对象处于苦难或暴露缺点后脆弱的样子,总会无意间希望事情是另一种样子。这两点关于"怜悯"的表述与上文中我们对亚氏悲剧理论中"怜悯"含义的分析有着显而易见的相似之处。两个人都把"惋惜"这一情感包含在了"怜悯"当中,并且认为其中包含的情感一定是痛苦的。这里的痛苦不仅是剧中人物在当时的处境下的痛苦,同时也有观众被他们感染时所带来的痛苦情感。

但不同于亚里士多德将剧中亲近之人彼此的关系局限于血亲,认为亲人之间的斗争最能使人震惊,朱光潜扩展了悲剧中"怜悯"的范围,认为悲剧人物之间并不需要限制在亲人的关系内,同样地,悲剧人物之间的行动也不仅限于"在不知情的情况下做出此种事情,之后才发现互相间的关系"等层面上。朱光潜扩展了亚里士多德对于"怜悯"的范围,不论人物之间是什么关系,他们又做出了什么样的举动,只要能让观众感受到爱或者同情,并为之感到惋惜,那么在使人产生"怜悯"这点上这部悲剧就是成功的。

而在"恐惧"与"怜悯"之间的关系这一层面,朱光潜也认为这两者之间存在区别,并提出"真正的怜悯绝不包含恐惧"①。因为人们在感受到怜悯的时候会伴随着想去接近的冲动,而恐怖则会让人想要后退或者逃开,两者有着根本的区别。例如,人们在得知有位母亲的爱子得了重病时,会对她的遭遇产生怜悯之心,同情她的遭遇,并为孩子的生命安全感到担忧,但并不会因为害怕自己也会有这种遭遇而远远地躲避这对母子。人们在观看悲剧时虽然会同时感受到这两种情绪,但绝不能把它们混为一谈。其中最大的不同在于,比起"恐惧","怜悯"更有"爱"的成分在里面。不同于单纯的"恐惧"会让人产生想要远离、逃避的负面情感,亚里士多德与朱光潜都认为"怜悯"更多的是让人想要接近、阻止事情的发生,希望事情是另外一

① 朱光潜:《悲剧心理学》,张隆溪译,江苏文艺出版社 2009 年版,第 67 页。

种情景,并为故事的结局感到惋惜。

那么,"怜悯"在悲剧中的作用又体现在哪里?朱光潜在《悲剧心理学》中写道:"悲剧与恐怖的区别在于它在使观剧者充满恐惧之后,又能令他振奋鼓舞。"①"悲剧在征服我们和使我们生畏之后,又会使我们振奋鼓舞。在悲剧观赏之中,随着感到人的渺小之后,会突然有一种自我扩张感,在一阵恐惧之后,会有惊奇和赞叹的感情。"②悲剧的结局虽然是凄惨的,但其中所要表达的内涵核心却有积极向上的一面,唯有当人们对剧中人物产生积极的情感,最后起到振奋人心的作用。而在此过程中,人们正是因为通过自己对剧中人物的遭遇心生怜悯,才会想要进一步阻止事情的发生,为结局感到惋惜。由此可知,"怜悯"在引发观赏者积极情感上有着不可或缺的作用。在"怜悯"这一层面上,亚里士多德只是解释了"怜悯"的概念,以及在悲剧中怎样的情节才能使人产生怜悯,而朱光潜更进一步,通过对"怜悯"的解释进一步阐述了"怜悯"在悲剧中的作用(即引发人们的积极情感),证实了"怜悯"在悲剧中不可或缺的地位。

综上所述,在对"怜悯"概念的理解上,两人都将"恐惧"与"怜悯"区分开来,认为"怜悯"虽然包含着"痛苦",但也正是因为剧中人物令观众产生了喜爱与同情,才会使观众为他们的处境感到惋惜,进而心生怜悯,在悲剧中有着重要的作用与地位。而朱光潜在继承了亚里士多德部分的悲剧理论的前提下,又提出了自己的观点,进一步佐证了"怜悯"在悲剧中的地位,发展了"怜悯"这一概念。

三、朱光潜对亚里士多德"净化"说的继承和发展

在将亚氏悲剧理论细化,着重分析了悲剧中"怜悯"一词的含义后,我们最后再透过他对悲剧的定义,整体地论述亚氏悲剧理论中最知名的观点之一:"净化"说。前文中提到,亚里士多德的"疏泄"说源于对悲剧的辩护。对于"疏泄"一词到底如何解释,学界一直争执不断,争论的中心大致在于:到底应该把这个词看成从医学借来的比喻,意为"宣泄",还是看成从宗教仪式借来的比喻,意为"涤罪"? 对此,朱光潜则把它翻译为"净化",我们在这里沿用"净化"这一称呼。在《诗学》的第14章中,亚里士多德称:"我们应通过悲剧寻求那种应该由它引发的,而不是各种各样的快感。"③这里的快感指的就是在"怜悯"与"恐惧"后将这种情绪"净化"后得到的特

---

① 朱光潜:《悲剧心理学》,张隆溪译,江苏文艺出版社2009年版,第75页。
② 朱光潜:《悲剧心理学》,张隆溪译,江苏文艺出版社2009年版,第70页。
③ 亚里士多德:《诗学》,陈中梅译,商务印书馆1996年版,第105页。

殊快感。朱光潜在《悲剧心理学》中将悲剧净化问题的各种理论进行总结,其中最突出的就是总结了"情绪的缓和"这个概念。他首先用心理学的观点分析了"情绪",认为人们在产生一种情绪的同时必然会有一种对应的本能在起作用,例如,人在看到自己恐怖的事物时会本能地有一种想要逃离的冲动,心中产生了恐惧的情绪,各个器官也会随之做出反应(例如心跳加快),因此情绪就标志着人本能冲动起了作用。随后,他又对"情绪的缓和"进行解释,认为情绪得到"缓和",实际上就是指本能的潜在能量得到了适当的宣泄,也就是情绪得到了表现。得到宣泄的并不是情绪本身,而是与"怜悯"和"恐惧"这两种情绪相对应的本能潜在的能量。例如,现代社会中人因为种种原因,不能每次都用哭泣来表达自己的悲伤,用笑来表达自己的愉悦,这些情绪得不到表现,就只能积蓄在我们身体的某处,久而久之就会让人感到痛苦,但这些情绪一旦找到机会表现出来,我们在精神上又会产生愉悦,原本紧张的状态得到缓和,也就成了一种快感。

这个概念在悲剧艺术上同样适用。但因为悲剧的"怜悯"和"恐惧"与现实生活中的"怜悯"和"恐惧"属于两类不同的经验,因此朱光潜认为,"净化"并不像大多数亚里士多德的评注家都认为的那样,是涤除了这一痛感成分或减少了它的力量,以便使净化后的怜悯和恐惧能达到比在现实生活中更为纯粹的形式。他在《悲剧心理学》中写道:"痛苦在悲剧中被感觉到并得到表现,与此同时,它那郁积的能量就得到宣泄而缓和。这种郁积能量的缓和不仅意味着消除高强度的紧张,而且也唤起一种生命力感,于是这就引起了快感。"①一场优秀的悲剧常常能激起人们的恐惧与怜悯,人们对悲剧中的人物产生同情后首先会伴随着痛苦,在悲剧达到高潮的时候自己的情绪也被带动起来,在情感得到缓和与表现时也产生了快感。因此亚里士多德所说的"净化",实际上就是悲剧激起了人们的怜悯和恐惧,从而导致与这些情绪相对应的本能潜在能量得到了宣泄。

在此基础上,朱光潜对情绪的缓和进一步加以扩展,认为艺术不仅表现艺术家的主观感受,而且要传达这种感受,即缓和的对象不光是个体,更应该是观看悲剧的整个群体;情绪的缓和不仅是自己感到情绪,同时应该和别人分享自己的情绪。朱光潜认为艺术表现不仅仅是郁积能量的宣泄,而且还有别的因素,那就是同感。这里的同感,指的是艺术不仅要表现艺术家的主观感受,同样也需要传达这种感受。就比如一个人在剧院欣赏戏剧时,鼓掌如果得不到响应,那么他的快乐也会受到影响,不能完全地表现出来。当我们观看悲剧时的情绪表达出来并且影响了周

---

① 朱光潜:《悲剧心理学》,张隆溪译,江苏文艺出版社 2009 年版,第 151 页。

围其他人的时候,其至与其他人产生共鸣的时候,我们的情绪便得到了双重的缓和,"悲剧中情绪的缓和不仅是自己感到情绪,而且是和别人分享自己的情绪,从而导致紧张状态的松弛"①。朱光潜将"净化"的含义解释为情绪的表现,在"净化"说所指代的对象上从个人延伸到了整个群体,使亚里士多德的"净化"说得到了进一步的扩充。

四、结　语

朱光潜对悲剧理论的研究很大程度上受西方的影响,其中也经常能看到亚里士多德悲剧理论的影子,两人虽然时代相距甚远,但因为经典在后世得到传承和发展,使两人在悲剧理论上仍有一定的相似之处。由于年代久远,亚里士多德在《诗学》中多以举例、比喻、借代的手法深入浅出地探讨悲剧,在许多理论上并没有展开过多的深入剖析,而朱光潜则是在其悲剧理论的基础上加以借鉴,同时参考了大量其他学者在悲剧上的学术研究,将外国现代美学理论与中国古代美学思想相结合,并且融合进了自己的观点。但在对悲剧的分析上,朱光潜并没有单纯地从美学欣赏的角度来阐释理论,而是将心理学的理论结合进了自己对悲剧的理解,这使得他的悲剧理论略显繁杂,这算得上是他悲剧理论上的缺陷。但无论如何,朱光潜先生在中国美学的发展史上依旧有着不可替代的地位,对整个中国悲剧美学的发展都起着不可或缺的推进作用。

(本文原载于《名作欣赏》2019 年第 26 期)

---

① 朱光潜:《悲剧心理学》,张隆溪译,江苏文艺出版社 2009 年版,第 160 页。

浅析历史文学创作中悲剧英雄的形成原因

——以《赵氏孤儿》中的程婴为例

余颖洁①

悲剧是戏剧创作当中常见的体裁之一，悲剧基本上是由剧中的主角和现实之间产生的无法调节的矛盾冲突和最终的悲惨的结局组成的，悲剧的主要目的是通过悲惨的结局来揭示现实生活中丑恶的部分，由此来激起观众心中的愤慨，从而达到提高思想境界的目标。英雄的典型形象是无私忘我，把人们的利益当成自己的利益，危险境遇下挺身而出的人。本文论及的悲剧英雄即部分在人类历史长河中生存艰难仍不畏惧献出自己高贵生命的牺牲者，他们用自己的勇气和才智乃至生命为了实现人类社会的共同目标而甘愿承担苦难、突破重围。

一、程婴的平民形象

《赵氏孤儿》可以说是我国古典悲剧的巅峰之作，纪君祥在剧中创造的悲剧英雄形象较为特殊，有别于观众印象当中的大英雄，但英雄本质是相同的，孤独而壮烈，他的结局同样让人唏嘘不已。在《赵氏孤儿》当中，程婴在故事当中最开始的角色设定是一个民间医生，一个身份卑微的小人物，第一折中写到他原本是个乡野医生，"向在驸马府门下，蒙他十分优待，与常人不同。可奈屠岸贾贼臣将赵家满门良贱，诛尽杀绝，幸得家属上无有我的名字……取名赵氏孤儿，与父母报仇雪冤，只怕出不得屠贼之手，也是枉然"②。

作者安排程婴出场时，赵家已经发生了灭门惨案。这里呈现他心里想法的用词"幸得"，表明赵氏于他而言是有恩的，但他程婴和赵氏算起来并没有太多牵扯，相比之下，他更侥幸于自己不在家属名单上，这也算是一种人之常情。以他目前自

---

① 本文作者系浙江越秀外国语学院中国语言文化学院 2017 级学生。
② 纪君祥:《赵氏孤儿》,长春出版社 2013 年版。

身的情况看来,虽然对赵氏孤儿的存亡安危有些担忧,却还不能构成主动救助的原因。对他来说,在赵家他持有局外人的身份,事实上是可以处于事不关己的状态,此处作者描写的程婴完全是一种小市民的心理——事不关己,可心怀怜悯,但隔岸观火。程婴起初对待这件事的想法是对自身的利益有无威胁,但他骨子里仍然有善良的品质,"蒙他"说明他对驸马的恩情心里还是怀有一份感恩,"枉然"则表现出他在了解事情真相之后对赵氏灭亡的遗憾和对赵氏孤儿的同情,但是没有做出具体的行动表示,说明程婴在此之前没有设想过以身涉险、虎口留人。在这里作者强调程婴的阶级局限性,因他作为一个底层人民的代表,眼界狭隘,缺乏长远的思考,且具有一定的自私自利性,此时作者塑造出的程婴的市侩形象与后来文中显示出的悲剧英雄形象有很大差别。

二、程婴成为悲剧英雄的原因

在程婴出场的安排中,我们完全看不到他成为英雄的可能性,他与传统视角里的英雄形象大不相同,在现实生活中,人们也许都感受不到这样的小人物的存在。没有人会设想一个普通民众创造历史、改变历史,况且起初程婴的意图也没有那么高尚,作者描写他完全是一个利己主义者,从自我的角度出发来思考问题。但是随着剧情一步步地发展演进,程婴的悲剧英雄形象逐步完整,他的思维转变过程也被展现在了观众的视野里。

一是公主的临死托付。屠岸贾狠心将赵氏三百余口人满门抄斩、赶尽杀绝,而丈夫赵朔随后也自尽身亡,对于公主来说,家破人亡,失去了活着的意义,且她虽然出身高贵,但也逃脱不了被害的命运,而这赵氏孤儿是赵氏的根,是丈夫临死前留下的遗孤,是她必须得竭尽全力保存的唯一血脉。程婴这个当前境遇下唯一可靠且不会被怀疑的人,理所当然地成了公主心中的救命稻草。剧本写道,程婴初次婉拒公主,声称外面张挂榜文,一旦有胆敢藏婴儿的人,株连九族,唯唯诺诺不敢答应。公主眼看靠不住旧情,只好借赵氏整族来对程婴施加"压力",还"作跪科"①,苦苦祈求程婴的救助。这一跪不容忽视,在当时等级森严的封建社会里,王家的威仪始终是被摆在最重的方面的,公主即便是下嫁给了赵朔,她也还是王家的成员。而这一跪,却便是将什么王权思想、什么尊卑贵贱全部抛在了脑后,也正是这一举动,让程婴动摇了原本的想法。程婴的第一反应就是让公主起身,说明即使是这个

---

① 纪君祥:《赵氏孤儿》,长春出版社 2013 年版。

时候,封建统治思想的压迫于他也还是存在的,那么这件事情对程婴来说,触动就更深了。程婴作为一个平民,以往的任何时候他都不可能受过如此的对待,这样一个地位高贵的公主对他的哀求无疑让程婴找到了自己的存在感。此时程婴的内心是十分复杂的,一方面他对屠岸贾的残暴行为感到恐惧,既忧心自身一家的安危,也害怕赵氏孤儿性命不保,另一方面公主的自缢直接将他逼上了一个没有退路的境地,在这样的境地下,他只能选择走上了"存赵孤"的道路。他不得不将这个责任担在身上,当时焦灼的形势也给了他一个成为英雄的机会。

二是韩厥的行为触动。韩厥是屠岸贾麾下一个疾恶如仇的将军,他十分清楚屠岸贾是一个残害忠良的人,他说言忠孝的在市曹中被斩首,奸逆之人在帅府中安身,他认为屠岸贾终有一日会惹怒上苍、惹恼下民,对于屠岸贾妄自尊大、滥用权势、横行霸道的行为也深恶痛绝。这个内心怀有正义的人奉屠岸贾的命令守住赵氏的府门,他明知道程婴的药箱里装的是赵孤,依旧来了个"三擒三纵",是为了把戏做足,好让程婴安全离开。程婴原本对韩厥的意图十分不放心,他道若出了这门,韩厥转身报给了奸臣,都是死路一条,不如现在一起死了好。如此几番折腾,直到韩厥拔剑自刎,程婴才真正了解韩厥的忠义之心,他被韩厥的英勇献身打动,这对于他的心态和行动,都是一种巨大的鼓舞。韩厥作为忠勇献身第一人,成功地改变了程婴内心的看法,程婴对他的崇拜之情内化为存孤救赵的勇气和动力。如果说以前他是箭在弦上不得不发,那么后来他的行动目的就是真正为了拯救赵家,为了完成韩厥将军的遗愿。他从一个小我的境界逐渐跨入大我,作者对他的形象描写也更加深刻。

三是公孙杵臼的人格魅力。公孙杵臼原本是在晋灵公的手下担任中大夫的职位,他曾和赵盾同朝为政,由于年纪渐大,又眼看屠岸贾专权,才罢职归农。但是他并不甘心处于现在的境地,"被那些腌臜屠狗辈,欺负俺慷慨钓鳌翁"[①]。他内心对晋灵公的不仁和贼子屠岸贾的不义有许多不满和怨气。当程婴告知公孙小舍人还尚在人世时,他表面上责骂赵氏孤儿是个妨害家族的孽种,实则是指桑骂槐,痛斥奸臣仗势擅权、祸害人间。他毫不犹豫地加入了程婴存孤的队伍当中,而程婴最信任的也正是他,在这生死存亡关头,第一个找的就是他。他们在如何救助赵孤的想法上产生了分歧,正是在这当中,程婴被公孙杵臼的人格魅力感染。原先他打算用自己父子二人的死来保住这赵氏孤儿,公孙杵臼却比他想得更长久,他提出牺牲自己,以留下程婴和赵氏孤儿,以及解救城中所有的婴儿。在这里程婴的形象已经发

---

① 纪君祥:《赵氏孤儿》,长春出版社2013年版。

生了质的提升了,中国古语有言,"不孝有三,无后为大",子嗣绵延对于古人来说是头等大事,程婴年纪不小,已经过了四十五个年头,老来得子,儿子的降生对于他来说比自己的命还重要,但他为了忠义,为了拯救晋国,忍痛做出了这样的选择,献出了自己还不到满月的孩儿。他的这种行为也印证着中华传统的大无畏精神:知恩图报,舍己为人。

四是程婴自己的心态改变。首先是生离死别的苦痛。程婴之所以最终能够成为悲剧英雄,离不开他个人的经历。程婴在剧本里虽然是活到了最后的人,他成功将赵氏孤儿抚养长大,但他的内心却比已逝去的人还要痛苦。从公孙杵臼的献身开始,他被下达了拷打公孙杵臼的命令,在没有选择的情况下,将细棍子捡了又捡,最后无可奈何,只好拿起了大棍子,这几个细微的举动恰恰体现了他内心的挣扎。他还目睹屠岸贾挥剑将自己的独子剁成了三块,死在血泊当中,撕心裂肺的疼痛将他打磨成了一个坚韧、隐忍的人,而英雄的形成大多是从学会忍耐开始的。其次是二十年的煎熬。程婴虽是救孤活动中的"幸存者",但这并不能削减他内心丝毫的痛苦,活下来的人忍受的往往要比死了的人多得多。剧本中没有详写程婴这二十年来的遭遇,但是我们可以想象到在世人眼中,他是个叛徒,靠出卖别人来成全自己,更何况他还寄宿在屠岸贾的门下,这是他的杀子仇人,是存赵的巨大威胁,面对心理和生理的双重煎熬,他用勇气来迎接遭遇的不幸,这种忍辱负重地走向悲剧深渊的性格,将他悲剧英雄的形象深深地立住了。

三、悲剧英雄形成的原因

悲剧英雄作为人类生存困境中的突破者与领先者,他们的结局也跟悲剧脱离不了关系,根据《赵氏孤儿》当中的程婴一角,我们可以了解到悲剧英雄产生原因的几个方面。

(1)形势的逼迫。在文学创作中,当社会发展遇到了一定的困境,人类社会需要有一个英雄来摆脱这种状态。譬如程婴,他本身与此事毫无瓜葛,但赵氏灭族的困境需要有一个人来打破,而公主的临危托孤,让他不可避免地走上了存赵的英雄道路。再比如项羽,世人传颂的"破釜沉舟"是他在必败之战中做出的决定,也是他最后能做的决定。

(2)现实与理想的冲击。程婴的信念起初来自救赵和韩厥的鼓舞,但当这个理想与他所面对的家破人亡以及所有人的离去相矛盾时,他选择的坚持就成为一种悲剧,最终他成为他不曾想过的英雄,也被现实狠狠地撕碎。

（3）作家对人类生命自觉的讴歌。立功立德立言是为三不朽，文学创作中之所以出现悲剧英雄，不仅是对历史人物的哀叹和惋惜，更是给世人留下生存的激励和感动，悲剧才能刺激人，悲剧的经验教训才更有价值。数千年的人类文化，英雄人物多如牛毛，悲剧英雄更能凝聚文明的灵魂，促使人们舍死向前、蹈死不顾。程婴舍弃自己亲生儿的行为不是一个简单的行为，他的这种高尚的行为，感染着作为戏剧观赏主体的我们，他不惜以牺牲亲生骨肉为代价来保下赵氏孤儿这种矢志不渝、知恩图报、忍辱含垢的精神，是他成为悲剧英雄的根本原因。

（4）自身一定的缺陷。历史中很多悲剧英雄最终陷入悲剧的原因就是性格当中一部分的不完美，程婴最后落到众叛亲离的境地，虽然不是他的主观意愿，却也让人思考是否存在"愚忠"的因素。我们无法苛责程婴在当时情况下的这个选择，但封建糟粕思想已经渗透到了他的骨子里，这或许能够成为我们反思的一个地方。

由此可见，历史文学创作中悲剧英雄的形成都包含了各种各样的外因和内因，他们存在的原因当中既有读者群众的需求，悲剧英雄的结局给人们以幻想的空间；也有历史文化的需求，人们苦难的生活离不开精神上的拯救；还有民众的教化作用，创作文学，以英雄形象来启发群体的思考和自省，成为培育美德的工具。

（本文原载于《牡丹》2020 年第 35 期）

浅论古典文艺中的"淡"范畴

刘艳涵[①]

一、"淡"的哲学起点

"淡",本意指浓度不高、味不浓。许慎在《说文解字》中解释为:"淡,薄味也。从水炎声。"[②]《管子·水地》也有相关陈述:"淡也者,五味之中也。"在古人看来,万物长成才有滋味,故有酸、苦、辛、咸、甘五味之说,此五味分别对应五行的木、火、金、水、土,五味的中心实为"淡"[③]。那么,"淡"是如何从直观的生理感受体验演变成哲学、美学范畴的呢?

人类在诞生之初还不具备哲学思辨和审美能力,那时人们对外界感知主要是靠感官体验直接认识自然,后来人们的需要渐渐不再满足于生存,更加追求精神体验,他们开始思考,逐渐地探索自然、描绘自然,但他们除了生理感官体验之外一无所知,只能通过自身直接感官体验,再用类比、通感、联想等方式来认知世界,形成"天人合一"的思想,这种思想赋予了自然、社会以主观性。从某个方面来说,人与自然是相通的,所以人自身的感官体验转移到外物上也是可行的,人们利用自然反观自身,过渡到内心,使人与自然的关系更为紧密。"淡"作为一种生理感官体验也是如此,这样,"淡"就可以通过类比、联想等方式赋予任何事物。

道家对"淡"的哲学、美学意义的发明有重大作用。老子对"道"的"恍兮惚兮"的感觉首次出现"淡"的概念。[④] "五色令人目盲,五音令人耳聋,五味令人口爽,驰骋畋猎令人心发狂,难得之。"(《道德经》)老子认为,太鲜艳的颜色、太嘈杂的声音、太刺激的味道都会遮蔽"道",所以他提出"味无味",即"以恬淡为味"(王弼《老子

---

① 本文作者系浙江越秀外国语学院中国语言文化学院 2014 级学生,指导教师余群。
② 许慎撰,段玉裁注:《说文解字》,上海古籍出版社 1981 年版,第 562 页。
③ 李天道:《老子的"无味"之"味"说与中国美学"淡"范畴》,《文学遗产》2008 年第 5 期。
④ 陈良运:《说"淡"美》,《湖南社会科学》2008 年第 2 期。

注》),体味"淡"才能体味"道"。

　　之后,庄子又对"淡"进行了补充和拓展。《庄子·刻意》中提出"若夫不刻意而高,无仁义而修,无功名而治,无江海而闲,不导引而寿,无不忘也,无不有也,淡然无极而众美从之。此天地之道,圣人之德也"。也就是说,一个人要有恬淡的心境,这样,美好的品德和事物自然会到来。庄子将"淡"与"美"联系起来,为后人将"淡"纳入美学范畴起到奠基作用。

二、"淡"的美学确立

　　"淡"从原本的哲学概念转变成美学观念并正式提出,其间也经历了漫长的岁月。"淡"作为美学范畴正式确立后,出现了陶渊明,其诗被立为"清淡之宗"。受陶渊明的影响,李白、王维、韦应物、董其昌等人的作品风格都偏向"淡"。除此之外,司空图、苏东坡等文学家为"淡"这一美学范畴也提供了理论支撑,这都体现了"淡"对我国文化产生的深远影响。

　　司空图在《二十四诗品》中这样解释冲淡:"素处以默,妙机其微。饮之太和,独鹤与飞。犹之惠风,荏苒在衣。阅音修篁,美曰载归。遇之匪深,即之愈希。脱有形似,握手已违。"其中指出,偶然达到冲淡的境界并不难,要想刻意追求就不一定能达到了,如果写作只有"形似",仅停留在表面,那么就不能达到冲淡的境界。所以就要求作家"素处以默,妙机其微",即作家要追求自身心灵的恬淡,才能品味到"淡"的要义,这样才能在作品当中表现"淡"。

　　司空图的《二十四诗品》主要是概括和描绘诗歌的各种风格特点及其所形成的原因,而苏轼提出的"淡"则更注重其所蕴含丰富多彩的意味。在苏轼看来,"淡"是一种超脱世俗、泰然自得的心理状态,这需要一定的积累与阅历。他曾在《与侄书》中说:"凡文字,少小时须令气象峥嵘,彩色绚烂。渐老渐熟,乃造平淡。其实不是平淡,绚烂之极也。汝只见爷伯而今平淡,一向只是此样,何不取旧时应举时文字看,高下抑扬,如龙蛇捉不住,当且学此。只书学亦然,善思吾言。"后来宗白华将其简述为"绚烂之极归于平淡"[①]。"淡"不是从平淡中得来,而是绚烂之后求得。苏东坡所说的平淡是丰腴、温润、有内容的,是经得起品味的,是经过时间雕琢、发酵而形成的境界。如一块玉,它没有艳丽的纹饰,但却有含蓄的光泽,经历几千年在丑石中的孕育,后经工匠打磨棱角,才成为手感光滑、色泽平和却不失夺目光华的

---

　　① 宗白华:《美学散步》,上海人民出版社 2007 年版,第 37 页。

美玉。由此看来,平淡是"外枯而中膏,似淡而实美"(苏轼《评韩柳诗》)、"颇似枯淡,久久有味"(陈善《扪虱新话》)。

三、文艺中的"淡"

如上文所说"淡"最早为"味淡",是直接的生理感官体验,由于人们审美水平的不断提高以及"淡"理论的奠定,使"淡"在绘画、文学、音乐等艺术形式中得以表现。

(一)文艺中"淡"的表现

中国的山水画趋于简淡,但简淡中又包具无穷的境界。[1] "画家脂粉不到处,淡墨自觉天机深"(元好问《赵大年秋溪戏鸭二首·其二》),画家将自己内心对生命、对宇宙的感悟在白纸上肆意挥洒,没有鲜艳的颜色,只有黑的墨、白的纸,就将大千世界、复杂的心情表现在纸上,呈现在我们眼前,供后人欣赏、感喟。

中国绘画不同于西方追求"模仿自然""形式美"等理性的构图画法,中国绘画讲求气韵生动、骨法用笔、灵动自然、意境深远。"五色令人目盲"即要求艺术境界不追求大红大紫、光怪陆离,太过繁复的形象反而让人看不见美。《列子·汤问》云:"淡淡焉,若有物存,莫识其状。"就是说作品与观赏者之间要"隔",不是将所要表达的东西直接呈现在纸上,而是故意将其虚化,观赏者不是被动地接受,而是需要调动起各种感官去感受、品味,领略画中的奥秘,使作品与观赏者之间产生一种互动。

在中国绘画当中有一种手法叫作"留白",方寸之间亦显天地之宽。画家面对一张空白的纸,飞舞泼墨描绘心中的诗意与情怀,物体的轮廓、纹理模糊不清,有时甚至故意淡化对象,他们不像西方画家将画布空白之处全部上色,而是留下或多或少的空白,让人浮想联翩,有时只在白纸上晕染点墨,便传达出空灵之感。如,南宋马远的《寒江独钓图》,画面上一叶扁舟,其中有一老翁俯身垂钓,船边寥寥几笔勾勒水纹,其余部分都为留白,画得极少,但画面依然充实。留白之处有一种难以言说的意趣,渔夫的悠然自得、人的渺小,虚虚实实间给人无限遐想,使画面澄澈、宁静、空灵。而虚实关系是我国文艺美学的核心,也是"淡"美的重要部分,所谓"虚实相生,无画处皆成妙境"(笪重光《画筌》),宗白华认为"以虚为虚,就是完全的虚无;

---

[1] 宗白华:《美学散步》,上海人民出版社2007年版,第29页。

以实为实,景物就是死的,不能动人;唯有以实为虚,化实为虚,就有无穷的意味,幽远的境界"①。此幅《寒江独钓图》就是运用虚实关系构图最好的例子。

但是绘画中留白再多也是对实物、实景的描绘,或是将实物虚化的描绘,归结起来还是具有一定形象的,是对景物的摹仿,观赏者可以较直观地获得。所谓"诗中有画,画中有诗",诗可全为画,画不全为诗,所以说文学更能给人一种间隔感,更能表现"淡"的妙义。

文学通过语言文字传达出淡泊、平和的美的感受,不像绘画那样直观。中国美学当中的"淡"是要求作品超凡脱俗、飘逸自然、无心偶合、自然天成,司空图在《诗品·典雅》中云:"玉壶买春,赏雨茆屋。坐中佳士,左右修竹。白云初晴,幽鸟相逐。眠琴绿阴,上有飞瀑。落花无言,人淡如菊。书之岁华,其曰可读。"此中就含有冲淡平和、澄澈空灵、渺远自然的意境,浑然一体,不矫揉造作、强赋淡雅。

古往今来众多诗人也将"淡"这一美学范畴运用到自己的作品中。晋代是诗人最为亲近自然的时期,自谢灵运开辟山水诗以来,诗人们纷纷效仿。其中陶渊明的《饮酒》为人熟知:

> 结庐在人境,而无车马喧。
> 问君何能尔?心远地自偏。
> 采菊东篱下,悠然见南山。
> 山气日夕佳,飞鸟相与还。
> 此中有真意,欲辨已忘言。

通读全诗有一种悠然自得的闲适,这是破除执念后的淡然,是洗净铅华后的朴素美,是不染纤尘的纯美,是远离功名利禄、不染人间烟火的洁净之美。陶渊明继承了老庄"出仕""无为""味无味"的思想,他归隐乡间,体味自然的本真,追求天人合一,自然恬淡的意趣也使"淡"在他的作品中得到完美诠释。

再看韦应物的名作《滁州西涧》:"独怜幽草涧边生,上有黄鹂深树鸣。春潮带雨晚来急,野渡无人舟自横。"涧边的幽草、黄鹂婉转的鸣叫、无人问津的渡口停着无人的扁舟,每一个景物都有孤独、虚无感,一叶扁舟在风雨中摇曳,使作品的闲淡悠远之感得到升华。

---

① 宗白华:《美学散步》,上海人民出版社2007年版,第41页。

(二)"淡"所形成的心理机制

"淡"是基于自己生命体验的心理状态的。幽淡安静的乐曲总会让人随乐音探寻宇宙、亲近自然,进而观察自己的内心,找到一份安静的归属。正如老子说的"五音令人耳聋",太过绚烂、嘈杂的乐音会让人心烦意乱,甚至迷失自己,而不能使自己在乐声中找到片刻安静,探寻自己的内心、找寻真正的自我。曾子曰:"吾日三省吾身。"可见,内省在生活中是十分重要的部分,平和淡然的音乐能帮助我们反省内心、培养德行。

中国的音乐不同于西方的音乐,它继承的是老庄的美学思想,高山流水、阳春白雪,都与自然结合,在音乐中也讲求澄澈、心无挂碍,表现自己透明、空灵的心境,更注重表现自我与自然的关系,从而达到天人合一的境界,将个人的人生体味与音乐的清幽淡雅相结合,用音乐表达人生旨趣。

然而作品只是"淡"的外在表现,重要的是作品所呈现的淡远意境,而要赋予作品这样的意境,其关键是作家本身的心境。

清代刘熙载云"诗品即人品"(《艺概》),"淡"不仅作为艺术的审美标准,也成为艺术人格评判的标准,司空图《诗品》中形容艺术心灵,如"空潭泻春,古镜照神";形容艺术人格为"落花无言,人淡如菊""深处古意,淡不可收"。[①] 宗白华说"萧条淡泊,闲和严静,是艺术人格的胸襟气象"[②],而正是作家将淡泊的心境融于自身,使之内化,获得恬淡的内心,如此才会关注到自然中的静与淡,从而外化出淡雅、自然的艺术作品。宗白华在《美学散步》中也指出"精神的淡泊,是艺术空灵化的基本条件"[③]。正因如此,才会有陶渊明"采菊东篱下,悠然见南山"的冲淡意趣;才会有李白"清水出芙蓉,天然去雕饰"的清新淡雅之美;才会有诸葛亮"非淡泊无以明志,非宁静无以致远"的人生领悟。

那么如何获得淡然、闲和的心境呢?这就需要诗人能"实",经历过、理解了、看破了,才会归于平淡。周济主张"求实,实则精力弥满。精力满则能赋情独深,冥发妄中,虽铺叙平淡,摹绘浅近,而万感横集,五中无主,读其篇者,临渊窥鱼,意为鲂鲤,中宵惊电,罔识东西,赤子随母啼笑,乡人缘剧喜怒"(周济《宋四家词选》)。可见,"求实"对于领悟平淡境界是多么重要!

---

① 宗白华:《美学散步》,上海人民出版社 2007 年版,第 26 页。
②③ 宗白华:《美学散步》,上海人民出版社 2007 年版,第 27 页。

那么"实"又从哪里来？"实"从生活中来。如前文所说，人类诞生之初是用生理感官来感知世界的。从何感知？就是从身边的现象中感知，例如刮风、下雨、草木生长等等。无论过多少年，人类对自然的探索、感知都是基于身边的现象或者说是生活。这里的生活，既可以指大自然，如英国诗人华兹华斯曾说"一朵微小的花对于我可以唤起不能用眼泪表达出的那样深的思想"；也可以指社会生活，如王维三十岁状元及第，任太乐丞，后贬为参军，张九龄执政后将其拔擢为右拾遗，长安攻陷，他被迫出任伪职，后因投靠叛军被打入监牢，但由于曾作《凝碧池》抒发亡国之痛，又因其弟平反有功，为兄赎罪，才得以释放，贬官任职。早年王维积极入仕，但动荡的政局使他的精神受到了很大的影响，之后就半官半隐、吃斋念佛。王维的这些经历使他的心境更为豁达、淡泊，他的诗也充满了禅味。司空图赞其诗作"趣味澄复""澄澹精致"。

当然，"淡"所产生的心理机制是与社会政治相关的。古代的民间乐曲有一部分是反映当时的政治状况的，若是歌曲中是洋溢着喜悦的，甚至是冲淡平和的，那么这个地方政治清明、百姓安居乐业。扬雄《解难》云："典谟之篇，雅颂之声，不温纯深润，则不足以扬鸿烈而章缉熙。盖胥靡为宰，寂寞为尸，大味必淡，大音必希，大语叫叫，大道低回。是以声之眇者不可同于众人之耳，形之美者不可混于世俗之目，辞之衍者不可齐于庸人之听。"其中"典谟之篇，雅颂之声"，是歌功颂德之作，具有温纯深润的淡雅特色。扬雄所言"大味必淡，大音必希"与《老子》的"大器晚成，大音希声，大象无形"的观点一致，说明美妙的音乐必定是平淡深远、值得回味的，就如孔子听《韶乐》后"三月不知肉味"一样。若音乐是充满戾气、怨声载道的，那么这个地方政治必然是混乱的。所以从某种方面来看，"淡"是人民生活状态的表现，而"淡"在音乐中的表现也在百姓日常生活中体现出来，这就如车尔尼雪夫斯基所说的"美在生活"。

"淡"是一种虚空、超脱的境界，庄子所说"淡然无极而众美从之"，是指破除执念后内心的通达、平和，是看透世事后，心无挂碍、平静如水。"淡"这一审美观不仅在饮食、绘画、文学、音乐上体现，它还体现在我们生活的方方面面，如"君子之交淡如水"的交友之道、"淡泊以明志"的人生意味。在物欲横流、诱惑丛生的时代，"淡"的美学价值又具有了现实意义，心灵的通达、空灵，可以帮我们拨开纷繁世界的迷雾找到真正的自我。"淡"不只是一种审美观，更是一种人生观、价值观，几千年前老庄提出的主张、思想仍然对我们现在的生活、艺术具有指导作用，可见"淡"中具有深刻的审美内涵与巨大的艺术张力。

［本文原载于《现代语文》（学术综合版）2017年第4期］

从四合院看中国审美的伦理性

冯佳静①

黑格尔在《美学》中写道:"因为艺术美是由心灵产生和再生的美。"②四合院作为中国的传统建筑之一,是根据人类自觉创造的艺术美的杰出代表,是故反映出中国人的一些审美倾向。

中国人的审美倾向很大程度受长期作为中国古代正统思想的儒家学派的影响,并在此基础上外化为四合院的艺术审美理论。儒家经典《孟子·滕文公章句上》曰:"父子有亲,君臣有义,夫妇有别,长幼有叙,朋友有信。"③将封建社会的秩序用人伦之理维系,而四合院从属小家,是封建社会构成的分子,故也蕴含人伦的相关理论。本文便从父子有亲、长幼有序、男女有别三个方面谈四合院所内蕴的中国审美的伦理性。

一、父子有亲

父子有亲,即家人有亲。何者谓"家"?《说文解字》曰:"家,居也。"④居为家的基本组成单位,这一释义将组成家的载体——居所置于较高的位置。四合院自伊始起就有住宅的身份,人们有了四合院这一"家"的物质基础之后,便会依着本能将视线投向精神领域。《二十年目睹之怪现状》:"大凡一家人家,过日子,总要和和气气。从来说'家和万事兴'。"⑤"和"便是人们就精神领域而言的对家的要求。而"和"的达成,需要由血缘作为纽带维系成为一家人之间的相爱相亲——家人有亲。

首先,四合院很好地满足了不同家庭对各种户型的需要,院中能容纳一家人,

---

① 本文作者系浙江越秀外国语学院中国语言文化学院 2016 级学生,指导教师余群。
② 黑格尔:《美学》(第一卷),商务印书馆 1996 年版,第 4 页。
③ 杨伯峻、杨逢彬译注:《孟子》,岳麓书社 2011 年版,第 102 页。
④ 许慎撰,段玉裁注:《说文解字注》,上海古籍出版社 1981 年版,第 337 页。
⑤ 吴趼人:《二十年目睹之怪现状》,岳麓书社 2014 年版,第 516 页。

组成一个家。四合院以东、西、南、北四面房屋以及围合的院落为基本单位,可在纵深和两侧任意发展,将每个家庭成员的居所都规划其中,给几世同堂的中国传统居住模式提供了足够的空间。在一家人居于一院的同时,更是从居所的分配上营造出欢聚一堂的氛围。四合院小辈所居的东西厢房与长辈所住的主屋同处一院的同时,东西厢房又烘托、陪衬主屋,此般安排在视觉与情感上颇有儿女相伴、儿孙绕膝之感,在布局与氛围上奠定了"家人可亲"的格局。

其次,四合院具有极强的私密性,通过一堵堵的院墙划清了院内人与外人的界线,拉近了一家人的距离。梁思成在《敦煌壁画中所见的中国古代建筑》中写道:"最初的庭院,显然是基于群居和自我保护。城邑出现之后,庭院的外墙就主要是用来划分内外公私。"①奥斯伍尔德在《北京的城墙和城门》中也与梁思成有相似的见解:"人们通常只能看到高矮大小不一的屋顶和掩映其间的树梢,至于房屋的其他部分,因为有院墙遮挡,就几乎看不到了……只是在进入一座四合院大门,绕过'影壁'之后,才可以发现这种住宅特有的美。"②对于外人而言,要得知四合院的内况,需得先过层层墙垣,再穿过回环曲折的回廊。但对于家人而言,大家都围着一个院子生活,具有同样大小的活动区域,与家人同吃同住、休戚与共。四合院因着深深庭院与外界阻隔,又有着共同的生活院落,从视觉和心理上都强调了一家人的血缘关系,是故亲密、透明、排外的四合院院内居住氛围得以形成。

最后,四合院多含寓意团圆吉祥的元素,寄托了对一家人的祝福。作为四合院的重要组成部分——大门,便可见得一些端倪。相当品级的官宦人家多采用广亮大门这一宅门形式,宅门的门簪便有讲究,"门簪的头部呈六边形,一组四只,在迎面刻'平安吉祥'或'福禄寿喜'等吉辞,也可雕刻牡丹、荷花、菊花、梅花等四季花卉"③。除在四合院建筑中雕刻吉祥图案装饰外,人们在院中花草的选择种植上也大有深意。古人向来具有人心与大自然交感的情感倾向以及与自然共生的生存理念,是故四合院内也喜植植物,以期营造出和谐亲密的居住氛围。所以有"桑梨松柏槐,不进王府宅"这样的俗语,像桑树、梨树、松树、柏树、槐树因为谐音等原因是进不了四合院的。而寓意玉棠富贵的玉兰、海棠、牡丹,以及意为多子多福的石榴则成为四合院"常客"。

四合院从整体布局、构建方式及组成部件等方面都体现了人们致力于营造亲密团圆祥和的家庭氛围,深刻体现了"家人可亲"的审美伦理。

---

① 梁思成:《文物参考资料》(第二卷),1951 年第 5 期。
② 奥斯伍尔德·喜仁龙:《北京的城墙和城门》,燕山出版社 1985 年版,第 5 页。
③ 马炳坚:《北京四合院建筑》,天津大学出版社 1999 年版,第 53 页。

二、长幼有序

"没有规矩,不成方圆",中国自古以来便是一个讲究规矩的国家。梁思成说:"至今为止,世界上真正实现过建筑设计标准化的只有中国的传统建筑。"[①]作为中国传统建筑之一的四合院自然也有自己的一套规矩需要去遵守。而规矩又在一定意义上讲究一个"序"。井然有序的四合院的空间布局就体现出守序。从空间大布局来看,天在上,地在下,人在中间,显现出了天地人的和谐共生、各合其序。从空间小布局上来看,以北京四合院为例,北京四合院依当地气候、地势之序,建造出坐北朝南,西北高、东南低的四合院。四合院的有序除空间上的布局有序外,另一重要组成部分是就伦理范畴而言的长幼有序。

伦理中的长幼有序实则深蕴中国传统文化。《荀子》云:"故尚贤使能,则主尊下安;贵贱有等,则令行而不流;亲疏有分,则施行而不悖;长幼有序,则事业捷成而有所休。"[②]作为中国传统建筑之一的四合院处处遵守长幼有序的规则,其集中体现在四合院内成员的住房分配上。关于这一体现,笔者将细分两点进行论述。

其一,长幼辈间,以长辈为尊。四合院深受阴阳五行以中为尊的思想影响,将主屋安置在全院的中心吉祥位。与此同时,又以纵向贯穿主屋之线为中轴线,从而对称分布其余格局,使得位于吉位的主屋因着严整对称的布局又具备威严感。除此之外,四合院中各屋在空间分布上处处退让、衬托主屋,更是将主屋置于无可复加的尊贵地位。"传统四合院建筑之间的空间关系,可以用两句话来概括,即'出入躲闪''高低错落',其中'出入躲闪'是讲平面关系,'高低错落'是讲立面关系"[③]。在四合院平面的构造中,东西厢房及主屋的左右耳房建筑皆需低于主屋,且各屋屋檐都得退让、突出主屋屋檐。而在四合院的立面构造中,主屋台基最高,台柱尺寸最大。长辈居于从空间布局上处处高人一等、胜人一筹的主屋,小辈们则分居东西厢房,此般居所分配犹如众星拱月,充分突出了长辈的地位,体现了长幼辈间以长为尊的有序和谐。

其二,同辈间长幼有序,此点在同为男性小辈的居所分配上显得尤为突出。四合院内男性小辈依照出身、年岁分居东西厢房,东西两处厢房的分配也有阴阳五行思想深蕴其中。在阴阳五行中,东贵,为春,表示生长繁茂之意;而西卑,为秋,有肃

① 赵广超:《不只中国木建筑》,上海科学技术出版社2000年版,第34页。
② 张觉:《荀子译注》,上海古籍出版社2012年版,第354页。
③ 马炳坚:《北京四合院建筑》,天津大学出版社1999年版,第47页。

杀零落之感，东升西落。是故，长子或嫡子居于东厢房，次子或庶子则居于西厢房，充分体现了同辈间长幼有序这一特点。

方方正正的四合院将一家人置于一方天地之下，通过住房的分配体现了对"序"的遵守，充分反映出长幼有序这一审美伦理。

三、男女有别

四合院为家之载体，自是有男有女，同生为人，既论男女，便有分别。从战国时代起，儒家经典便规定了贵族家礼，强调男女大防。而"男女有别"这一词汇需追溯至《礼记·郊特性》："男女有别，然后父子亲；父子亲，然后义生；义生，然后礼作，然后万物安。"[1]四合院的住宅安排中，就充分体现出男女有别的审美伦理。

男女有别的居所分布，呈"男外女内"特点。从安家的"安"字入手，便可窥得一二。《说文解字》："安，静也。从女在宀下。"[2]简单明了地将屋檐下的女子对于家庭安定做出的贡献予以肯定，并也在一定程度上向我们传递了古代对于女子活动范围的要求——足不出户。朱子《家礼》道："男治外事，女治内事。男子昼无故不处私室，妇人无故不窥中门，有故出中门必拥蔽其面。"[3]中国自父系社会形成之时，就形成了"男外女内"的家庭分配模式，四合院的住房分配也将这一模式贯彻其中。在四合院中，无论女子出身嫡庶，只要身为女子，就须得遵循"大门不出，二门不迈"的规定，所以女子的居所就安排在与外面的世界有三道屏障的后罩房（楼）之中。"大门不出"的"大门"，指四合院正大门，而"二门不迈"的"二门"，则指四合院正院的垂花门。所以女子的活动区域仅局限于正院和后罩房之间。与女子相对，身为男子，无论嫡庶，都可居于较为开放的正院之中，拥有自由与外界活动的权利。男女两性，一在外，一在内，充分体现了"男外女内"的中国传统伦理思想。

男女大防，分隔居所。若有后罩房（楼），待字闺中的女子则居于后罩房（楼），与男子的居所分隔开来。若无后罩房（楼），女子则居于正屋耳房中，亦与男子居所分隔开来。纵然是一母同胞都须得分院而居，分屋而眠，更勿论外来男子。除居所男女分隔外，外来男子基本不得进入正院，更毋论女子闺房。

四合院基本沿袭了古代对女子居所的要求，尤其是从女子居所的地理位置就可窥得大致体貌。除此之外，四合院沿用了"男外女内"的居所分配模式，深刻反映

---

① 钱玄等注译：《礼记上》，岳麓书社 2001 年版，第 353 页。

② 许慎撰，段玉裁注：《说文解字注》，上海古籍出版社 1981 年版，第 339 页。

③ 郑春主：《朱子〈家礼〉与人文关怀》，福建教育出版社 2010 年版，第 152 页。

了"男女有别"的中国传统伦理思想。不过需要明确的是,"男外女内"的传统思想虽在一定程度上剥夺了女子的人身权利,但确实也对家庭的稳定与和谐、宗法正统血缘的确保产生过积极的作用。

综上所述,四合院从建筑构造到住房分配再到庭院装饰等都深刻蕴含了中国传统审美的伦理性,即"父子可亲""长幼有序""男女有别",并在极具伦理审美性内涵的同时,反映出古人对治国平天下之前的齐家的重视与以期达到而做出的努力。除此之外,四合院所内蕴的中国审美的伦理性,在现代化的进程中,亦以新的形式迸发出活力。

(本文原载于《美与时代》2019 年第 6 期)

徽派建筑的风格特点和美学意义

程云秋^①

徽派建筑作为徽文化的重要组成部分,历来为中外建筑大师所推崇。明代戏曲家汤显祖说:"一生痴绝处,无梦到徽州。"徽派建筑彰显的是徽州文化品格和个性,本文拟从徽派建筑的美学特点、特色形成及美学意义方面做些探索。

一、徽派建筑的美学特点

徽派建筑作为徽文化的典型代表,在各领域都发挥着极其重要的作用。徽派建筑的理念来自徽州文化"天人合一"的精神,建筑布置紧凑,院落占地面积小,坐北朝南,注重室内采光,以堂屋为中心,以刻画雕饰来装饰屋顶,檐口长。在总体布局上,依山就势、构思巧妙、自然得体,构成小桥流水人家的优美境界。无论是村镇规划构思,还是平面及空间处理,建筑雕刻艺术上的运用都充分体现了鲜明的地方特色。徽派建筑集徽州风景之灵气,融汉族风俗文化之精华,结构严谨,尤其以民居、祠堂和牌坊最为典型,被誉为徽州古建三绝。

(一)徽派建筑美在三雕

所谓三雕,指的是砖雕、木雕、石雕。徽派建筑以砖、木、石为原料,以木构架为主,梁架多用料很大,而且注重装饰,还广泛采用三雕,徽派建筑的雕刻多运用于门楼、窗户、栏杆等处,雕刻的多为树木山水、鸟虫鱼兽、亭台楼阁等,手法讲究镂空的效果,石雕最常见于牌坊门楼上,例如最有名的歙县牌坊群,采用严格的对称手法,使人在视觉上受到冲击,石雕由于材料难度等因素不及砖雕、木雕复杂。"三雕"的历史源于宋代,至明清极盛。明代徽派木雕已有规模,雕技粗犷,一般只有平雕和

① 本文作者系浙江越秀外国语学院中国语言文化学院 2016 级学生,指导教师余晓栋。

浅浮雕,线条造型强调对称,用于装饰,很有趣味。明中叶以后,随着徽商资本雄厚以及兴旺宗族意识的浓厚,木雕艺术逐渐发展。砖雕是徽州盛产的青灰砖上经过雕镂的装饰,广泛用于徽派风格的门楼、门套等处,使建筑物看起来更加庄重。砖雕有平雕、浮雕、立体雕刻之分,具有浓厚的民间色彩。徽州砖雕的用料与制作非常严谨,而徽州建筑物大多数都是砖木石结构,成了木雕艺人发挥聪明才智的用武之地。宅院内的屏风、窗户,还有床、桌、椅等均可一睹木雕的风采。徽州木雕的题材广泛,有人物、山水、禽兽、虫鱼等。石雕在徽州城乡分布很广,主要用于廊柱、门墙、牌坊等处的装饰,名气甚高。题材主要是动植物和书法,人物故事与山水较为少见。在雕刻风格上,浮雕以浅层透雕与平面雕为主,没有清代木雕与砖雕那样烦琐。

(二)徽派建筑美在马头墙

徽派建筑最重要的特点便是马头墙。马头墙指高于两山墙屋面的墙,随屋面的坡度层层跌落,以斜坡长度定为若干档,上面铺上瓦片,因为形状似马头,所以称为"马头墙",作用是防风防火且好看。马头墙墙头都高出屋顶,有一阶、二阶、三阶、四阶之分,它是怎样实现防火的?古代房屋多用木材这一原料,且家家户户紧密相连,为避免一家失火大家遭殃,便用马头墙起隔离作用,所以也称其为封火墙。徽派建筑高大封闭的墙体,因为马头墙的设计显得错落有致;单调、呆板的墙体,因为有了马头墙,从而有了一种动态的美感,从高处看,聚集的村落民居中高低起伏的马头墙给人一种万马奔腾的感觉。至于其名字也是因为在古代马是吉祥的象征,预示着宗族兴旺发达,寄予了徽商对于家族的厚望。

(三)徽派建筑美在白墙青瓦

徽派建筑不像浙江一带大多以面砖贴饰外墙壁,它外面采用白泥,并且不同民居会根据个人喜好雕刻内容,这也是徽派建筑另一大特点——白墙。还有屋顶和马头墙上的青瓦给徽派建筑烙上了印记,使之成为三大特点之一。白墙青瓦,静谧优美,如诗如画。古代用白墙既可以节约成本,又能够彰显独特的富贵,徽派建筑不仅仅是一种建筑,更是深藏意蕴的一幅水墨画,让人如痴如醉。

(四)徽派建筑美在构造

徽派建筑的高宅、深井、大厅,按功能规模灵活地分布,有条不紊、井然有序,展现出独特的空间美。高墙深宅是徽派建筑的结构方式,这种居宅往往很深,进门为前厅,中设天井,后设厅堂,厅堂后用门隔开,设一堂二卧室,堂室后靠墙设天井,两旁建厢房,这是第一进,后面依次如此,体现了徽州人民聚族而居的文化。大厅是整个建筑最主要的部分,主要用于礼节性活动,如迎接贵宾、办理婚丧大礼等。

二、徽派建筑的形成

徽派建筑的形成与移民有很大的关系,南宋时期的移民带去了中原的文化,与徽州的地区文化相融合铸成了徽派建筑,因此有"干栏式"的格局。同时,由于大量移民涌入,土地面积狭窄,构建楼房也成了最适合的选择,为解决通风光照的问题,中原的"四合院"又演变成"天井"结构,目的是依山为适应险恶地势,而木质结构又易遇火灾,为了避免火势蔓延便又产生了马头墙。

徽州虽然山清水秀、物产丰富,但是缺乏广袤无垠的平地,人多地狭、村落密集,当时人们为了求生存,不得不背井离乡,外出经商的商人一有钱财便想着投资家乡,早期的徽派建筑正是外来移民与当地文化交融的产物。明代中叶以后徽商崛起,这是徽派建筑形成的重要人群,致富后的徽州商人,将资本带回家乡,投入建筑,他们修祠堂、建宅子、造园林、竖牌坊等,给徽州乡村面貌带来了巨大变化。

徽派建筑在如今有一个令人难以理解但又巧妙的设计便是"天井",处于宅子的中心,卜雨天雨水从四面流入天井,寓意水聚天心,四水归堂,可想而知夏天一定很凉爽,因为徽派建筑窗户小,所以天井也有通风和采光效果。地处"桃花源里人家"中的黟县福地的席地、宏村,历经数百年仍完整留存着徽派古建筑群,承载了丰富的徽州文化历史信息。徽州风水文化、徽州儒商文化、徽州民俗文化等在这里都有精彩而突出的表现,构成了文脉清晰、文象丰富、文魄生动的完备徽州文化生态空间。①

徽派建筑的形成,其来源如下。其一,风水理念组构村落。《新安民族志》记载:"其地罗峰当其前,阳尖障其后,石狮盘其北,天马拥其南。中有二水环绕,不之

---

① 方利山:《源的守望:徽州文化生态保护研究》,中国社会科学出版社2015年版,第373页。

东而之西。"①山川形势有特别之处的是适合人们居住的风水宝地,以席地、宏村为代表的徽州古村落布局中体现的风水理念,是对英国科技史学家李约瑟关于"风水"说评析②的生动展现。其二,宗族一脉源远流长。徽州村落按宗族之间的血缘关系,以祠堂为中心进行民居的分布,每支系又分别以支祠为中心布于全村,虽然现在很多村落都已经不兴此宗族传统,但还会保留这种关系。其三,徽派建筑美轮美奂。用古朴淡雅形容徽派建筑再合适不过,这些由古民居、古祠堂、古牌坊组合而成的徽派建筑群,以整体的协调性、建筑的科学性和各方面的完备性留存,并且代代相传至今,虽然现在徽派新建筑跟最原始的还是有所区别,但是换汤不换药,现在的建筑是居民们居住后代代改良以适合当时社会现状等各种原因所形成的,徽派建筑以之美而流传。

三、徽派建筑美学意义

建筑是文化的载体,是一定历史文化时期的产物,徽派建筑主要来源于当地文化,徽派建筑历来为中外建筑大师所推崇。独具一格、别有风韵的徽派建筑有统一和谐的整体美以及清雅简单、简而不陋的朴素美。因为徽州生活艰苦,即使徽商有所成就也使他们养成了勤俭的好习惯,并作为家风代代相传。徽派建筑的艺术风格可以总结为自然古朴大气,与大自然相融合。它的每一个点都体现出人们的思想内涵,徽派建筑的美学价值主要体现在与自然环境的和谐中、徽州建筑的装饰艺术上以及徽州建筑实物的各个细节上。徽派建筑艺术是实用性与审美性相结合的艺术,建筑不仅仅是传统意义上居住和活动的生活场所,而且随着社会的发展和人类思想的进步,建筑越来越具有审美价值。

徽派建筑是中国建筑史上的一大特色,徽州地区的人民在常年的建筑中一直延续着这一风格,对后世的建筑起借鉴作用。徽派建筑也一直是画家们的一个重要素材,很多人会慕名前往写生,如今保存相对完好的徽派建筑如宏村也能吸引众多游客前去游览。现代人对于古老的建筑一直有一个固定的刻板印象,可是徽派建筑与想象的却有天壤之别,不管在内部装饰还是色彩上它都有独特之美。民居内的各种雕刻也让人叹为观止,为现代的雕刻艺术起到借鉴学习的作用。当代建筑师眼中总离不开它的神韵,总想刻意营造徽派建筑的绝美氛围,使其能古为今

---

① 戴延明、程尚宽:《新安民族志》,黄山书社 2004 年版。
② 王其亨:《风水理论研究》,天津大学出版社 1992 年版,第 273 页。

用,并将徽派建筑与现代建筑有机融合,创造出更加灿烂的民族文化艺术特色。随着时间的推移,徽派建筑虽然没有刚造成时的宏伟,但是它浓厚的艺术底蕴,在黑白色彩的相衬融合中,产生了徽派建筑独特的色彩和艺术效果。

徽派建筑与天地山水相汇,相得益彰。"青砖小瓦马头墙,回廊挂落花格窗。梦里水乡芳绿野,玉谪伯虎慰苏杭。"徽派建筑体现了徽州人民的生活理念:与世无争、安逸舒适、和谐相处。建筑本身也传递出这样一种思想,给后代一种不仅仅是建筑本身的文化借鉴,更是内在含义的学习。

比起其他派式的建筑,徽派建筑对山水、自然景观的依赖更为强烈。无论村落、民宅还是祠堂等都力求与山水的融合。徽州传统民居十座有九座是和山光水色打成一片的。根据传统风水的观念,徽派建筑遵循着前靠山后靠水的原则,徽州地区的地形复杂,多山多水、多草多树。生活在独特人文环境中的徽州人自然受着文化的熏陶,在设计住宅的时候,善于利用山水,达到山水建筑的融合,自然而不突兀,使环境如诗如画,筑成了徽派建筑的有机体。在风水理论的指导下形成的徽派建筑,最让人赞叹的是不会因为山水之多而影响建筑的构造,而是使其加之于建筑本身,顺应了自然,真正做到我们所说的与大自然的和谐相处。

徽派建筑浓郁的乡土气息和美学色彩,大部分来自徽州的地方文化,富有创造性和趣味性的文化让建筑带有灵魂。徽派建筑的出现深深影响着当代文化和建筑的发展,作为中国建筑流派的重要成员之一,它带来的是一种建筑文化,但更多的时候是精神文化,在体味徽派建筑美的同时,我们也应该深入感悟其中的文化美。

徽派建筑是徽州文化的一种体现,同时也代表着徽州文化的发展趋势和流派,徽派建筑的物质文化中隐藏着更深层次的精神文化,它们没有具体的形状,摸不着捉不到,但是在徽州文化乃至中国文化中起到举足轻重的作用。独树一帜的徽派建筑作为徽州文化的重要载体,是古徽州社会历史、政治、经济、地理环境、自然条件等在物质形态和精神理念上的反映,是在特定的文化状态下造就出来的物质实体,承载了古徽州几千年文明史,作为徽州地区的子民,我们无法推卸的责任便是保护它、传承它。

(本文原载于《名作欣赏》2019 年第 23 期)

略论沈园的审美内涵及其特色

陶金培[①]

中国古典园林举世闻名,被公认为"世界园林之母"。而位于水乡绍兴的"沈园"也是其中的一颗璀璨明珠。沈园又名沈氏园,位于绍兴市区东南的洋河弄,是国家 5A 级旅游景点,在考古挖掘的基础上修复,分为"东苑""南苑"和"古迹区"三部分,并于 1963 年确认为"浙江省文物保护单位"。现今的沈园古朴素雅,保留了当时的曲池假山、门窗墙垣,是绍兴众多古典园林中唯一保存至今的一座宋式园林,具有极高的审美价值。而南宋诗人陆游和唐婉的一场凄美爱情,以及一曲千古绝唱的《钗头凤》,更是令历代文人反复吟唱、无法忘怀,这使沈园具有不同于一般古典园林更为丰富的人文魅力。因此沈园历经历史长河的积淀,具有丰富的审美内涵。

一、沈园的审美内涵

(一)意境美

中国古典园林具有"形有尽而意无穷"的意境美,陈从周先生在欣赏园林之后就曾发出感慨,中国古典园林"妙在含蓄,一山一石耐人寻味"[②],而沈园具备这种特点。当我们踏入沈园,款款而行,流连于山水花草之间,欣赏各处的美景建筑时,能够感受不同的意境。在"问梅槛",我们会发现四周栽种的大多都是梅花,这与陆游喜爱梅花不无关系。而若是在冬末春初时节,恰逢梅花开放之际来到沈园,就会被园中傲然开放的梅花折服,赞美梅花高洁、不畏艰难的品格,想到诗人陆游"仅方可化身千亿,一枝梅花一放翁"(陆游《梅花绝句》)的铮铮傲骨和不屈的品格,更不

---

① 本文作者系浙江越秀外国语学院中国语言文化学院 2014 级学生,指导教师余群。
② 陈从周:《说园》,同济大学出版社 2002 年版,第 13 页。

由自主地吟诵出"梅花香自苦寒来"(《警世贤文》之勤奋篇)。又如沈园十景之一的"半壁亭",被称作"残壁遗恨",暗指南宋朝廷未能收复失地。在此观赏景色,仿佛透过时间长河置身于南宋时期,看到陆游因朝廷偏安一隅、无力收复北方失地发出的深深叹息,而产生悠远的意境,这忧国忧民的一幕在心中更是久久不能退去。

在欣赏自然山水时,能借助其形式美升华到诗情画意的意境美。因此置身于沈园,不仅要靠五官去品味园林的古朴素雅,更要用心感受和领悟沈园所具有的诗情画意般的意境美。沈园东苑又叫"爱情苑",苑内有一个心形水池,名为"琼瑶池"(取自《诗经》名句"投我以木桃,报之以琼瑶"),在此苑内有一琴台,位于高台之上,游人行至此处,视野豁然开朗,可四望此苑,并产生高山流水般的音乐诗意的空间意境。

而在沈园修复时,很多景观都是利用陆游和唐婉之间的爱情故事来营造氛围的,这样使游人在游赏之中,因身处于这样的环境而有所激发,产生联想、想象,便生出一种身临其境的奇妙时空感受,从而营造出意境,产生强烈的美的感受。沈园占地面积很小,大致一天的时间即可游览完,但却是"江南十分美,绍兴九分九"美景的高度浓缩。在沈园门口,游人会被一块奇特的石头吸引眼球,这是一块巨大的石头,本身就长得十分巧妙,好像一颗心,但中间却又仿佛被人用利剑一把劈开,在流血、哭泣,然而却又没有完全分离,似连非连,就如陆游和唐婉之间的感情,并未因分离而完全消失。这就是沈园著名的景观"断云石",也是因在绍兴当地的方言中,"云"与"缘"十分接近,不免使游人生出一丝惆怅之感,为唐婉和陆游之间这样感伤的结局而叹惋。

(二)人文美

在游赏沈园时,不仅为其自然景观所产生的悠远意境打动,更要欣赏其丰富的人文美。园中存有大量的匾额、书画题记、碑刻,被人们称为"连理园"的南苑,得名于"在天愿作比翼鸟,在地愿为连理枝"(白居易《长恨歌》),是为更好地了解陆游生平而设立的纪念馆。陆游一生非常喜爱梅花,该园的"香袖亭"是一个很好的例证。该亭为攒尖六角亭,有七朵梅花悬于顶上,地面铺有"冰梅纹",中间放置着梅花石桌,庭外栽植着松梅若干。游人于此亭中深刻感受到陆游爱梅之心,及其孤高雅洁的志趣,"无意苦争春,一任群芳妒。零落成泥碾作尘,只有香如故"(《卜算子·咏梅》)及"香穿客袖梅花在,绿蘸寺桥春水生"(《十二月二日夜梦游沈氏园亭·其一》)。这两篇都是咏梅的佳作,《卜算子·咏梅》中诗人以梅花自喻,以清新的情调写出了傲然不屈的梅花,暗喻了自己的坚贞不屈。陆游在梦中游历沈园,不仅能看出诗人喜爱梅花,更突出表达两人之间的凄美感情。诗句十分悲切,当游人到此处时,感受这氛围,难免触景生情,发出万千感慨,不仅为其品格,更是因其爱情。

园内所存的书斋、吟馆、轩亭,实则是读书吟赏挥毫之所,八咏楼、冷翠亭、春水亭等建筑内也留下许多诗篇。如陆游所写的《沈园绝句·其二》:"城上斜阳画角哀,沈园非复旧池台。伤心桥下春波绿,曾是惊鸿照影来。"诗句大意是指:时间流逝,一切都已物是人非,沈园也如此,不再是原来的那座园子。今日再一次游览在那令人伤心的桥下,水波粼粼,依然碧绿如初,而当年我是在这里看到你惊鸿一瞥的侧影,如今已不再能够看见。游人在游经此处,仿佛见到了唐婉那美丽的侧影。而在历代文人墨客到此游赏后,大多也留下了作品,清代周晋嵘《沈园》:"池馆荒凉转瞬中,断云幽梦总成空,闲情一阕传钗凤,往迹千年感雪鸿。鬼唱秋坟红豆记,人寻坏堵碧纱笼。寺桥春水流何故?我亦踟蹰立晚风。"还有近代的蔡元培《题放翁读书图》:"别驾生涯似蠹鱼,简编垂老未相疏。也知赋得寒儒分,五十灯前见细书。"这些作品现今一直挂在沈园的一座长廊上供游人观赏品味,感受当时的文人游经沈园时,为陆游和唐婉之间的凄美爱情而伤感、惋惜的复杂感情。

(三)爱情美

沈园因唐婉和陆游的爱情悲剧而闻名于世,更具审美内涵。陆游和唐婉原是神仙眷侣,但因唐婉无所出,陆游就被母亲逼着休妻,两人虽已分离,却仍难忘当时的美好生活景象。"孤鹤轩"内有一副书法家钱君陶先生书写的对联,"宫墙柳,一片柔情,赋予东风飞白絮;六曲栏,几多绮思,频抛细雨送黄昏",这可以说是对陆游与唐婉之间的爱情非常恰当的概括。亭的背面,一池秋水,无限凄凉。据说唐婉也是在一个秋天郁郁而终的,这是不是唐婉泪眼的模样?池内的残荷是否也是因爱而败?而向南数步,有一石墙,上面更是题刻着千古绝唱《钗头凤》。游人立于此处注目良久,不忍离去。

上阕:"红酥手,黄縢酒,满城春色宫墙柳。东风恶,欢情薄,一怀愁绪,几年离索。错,错,错!春如旧,人空瘦,泪痕红浥鲛绡透。桃花落,闲池阁,山盟虽在,锦书难托。莫,莫,莫!"陆游追悔莫及、悲痛万分。唐婉闻之,也是感慨万千、心如刀割、一病不起,不久,终因难遣心中愁怨,郁郁而终!病中,心意痴迷的唐婉,提笔和了下阕:"世情薄,人情恶,雨送黄昏花易落。晓风干,泪痕残,欲笺心事,独倚斜栏。难,难,难!人成各,今非昨,病魂常似秋千索。角声寒,夜阑珊,怕人寻问,咽泪装欢。瞒,瞒,瞒!"全词记录两人的相遇,表达眷恋深情,游人见全词,感慨万千,唯有一句"愿天下有情人终成眷属"。

而正是这些感人至深、千古绝唱的诗篇,令人感伤、流泪的爱情故事,才使沈园不仅成为纪念诗人陆游的地方,更是人们追求爱情、执着爱情的寄托地。在这里,曲廊上挂着相携而来的恋人们的只言片语,这是他们的海誓山盟,他们希望在陆游、唐婉的邂逅之地,能够吐露爱情的赤诚。这样挂满许愿牌的长廊,唯有宋城中的情人桥、九华山上的连心锁可比。因而如今的沈园,其实早已成为了有情人的聚集地。

二、审美特色

作为我国园林的典范,沈园以其特有的审美韵味、人文内涵,体现出了独特的"诗文造园"的特色。

(一)诗文造园,师法自然

古典园林,很多都是"文人园",是饶有书卷气的园林艺术,园内布局多有诗文的痕迹,而道法自然,既指园林的总体布局要合乎自然,又指每个景象要素之间的组合应合乎自然规律。

现今的沈园在考古的基础上修建,就是按照陆游和唐婉之间的爱情故事来增添景物,进行园林建造的。例如有"孤鹤之鸣"的"孤鹤轩"、双桂堂、闲云亭等,都是仿宋建筑,以便突出沈园"爱情之园"的特点,这也使沈园成为"诗文造园"的典型园林。而在院落布局上,沈园内部三个"园中之园"各自的景观组合均以山水为主题。各园之间相互呼应,形成映照,表现更多的美景。园内的景物的布置,呈现向内"聚合"的状态,即面朝水面而造所有建筑,景物的高度上也有一个从外向内跌落的趋势,这种造园手法在"东苑"最为突出,也是园林建造中非常普遍的一种手法"内向性"。[①] 这使游人在观赏景物时,拥有更丰富的美感。

---

① 江俊美、丁少平:《钟灵毓秀,越中奇葩——沈园的造园特色分析》,《福建建设科技》2008年第2期。

(二)山石池水,展现自然

沈园因处于水乡绍兴,多为平原,少有丘陵地貌,因此园内地形平坦,起伏较小,园中多用山石景观来营造出山林静谧般的幽深的意境。元末造园家计成在《园冶》一书中说:"片山有致,寸石生情。"在入园口,放着一块"断云石",因陆游所写的诗句"断云幽梦事茫茫"而得名,"断云"又与"断缘"音相近,而石头中间断开,却又相连,不愿分离,正与陆游、唐婉的爱情悲剧相契合,向入园的人们述说着他们之间的爱情故事。东苑,又被叫作"爱情园",因此园内的山石,大多采用太湖石,其山体灵巧秀丽、玲珑剔透,仿佛象征着陆游与唐婉之间细腻多情的爱;而南苑为陆游纪念馆,则多用黄色斧劈石,其形状修长、刚劲,隐喻着陆游那铮铮傲骨、不屈不折的品格。通过山石各自的特色来烘托各苑的主题,使游人在欣赏自然美景时,不仅能关注、鉴赏那丰富的自然美,更能品味和体会各苑所突出的主题,体会文化之美。

(三)树木花卉,点缀自然

中国古典园林大多通过树木花卉来点缀自然,沈园亦是如此。在"钗头凤"墙面四周种植梅花,不仅因陆游酷爱梅,还因其呈现的景象,梅花的开花季节在冬季和初春,春风乍起,落英缤纷,与"东风恶,欢情薄"所表达的诗意相符。而在园内种植的花木中,品种样式最多的就是梅花,这与陆游一生爱梅是分不开的。在种植时,充分考虑周围环境,使梅花的形与神、境与意都与四周景象相容,以此表现自然、点缀自然之美,使游人能够欣赏不同的景观。

(四)园林建筑,顺应自然

亭、台、楼、阁、轩、廊等建筑在园林建筑中都是十分常见的。宋代园林建筑,就形体而言都并不大,其数量也不多,因此沈园内的所有建筑也都是与自然环境所表现出的状态相吻合的,同时这些建筑与各部分也都是自然相接的,以此来达到游人欣赏园林时的"看与被看"的效果,使沈园能体现出一种自然、古朴、素雅的艺术特色,并使游人在移步换景中欣赏不同的景色,以达到审美的观赏效果。例如"孤鹤轩"能使游人在轩内看到园内不同角度的景观,而在轩外看,又作为景观中的一部分而存在。园内的建筑,在观景的同时,自身也作为景观的一部分,与周围的山水、花木相连，不是独立存在于园内，达到顺应自然的作用，使游人能欣赏不同的自然景观。

师法自然、展现自然、点缀自然、顺应自然——这是中国古典园林体现出的"天人合一"的文化所在，更是主体与客体达到自然审美终极目标"天人合一"的天成境界。艺术美将其体现为"物我合一"的艺术目标，强调艺术表现的自然而然，艺术模仿自然与人的和谐统一的境界，在艺术表现上达到"不着一字，尽得风流"①的效果。并且在景物、建筑的搭配上也都体现出"诗文造园"的特点，有着陆游与唐婉的爱情悲剧故事的痕迹在其中。

三、总　结

沈园作为宋代江南古典园林的一个典型，是中国古典园林的一颗明珠，不仅因其独特园林布局，而且和其丰富的文化内涵有关。沈园见证了不朽的爱情史诗，其文采雅致的景观名称、千古绝唱的诗词，使沈园不愧为以人文美为特色的江南园林。我国现代古典园林建筑学家陈从周在其名作《说园》中写道："园之传，赖文以存，园实文，文实园，两者相辅相成，相得益彰。"②沈园正是其中的典型代表。通过浅析沈园的审美内涵和特色，笔者认识到江南古典园林能够闻名于世的原因，是其特有的美感和特色，而中国园林建筑不仅在技艺上具有世界高超的水平，其观赏价值也十分巨大。

[本文原载于《现代语文》(学术综合版)2017 年第 5 期]

---

① 司空图:《二十四诗品》，人民文学出版社 2005 年版，第 21 页。
② 陈从周:《说园》，同济大学出版社 2002 年版，第 63 页。

赏析电影《闻香识女人》感悟艺术美

宋佳惠[①]

一、电影《闻香识女人》简介

这部影片讲述了年轻的主人公查理·西姆斯和退伍军人弗兰克中校之间的故事。学生查理家境贫寒,他在学校图书馆勤工俭学。因此,他必须到图书馆关门才能离开。一天,他无意间目睹了自己的几个同学趁着天黑想要戏弄校长。校长了解一系列情况后让他说出恶作剧的主谋,并用保送条件作为诱惑和要挟。这让查理烦恼重重,陷入了两难的境地。随后,查理只能带着烦恼来到退伍军人弗兰克中校家做周末兼职。弗兰克中校曾经是巴顿将军的副官,他在一次事故中因为眼睛被炸瞎而失明,但他的嗅觉神经却异常灵敏。他能凭借闻女性使用的香水味道来辨别她的身高、发色等。弗兰克在家中无聊至极,失去了对美好生活的向往,将自己封闭在无比黑暗的世界里。于是,他决定让自己来一次奢华的旅行,带着查理坐飞机、住豪华酒店、吃高档西餐、与美女跳探戈、开豪车,然后结束自己的生命。途中查理向中校透露了自己的烦心事,同时他也极力阻止弗兰克中校自杀。两个人之间从此产生了如父子般的情感。查理的阳光、勤奋、讲义气感染了中校,让他有了继续生活下去的勇气和信心。幸运的查理在学校礼堂得到了中校为之精彩的辩护,使得他免予处罚。

二、《闻香识女人》中的艺术美

审美形态可以分为三种:自然美、社会美、艺术美。其中"艺术美"指的是艺术作品的美。《闻香识女人》作为一部著名的电影,它所呈现的艺术价值必定是为大

---

① 本文作者系浙江越秀外国语学院中国语言文化学院 2017 级学生。

众所公认的。这种公认的价值首先在于人有共同的心理感受,即艺术高于生活,却来源于生活。无论是喜怒哀乐,都容易引起人的共鸣。这一特点几乎是所有电影都可以具备的,也是电影之所以成为艺术作品的原因之一。影片中查理陷入困境,在得到中校的帮助后脱离困境。弗兰克中校在生命黑暗的角落徘徊之时,查理挽救了他,并给予了他生活的希望。其实这样的剧情正是人类在现实生活中所寻求的。因为人的一生中总会经历磨难,而在最煎熬的日子里正需要像查理或弗兰克这样的知己。朱光潜说:"艺术是最切身的,能表现情感和激动情感的,所以观赏者对于所观赏的作品需要了解。如果他完全不了解就无从发生情感的共鸣和欣赏。了解是用已知经验来诠释目前事实。如果对于某种事物完全没有经验,便不能完全了解它。"①

这部电影的成功也不仅限于给人带来了情感共鸣,还蕴含着深厚的哲理性。在这部影片名字的背后,"闻香识女人"识的不仅是香味,更是人品。车尔尼雪夫斯基说过,一个真正的人和有用的人不光要有诚实的品德,还需要有始终不渝的思想。查理就是弗兰克中校认可的优秀的男青年。弗兰克退伍后一直生活在家中,被人认为是一个性格怪异、脾气暴躁的人。但是他对待女人的态度和语气却格外亲切。这是因为他厌倦了自己常年在家不透气的生活,觉得十分压抑,而这时查理的到来也碰巧遇上了弗兰克压抑到极致想要宣泄郁闷的时候。他准备带着查理来一次奢华的旅行,最后结束自己的生命。没想到正直勇敢的查理让他重新找回了生活的意义。这个帮他找回生活意义的词就是"正义"。弗兰克从查理身上看到了正义感,这可能使他无意识地想起了年轻时的自己。作为一名将军,正义是他不可或缺的品质。从他去哥哥家后外甥在言语上对他的挑衅可以看出,因为正义也使他遭受过别人的冷嘲热讽。在查理因正义而烦恼时,他帮助了查理,为查理做出了最精彩的辩护。即使正义使他受过伤害,他却依然选择站在正义的一边。也许这是他的殊死一搏、破釜沉舟。最终却印证了正义终将会战胜邪恶的道理,既帮助查理免受处罚,也使自己获得了美好生活的希望。

李泽厚在探讨什么是艺术时说道:"艺术作为各种艺术作品的总和,它不只是各个个体的创作堆积,它更是一个真实性的人类心理——情感本体的历史的建造。如同物质的工具确证着人类曾经现实地生活过,并且是后代物质生活的必要前提一样;艺术品也确证人类曾经精神地生活过,而且也是后代精神生活的基础或条件。艺术遗产已经积淀在人类的心理形式、情感形式中。艺术品作为符号生产,其

---

① 朱光潜:《朱光潜全集 1》,安徽教育出版社 1987 年版,第 220—221 页。

价值和意义即在这里。这个符号系统是对人类心理情感的建构和确认。"①《闻香识女人》这部电影反映了真实的人性心理情感体验,许多人都有过与影片中主人公相似的经历,有些人可能很幸运,遇到了知己可以摆脱苦恼;有些人可能没有那么幸运,还处于烦恼之中。这部电影也可以成为人在迷途中获取精神安慰的一剂良药。与此同时,电影可以作为艺术品,保存起来成为后代的精神食粮。

三、《闻香识女人》中的社会美

(一)人的美

从美学的角度看,人的美可以分为人体美和心灵美。人体美又包括身材相貌的美、姿态动作的美和人工修饰的美。影片中弗兰克非常喜欢美女。他在车里与司机对话时问司机酒店有没有高级的美女,可以看出他对美的追求和渴望。他在酒店和一个陌生女郎跳探戈的镜头把姿态动作的美展现得淋漓尽致。弗兰克本性其实是十分优雅和风趣的。虽然弗兰克年纪很大了,眼睛也失明了,但他的审美并没有因此而变差。相反,他依然生活得十分精致,请来一名专业的裁缝为自己量体制衣。甚至他离开家后,出现在每个地方都是一身得体的西装,修饰着他的绅士风度。这也体现出人工修饰的美也是美感来源的重要组成部分。人的心灵美则主要包括高尚的思想品德和积极的人生观。弗兰克其实一直在给查理灌输一个美好的向往:美是靠用心去感悟的,不需要眼见。弗兰克是个久经沙场、经历丰富的人,而查理不谙世事、单纯无邪,两个人正好形成了反差。正因为年龄不同,他们各自对人生的深刻理解和顿悟也不同。看似生活在压抑世界里的弗兰克中校对生活没有了期待,但在他身上仍然有着高尚的思想品质。他认为心灵的感悟胜于言语或眼神的交流。人与人之间的信任和坦诚,只有心灵相通的人才能领悟出人性美好和善意。

(二)人文环境与日常生活的美

《闻香识女人》这部电影的取材依赖现实生活中人生存和发展的时代、民族、群

---

① 李泽厚:《华夏美学·美学四讲》,上海三联书店 2008 年版,第 358—360 页。

体的社会关系以及物质生活环境。影片中,学生查理家境贫寒,弗兰克中校却曾经担任巴顿将军的副官,具有一定的社会地位,本属于两个世界的人却成了知己。这种现象在现实生活中其实也普遍存在。李泽厚说:"抽象和形式美并非精神、观念的产物。它乃是人类历史实践所形成所建立的感性中的结构,感性中的理性。然后人在这种形式结构和规律中,获得生存和延续,从而在形式美中获得安全感和家园感。"①

这也说明了社会美具有很强的现实性。它具有随着人类社会实践的发展而不断进入人的日常生活空间的特点。从影片中人物的社会关系可以看出,人物具有很强的阶级属性。虽然影片具有一定的年代感。但无论是富人和穷人、高官和平民的差距,在当代社会形势中仍然无法消除。查理与同学之间家境的不同,使他比别人更加勤奋,成绩比别人更加优秀。在别的富家子弟玩世不恭的时候,他选择不让家人失望努力学习。而正是家境使他在遇到困难时没有强大的庇护伞,他需要对自己的人生负责,容易在人生的十字路口走向迷途。这时,弗兰克中校的出场似乎有些令人意想不到。但是生活是美好的,查理因为一份周末兼职的工作,与弗兰克产生了如父子般的情谊。这就是日常生活的美。因此这部电影的出现将日常生活审美化,有利于提升生品质。

四、影片中官能的美感

从电影名字可以看出,片中最让人钦佩的是嗅觉的敏感。看起来,弗兰克眼睛失明,嗅觉却十分敏感,他可以靠闻不同女人身上散发出的味道来判断女性的年龄、身高、爱好甚至发色。实则不然,嗅觉只是属于他的外在感官。康德提出审美共通感,也就是说,人的生理结构、心理结构和情感结构具有统一性。哈奇生也提出过这样的理论:美感来自内在感官与外在感官两种,两种都可以产生快感,而内在感官对美的感知更为强烈。弗兰克之所以失去了视觉还可以有这样的惊人天赋并不是没有道理的。很重要的一部分原因来自他本身的审美经验,可能在他眼睛失明之前对各种事物的颜色、形状、气味在记忆里形成了自己判断的规则。弗兰克中校经历过生命的起伏,具有丰富的社会经历和生活阅历。所以,他对人性的判断力也是强于普通人的。这也足以使他对阳光、勤奋、正直的查理产生喜爱。因为人性中最美的东西是需要被懂欣赏的人发现的。校长虽然称为"校长",他却利用人

---

① 李泽厚:《华夏美学·美学四讲》,上海三联书店2008年版,第291—292页。

最美好的品质来要挟查理说出主谋。查理高贵的灵魂差一点就要被校长打入黑暗之中，可以说，他是一个失败的教育者，他虽然有一双看得见的眼睛，却发现不了自己身边的学生的真、善、美，也发现不了那些玩世不恭、欠教育的孩子。而弗兰克与校长形成了鲜明的对比，是他发现了查理单纯、善良、充满正义的高贵品质，他挽救了这个在黑暗中徘徊的少年。这是他用心灵去感受的结果。格式塔心理学也解释了这一现象，认识和理解某一事物需要顿悟和感知，知识是认知的放大镜，放大的是可用的规律。弗兰克所表现出的行为由此可以做出解释。与其说他是靠嗅觉闻出事物，不如说他是靠感知来感悟世间的人情。

该影片给观众带来的其实是心理上的美感。它采用了各种艺术表现手法，渲染了极富艺术魅力的人物性格特色，同时也反映出各个阶段弗兰克与查理的心理变化。他们在完成彼此灵魂救赎的同时也给观众带来了心灵上的震撼。

五、结　语

《闻香识女人》这部影片超越了传统电影反映社会现实的作用。在探讨生活与现实的同时，有一定的教育意义，也给人对生活一定反思的作用。对观众的思想上和精神上都能带来了巨大的震撼。这就是这部电影的艺术价值所在。

[本文原载于《参花》(上)2020年第3期]

语言教学、地域文化及其他研究

浅谈汉语国际教育学生在对外汉语课堂中对"教"的理解

——以浙江越秀外国语学院汉语国际教育专业学生为例

陈彬彬^①

随着时代的发展,世界各地掀起了一场又一场学习汉语的热潮,越来越多的外国学习者加入学习汉语的行列,如今学习汉语已经成为一种趋势、一股热潮。国外孔子学院的增设、外派对外汉语教育志愿者的增多、各高校汉语国际教育专业和对外汉语教育学生的增加,这些都明显体现了如今教育的走向趋势。近年来,国内外教育机构也逐渐重视对外汉语教师的培养,而汉语课堂的教学质量成为检验对外汉语教师是否合格的标准之一。

笔者有幸就读于浙江越秀外国语学院汉语国际教育专业,学院为该专业学生特设了"对外汉语教学设计与技能训练"这门课程。学生在现有的理论基础上进行课堂教学实践操作,在实践中发现问题并加以完善。课堂教学是一种相当严密的教与学的活动,也可以说是教师与学习者为达到某种教学目的而进行的一种认知活动过程。^② 在教学实践中笔者发现身边的很多同学包括笔者自己对汉语课堂教学认识与理解有颇多欠缺之处。为此,笔者萌生了调查身边同学对汉语教学课堂的理解的想法。为了能够更好地了解到对外汉语学生对汉语课堂教学技巧的掌握程度,笔者以浙江越秀外国语学院的汉语国际教育专业的学生为例,做了一份相关的问卷调查。问卷主要以线上匿名方式进行,共采集到 267 份有效问卷结果。问卷的主要内容围绕"教什么"和"怎么教"这两方面展开。

因此问卷分为两大块:

---

① 本文作者系浙江越秀外国语学院中国语言文化学院 2017 级学生。
② 徐子亮、吴仁甫:《实用对外汉语教学法》(第 3 版),北京大学出版社 2013 年版,第 53 页。

关于"教什么"

此问题为"根据理论知识以及社会实践,你觉得对外汉语教学课堂中应该教授什么内容?"本题设为开放题,主要是为了更好地采集该专业学生对于对外汉语课堂"教什么"的理解及掌握。

关于"怎么教"

(1)"怎么教"的方法分为 5 点让被调查者进行多选。据数据统计,游戏占 100.00%,图片占 94.76%,提问占 51.31%,肢体占 42.32%,多媒体占 95.51%。

(2)在课堂上,面对个别学生提出的问题你将如何应对? 本题为开放题,据结果统计总结出三种应对方法,分别为课上教其听懂为止占 9.74%,直接忽略占 4.12%,以及根据难易程度选择课堂或课后解答占 86.14%。

语言教学的核心问题就是教什么和怎么教。这既是一个理论问题,也是一个实践问题。理论问题实际上是认识问题,而实践问题则是方法问题。[①] "教什么"属于教学内容和教学目标范畴。课堂教学质量的优劣与教师选择的教学内容以及制订的教学目标有着密不可分的关系。因此留学生在选用教材上对教学有着一定的影响,我们教学实践常以杨寄洲主编的教材《汉语教程》第三册中的《受伤以后》留学生初级课文为例展开教学。除了教材的选择之外,教师对生字词和重难点的选择仍然起着至关重要的作用。无论是在教学实践过程中还是在调查结果反馈中,笔者都发现同学们无法把握好知识重难点,对于"教什么"还是处于比较迷茫的阶段。以《受伤以后》这篇课文为例,本文中有一个生词"石膏",班里大部分同学选择将"石膏"作为重点讲解的生词。在有限的课堂时间里花了大把的时间讲解"石膏",但还是没有把它的本质意思阐述给学生、听者,"膏"字的书写对于初级阶段的留学生来说是非常难的。其实在选择重点生字词上,我们应该着重选择一些动词、副词等,例如课文中的"打""添""不时""千万"等词,名词只需简单讲解意思就可以了。此外,在调查问卷中显示大多数同学认为只要教书上有的内容就可以了。其实并不然,书上的内容非常有限,并不能满足留学生日常生活的需要。这让笔者想

---

① 郭振华:《教什么? 怎么教? ——对外汉语教学理论与实践》,《吉林华侨外国语学院学报》2006 年第 1 期。

到先前在某节课上观看的一个小视频,视频内容是这样的:在聚餐时,有一个人说要去方便一下,老外不明白就问身边的人,那个人告诉他方便就是上厕所。后来另一人对老外说,希望下次出国时能给予方便,老外非常诧异但不敢问。聚餐进行到最后,一位中国女孩对他说,在她方便的时候希望能和老外聚个餐。老外非常惊讶,怎么能在你方便的时候? 女孩又说,那在你方便时,我请你吃饭。老外还说道,最让他不可思议的是中国居然还有叫"方便面"的东西! 所以,我们在讲解某个词语时一定要结合语境,书本上的内容并不全面,我们应该有选择性地适当拓展。但拓展要有限度,在他们能理解的范围内适当拓展,切不可急于求成地大说一通而使学生云里雾里。前段时间,手机社交平台一度非常火热的一句话"选择大于努力"。知识点选择的方向对了,学生也就自然容易理解。作为教师,我们应该学会选择适合学生的知识点,并且能让他们把所学知识在日常生活上得以运用,因为学以致用才是教师教学的最终目的。

"怎么教"属于教学方法这方面的内容。每一位教师都有自己的教学风格并且逐渐形成了自己的教学体系,因此在教学方法和处理教学过程中发生的突发状况都有着自己的处理风格。关于"怎么教"方面,同学们大多选择以下几种方式。第一种方式以游戏为主,这也是大多数人选择的一种方式。因为游戏方式不仅可以帮助学生集中注意力,而且还可以巩固学生的记忆。无论是对外汉语专业教师还是我们这些实习教师都会在课堂上运用多做游戏的方式来带动学生的学习热情。因为每个学习者都是与众不同的,但是教师教授的内容却不能因人而异,而在游戏教学方式上可以因材施教、寓教于乐,从而达到最优的教学效果。[①] 不过游戏的选择需要严谨对待,要让游戏的规则简单、内容丰富,让学生有想参与的动力,并且尽量让每一位学生都能参与到游戏中来,如果学生都不懂游戏规则是什么,那么就不想参加,不参加,那这次的游戏组织就是无用功。第二种方式是以图片形式来解释生词。就像笔者在上文提到的"石膏"等名词,事实上我们无须过多的解释,只需要放几张石膏的图片,留学生自然会明白它的意思,我们只需要教会他们认读即可。因为我们无法用通俗易懂的方式向留学生解释它到底是什么意思,而图片恰好是最佳方式。除了用图片解释名词之外,我们还可以使用一些动态图片来解释动词等。第三种方式是以提问方式启发留学生。在正式开始上课前的开场语中,我们可以有意无意地提及本节课相关内容或者留下一个相关内容的问题给学生边学边思考。再有,当你发现学生不是非常明白你所说的内容时,你可以换一种方式去提

---

① 黄琳涵:《浅谈对外汉语教学的技巧》,《文学教育》(下)2017 年第 6 期。

问去引导学生。第四种方式是通过肢体语言引导学生。比如我们正在教学"打"这个字,我们用自己的手做出"打"这个动作,再让学生跟着我们做这个动作,边做边念加深记忆。第五种方式是利用多媒体技术。信息时代,教学也要与时俱进。多媒体教学可以增加课堂的乐趣,留学生也能更好接受知识。随着科学技术的发达,教学用具渐渐由实物走向虚拟现实的动画等,不仅可以全方位展示实物,还可以完成动态图像。所以教师可以借助多媒体技术辅助教学,帮助学生理解所教内容。

那么在汉语教学过程中,留学生不像中国学生那样含蓄,他们有不明白的问题时就会当场提出质疑,而这个时候作为教师的我们又该如何应对呢? 在我们教学实践的过程中,笔者发现不同教师有不同的应对方法,主要有以下几种现象。第一种是教师在课堂上花大把的时间教个别学生某个知识点直到听懂为止;第二种是教师直接忽略了学生提到的问题,继续进行自己计划的教学步骤;第三种是教师选择课后再与学生进行讨论。当然,前两类教师确实是少之又少,大部分会选择第三种教师的方法。当大部分的学生无法理解某个知识点或是认读的生字词时,教师应该及时换一种教学方法教学生。当仅有个别学生有无法理解的知识点或者是认读的生字词时,教师应该要视问题的难易程度决定教学方法,根据学生的理解程度把握课堂时间。因为我们的课堂时间是非常有限的,我们不能在个别学生身上花费过多的时间,不然会影响所有学生的学习进度。我们可以选择对学生说"这个问题我们课后再讨论或是课后再来找老师交谈"等,但千万不能忽略学生提出与课堂相关的问题。无论是中国学生还是留学生在课堂上提出问题被教师忽略后都会表现出失落难过,心里怀疑老师是不是不喜欢他,久而久之就会丧失对学习的积极性。

在"怎么教"问题上又涉及教学原则问题。"精讲多练"是汉语国际教育这个专业的教师和同学经常挂在嘴边的四字原则。无非就是把更多的课堂时间留给学生,以学生为教学主体。如果把一节课归为一个单位"十",那它的划分是教师占"三",学生占"七",全面发展学生听说读写能力。"精讲"即是教师确定必须教学的内容,与上文提及的"教什么"密切相关。"多练"即是通过反复训练来刺激学生大脑神经以达到熟练运用的效果,可以通过造句、填空、连线、提问复述、词语替换等方式练习。造句是大多数教师会选择的练习方式,无论是中小学教师还是对外汉语教师都会给学生布置这样的任务。教师会提供一个或几个词语让学生造句,有些学生很快就可以造出一个完整的句子,而有些学生还是丝毫没有头绪。在一次课堂教学实践听课时,教师要求学生运用本节课学习的生词"认真"造句,只有几个学生举手。后来这位教师又补充道:"用'认真'来夸夸身边的同学",很快就有非常多的学生举起手要回答。事实上,很多时候并不是学生不理解这个词语的意思,而是在没有语境的情况下脑子无法检索到相关字词组成一个完整的句子。所以,笔者认为,教师有必要在给出要求造句的词语前给学生提供一个或几个语境方便他们完成造句。写小短文也可以用同样的方法,提供一个情景语境再让学生各自思考、独立完成。另一个常用的方法就是提问方式即启发式教学,根据所教学内容向学生提问相关内容激发学生自主思考能力并且检测学生掌握程度,收集教学反馈进行下一步有针对性的教学。简单的提问中还有很多要遵循的学问,只有通过教师精心研究准备过的、有价值意义的提问内容才对学生和教学成果有正反馈。此外,教师提问时固然要考虑教学内容与教学计划,但更重要的是要结合学生学习心理和学习过程,因为教师的"问"与学生的"答"毕竟是一个互动的过程。提问看似简单,实际上需要大量的心理学理论和教学技巧。①

通过这次问卷调查的总体反馈,笔者发现我们汉语国际教育专业的同学虽然已经学习了很多作为基础的相关的理论知识,但是在实际教学实践操作中仍会出现或多或少的教学问题,所以汉语课堂的教学质量的提高还是离不开现实的反复具体操练,并且从中积累教学经验,在失误中总结教训。关于对外汉语课堂教学中的"教什么"和"怎么教"还需要我们一直不断摸索和研究,上文对"教什么"和"怎么教"仅是笔者根据问卷调查内容做出的相应总结以及笔者个人见解。每位对外汉语教学者和汉语课堂教学都有着自己独到的见解和教学方式,所谓教无定论即是这个道理。

[本文原载于《鸭绿江》(下半月)2020年第12期]

---

① 刘晓雨:《提问在对外汉语课堂教学中的运用》,《世界汉语教学》2000年第1期。

外国留学生汉字偏误分析

王艳菲[①]

近年来,"汉语热"席卷全球,越来越多的外国留学生来到中国,学习汉语文化。但是,汉语文化底蕴深厚,复杂的汉字规律及体系,极易造成留学生汉语学习偏误,影响到汉语学习质量。因此,如何规避汉字偏误,关键在于准确把握汉字文化及其规律,在系统学、深入探的学习状态中,提高学习质量,避免汉字偏误的产生。留学生在汉字学习中,要从多维度空间,提高学习效率,通过学习方法、情感态度的有效生成,为汉字学习创设良好的环境条件,这是保障学生有效学习的重要基础。本文立足外国留学生汉字的学习现状,就如何规避汉字偏误,做了如下具体阐述。

一、外国留学生汉字偏误的原因

随着中国的崛起,汉字逐渐走向世界。中国文化正以独特的文化底蕴,熏染着世界文化的发展。近年来,"汉语热"席卷全球,外国留学生学习汉语成为一种时尚,这既源于对中国文化的热爱,又因为中国社会经济的快速发展。但是,外国留学生在汉字学习中,易出现偏误,对学习造成较大影响。具体而言,外国留学生汉字偏误主要原因有以下几点。

(一)汉字具有复杂性,易形成偏误

中国汉字博大精深,在汉字学习中,由于文化底蕴深厚、汉字的复杂性,极易给留学生的学习造成较大影响,产生偏误等问题。一是汉字基本笔画简单,但由基本笔画组合而成的汉字变形变化无穷,留学生在学习过程中难以正确把握;二是汉字形、义、音相结合,相似的笔画及顺序,却包含着不同的含义,这让留学生"摸不着头

---

① 本文作者系浙江越秀外国语学院中国语言文化学院 2016 级学生,指导教师姜兴鲁。

脑"。如，"冶"与"治"、"土"与"士"傻傻分不清。究其缘由，还是对汉字文化认识不深入，对于汉字的复杂性未能准确把握，难以获得良好的学习效果。因此，留学生避免汉字偏误，关键在于如何准确、深入地掌握汉字文化内涵，在对汉字形、音、义等的构建中，深入汉字学习，这是有效规避汉字偏误的重要基础。

(二)留学生学习不深入，认识不到位

近年来，留学生学习汉语的群体日益庞大，但很大一部分留学生在汉字学习中，缺乏深入学习，对汉字的文化底蕴缺乏深入了解，以致汉字学习偏误问题比较突出。一是留学生在汉字学习中，注重口语等的学习，对于汉字形、义等的学习不深入，汉字水平不高。例如，在"尴尬"的书写中，就将"尤"字旁错误地写成了"九"，这显然是对"尴尬"汉字的意义学习不深入，才会出现这样显而易见的偏误问题；二是学生在对汉字的学习中，更注重于"形"的识记，对于汉字的音、义等的学习不到位，这是导致汉字偏误的重要原因。因此，外国留学生在汉字的学习中，要强化对形、音及义的整体学习，这是避免汉字偏误的重要基础。

(三)学习总结不到位，知识积累不足

汉字学习贵在总结、积累，这是有效学习汉字的重要基础。从实际来看，留学生在汉字学习中，更多的是对一些常规汉字的学习，且在学习中缺乏总结、归纳，所学知识的零散性，在很大程度上影响了学习效果。首先，在汉字知识的学习中，总结、归纳不到位，对存在的问题未进行归纳，学习的实效性不足；其次，学生的"学"缺乏积极主动性，特别是在对汉字音、义等学习中，学习不够深入，知识构建不够系统，这在很大程度上对汉字学习形成了制约，也是导致汉字偏误的主要原因之一；再次，汉字学习读、写不足，在学习中更多的是对汉字发音的模仿式学习，显然难以真正理解汉字含义，导致偏误问题的发生。例如，对于带有"单人旁"的字，留学生就会认为其与人有关，但对于"亿、什、化"等字，显然不适合这种粗放式的学习归纳。更注重对汉字形、音、义一体化学习，这是提高汉字学习质量的关键。因此，在汉字学习中，如何深入学习，做好知识总结与归纳，对于全面提高汉字学习效率，起到了十分重要的作用。

二、外国留学生规避汉字偏误的重要意义

外国留学生在汉字学习中易发生偏误等情形,在一定程度上对汉字学习造成了直接影响。为此,在提高学习效率、改善学习效果的过程中,切实强化汉字偏误的有效规避,为留学生深入学习,实现形、音、义一体化汉字学习提供了有力保障,体现了汉字偏误规避的实践意义。汉字文化深厚,在学习的过程,要从语言学习的角度,通过系统学、深入学的推进,为有效学创设良好的环境条件。具体而言,外国留学生规避汉字偏误的意义,具体表现为以下几个方面。

(一)规避汉字偏误是有效学习的基础

在汉语学习中,汉字偏误的有效规避,关键在于提高学习质量,从形、音、义等角度,提高对汉字的学习效率。汉字偏误的发生,会让学生对汉字的系统学习造成影响。也就是说,在汉字的学习过程中,要有效规避汉字偏误的发生,需要通过系统学、深入学保障学习质量。首先,汉字偏误的发生,有诸多因素的影响,规避知识文化学习所形成的影响,要求留学生重视汉字偏误问题,从有效学中避免汉字偏误的发生;其次,汉字偏误会对留学生的学习造成较大影响,产生词不达意、意不对词的情况,影响汉字使用的有效性。为此,强化对汉字偏误的有效规避,是汉字有效学习的重要基础。

(二)规避汉字偏误是深入学习的载体

汉字学习是一个系统过程,浅显的学极易出现汉字偏误问题。因此,留学生在汉字学习中,规避汉字偏误,是深入学习的重要途径,体现了汉字偏误规避的重要意义。一方面,留学生深入汉字形、音、义的系统学习,可以规避汉字偏误,同时也可以有效提高学习效率,是学生深入学习的重要基础;另一方面,汉字偏误规避是汉字学习的重要方面,更是更好地提高学习效率的重要保障。留学生要敢于从问题出发,发现学习的不足,在汉字偏误中更好地深入学习。因此,汉字偏误规避的有效构建,是保障留学生深入学习的重要基础,应从多维度、多角度的学习中提高学习质量。

(三)规避汉字偏误是学习的内在保障

从实际来看,大部分留学生在学习中面临偏误的困境,以致学生阻力大,难以获得良好的学习效果。在汉字偏误的规避中,学生可以从"学"的角度出发,保障汉字学习的有效性,同时也能在知识的系统构建中,保障学习的实际需求。因此,从学习的角度而言,规避汉字偏误是学习的内在保障,应从多维度空间,探究汉字文化及规律,从形、音、义等角度,深入学习,保障有效学习的生成。外国留学生面对新的学习环境,要主动面对问题所在,通过汉字偏误的有效规避,能够转变学习方式,将汉字学习质量提升。

三、外国留学生汉字偏误的规避措施

外国留学生在汉语学习中应避免偏误的发生,提高汉字学习的有效性。在笔者看来,留学生汉字偏误的规避,关键在于深入学习、树立自信心、对中国汉字文化进行深入认知,这是提高学习效果、规避汉字偏误的重要基础。具体而言,外国留学生汉字偏误的规避,可从以下几个方面展开。

(一)正确认识汉字文化,树立汉语学习自信心

外国留学生在汉字学习中,要保持良好的学习心态。面对复杂的汉字文化及其体系,要树立自信心,摆脱畏难情绪,这是提高学习效果,规避汉字偏误的重要基础。首先,要从文化视角出发,正确认识汉字文化,不仅需要从汉字的"形"中识记,而且需要从"义""音"等空间,更好地认知汉字,将汉字的形、音、义融为一体,才能更好地避免汉字偏误的产生;其次,外国留学生在汉字学习中,要注重学习的系统性,汉字学习是一个过程,应从基本认知出发,强化对汉字读、写、听的系统学习,有效规避汉字偏误。因此,汉字学习讲究方式方法,要从文化认知出发,在树立学习自信心的基础上,将汉语学好、学扎实。

(二)强化探究学习,准确把握汉字文化及规律

语言学习要从多维度出发,准确把握汉字文化,通过探究学习,更好地掌握汉

字规律。因此,一是要提高学习的积极性,在自主探究学习中,发现汉字笔画及其形音规律,这对于强化汉字的学习,起到十分重要的作用。对于初学者而言,更加强调文化知识的认知,并且在汉字笔画、书写等规律的探索中,更好地掌握汉字体系,对于规避汉字偏误十分必要;二是要整体把握,在规律探究中,深入汉字学习。如在汉字书写中,要探究数学规律。从实际来看,大部分的留学生在汉语学习中,过于注重语音、语调等的学习,而对于汉字书写、阅读等的学习不到位,以致汉字"形"而僵化的认知现状,增加了学生汉字偏误发生的可能性;三是外国留学生要做好联系,特别是在语音、词汇、语法的练习中,懂得归纳总结,在总结中探寻规律,规避汉字偏误,在趣味性、高效性的汉字学习中,感受到汉语学习的乐趣。

(三)注重系统学习,强化知识归纳总结

汉字学习不能拘囿于某个词句的学习,而应该在系统学习的构建中,强化对知识的归纳总结,以更好地提高学习效率。在实践研究中发现,留学生对汉字学习的系统性不足,停留于模仿式学习,难以获得良好的学习效果。为此,外国留学生在汉字偏误的规避中,一是要转变学习态度与方法,能够从偏误问题中寻找症结所在,将问题进行归纳总结,从总结中找问题,方可更好地系统解决问题,提高语言知识学习的有效性;二是留学生在学习的过程中,要善于总结,从实际出发,通过知识的归纳总结,以更好地形成知识体系,对于存在音、形相似的汉字,能够从知识意义的层面出发,对问题进行深入剖析,更好地辨析偏误,避免汉字偏误的发生;三是留学生在日常学习中,应结合汉字特点,在听、说、写等方面,系统学习汉语,这样能够更好地避免汉字偏误。特别是对于一些相似汉字的偏误规避,可以通过写作等途径有效规避,有效提高对汉字知识的学习效率。

四、结 语

综上所述,外国留学生在汉字学习中,应从文化认知的角度出发,准确把握汉字文化及其规律,在深入学习的过程中,提高学习质量,规避汉字偏误的产生。在笔者看来,外国留学生对汉字偏误的规避,应从新的思维视角出发,建立学习自信心,在探究学习、规律探索等领域,掌握汉语文化及规律,将汉字学习深入至文化认知范畴,规避汉字偏误产生。留学生在汉语学习中,要转变传统思维模式,从文化的深入学习中,提高学习效率,避免汉字偏误对学习形成影响。在本文研究中,外

国留学生汉字偏误的有效规避,应从学的维度,创设系统学习的环境条件,为知识的有效学习及应用提供有利条件,符合留学生汉字学习的规律及内在需求。

参考文献

[1]丁勇:《偏旁部首与留学生汉字教学》,《教育现代化》2019年第5期。

[2]娄秀荣:《欧美留学生汉字书写偏误分析》,《现代交际》2018年第15期。

[3]戴云:《初级阶段留学生汉字教学探讨》,《汉语教学通讯》2017年第4期。

[4]冯玉华:《留学生汉字书写偏误分析》,《现代交际》2019年第7期。

[5]刘建:《留学生汉语学习的困境及对策探究》,《考试周刊》2018年第10期。

(本文原载于《科学大众》2020年第2期)

浅谈如何将游戏更好地应用于对外汉语教学

陈彬彬[①]

对外汉语教学属于语言教学,对于留学生而言第二语言是一个陌生的知识领域。一般而言,人类通常会对陌生的事物保持一定的距离,而对这一事物的第一印象容易影响人对此事物的接受或拒绝。尤其是对西方国家的留学生而言,"汉语"和"汉字"的学习是比较困难的。倘若教师在一整节课中仅是教学,纯讲理论知识或最多运用几个例句来巩固知识,那么学生就容易因视觉疲劳而产生厌恶的感觉,因而对于学习汉语也会产生抗拒感。理论知识是学生学习的目标,练习是用来加深印象和巩固知识的,教学如果没有练习的配合,对留学生而言,整个课堂就会显得枯燥无味。课堂上配合一定的练习,有时候能让留学生更明白知识要点。练习的方式多种多样,平常我们运用最多的就是以游戏来巩固知识。游戏(语言游戏),广义而言,指外语或二语课堂教学中一切有组织的语言活动;狭义而言,可指在外语或二语课堂教学中为调动学生积极性,巩固运用所学语言知识,以趣味性、灵活性和多样性的内容穿插在教学过程中的语言活动。[②] 由此而言,课堂游戏是一个极为重要的教学工具。

语言教学主要围绕"教什么"和"怎么教"展开。笔者曾做过一份关于对外汉语课堂教学相关的问卷调查,在"怎么教"这一教学方法调查中,结果显示,在两百多位被调查者中100%的被调查者选择"游戏"作为教学的重要方式之一,从调查中可以得知"游戏"在对外汉语教学中的重要地位。笔者想进一步研究对外汉语课堂教学中的"游戏",为此发起了线上匿名问卷调查形式进行数据收集,问卷调查的主要调查对象为浙江越秀外国语学院的部分汉语国际教育专业学生。

问卷调查内容如下:

(1)你认为在对外汉语教学课堂上游戏时间多长比较合适?(以一节课45分

---

① 本文作者系浙江越秀外国语学院中国语言文化学院 2017 级学生。
② 曾健:《游戏在二语习得和教学中的应用》,《湖北成人教育学院学报》2006 年第 3 期。

钟为基准)

  A.1—5 分钟 B.5—10 分钟 C.10—15 分钟 D.15—20 分钟

  (2)对外汉语教学课堂上常用的游戏项目会时常改变形式吗?

  A.经常会改变形式

  B.有意改变但实施起来比较困难

  C.不改变形式

  (3)对外汉语课堂中的游戏和平常普通课程游戏有什么区别?

  最终共收到 129 份问卷调查结果,笔者对收集到的信息进行整理汇总得到了一个具体结果。关于课堂游戏时长的选择上,A 项 1—5 分钟占 45.74%,B 项 5—10 分钟占 34.88%,C 项 10—15 分钟占 19.38%,D 项 15—20 分钟占 0%。关于课堂游戏形式上,82.95% 的被调查者表示会经常常改变形式,17.05% 的被调查者表示有意改变但实施起来比较困难,没有被调查者不改变形式。关于不同课程类型的区别上,主要是母语和第二语言教学所产生的区别。

一、如何合理安排课堂游戏

  课堂游戏的时间安排不宜过长,笔者认为游戏时间安排在 3~8 分钟内最佳。毕竟游戏只是课堂辅助教师教学工具和学生学习的手段之一,更重要的是留学生要学会自行消化,游戏本身不是教学的主要内容。语言游戏可在课上最后几分钟做,目的是组织学生练习一个小的语言项目,起到课堂"补白"作用,从而锻炼学生的口语能力,活跃课堂气氛。一次好的课堂语言游戏应具备下列特点:

  1.只需学生稍做准备,略加思考就可以做,不必事先预习事后复习。

  2.操练的目的明确,语言项目集中。

  3.不要复杂的道具,教室的场景、实物和学生的书包、衣物、文具等都可就地取材当道具。

  4.生动有趣。[①] 关于语言游戏的时间安排主要与课程类型有关,笔者不建议花过多的时间在游戏上。教师需要在设计游戏前设想诸多课堂上可能发生的意外问题,然后把这种发生的可能性降到最低。因为课堂的不可抗力因素会直接导致游戏时间过长,进而容易把原来的知识课变成活动课。教师应在简洁明了的游戏规则基础上,让每一个想表现的学生有表现的机会,让每一个胆怯的学生有机会去

---

  ① 崔永华、杨寄洲:《汉语课堂教学技巧》,北京语言大学出版社 2018 年版。

表现。因此,要尽可能多地让学生参与到游戏中,而如何带动全班的学习积极性是每一位教师值得深思的地方。人都是视觉动物,长时间看某一个物体时,对物体的厌倦程度会随着时间的增加而增加。所以,课堂游戏的形式不能单一,而要有花样,如何使游戏有花样就需要教师的想象力了。试想,如果一直使用某几个相同的游戏,你是否还会有刚开始的兴趣呢,恐怕早已经熟悉了游戏的套路,反而觉得这个游戏很无趣,从而对游戏中的知识点也会产生排斥,不想去了解。创新,始终是教师在教学中一直要面对的难题,教师需要在和学生游戏互动中总结出什么样的游戏最适合本班的学生、什么知识点需要配以游戏,同时也要考虑不同国家学生对于游戏理解偏误的解决方法。此外,笔者以为课堂游戏项目不宜过多,每堂课大概有1~2个游戏项目就可以了。因为一节课的时间极为有限,教师不应将太多的时间花费在游戏上,不然会对正常的教学进度产生影响。而且我们在这里谈到的留学生均为成年人,倘若整节正式的教学课由多个游戏组成会显得太过于随意。课堂游戏更多应用于语言教学的课程上,比如语文和英语课程。平常普通课程的教师在课堂均使用母语进行教学,学生能够很快地了解教师设定的游戏规则和游戏内容。学生能掌握教师设计游戏的目的,教师也能更好地把握课堂的秩序以及意外。但对于以汉语为第二语言的留学生来说并不是那么容易的。

二、课堂游戏的应用与设计

课堂游戏环节的设置在这里显得格外重要,好的游戏环节可能直接带动留学生学习汉语的积极性。为此,笔者特地在本校留学生学院的初级班听了一堂《我们都是留学生》的综合课。该课为《汉语教程第一册上》(第三版)的第十一课,主要是让留学生学会用准确得体的语言进行简单的介绍。教学期间,教师设置了一个互动游戏,规则是:老师请一位同学介绍一下自己和自己的朋友,被介绍的同学再介绍自己和自己的另一位朋友,并给出了例句:"你们好!我先介绍一下,我叫_____,_____人,是留学生/老师。这位是_____,她不是_____人,她是_____人。(她也是留学生,我们都学习汉语。)"课堂上教师首先用以上例句介绍了自己和班上的一位同学,然后邀请班上同学参与游戏。随后班上同学们都陆陆续续举手,最终大概花了五六分钟让每位同学参与了游戏。课间笔者询问了几位留学生对本堂课的感受或是印象最深的部分,他们提到最多的就是自我介绍的小游戏。"很开心能介绍给大家!""我想认识朋友们!"这是当时几位留学生对游戏的评价。这个游戏类似接龙,它的游戏规则也比较简单易懂,字数上也不会冗长,同时给出了例句,降低了游戏的难度。而且这个游戏还有一个亮点,就是将参与游戏的主动权交到学生手中,他们可以邀请其他同学参加,这样能够让不愿意表现的学生参与到游戏中,还可以促进学生之间互相认识和了解。笔者觉得这个游戏既能让全体同学参与又能有效地控制游戏时长,不失为一个优秀的游戏方式。但是它又不是一个优秀的课堂游戏,因为教师给出了规定的例句,反而限制了部分学生的发挥。通常来说,课本上的介绍内容比较基础,教师可以让学生利用本课的句式和要点进行补充,然后根据自己现有的汉语水平进行自我介绍和介绍他人。这样做能够帮助学生发散思维,在学习本节课的基础上"更上一层楼"。同时,笔者觉得可以以两三个同学为一个小组,用对话的形式来呈现,这样做更加贴近于生活而且还可以节省部分时间。

教学结合游戏想必就是寓教于乐了。寓教于乐是把宣传和思想教育的内容渗透到娱乐活动之中,是宣传工作和思想政治工作的一种方法。如通过看电影电视、讲故事、学唱歌曲、欣赏音乐美术作品等娱乐活动,开展宣传和思想教育活动。而要达到寓教于乐的目的,就要在开展宣传教育活动时,注意选择健康、有益、向上的活动内容,形式上生动活泼、丰富多彩。① 大部分高校留学生均已成年,已形成完整独立的思维方式。在此,笔者考虑到民族文化的差异,不同国家的留学生有不同的学习风格,东亚地区的学生学习比较内敛,不太喜欢表现自我。而西方国家的学生在课堂表现上更为积极,表演欲望更加强烈。所以"讲故事"是一个很好的方法。可以要求学生仅仅依靠插图来重新组合对话。成年学生在课堂上"表演"对话通常会感到不自然,讲故事是一个很好的折中办法。这也是一个非常有用的锻炼记忆力的方式,同时为讲话打下基础。② "讲故事"方式可以结合上文谈到的"接龙"方式形成一个新的游戏方式。教师可以带着学生学完课文内容后,让学生以故事接龙的方式复述课文。每个同学在前一位同学说的基础上,复述并且补充新的内容,以接龙的方式将整篇文章的脉络梳理开来。但是这个游戏的局限性在于它比较适合故事型课文,所以新的游戏形式仍需要教师不断开发创新。

三、课堂游戏存在两面性

游戏给教学带来便利的同时也可能会带来不利影响。课堂游戏确实能活跃课

---

① 刘建明、王泰玄等:《宣传舆论学大辞典》,经济日报出版社1993年版。
② 亚历山大、何其莘:《朗文外研社新概念运用(新版)》,外语教学与研究出版社2017年版。

堂气氛,但是活跃度还是受游戏形式的影响,教师应不断更新游戏形式和规则,在学生能够理解和掌握的基础上持续"推陈出新"。当然,游戏不能只是单纯为游戏而游戏,不能只注重课堂趣味性而忽略对外汉语课堂的目的,否则容易造成课堂混乱以及出现难以控制的局面,这样就失去了设置游戏的原本意义,课堂教学效果也会大打折扣。作为对外汉语教师,在课堂游戏的组织过程中也要注意学生课堂参与程度,注意把控游戏节奏和课堂节奏,使课堂游戏服务于对外汉语课堂,发挥设置课堂游戏目的和作用。[①] 教师应在游戏中赋予与教学内容相关的知识,让学生在游戏中学习和巩固知识才是最重要的。游戏的规则也会给教学带来不同的影响。游戏规则在形式上宜简洁明了,内容上应当尽量使用该学段留学生所学的字词。当游戏规则中出现较多生字词时,学生有可能无法理解规则而不能很好地理解教师用意和参与游戏;学生还有可能把侧重点放在规则的生字词上,那么教师需要花时间给学生讲解意思和用法,游戏的时长无法在预计的时间内完成而且效果也并不会很好。

在课堂游戏互动中仍存有多种不可抗力。教师为了能够激发学生的积极性,一般会对完成任务的学生给予一定的奖励。有的学生会因为这样的游戏而增加整个课堂的互动性,同时也会使一些学生心思只停留在如何让自己更好地去玩好游戏,而非一心去听课学习。而这样会影响整节课的进度,也会影响学生学习的效率和成果。随之而来的是课堂的侧重点向游戏一方面倾倒,导致学生没有注意到学习汉语是听说读写并重的。长期以来,会使整个课堂没有积极性,缺少交流与互动,课堂也变得乏味,失去了汉语课堂本质的教学目标。如此以往很难带动课堂进度,部分学生对于汉语学习的态度始终保持着抗拒的心理,难学难念难写的刻板印象与没有在课堂得到什么收获,使学生产生一种草草敷衍了事的态度。

四、结　语

综上,课堂游戏在对外汉语教学的过程中是有必要的,教师应思考如何策划游戏内容及时间,使游戏在课堂中发挥最大作用,让留学生更好地掌握以汉语为第二语言的学习。课堂游戏的互动在汉语课堂上是不可或缺的,因为在游戏互动交流的过程中可以逐渐对课堂或游戏方面进行拓展,带来的效果可以是事半功倍或者更多。但如果像上文所述,没有把控好课堂上游戏的占比就会出现上文所出现的

---

① 赵倩:《浅谈游戏教学法在对外汉语课堂的运用》,《福建茶叶》2019 年第 7 期。

情况:困难,乏味,没收获。汉语课程不像理科学科,它需要理解、需要探索、需要交流、需要互动、需要书写、需要应用,并且缺一不可。

[本文原载于《散文百家》(新语文活页)2020 年第 6 期]

孙诒让与晚清地方教育的转型

黄顺顺[①]

一、普通学堂的兴起

(一)普通学堂的建立

庚子国变后,清廷重议变法,施行"新政"。著名的"江楚会奏变法三折"中,设文武学堂、酌改文科、停罢武科与奖励游学这四条与教育相关的政策,事实上成了此后教育改革的一份纲领性文件。[②] 不久各省府州县之书院被改为学堂。据《温州瑞安县城内教育区所表》统计,至 1903 年,瑞安已有"普通学校"一所、"小学校"五所(包括四隅蒙学堂与速成公塾)、"女学校"(女学蒙塾)一所、"实用补习学校"三所,在癸卯学制(1905)全面得到落实之前,学堂事业即已粗具规模。学堂兴学之风蔚起,获得前所未有的合法性,但保障办学质量之法还未出炉。1901 年,孙诒让受盛宣怀、费念慈之托,撰成《变法条议》上呈朝廷,后更名《周礼政要》,以普通学堂之名刊行流传外地,同时又作为学堂教学用书。普通学堂及当时的其他学堂与学计、方言二馆的不同之处在于它们已不是一类试图在新学与旧制的罅隙中谋生存的专业培训机构,而是一类试图迎接新制度递嬗的、带有过渡特质的综合性教学机构。之前学计馆、方言馆并不兼及其他一般书院私塾的教学内容,双方功能各异,唯求互补。

---

① 本文作者系浙江越秀外国语学院中国语言文化学院 2016 级学生,指导教师余晓栋。
② 苑书义等:《张之洞全集》第 2 册(奏议),河北人民出版社 1998 年版,第 1393—1406 页。

（二）普通学堂的过渡阶段

在 1905 年诏废科举之前，全国兴学的质与量远未达到预期水准，且孙诒让等地方士人也不是能直接参与设计国家制度的官僚，因此其中难免会出现一些问题，如国内与学堂配套的师资训练一时难以跟上，导致不光学生有留洋的需要，教师也颇有此需要。进入学堂阶段后，瑞安普通学堂的理化科迟至 1904 年仍因缺乏合格师资而无法开课。若聘请外人则恐价高人难留，孙诒让等只得另行设法，靠安排出国留学来养成可以长久使用的本地师资。于是，在科举废除之前，瑞安这个浙南小邑已通过上海、杭州等中转站，初步搭建了一条由县级地方延及海外的培才路线。这一稍显"国际化"的路线将一些地方高才生或教员输送出去，使之有可能接触更多更系统的异域新知，进而将自己塑造成为全省乃至全国意义上更优秀全面的人才。

然而留洋本身不能取代旧制，归国人才在新的教育制度下往往才有较大的发挥空间。而且，由于国家其他制度改革赶不上教育领域的速度，这一发挥往往仅能体现在考场上，科举废后，通过优拔贡等各项考试或无须考试的大量官绅仍占据要津，多数留学生要想在体制中担任举足轻重的职务，实属艰巨。不仅如此，鉴于尖子生与幸运儿只是少数，这里还应涉及新旧制度下学子不同的求学成本问题。瑞安的情况也多少反映了这一问题，学堂及地方公款有限，留学生大部分为自费生，且有相当一部分为望族子弟。而留学欧美较之留日要昂贵许多，其中如项骧之所以能留美深造，也主要是因有其堂叔项湘藻的出面资助以及以项湘藻、项崧为首的项氏家族的支持。而其他人已过入学年龄，一方面本不愿入"小邑"学堂，另一方面又没有足够的财力与机会踏出国门，就只能朝"向外"的第一梯级努力，即通过亲戚师友东挪西凑筹集私资，投考杭州、上海、京师等国内大城市的学堂。①

旧历年底，普通学堂即告停办，原址改设县城公立高等小学堂。这一过渡性质的教育机构，便在自身问题凸显以及新制即将全面渗透地方的同时，结束了自己承上启下的历史使命。②

---

① 陈国庆、刘璧：《中国近代社会转型研究》，社会科学文献出版社 2005 年版。
② 陈东原：《中国教育史》，福建教育出版社 2009 年版。

(三)孙诒让教育近代化实践的不足

孙诒让的《周礼》《墨子》研究集前人之大成,是清代汉学的余晖,也是古文家通经致用的体现。在清末维新人士中,较之侧重移植西学的严复、梁启超,虽本质上与康、梁等人的维新思想无异,但孙诒让的经世思想还包裹在厚重的学术外衣下,带有传统经世之学的色彩。孙诒让对西方文化的认识,具有明显的"西学中源"特征,既体现了他的历史局限性,又可见他总体居于传统文化营垒的基本格局。

除此之外,统治阶层仍对中国传统书院教育难以取舍,特别是当中国遭遇到"三千年未有之变局"的时候,统治阶层还在争论该不该"中学为体,西学为用",国人潜意识中还是认为中国传统教育和文化优于西方,仅仅只是科学技术有所欠缺。

二、对近代教育的实践探索

在时代大变局和西学东渐洪流的席卷下,孙诒让清楚地认识到西方在数理化等专门学科上领先于中国,且他又认为中国科技的落后并非国人"智识"上不如西方,他意识到要改变落后局面,必须要向西方学习。[①] 算学、职业教育、社会教育及地方教育这四个方面的改革是孙诒让在浙南地区对教育进行近代化改革的方向。他作为兴办新式教育的主力军,对浙南地区的教育起到了开风气的作用,并成功地给浙南新式教育带来了飞跃式的发展。

(一)提倡算学

孙诒让起草的《瑞安新开学技馆序》一文中写道:"学计馆之开,专治算学,以为致用之本,盖古者小学六艺之一端。而造乎其微,则步天测地,制器治兵,厥用不究。"此外,他还曾说道,"泰西一切政教理法,无不以数学为根底","今西人所为挟其长以雄视五洲者,盖不外是"。由此可见孙诒让对算学十分重视,他开设的学技馆在教学上,不仅要求学生精通历算,掌握一定的专门技术,还要求学生具有以天下为己任、立志变法图强的抱负与宏愿;在课程上,学技馆设有中外算学、物理、化

---

① 孙延钊:《孙诒让书札辑录(中)》,《文献》1987 年第 4 期。

学、体操等广泛的近代学科课程,除此之外,还购置相关的西学书籍、挂图和仪器设备。①

(二)发展职业教育

永嘉学派中"经世致用"的事功思想对孙诒让的影响重大。② 永嘉学派"皆通经学古可施于世用",反对空谈义理,重视研究社会经济问题。正是这种治学方法使其新学能够较多地联系实际、倾向实学,从而更重视职业技术教育。孙诒让创办的"温州蚕学馆"是其从实际出发办职业教育的开端之举。当日本从国外引进新的养蚕方法,中日蚕丝业拉开明显差距时,孙诒让集合同人,重加研究,专设学馆,招生肄业。搜集历来相传之中国种桑养蚕旧籍,兼采近时新译出版之法、意、日本各国蚕桑学书,作为教材,以资教习,附辟广场,以供实验,使土桑劣种逐步改良,多病蚕身,随时治疗。孙诒让还曾建议开办水利学堂,他认为水利失修是影响农业收成和国家税收的重要因素。③

在孙诒让的积极倡导下,瑞安掀起了一股创办职业教育的小高潮。

(三)发展社会普及教育

在孙诒让所倡导的社会教育中,他尤为关注的一是女子教育问题,二是破除迷信以兴科学问题。

孙诒让在宣传女子教育方面是颇费心计的。他不仅强调女子应放足与男子一并驰骋并驾,一起建功立业,最重要的是他还认为妇女的真正解放是打开禁锢妇女身心的传统枷锁,给她们与男子平等的受教育机会。在他看来,"国民分子,男女皆然,不应男修学而女失业",而应"男女平等,咸得入学"。在他的大力宣传倡导下,浙江女子教育有了深刻的变化,到光绪三十四年(1908),全省已建有女学四十六所。

另外,孙诒让深感迷信之风在我国沿袭甚久,但他也清醒地认识到迷信在短时间内很难一下消除,所以他采取了两种方法:一是在新式教育中让学生学习科学文化知识,接受新观念、新思想。二是大力开展社会教育,如成立"瑞安演讲会""温州

---

① 童富勇:《孙诒让与瑞安学计馆》,《浙江学刊》1987 年第 6 期。
② 童富勇:《孙诒让教育思想评述》,《杭州大学学报》(哲学社会科学版)1988 年第 1 期。
③ 童富勇:《孙诒让与我国近代早期职业教育》,《教育与职业》1986 年第 5 期。

通俗教育会"等社会机构,向广大民众宣传普及科学知识、扫除迷信思想。这些措施无疑扩大了新式教育的影响力,使"兴教强国"的变法思想取得了实质性的进展。

三、孙诒让对教育发展的影响与意义

(一)教育近代化

在同时期,除了孙诒让之外,还有一大批地方文人、知识青年为教育转型而奋力拼搏。中国近代史初期,面对西方文化的入侵,最早的有识之士便提出"睁眼看世界""师夷制夷"的主张。19世纪60年代初,随着清政府中的改革派兴办洋务,中国近代化正式起步,发展新教育也提上日程,这无疑是教育发展的一个良好开端。

1862年,近代第一所新式学校京师同文馆诞生,它被视为中国近代教育的起点。洋务派积极推进教育改革,先后创办了外语学堂、船政学堂、矿务学堂、机械学堂、电报学堂、武备学堂等新式学校,并向国外派遣留学生,使近代教育第一次出现较大发展,培育了新人才,一定程度上转变了社会风气。洋务运动是中国近代化的开端,也是中国走向世界的开端。近代新教育的发展对此亦有促进作用。

近代教育第二次较大发展是在19世纪末20世纪初。甲午中日战争后,面对民族危机的严峻形势,社会各界有识之士表达了发展教育、民族自强、与列强抗争的强烈愿望,近代教育又出现较大发展:1895年,王文韶、盛宣怀在天津创办西学学堂,这是近代官办的第一所学堂,是中国近代高等教育史的大事件;1897年,盛宣怀在上海创办南洋公学;1898年戊戌变法中,光绪皇帝批准设立京师大学堂,同时颁布了一系列文化教育改革措施,促进了社会风气的变化。此后几年中,除京师大学堂重新正式开办外,许多省相继建立了大学堂,这是中国开办大学最多、最快的时期。此外还有几项很有影响的举措:1902年,清政府制定《钦定学堂章程》;1903年,又制定并正式颁布《奏定学堂章程》,这是中国近代第一次制定国家教育体系;1905年9月,在袁世凯、张之洞等人联名奏请下,清政府终于下令废除科举制,对教育发展产生了积极影响。[①]

由此可见,教育的发展进步始终与中国人民的反帝反封建斗争相关联,并为社会变革做出了重要贡献。近代中国,教育的发展提高了国人的素质,这就为中国走

---

① 田正平:《中国高等教育百年史论》,人民教育出版社2006年版。

向近代化打下一定的基础,促进了社会方方面面的变迁。不仅如此,人的素质的提高也直接推动了反帝反封建斗争。过去列强用炮舰打我们,现在我们学会制造炮舰抵抗侵略。另一方面,由于人们觉悟水平提高了,认识到中国落后不仅仅在器物上,还在制度、文化上。因此有维新运动、革命运动、文化运动相继发生,使反帝反封建斗争不断发展。相反,如果国人的素质觉悟没达到应有的水平,反帝反封建都会是无力的,或者可能出现偏差。

(二)教育现代化

邓小平在改革开放之初,为景山学校题词时所提出"教育要面向现代化,面向世界,面向未来"的主张,其中"面向现代化"是后两个面向的前提和基础,其实质是要使我国的教育赶上世界先进水平,因此被认为是最基本和最重要的一条。[①] 但是,关于教育现代化的内涵,无论是邓小平的题词还是高层文件都没有给予阐释和界定。因此,我们后人对教育过去历史的探究以及今后的历程探索,具有极大的研究价值与实践意义。

从晚清到近代、从近代到现代,实际上,我们可以将科举改废、学堂兴起这一过程在某些地域空间内的投影前后对照着看,正是从科举中孕育出的反科举的力量,最终促成了府县地方由旧学旧制向新学新制的转变。地方士人在教育转型中的"趋新"对我们如今教育界的改革与进步具有启迪作用。

以孙诒让为代表的地方士人、知识分子,为挽救中华民族的厄运,在"教育救国"思想的感召下,奋斗不已。反观现在,科教兴国和人才强国是我国的重要战略,发展教育、重视人才,是一个国家真正可以长久不衰的重要因素。今天,为了民族的振兴和国家的富强,同样需要一代又一代的知识分子,以先人为榜样,脚踏实地,为实现"科教兴国"的宏伟目标而努力奋斗!

教育现代化是一个过程,这个过程是面向未来的,不断进步的,教育质量不断提高、教育公平逐步实现的过程。除此之外,教育现代化过程还是一个不断实现升华的过程,其所获得的教育现代性是带着鲜明时代特色的现代性。中国教育要放眼世界,要跟上世界教育的发展,从而使中国教育越来越强大!

(本文原载于《名作欣赏》2019 年第 23 期)

---

① 田正平:《中外教育交流史》,广东教育出版社 2004 年版。

学生视角下的思政课混合式教学

——以浙江越秀外国语学院为例

卓心然　刘　勇①

为深入学习并贯彻《关于加强和改进新形势下高校思想政治工作的意见》和《新时代高校思想政治理论课教学工作基本要求》，很多学校着力推进思想政治理论课教学改革创新，开启了思政课混合式教学的创新发展的新模式。

一、思政课混合式教学的概念

混合式教学是把线上教学与传统教学结合起来，以"线上＋线下"的形式来组织教学的教学方式。而思政课混合式教学是在思政课教学中采用线上与线下结合的混合式教学方式。浙江越秀外国语学院的思政课混合式教学采用课堂教学（线下教学）、慕课（线上教学）和实践教学三者有机统一的教学形式，多元化的教学方式能进一步增强学生的思维能力和实践能力，能有效调动学生的学习积极性和主动性。浙江越秀外国语学院的思政课线下教学模式采用专题式教学。专题式教学是打破教材章节体系，按照问题设置专题来开展教学。专题式教学一般围绕着教学内容中的重点问题、难点问题、与现实联系紧密的热点问题、学生高度关注的焦点问题而设立专题，教师根据专题进行系统、细致的讲解。② 这种教学模式具有很强的针对性，并且能在一定程度上呈现给学生某一问题的系统知识。

线上教学则是以"校校协同"的方式引进武汉大学马克思主义学院在国家级慕课平台——中国大学 MOOC 上打造的思政理论慕课。即使学生和教师相隔千里，也可以开展教学活动。学生可以通过电子产品随时随地进行专题学习，便捷而有效。

---

① 卓心然，浙江越秀外国语学院中国语言文化学院 2017 级学生。刘勇，内蒙古巴彦淖尔人，讲师，博士。

② 刘勇：《浙江越秀外国语学院思政课与新媒体的融合》，《文教资料》2018 年第 19 期，第 195 页。

二、思政课混合式教学相较于传统教学的优势

(一)使学生获得优质专题知识

浙江越秀外国语学院思政课的课堂教学(线下教学)采用专题式教学。在传统章节式教学中,知识被分解在各章各节,学生很难就某一问题进行系统学习。专题式教学的实施和运用,体现出很强的针对性,分散的知识点通过专题式教学能呈现给学生清晰的线索。面对学生的疑问,教师可以给予系统、深入的学习指导,专题教学加专业指导,教学的针对性优于传统课堂。

(二)使学生获得优质线上课程

浙江越秀外国语学院慕课(线上教学)教学依托武汉大学的优质线上课程资源,一流的教育资源和教学团队可以保证高质量课堂。为了提高教师与学生的互动,在线课程设计了师生讨论环节,在讨论过程中,学生根据自己对知识点的理解向教师提问;同时,教师根据学生对知识点的掌握程度,设计接下来的教学环节。①除了课程资源之外,线上教学还包括测试与作业、讨论区等优质资源,给各地高校学生和武汉大学教师提供探讨的平台,能够培养学生多角度看问题的能力,并且得到系统、科学的思维训练。

(三)使学生获得深刻实践感悟

浙江越秀外国语学院思政课混合式教学的实践教学,以小组合作的形式展开,小组成员分工明确又互相合作。以考察蔡元培故居为例,首先小组成员收集资料,详细地了解蔡元培的生平和主要历史事件,然后小组进行实地考察,深刻体会蔡元培对国家、对民族做出的重大贡献,他提出的"兼容并包"的教育思想不仅仅轰动一时,更是对后世的教育具有深刻影响。这种深刻的感悟单纯地通过课本的理论知识是体悟不出的。

---

① 谢敏、双修海:《基于 SPOC 的混合式教学改革:看得见的思政课:以〈中国近现代史纲要〉为例》,《中国教育信息化》2018 年第 18 期。

(四)使学生成绩结构趋于合理

传统的考核成绩是单一的卷面成绩,而浙江越秀外国语学院混合式教学的考核成绩由三部分组成:平时分数、慕课分数、期末考试分数,比例设置为 3∶3∶4。这种成绩结构更加趋于人性化与合理化,给了学生更多选择和弥补的机会。如果学生因最后期末时间紧张无法拿出较多时间复习思政课,可以通过平时多学习来弥补。这种考核办法,增强了学生在思政课学习中的主体性。

三、学生视角下思政课混合式教学存在的问题

第一,课堂教学(线下教学)主要是教师把知识内容划分成一个个专题,追求的是知识的专业性和脉络性,以达到师生"双赢"的目标。相对于传统教学而言,这种专题式教学具有一定的广度和深度,对学生的学习能力和理解能力都具有一定的要求。学生习惯了传统教材的章节安排,一时之间适应不了这种新型的教学方式。专题与教材的不对应,使学生找不到知识的参照系,容易导致学生跟不上教师的进度和教学思维。

第二,慕课(线上教学)有以下问题。首先,部分学生学习不认真。部分同学的线上学习打了折扣,甚至出现"刷课"现象,看似学生花费了时间,其实并没有真正学习。其次,学习成绩评定不客观。MOOC平台上经常会布置一些作业,需要学生按时完成,完成后学生互评成绩,但并没有明确的评分细则,这就容易造成学生乱打分乱评分的现象。最后,课程量大,学生很难完成。MOOC平台需要学生学习的课程资源过多,导致学生不能严格按照慕课的进度去学习,往往过了学习的截止日期,学生还没有完成学习内容。

第三,实践教学的主要问题是学生缺少适时的指导。在实践考察的时候,如果没有教师的指导,对于选择哪一个历史文化遗迹去考察,学生往往无从下手。同时,对于所考察历史文化遗迹与问题之间的关联性,如果没有教师的指导,学生往往抓不住本质。但是实际上,因为学生数量较多,教师的指导很难及时到位。

四、学生视角下思政课混合式教学策略

(一)改进专题教学

教师在专题式教学中要从学生的实际出发,合理运用启发式教学,引发学生积极思考,建立专题知识和教材知识的链接。同时,学生根据自己的理解多参与相关学习活动,从而加深对专题内容的理解和掌握。这样可以有效降低学生因不习惯专题教学而带来的不适感,从而更好地投入专题学习。

(二)加强校际交流

首先,浙江越秀外国语学院可以和武汉大学共同探讨,学生通过网上投票的方式反映慕课教学的满意度,武汉大学据此进行合理改进。其次,学校根据自身学生的学习情况,要求学生自学自己薄弱的章节,不一定完全按照慕课的要求学完全部课程。最后,可以向武汉大学提议,线上平台可以让学生绑定相关的邮箱和联系方式,发送定期提醒通知,这样,就可以避免学生出现忘学、忘做的现象。

(三)加强教师指导

要加强教师和学生之间的联系,学生通过微信、邮箱等方式和教师进行网上交流,共同讨论相关问题。学习委员要做好师生之间的协调沟通工作,负责统计学生不懂和未解决的问题,最后统一反馈给任课教师,由任课教师统一解决。在课堂教学中,教师也要细心为学生指点和解答。鼓励学生去和教师主动联系,遇到不懂的问题积极去办公室向教师寻求帮助。

综上所述,思政课混合式教学是移动互联网时代教学与时俱进的一种探索,浙江越秀外国语学院思政课混合式教学,本身是在实践中探索的,也在不断改进和完善,相信将来思政课混合式教学会越来越受学生的欢迎。

(本文原载于《西部素质教育》2019 年第 5 期)

电子档案管理的现状分析

章诗清①

一、大数据背景下电子档案管理现状及问题

(一)档案管理现状

1.档案管理体制

档案管理体制按行政区域划分,分为省、地市级和县级三个层次。其中,在省、地市级的机关单位有专职档案工作者并且设有档案室。当中,相关部门负责管理人事档案,而且设置了独立的档案室,主要负责人事档案的整理和保管等工作。档案的集中管理离不开系统的管理和整合。针对县一级的档案,没有设置专门独立的档案室,一般是由办公室人员管理保存的。

2.档案管理制度标准

自从 2003 年国家推行城乡档案一体化,档案数量大大增多,从那时起,政府机关成立了单独档案管理部门。国家有关行政部门对档案管理定期检查、实时监督、指导管理。伴随着机关单位工作的顺利展开,档案制度体系也在不断完善,比如,文书、财务、科技等档案。同时档案的相关工作也不断跟进完善,比如档案的借阅、保存方面以及销毁等制度规章。上级的管理部门积极适应信息管理发展新时代发展,根据自身的相关特点,制定相应的档案管理制度和管理标准,保证档案管理工作更好地实行。

---

① 本文作者系浙江越秀外国语学院中国语言文化学院 2015 级学生,指导教师潘连根。

(二)大数据背景下电子档案管理存在的问题

1.电子档案管理软件不一致

目前,电子档案管理工作有了飞速的发展,各地区的部门几乎都建立了较为完备的电子档案管理架构。但是,这些部门机构中使用的电子档案管理软件系统和计算机型号并非一致,这种现象会使得电子政务体系以及办公自动化体系不能够得到很好的管理,实现正常的工作效率,当前的电子档案信息不能够跨区域、跨机构地实现实时的共享,这对于电子档案管理的统筹规划工作是非常不利的,影响了电子档案管理工作的继续发展进步。所以,在开展档案管理相关工作的时候,需要对相关档案信息资源的标识、管理等多个方面加以规范,要拥有一个比较统一的标准。不过,当前的档案工作过程中缺乏比较好的标准体系,关于档案管理工作和相关软件的研发工作中缺少比较统一的管理标准,可能会导致档案信息资源相关共享体系的建设受到一定的负面影响。

2.电子档案管理保密性较弱

大数据背景下采用的电子档案管理方式,将原有实质的纸质档案逐渐转化为"无纸化"的数据信息,这些数据信息储存在计算机中。这种方式虽然减少了一般火灾、水灾等对档案产生不利的影响。不过由于当前的互联网环境比较开放,数据流的出现加深了数据之间的关系,而它本身很容易受到攻击。所以,档案管理体系可能会很大程度上遭受到网络攻击。这之中比较常见的现象就是黑客攻击以及病毒攻击。虽说很多机关单位的网络都进行了加密而且装载了防火墙和一些防病毒的软件,并拥有比较先进的设备,然而因为在应用的过程中不重视对系统进行维护以及升级,导致相关高科技产品的投入资金出现了浪费的现象,从而导致出现安全隐患。

3.电子档案管理标准比较低

处于大数据的发展背景之下,各种信息数据的获得以及流动是非常方便的,由于经济利益的驱使,使得信息挖掘以及分析技术得到很好的进步,要求档案信息能够更好地公开。虽说受到大数据的发展影响,拥有电子档案管理等内部网站,不过到现在还缺少一套完善的工作标准。所以每个区域的档案管理内部网站都有一定的区别,不能使用同一标准对相关管理体系开展比较规范化的处理工作,这使得相关管理标准不符合要求,从而降低了档案管理工作的积极性和效率,不能很好地发挥电子档案的优势。另外,一些高级的管理者会更加重视市场的拓展,从而忽视了内部的档案管理工作,标准不合理,进而使得档案管理水平进一步下降。

4.电子档案管理人员素质不高

相比于传统的档案管理工作来说,大数据背景下电子档案管理工作对工作人员有着更高的要求,这不仅要求每个工作人员熟练掌握计算机与互联网的相关技术,而且能独立应对相关信息技术问题。不过就当前的现象来说,还没有比较专业的人士从事这一工作。虽然相关管理室都会有专门配备的管理员,不过很多时候都是兼职,办公室人员开展管理工作也是比较常见的。一些兼职人员的素养不够,而且其专业能力也不足,从而导致一些档案信息可能会出现数目不全以及管理不周等情况。此外,由于档案管理对年轻人缺乏吸引力,因此大部分档案管理人员年龄比较大,他们的计算机技术水平比较低、工作素养有所缺失,且接受新事物的能力较弱,因此大部分的档案管理人员并不能胜任目前的电子管理工作。要想让大数据背景下的电子档案管理工作拥有更好的发展前景,提高档案管理人员的素养是非常有必要的。

二、大数据背景下优化电子档案管理的对策

(一)加快档案信息化建设步伐

现如今,我国社会和科技的不断进步与发展促进大数据时代的到来并且在一定程度上对档案信息资源产生了一定的影响。社会大众对档案信息资源有了较好的认知,意识到了其对生活工作的帮助和重要意义,了解到该较好地使用它的功能,所以对档案信息资源的需求也在不断增加。但是,该如何开发和使用档案信息资源这一问题被各种原因束缚着,所以,建立一个整体的电子档案信息资源体系是当务之急,打破"信息孤岛"的格局,在"云计算"、RFID等技术的引领下开展档案信息资源整合工作。

在大数据背景下,想要有效地解决其目前的档案管理问题,电子化建设就是电子档案管理工作正常运行的主要依据,需要提高对信息化的完善程度,电子档案才能真正发挥出大数据优势,达到档案资源效率最大化。制作完善整理档案信息资源的渠道方式、使用"云计算"及一些技术,如可视化分析、语义分析这类的数据分析方式来对档案资源信息进行合理的整理,希望能够较好地使用大数据时代的优

势来推动档案信息资源的整理。所以,有关部门应该合理有效利用好自身的特点,把握住较好的机会,最大限度地改变自身的不足,更好地面对社会各方面所带来的挑战,制作出适合大数据时代的资源整理方式,以达到为使用者提供更好的服务,发挥出档案信息资源整体的优势。

(二)加强电子档案管理安全系统

第一,要增强访问安全性。访问控制对于档案信息资源的分享和对信息资源的安全保障具有重要意义。并且访问控制是对档案信息资源的一种防护措施,具有极其重要的作用。通过对访问的控制可以对用户的访问权限有较为科学的监控,使得用户的合理权益不被非法分子不当利用。经常使用的访问控制方式一般是设置文字权限、身份认证、控制网络设备权以及口令加密等一些方法。第二,应该要加强访问安全性的建设。达到电子档案信息资源在可控制的范围内实现共享和保护档案信息资源合理访问的科学方法是访问控制。一方面,使得电子档案信息资源保存的完整性和安全性得到有效保障,相关部门在对传输电子档案信息资源到共享平台时需要进行监控,以确保不被不当数据袭击;另一方面,有关部门需要对数据进行加密处理然后进行保存,找到能够保存档案的存储技术、共享体制和密钥长期存储。如此一来,不仅能够做到保护用户的隐私,还能够较好地保护档案平台和档案信息资源整合共享的访问安全性,它是档案馆网络保护的主要内容,具有极其重要的意义。

总之,档案馆可以综合运用大数据的集成安全、存储安全、处理安全、访问安全以及云平台保障技术增强档案信息资源安全体制数字化的设立,确保档案信息资源不被不法分子利用。

(三)提高电子档案数据质量

在信息技术快速发展的时代,随着档案信息资源数字化的快速发展,人们的生产生活和大数据的关系越来越密切,大量的数据资源被产生。电子档案信息资源的分析要利用先进的大数据技术,这样才可以更好地发挥电子档案信息资源蕴藏的巨大价值;相反的话,如果相应的技术和手段不能很好地被应用起来,那样档案信息的丰富资源价值将不会被挖掘出来,更不会被利用起来。所以,大数据的分析方法可以帮助档案馆更好地分析一些信息档案资源,整合相应的数据资源,使得其更好地发展。

在大数据的时代,大数据的分析方法是非常必要的。其中,可视化是最基础、最不可缺少的方法,当你查询档案的时候,可视化的优点就会展现出来,比如它可以更直观地展示数据,更加快速地获取用户需要的数据。我们可以采用下面几种方法深入到大量的档案数据内部,挖掘价值。比如,集群、分割、孤立点分析等算法。语义引擎能从多样的"文档"中智能提取信息。最近几年以来,因为数字化和信息化在电子档案中的应用,大量的数字档案信息资源存在于档案部门。除此之外,大数据时代所产生的数据也是非结构化等复杂的数据类型。所以,大数据分析工具去分析、处理和挖掘数据中蕴含的价值对档案馆来说是非常必要的,它一定程度上可以提高电子档案数据的质量。

(四)加大档案管理人员培养力度

做好电子档案管理工作并不容易,工作人员需要具备专业的能力,以避免信息错误的状况发生,这对工作人员的要求还是比较高的。电子档案的实际管理者和实际操作者是档案人员,档案工作的进行和管理人员的能力大小有直接的联系。这就要求管理人员进行多元化的管理,所以档案管理部门应该提高管理力度,特别是对一些素质比较差的工作人员更应该加强专业素养的培养,从档案管理的基本知识以及信息化技术、网络技术、计算机技术等方面的新知识进行培训,可以组织一些授课和考核,特别是针对档案管理人员,使得管理人员不仅可以有专业的管理技能,还可以熟悉使用数字化的档案设备,从而塑造一些专业能力强大、综合能力强的管理人才,可以促进大数据时代管理工作的顺利进行。除此之外,应该加大对该类人才的培养,提供更多的学习交流机会,加大资金投入进行培训,可以制定一些激励政策,从而调动档案人员对专业培训的积极性,积极参与学习深造的活动,把握机会。这样对企业整体档案人员的专业素养提高有促进作用,一定程度上可以加强内部档案信息化建设,从而促进档案工作更好地进行和发展进步。

参考文献

[1]郑彩云、向少华:《基于大数据的高校档案管理信息化建设探讨》,《开封教育学院学报》2016年第8期。

[2]王颖、于晓宇:《数据背景下空巢老人健康电子档案管理研究》,《中国煤炭工业医学》2017年第5期。

［3］李倩:《档案管理在大数据背景下的现状及前景》,《收藏与投资》2017年版。

［4］赵敬芳:《探究文书档案电子化管理方法》,《办公室业务》2017第17期。

［5］刘鹏:《大数据背景下电子档案管理的创新途径》,《电子技术与软件工程》2018年第5期。

［6］顾凤来:《浅谈大数据背景下的电子档案管理》,《信息记录材料》2018年第5期。

［7］姚珊:《大数据时代电子人事档案创新管理研究》,《兰台世界》2018年4月增刊。

［8］罗琳娜:《大数据背景下的档案信息化发展新路径》,《办公室业务》2018年第8期。

（本文原载于《智库时代》2019年第25期）

现代乡村地域性特色及其品牌建设问题研究

——以塔头底古村落的发展为例

林存厅①

自改革开放以来,人们的物质生活不断地得到丰富,文化旅游是近几年盛行的一种旅游方式,是游客在旅游过程中对于体验当地文化的一种表现形式。习近平总书记 2017 年 10 月 18 日在党的十九大报告中提出乡村振兴战略,不仅为建设现代化乡村提供了极好的发展平台,加快了农村经济发展的步伐,更是积极促进了乡村文化的发掘。塔头底古村落便是迎着这股春风,快速发展旅游业,成为当今现代化乡村建设中的一个缩影。笔者在项目前期做了大量的关于塔头底古村落文化资源的发掘工作,调查发现,其在乡村文化资源的开发潜力极大,这一块也是在建设过程中体现现代乡村地域性特色的重要一环。

在塔头底古村落民居的发展上应该要突出其重要的文化价值,党的十九大提出的乡村振兴战略中也明确表示了走中国特色社会主义乡村振兴道路,必须传承发展提升农耕文明,走乡村文化兴盛之路。文化是一个国家、一个民族的灵魂,乡村文化是传统文化生命家园。②

塔头底古村落保留着始祖季茂龄父亲季淳留下的明景泰六年(1455)的圣旨。《分疆录》中又记载道,季淳,丽水人,景泰朝历官至内阁中书,英宗复辟,弃官流寓邑城后定居牙阳至今。其裔家藏景泰六年授官敕犹存。用端锦镶,长五尺余,高尺余,系织造预制者。轴首织"奉天敕命"四字,敕后织"景泰二年制"五字,并围以蟠龙。前幅系淳身分敕,后系其妻张氏敕。两敕之间,低三字,分三行,书"初任鸿胪寺序班,二任光禄寺良酝署监事,今任今职"云云。距今四百年几经兵灾而此敕岿然无恙。③ 由此可见,塔头底古村落祖上存有明朝景泰时期的圣旨。始祖季茂龄,据季氏家谱中记载,"公应成化四年(1468)登癸卯进士,擢高邮尹。四年,以政闻,

---

① 本文作者系浙江越秀外国语学院中国语言文化学院 2016 级学生。
② 《中央农村工作会议在北京举行》,《人民日报》2017 年 12 月 30 日。
③ 林鹗:《分疆录》影印本(第二册),成文出版社,第 436 页。

迁翰林学士"①。这表明季氏在季茂龄的带领下刚由丽水迁至泰顺雅阳时还是书香门第,家学渊源深厚。至清朝康熙十八年(1679)季茂龄玄孙季德重、季德立迁于塔头底,两人率领族人勤勉耕耘,渐渐积累起了一些财富,至其孙辈季元英时期,季元英与五个儿子一起用富余的钱财修建了仁、义、礼、智、信共五厝,后代子孙相继在前人的基础上将塔头底古村落发展得更好。

季茂龄时为了族内子孙受书香熏陶,早年建有上达书斋。至于迁到塔头底后季元英时为复兴祖上家学建有育贤斋。到后辈季国和时,兴建三枫书斋,该书斋也成了当时县内颇负盛名的书斋,培养了一大批人才。到"文化大革命"时期,三枫书斋被毁。

同时,当地民风民俗的文化价值极大。其中又有许多非物质文化遗产,典型的如提线木偶戏、药发木偶戏、米塑、采茶舞曲、百家宴等,许多都是在当地乃至在全国范围内所独有的。由此可知,塔头底古村落是具有相当深厚的文化底蕴的。其在前期的开发建设过程中对于乡村文化资源发掘得较少。

笔者在指导教师的指导下,通过全面的实地考察,对塔头底古村落住民进行采访并记录相关信息,深入挖掘当地的乡村文化资源。掌握大量的一手资料后研究塔头底古村落在发展过程中存在的问题,积极寻找解决方法,使得其他古村落在发展时可以用来借鉴。

一、塔头底古村落的开发及其存在的问题

(一)塔头底古村落的概况

塔头底古村落,位于浙江省温州市泰顺县雅阳镇和平村,属亚热带海洋型季风气候,四季分明,气候温和,雨量充沛,动植物资源丰富。据村中季氏族谱记载,明正德戊寅年(1518),由始祖季茂龄从丽水迁至泰顺雅阳居住,至清康熙己未年(1679)时,后人季德重、季德立二人迁居至塔头底,至今已有三百多年历史。村中包括下厝、中央厝、尾厝等主要住宅,且拥有丰富的文化资源。

2016年塔头底古村落由浙江云涧旅游开发公司投资建设,采取"PPP"投资模式,按照"修旧如旧"的理念进行改造,保留主体风格,内部加以现代化的装饰,引入

---

① 张郑二:《季氏家乘》影印本,第175页。

氡泉水打造成庭院式温泉古典民宿。

2018 年投资 166 亿元的华东大峡谷国际旅游度假区项目正式启动,塔头底古村落所在的和平村为其第一阶段开发建设的主体。目前,塔头底民宿——迷途·七厝旅店中的三厝于 2018 年 5 月开始投入营业,顺利地完成了其所在的雅阳镇氡泉小镇项目的第一阶段,其外围包括直通华东大峡谷的古道仍在建设中。

(二)古民居的修复上存在问题

对与塔头底古村落等类似的古民居的保护是贯彻落实乡村振兴战略的重要举措。塔头底古村落的民居根据"修旧如旧"的理念来进行修缮。即在修复过程中尽可能地保留其原有风貌,有些在原有的基础上进行改造。其民居中的主要房梁以及小部分柱子为旧时所用物件。其他柱子均是上半部分为旧体,下半部分采用新的木料来替换。塔头底古村落七厝中的下厝、尾厝以及中央厝的房屋都有两屋并为一屋的屋子,其房瓦均已更换为新瓦,每厝中间均有放置可遮阳的躺椅。在屋外的百米长廊修复工作上将其逐一分割成每厝专属的部分,改变了原有的结构。旧时的房屋外的楼梯因为修复时将两屋并为一屋时遗留了下来,破坏了长廊的美观性。这样的修复工作仍旧存有一些类似的问题并且还有许多改进与完善的余地,具体的还要在实际工作中解决。

(三)民居内部的装饰不够精细化

塔头底的古民居保存完整,数量众多。根据开发的需要,可以分为居住区域和公共区域两类。

首先是居住区域,目前塔头底的古民居大多近似于近现代乡村民居,仅提供基本的居住需求,未能避免民居建筑的模式化,同时缺乏个性化。其次是民居的内饰,古典建筑的内饰种类丰富,有砖雕、石雕、木雕、陶瓷器等。而目前塔头底古民居的内饰比较简单,多为盆栽、挂画以及一些保留下来的木雕花纹,显得单调,缺乏观赏性。

(四)景点较为单一,创造发挥空间较大

根据开发的需要,可以将塔头底的景点分为自然景点和人造景点两大类。目

前塔头底的自然景点和人造景点均无法满足游客游览的景色和文化需要。

首先是自然景点,塔头底古村落依山傍水,其中湖泊已由旅游集团承包开发,但仍具有很大的发挥空间。中间的湖泊周边仅是单一的木质栏杆,湖边上只有一个木质水车,湖中也只是散养了一些供游客投食的锦鲤。而在人造景点方面,除了村门口用古树搭建的大门之外,还有专门纪念塔头底古村落的长亭,以及还在建造中的城隍庙,这都有极大的发挥余地。

(五)景区范围小,周边民居整改不彻底

塔头底古村落所在的和平村面积为 2258 亩,其中耕地面积 201 亩、森林面积 1714 亩,故包括古村落在内的居住区面积仅为 343 亩。所以可以看出塔头底古村落的占地面积太小,以致极大地限制了游客在古村落的游览时间,这是古村落未来发展道路上较大的隐患。因此,对古村落的景区范围的扩建非常有必要,对于周边民居的搬迁与改造也是不可避免要进行的。

笔者在调研中发现,还在改造中的旁厝边上仍为村中原本居民所居住的民居,这暴露了塔头底古村落景区整改的不彻底性。对于整体环境而言,不利于古村落的扩建与创新。

(六)古村落的发展项目关系存在协作不确定性

雅阳镇的氡泉小镇计划是把塔头底古村落建设成为拥有承天氡泉温泉水的氡泉古村,其中雅阳承天氡泉、塔头底古村落、华东大峡谷共同构建成氡泉小镇,建成后将是集度假、养生、娱乐、观光等功能于一体的度假休闲产业。如今,氡泉小镇计划正在有条不紊地实施当中,且塔头底古村落也已经顺利地完成了计划中的一期目标。

泰顺·华东大峡谷国际旅游度假区是由"回归的泰商"投资建设的项目。项目选址于泰顺县雅阳镇,定位为集旅游观光、休闲度假、探秘探险和医疗康养于一体的综合旅游休闲度假区,按照规划总用地面积约 23.66 平方千米,总投资约 166 亿元,计划分 3 期建设,8 年建成。建成后,预计年接待游客将达到 300 万人次以上,年创税 1 亿元以上,解决带动当地就业约 1 万人,同时,将大大推进当地交通水电等相关配套设施的建设进度,也会加快雅阳镇城镇化建设。该项目一期征地范围涉及和平村、中村村、白巢村、埠下村、沐峰村,五个村落中,和平村的攻坚难度最

大,项目涉及该村用地面积达 1400 亩且历史遗留问题多,但政策处理组成员却在一个月内啃下这块"硬骨头",在此过程中,村民的配合无疑为项目快速落地添砖加瓦。①

　　这两个发展项目的规模与针对点都有所不同,但是它们都涉及了塔头底古村落的未来发展去向。两个项目之间是否存在协作关系尚无定论,究其原因,是两者立项与实施的年份相差较大,华东大峡谷项目的立项远晚于氡泉小镇计划。为此,两个项目应该确立一种协作关系,相互协作、弥补自身不足。

(七)雅阳镇的街道建设与绿化不够完善

　　雅阳镇是塔头底古村落所处的镇子,其是旅游重镇,近几年启动了综合整治小镇环境项目,加大了对雅阳镇内各大主干道的环境整治工作的力度,实施线路"上改下"工程,实施绿化改造,极大提升了小镇的环境质量,但是这一点仍存在很大的提升空间,同时完善建城区车辆乱停靠、垃圾随意丢弃、污水乱排放等的综合整治,提高了城管等执法者的整治力度,雅阳镇于 2018 年顺利通过浙江省的省级验收。

　　塔头底古村落与雅阳镇有一条直通的道路,这条路直接与雅阳镇的主要干路雅阳大道相连,长度一千米有余。但是道路并未有过修整,为简单的黄土路面,下雨天十分泥泞,笔者在 2019 年元宵节期间发现该道路对来塔头底古村落游玩的游客造成了不便,且道路周边并未有良好的绿化装饰,缺乏乡村文明所应具有的绿色性与生态性,且与习近平总书记所提出的"绿水青山就是金山银山"的发展观念相违背,与雅阳镇的现代化景象格格不入。这对于塔头底古村落的形象造成了消极影响,也对来此旅游的游客造成不便,可以说是雅阳镇街道环境整治环节中的瑕疵与纰漏之处。道路是农村经济发展的命脉,因此为塔头底古村落营造良好的交通环境是其发展道路上不可或缺的重要条件,雅阳镇在这方面还有许多工作要做。

---

　　① 郑小萍、张温乐:《泰顺"最大引资项目"快速落地温州华东大峡谷氡泉旅游度假区项目今日开工》,[EB/OL].(2019 年 3 月 24 日)(2018 年 12 月 1 日)http://news.66wz.com/system/2018/12/01/105132665.shtml。

二、关于开发塔头底古村落所遵循的基本原则

(一)尊重当地传统,在开发时要考虑保留乡村原有的地域性特色

在民居整体改造以及景区的建设上要做到与当地文化相适应。文化旅游注重的就是景点原汁原味的地域性特色,这就要求项目开展时要尊重当地居民的文化习惯,以及注重以人为本的科学发展观。

(二)开发当地自然资源时要把握好尺度,做到人尽其力、物尽其用

在开发利用的基础上要保护有关的自然资源。同时,为尽量避免在开发过程中出现的安全隐患,相关工作人员应当做好前期的安全防护工作。乡村的自然资源是其现代化进程的基石,也是乡村文化的物质保障。

(三)培植人文环境,挖掘古村落的文化气息

塔头底古村落原本的乡村文化因为时间的推移和现代化进程的影响使得其逐渐被人遗忘,所以文化资源的发掘价值极大。乡村振兴战略的重点之一便是发扬乡村文化,增添古乡村的人文色彩。因此深挖塔头底古村落的文化是开展建设项目的重要环节。

(四)打造乡村品牌,加强乡村品牌意识

乡村品牌的建设是将其与其他现代化乡村区别开的一个重要因素,建立乡村品牌意识是凝聚整个运营团队的指导思想。塔头底古村落打造的乡村品牌要具有独特性,品牌名称与品牌标志能让消费者一目了然。这是一笔无形的资产,具有一定的商业价值,值得精心打造。

三、对于塔头底古村落发展的建议与对策

（一）丰富古民居的修复形式，精细化处理民居内部装饰

在修复方法上可以采用新旧对比的方式，将物件的时代痕迹加以改善使其明显区别于原有的模样，以此来适应现代诸多功能的使用。还可采取创造性的改变或是组合民居中所需修缮的物件，通过改变其展现的形式以及发掘其新的使用方法使其与已存在的其他古老物件进行历史对话，这种强烈的历史性质的情感冲击会使人印象深刻。还可以融入现今欧式建筑风格，在内饰之中添加一些欧式风格的小物件。例如，在塔头底古民居的茶室可以加入欧式的小型台灯，在屋内的中式楼梯上可以镌刻欧式纹理。两者遥相呼应，一种现代与古典的美以及中西结合之美处于同一场景之中。这种创新尤其是在古民居建筑的扩建、重塑中使用效果最好，赋予其新的用途和功能以适应现代化生活。以目前塔头底古村落的古民居修复情况来看，其修复过程着重强调"修旧如旧"的理念，将重心放在了现代化设施的改进上。出于安全考虑，屋外的百米长廊虽被迫阻隔但塔头底古村落在民居格局完整性的保护上仍做得相当出色，且尽最大限度保留了塔头底七厝的村落格局，并未有太大明显的迁移，这保留了塔头底古村落所孕育的文化韵味，这一点值得其他类似古村落借鉴。

在保留民居主体扩大民居面积上，可以吸取欧式乡村度假庄园的长处。在以当地自然环境为基础的情况下，建设具有地方性特色且主打养生与饮食为品牌的庄园，如在其中融入泰顺自己的茶文化。

泰顺境内群山环抱、低温高湿、云雾缭绕、环境优越，茶叶生产条件得天独厚，是全国重点产茶县、"中国茶叶之乡"。

并且近年来，泰顺县委、县政府十分重视茶产业发展，加快加大打造"三杯香"茶品牌，不断提高三杯香茶的市场竞争力和知名度，茶叶质量和效益不断提高，并呈现出良好的发展态势。①

在餐食方面，借鉴传统的"以茶入馔"，在吃茶的基础上推出茶肴，有意识地将

---

① 郑小萍、张温乐：《泰顺"最大引资项目"快速落地温州华东大峡谷氡泉旅游度假区项目今日开工》，[EB/OL].（2019 年 3 月 24 日）（2018 年 12 月 1 日）http://news. 66wz. com/system/2018/12/01/105132665. shtml。

茶作为菜肴和饭食的原材料,形成茶饭、茶菜、茶食品的全面配套的地方特色餐饮。

在饮品方面,依托县政府的文化兴茶战略,塔头底可以推出以"三杯香"茶为核心的养生茶系列作为游客观光的主要饮品。同时深入发掘和传承《采茶舞曲》、泰顺茶俗、茶故事等茶文化资源,丰富茶文化内涵,把泰顺独具特色的民间民俗和畲族特色文化等各种文化融入茶文化发展中。[①]

在对于民居内部装饰的精细化处理上,以绍兴的青藤书屋为例,其为明代著名文豪徐渭的故居。其中留有徐渭亲题的匾额、题诗、水池等,因此具备深厚的文化底蕴和独特的个性表现。文化底蕴无法被轻易地复制,因此着重点应放在民居重建的个性化体现上。因为民居面向市场人群较为有限,包括背包客、驴友、小资文化旅游人等。在重建的青藤书屋内有徐渭画的《青藤书屋图》,落款为"几间东倒西歪屋,一个南腔北调人"。诗风放荡不羁、潇洒自然更适合现代人的品位。塔头底古民居可效法青藤书屋,在独栋民居设立诗风不同的诗书字画,或提供娱乐性质的书法服务(在民居放置文房四宝),若能得到良好的游客反馈,可进一步与供货商联系提供装裱等服务。

为了避免模式化,应将独栋民居设立分区间隔。一方面保证旅客拥有个人的私密空间,另一方面可以为民居设计独立庭院。庭院设计的风格保持多样化,如中式、日式、韩式、混合式等。庭院氛围可以依靠古典庭院配件来营造,如日式庭院常见的醒竹、惊鹿等。在民居客厅设置大面积的落地窗结构,为旅客提供良好的视角观赏庭院以及远眺村落外的山景。同时,为独栋民居设计不同的房名,如琉璃、离朱等。具体情况可根据相对应民居的设计风格来设计房名。

对于乡村民宿的房客而言,入住乡村民宿之后的每一丝细微的人性化设计,设施的完善,都会对其居住体验及居住心情带来不同的影响。[②] 根据民居本身房屋大小的不同,为不同的民居设计不同的房间,如茶室、棋室、酒室、书房等。同一间民居内不应同时设计茶室、棋室等房间,让房间更具唯一性。

对于原有的内饰,如木雕花纹可以在保留的基础上进一步完善。例如,在室内楼梯的栏杆上可以运用现代的木雕技术,以花纹的形式绘制出塔头底古村落特有的民间故事里的相关画面。

室内引进的承天温泉装饰上要突出清新自然的特点,在添加现代化设备的基

---

① 郑小萍、张温乐:《泰顺"最大引资项目"快速落地温州华东大峡谷氡泉旅游度假区项目今日开工》,[EB/OL].(2019 年 3 月 24 日)(2018 年 12 月 1 日)http://news. 66wz. com/system/2018/12/01/105132665. shtml。

② 杨珍珍、唐建:《老宅新生——旧民居改造的乡村民宿建筑设计探析》,《设计》2017 年第 9 期。

础上又要保留其古朴的气息,所以可以在其中配置具有当地地方特色的一些饰物与器具,例如廊桥模型、竹制家具等。

而对于不属于民居整体的挂饰,如盆栽、挂画可以做适当的删减。为保证旅客的私密空间,房间内可以设置屏风或是竹帘帷幔。房间可以放置香炉和熏香,使房间气味更加清新,也可以利用熏香提高旅客的睡眠质量。为保证民居个性化的推进,民居内部的挂饰也应与民居设计的风格相近,而不需要过分添加挂饰造成冗余。为遵循个性化,在民居的房间内设置对应文化的挂饰更有利于氛围的营造。如在酒室设置古代专用的酒桌“七巧桌”,也可以放置尊、壶、觥、觯等古酒器,以及投壶、手势令、拇战、藏钩、射覆、牙牌、猜枚等酒桌游戏道具。在浴室可以准备好传统的足衣服饰,如吴服和木屐。

目前塔头底古村落的建筑,除了古民居之外还有一座小型祠堂、一座小型庙宇。为了满足文化旅游的需要,可以对祠堂和庙宇进行大规模的扩建。

祠堂,是我国农村普遍存在的一种古老建筑。历史上,它具备了家族议事、供奉祖先、继承传统、团结宗亲等多种重要的作用,是同姓乡里最为庄严的聚集场所。塔头底村的祠堂的扩建重心应放在乡村文化的重建上。

为了满足游客对于文化旅游的需要,在尽量保留祠堂原貌的基础上,扩大了戏台等内部设施,添置修建了祠前公园、长廊等建筑。应以祠堂为中心恢复泰顺木偶戏的活动。作为泰顺的传统市民文化娱乐活动,该剧目题材广泛,内容丰富多彩,涉及武打戏、文戏、审案戏等样式,文化底蕴深厚更能满足现代游客对传统文化活动的好奇心。同时,木偶戏活动的推进将进一步有利于庙会活动的开展,这对于塔头底古村落的文化建设起到积极的作用。

(二)景点力争多元化

1.关于自然景点的创新性开发利用

第一,可以开发夜钓与夜游项目。可以为钓鱼爱好者提供夜钓的钓具和荧光设备,当游客夜钓归来也可为游客提供料理服务。夜游项目可以在村落设置传统的乌篷船等,游客可以乘船夜游湖泊,同时在船上为游客提供酒水菜品,酒水菜品取自当地特产的米酒和家常菜,让游客体味塔头底传统的古早味道。

第二,可以开发踏青野餐项目。塔头底旁的群山密布,可以专门开发远足踏青项目,同时恢复古代斗百草等娱乐游戏活动。也可利用湖泊开辟水道,使游客可以在水道旁野餐娱乐,同时恢复古代曲水流觞等娱乐游戏活动,这两个项目都可以增进游客的游玩乐趣和对传统文化的了解。

2.关于人造景点的建设也可以大致分为两点

第一,将城隍庙与庙会活动联系起来,在修复的基础上进一步扩大城隍庙的规模。恢复古代的城隍文化,售卖古代庙会的传统商品,比如油鞋、泥屐、雨伞、男女缎靴,以及时画、圣像、估衣、竿子等。设立泰顺小吃一条街,包括米面层、敲肉羹、腊兔肉等,让游客在品尝美食中了解泰顺的美食文化。

第二,修复塔头底的石碑,并完善石碑背后的民间故事。同时在村落内修建学堂学社,恢复塔头底村的私塾文化,培训私塾老师每日定时模拟古代学堂的学习活动,让游客体验传统的学堂学习活动。同时为学堂购置国学经典名著,供游客阅览学习。

第三,在塔头底修建廊桥。泰顺创造了具有山区田园特色的地方文明,留下了无比珍贵的历史文化遗产。泰顺廊桥就是其中最杰出的代表。可以在塔头底修建廊桥,方便游客参观游览,领略廊桥之美。

泰顺廊桥的种类众多,包括堤梁式桥、木拱桥、木平桥、石拱桥、石平桥等。在保证建设资金和美观安全的基础上,可以在塔头底修建多座廊桥。既丰富了塔头底的建筑景观,又满足了游客的观赏需求。泰顺廊桥的用途众多,有遮阳避雨、休憩、交流、聚会、看风景等用途。新修的廊桥应与前文所述的湖泊景点项目相结合。

夜游项目所提供的船舶数量有限,廊桥的建设更可以满足广大游客的观光需要。在廊桥内部可以装饰以卞之琳的《断章》等主题现代诗和《廊桥诗词楹联三百首》满足游客的文化观光需要。

第四,在湖泊修建磨坊和湖心静室。磨坊可以让游客体验古代劳动人民的劳作活动。游客可以在湖心静室沐浴斋戒,远离城市生活的喧嚣,体会隐逸生活的安逸祥和。

(三)扩大景区范围,彻底整改周边民居,开展项目之间的协同合作

在品牌性与特色型古村落的建设过程中,为了能延长游客的浏览时间,也为在将来所融入的新项目提供可以利用的空间,周边民居应该在政府的配合下加以改迁。其中要着重注意改造病危房,将其整改为特色古民居的一部分时最大限度地利用原有的基础设施,节省不必要的开支。村里居民住房的改迁,一是有利于扩大建筑面积,二是尽可能地使得古村落保留原有的古民居气息,三是减小人为因素对古村落的破坏。针对周边民房在改迁后建设特色民居的过程中要注意,可以依山

而建的尽量不要征用其他用地,综合管理用地、节约土地资源,物尽其用,做到集中建设不分散。坚持以民为本、尊重居民意见的理念。尽量理解并配合改迁中居民的意见,使得整个改迁过程维护的是居民的切身利益。以全新的理念来引导居民,在与政府部门的协同下帮助居民了解到最新最全面的扶持政策,不强迫,全凭自愿。

景区的扩大需要政府部门的配合,也需要管理者做好完备稳妥的整体规划,在计划可行性的基础上要注重土地资源的充分利用以及照顾到村中居民的意见。游客的游览时间与景区的规模成正比,吸引游客的视线是提高古村落的整体效益的重要元素之一。旅客入住古村落的登记处的左侧是一块天然的低洼地带,边上的土地有村民与雅阳镇居民共同栽种的茶树以及一些原有的树木。这一块值得开发,可将原来古村落中间的鱼塘的水引流至该低洼地带。这么做使得鱼塘的范围扩大,对于以后整改成湖与华东大峡谷相连接抑或只是单纯地扩大鱼塘范围都具有非常重要的作用。而后,可以围绕着扩大后的鱼塘扩建塔头底古村落的特色民居。在引流的过程中要与该块区域种植茶树的居民协商好,可以尽量保留一些茶树作为扩建民居的外围绿化带,这也为以后居住的游客提供了体验当地居民采茶农作的机会,增加了游客的停留时间,并且也丰富了塔头底古村落的特色活动。

因此,景区的扩建是对塔头底古村落未来长远发展的基础,也是其所在的氡泉小镇计划与华东大峡谷项目战略合作的重要纽带。

和平村中的塔头底古村落在两个项目中都是重要板块。雅阳氡泉小镇项目针对的是和平村中的塔头底古村落,而华东大峡谷项目主要针对的是古村落所在的和平村发展。两者对于和平村的塔头底古村落发展侧重点不同,前者主内,后者主外。因此两者应该相辅相成,提出一个针对和平村以及塔头底古村落的发展计划。同时,当地的政府部门与两个项目的投资开发商也要做到协同规划,广泛听取当地村民的意见,尽可能做好前期准备工作,解决好执行计划过程中出现的问题,促进两个项目能够正确无误地实施。

(四)改善路况,完善绿化

雅阳镇镇内的主要干路两边的绿化带主要是一些普通的行道树,以及一些简单的修整过的矮型绿篱。这一块的提升空间非常大,为此在镇内绿化整改的过程中可以融入美学意识,将当地的本土文化与其结合起来,将重要部分的道路作为一个小型景点升华意境,突出显现道路绿化中所要表现的文化。雅阳大道作为贯穿全镇的主要干道,路程较长,道路绿量较足,但是色彩不够丰富、较单调。可增加别的色叶树种以及一些开花树种。在其起始段可对原有绿化带进行局部的重组整合,而后加入高型灌木,并且采用艺术性的修剪方法修理出具有浓厚乡土气息的灌木艺术品,如形似采茶女的灌木。增加边上的背景树木的种类和数量,背景树木可以栽种色彩较鲜艳的落叶乔木或者秋果品种等,以此形成给人视觉上具有强烈色彩板块冲击的道路绿化景象,创造出富有地方特色和艺术气息的林冠线。

作为塔头底古村落面对海内外来客的门面,雅阳镇对于游客的印象势必直接影响到对于塔头底古村落的印象。塔头底古村落等的旅游项目是以雅阳镇为中心的氡泉小镇计划中的重要部分,因此其在环境以及其他各方面资源中都占有重要的比重。但是在发展过程中不能顾此失彼,降低了对雅阳镇的整体要求。笔者通过对雅阳镇镇政府在和平村工作的公务人员的采访中了解到,雅阳镇对于塔头底古村落的建设与发展的要求较高,但是以自身的发展进度的角度发现两者的发展速度应该要保持同步,有些方面仍需要做好周全的计划,详尽的举措是做好该项目的一个基础保障。

(五)发挥乡村文化资源的作用

"满足人民过上美好生活的新期待,必须提供丰富的精神食粮。"[①]塔头底古村落的文化资源本就十分丰富,但是在现代的发展过程中并未良好地进行发掘并凸显出来,因此开发这块文化资源对于发展塔头底古村落具有非常重大的意义。在土地规划上可以在尾厝旁重新兴建三枫书斋,其中可以模仿安排文化馆中类似的国学课堂,使得三枫书斋不只是一个供人观赏的躯壳,而是名副其实的让人学习国学的书斋。

同时也应该多融入民风民俗的元素,这是体现现代化乡村地域性特色中浓墨重彩的一笔。笔者在塔头底古村落通过对周边村镇的大量调查走访发现,当地的民风民俗资源非常丰富。被誉为"天下第一福宴"的泰顺百家宴于 2010 年入选吉尼斯世界纪录,每年元宵节当地为了祈求当年的福分,泰顺各乡镇都会举办百家宴,也因此每年都会招徕许多慕名而来的游客。百家宴期间会展现许多富有当地特色的活动,例如舞龙、龙凤狮子灯、腰鼓队,以及表演省级非物质文化遗产泰顺提线木偶戏。当天夜间会在雅阳镇中心进行药发木偶的表演,该项表演属于烟火表

---

① 《党的十九大报告辅导读本》,人民出版社 2017 年版。

演的范畴。近几年受公安部门颁发的禁放令影响,药发木偶表演已取消。农历二月二日在民间被称为"龙抬头",在雅阳这一块称作"作福"。泰顺各乡镇有些会将其当作民俗文化节来庆祝,主要祈求风调雨顺、家人安康。当天会有各类民俗项目展示,如上文提到的百家宴、泰顺提线木偶戏,以及一些富有地方特色的用以祈福的食品。笔者发现在这些活动开展的节日里,塔头底古村落仅作为各地游客来到雅阳镇后顺便拜访的景点,停留驻足的时间极短,并且在这些时间段里,塔头底古村落并没有开展相应的文化活动来吸引游客。所以,笔者认为在塔头底古村落的建设过程中要尽力保留这些民俗特色,以此为基础发展出自身独特的文化影响力,这也是在现代乡村地域性特色及其品牌性建设中的重要因素。

笔者建议,首先在元宵节与"作福"等当地传统的节日中,塔头底古村落可以开创一个特色板块专门用来承办节日活动。再运用其为度假村的性质,吸引游客参与其中,使游客增加驻足停留时间。在游客数量增长到一定数量时,可以在土地开发与规划上考虑开辟专门的区域给予使用。比如开设泰顺提线木偶戏小剧场,像百家宴这类规模较大且组织人员需求量大的活动要在节日开始前与相应部门联系好。其次,在进行药发木偶等危险物品表演时不但要高要求地规范场地设施,同时也要在法律允许的条件下与政府部门达成共识,共同开展相关的作业。其他有如舞龙、龙凤狮子灯等对于场地要求不高、效果主要取决于游客数量等的民俗活动应注意开展过程中的安全问题。这些活动的实施一定程度上会吸引大批游客,同时也对管理的质量要求更高。既为非物质文化遗产的传承者提供了一份稳定的收入,也积极宣传了相关的传统文化精神,对于保护非物质文化遗产具有持续的积极作用。

四、发挥现代乡村地域性特色,打造古村落氡泉品牌

塔头底古村落现代化乡村建设需要充分体现自己的地域特色,现今国内许多现代化乡村都或多或少地把民风民俗融入其中,这一点塔头底古村落需要从其中挑选最具独特性的一两项作为象征性的标志。笔者通过对当地人文的调查发现当地的语言非常有特色。当地语言名为蛮讲,该语言是古汉语与百越语的融合体,语式多样,辞彩丰富,属于闽语支的闽东话语组。其次是均为当地独有的提线木偶戏和药发木偶这两种民间艺术,前者为戏剧艺术,后者为烟火表演,各有特色。另外就是已创下吉尼斯世界纪录且被誉为"天下第一福宴"的泰顺百家宴。

塔头底古村落在民宿中最具创新意义的一点就是它融入的室内温泉,该温泉水取自当地早已开发多年的承天氡泉水,具有温养身体的功效,这也是塔头底古村

落主打的民宿特色。因此可以将氡泉打造成一个特色品牌,主打养生,为消费者提供良好的疗养环境。

五、结　论

党的十九大报告中习近平总书记提出的乡村振兴战略开启了将乡村带入优质的物质资源的时代,为乡村在现代化进程中的发展提供了动力。习近平总书记指出,乡村振兴是全面建设社会主义现代化强国的必然要求。我国乡村条件普遍落后于城市,但是却往往有着优质的乡村文化资源。在振兴乡村上,尤其是建设特色性和品牌性乡村的过程中,应该充分发挥乡村文化资源,而不是过度依赖其得天独厚的地理环境。

在乡村开发进程中,投资人、政府、当地居民三者间需要有良好的沟通与交流。投资人应依法合理投资,与政府部门积极合作,与当地居民互相理解。政府部门要处理好投资人与当地居民的关系,了解双方各自的需求,将两者引领至正确的共赢发展道路上。并且结合当地的实际情况,因地制宜,做好扶贫工作。要加大对承接主体的政策扶持力度,出台支持优惠政策,着力解决承接主体在财政、金融、信贷、保险、税收、用地、用电、人才等方面遇到的困难,帮助承接主体做大做强,使承接主体真正成为带动村集体和农民增收致富的"领路人"。[1] 当地居民要通过正确的途径和合理的手段来维护自身与乡村的利益,帮助投资人了解乡村特色,为政府部门提供支持。三方通力合作、互相扶持,共同发展乡村,为我国的现代化建设贡献力量。

塔头底古村落的振兴可以为雅阳镇的旅游业发展提供极大的支持与帮助,并且可以极好地对其他古村落起到示范性的带头作用。在发展过程中出现的种种问题以及其解决方案都是一种极好的经验,地方政府可以将其作为样本,互相交流,共同进步,为乡村振兴战略的普及实施积累丰富经验,结合自身优势,分析自身不足,不断地完善落实相关的制度政策,对实现乡村振兴战略目标起到推动作用。

(本文原载于《大禹与中国传统文化研究》第 3 辑)

---

[1]　窦祥铭:《深化农村集体产权制度改革的探索与实践——以安徽省首批 13 村"三变"改革试点为例》,《安徽行政学院学报》2017 年第 12 期。

瑞安(温州)鼓词的发展与传承研究

金依诺　李伟民　张　荔①

在温州东南一隅的瑞安,自宋以来学人蔚起、人才辈出,"永嘉九先生"之一的许景衡传播程朱理学,开学术研究之风;高则诚撰写《琵琶记》获誉"南戏之祖"之称;治学大师孙怡让、孙衣言等,这里有被誉为四大藏书阁之一的玉海楼,还保留着传统木活字印刷的东源村,人文荟萃让瑞安这座小县城拥有深厚的文化底蕴,素有"东南小邹鲁"之称。

"比之希腊悲剧、印度梵剧,中国戏曲是萌芽早而开花迟、酝酿久而成果大的艺术品种。中国戏曲的综合广、酝酿久、发展迟,适应着中国一句老话:'大器晚成。'它的优秀成果,虽不比希腊悲剧的早熟,舞台生命却更久远,社会影响更广泛。"②在中国古代戏曲繁盛的发展进程中,出现了黄梅戏、越剧、沪剧、京剧等地方性极强的戏剧种类,其中位于浙南的温州地区,出现的戏剧种类更为繁茂,而瑞安(温州)鼓词因其悠久的历史传承、独特的地方特色和表演艺术已经被列入第一批国家级非物质文化遗产名录。

一、瑞安(温州)鼓词文化历史探源

在宋朝时期,温州是南宋除了杭州之外最繁荣的商业都市,宋高宗在南迁初期为了躲避金兵侵扰,曾渡海逃至温州,甚至将太庙迁移到温州,使得温州成了南宋王朝的大后方,随之而来的是官绅平民到来、民间技艺云集,在文化交流中相互促进、相互影响。勾栏瓦舍遍布使得民间剧种一时兴起,光是温州市区就有包括越剧、瓯剧、高腔、南戏、木偶戏等十余种剧种。与此同时,另一个古老的具有地方特色的曲艺形式——温州鼓词应运而生。在温州戏曲行业中有这么一句流传的老

---

① 本文第一作者金依诺为浙江越秀外国语学院中国语言文化学院 2017 级学生,李伟民、张荔为本院教师。

② 王季思:《古代戏曲》,广陵书社 2017 年版,第 2 页。

话:温州鼓词瑞安唱,温州鼓词瑞安头。温州鼓词演唱时一向以瑞安方言为标准音,加以道白、旁白,因此瑞安被称为温州的"鼓词之乡"[以下均称瑞安(温州)鼓词]。

"瑞安鼓词历史悠久、源远流长,从文学形式的角度来看,它是和唐代的变文一脉相承的,因为敦煌变文是后世各种说唱文学的先驱。瑞安鼓词俗称'唱词''门头鼓',是流传在温州地区属大鼓类的民间说唱艺术,是浙江省民间曲艺的主要曲种之一,素有'浙北评弹,浙南鼓词'的美誉。鼓词的名称早在明朝时期就出现了,清代以后鼓词演唱兴盛,北方主要流行于河南、河北、山东、辽宁及北京,南方主要有江苏的扬州鼓词和浙江的温州鼓词。"① 关于瑞安(温州)鼓词的具体形成年代,以当时历史背景和地理环境作为分析论证的依据,一说开始于南宋;另一说则为源自明代或者说明末清初时祭神时演唱的"娘娘词"等,曲调由古代的词曲和当地的民间小调发展而来。曾经就任温州瑞安主簿的诗人陆游有诗歌《小舟游近村舍舟步归》记载:"斜阳古柳赵家庄,负鼓盲翁正作场。死后是非谁管得,满村听唱蔡中郎。"诗中所写的词目是《蔡中郎》,蔡中郎就是东汉末年名士蔡伯喈,"但在戏曲中被描写成一个为了名利富贵,不惜弃亲且忘恩负义的薄行士人,蔡伯喈的这一反面形象在民间广泛流传,渐渐脱离历史真实,成为'负心汉'的典型"②。故事早在宋朝就在温州民间流传。而负鼓盲翁则是指当时的鼓词,因其多由盲艺人背着扁鼓演唱就有了负鼓盲翁的代称,由此可见在南宋时期鼓词演唱就已经很兴盛了。另一诗歌《答友人》也记载了负鼓盲翁:"乾坤幻化几阴晴,负鼓盲翁大道听。既有春风添绿叶,岂无秋雨润龙星。长宜对月歌吟好,且莫凭栏涕泗零。浑水东流多少泪,谁人能忆旧江庭。"描写了对江南风光的歌颂,对自己命运的哀叹,这也告诉我们鼓词在当时已经是喜闻乐见的世俗音乐。

瑞安(温州)鼓词这种独具温州特有方言的说唱艺术,在过去因多为盲艺人在市井里演唱谋生,也被称为"瞽词""盲词"。又因这种艺术是在民间小调中收集发展起来的,温州的方言、温州的乡土音乐、温州的人文事故都在其中完整地体现,可谓温州艺术的宝库。如今在历史的不断发展和演变中,鼓词已成为温州人引以为豪的文化标识,这种扎根地方文化的传统曲艺,因其顽强而独特的生命力,在2006年被列入第一批国家级非物质文化遗产名录。

---

① 周林:《温州鼓词探究》,《黄河之声》2015年第23期。
② 石静:《"满村听说蔡中郎"溯源》,《寻根》2009年版,第106页。

二、瑞安(温州)鼓词表演艺术探幽

最初盲艺人为了谋生而游走于温州的民间说唱,牛筋琴的发明丰富了鼓词的伴奏,在唱腔和表演上都形成了独特的审美特征。如今在全国地方曲艺赛事中得到高度认可,温州鼓词并非古声古调一成不变,而是随着时代发展逐渐完善成熟。

(一)"以一人多角"为主的表演形式

与清代林嗣环所著文章《口技》描绘的相似:"一人、一桌、一椅、一扇、一扶尺而已。"温州鼓词"以一人多角"为主要的表演形式,通过第三人称事外人的角度来进行讲解、叙述故事,与此同时,又要一人扮演多个角色。这样的表演形式被称为单档表演,在单档表演时一个人敲奏 4~6 件乐器,同时扮演各种角色(现在有时采用男女对唱),但也存在双档、多档的演唱形式。双档,习惯上称为唱"对词",或二男、或二女,若一男一女,基本上都是"夫妻档",当然也有"兄妹档"。[①]"对鼓词表演一人要求也相对严格:吐字清楚,刻画人物细致,情节交代详细,准确把握各种不同性格的人物的神态和个性,能够模仿各类音响来营造氛围。"[②]同时,瑞安(温州)鼓词增设了牛筋琴、曲板等演奏乐器辅助演出,使得鼓词中的人物在鼓词艺人的口述中塑造得更生动形象。"创作者和表演者都试图通过独特的艺术魅力来向民众弘扬中华民族的传统美德,传播优秀的传统思想,具有浓厚的道德教化作用。"[③]

瑞安(温州)鼓词按演唱方式分成两种:一种叫作"平词",指演唱历史传书、言情小说、武侠小说的鼓词;另一种叫作"大词",又叫作"娘娘词",是在庙宇里演唱的,其形式是一种祭祀形式。唱大词的时候,用一鼓一拍,曲调高亢、粗犷,比较原始。

(二)地域性的唱腔

瑞安(温州)鼓词是使用瑞安方言的说唱艺术,瑞安方言隶属于吴语的一种次方言。因其在发音、用词和语法等方面都与普通话有着极大的差异性,故此在演唱

---

① 张声和:《温州鼓词》,《今日浙江》2004 年第 10 期,第 39 页。

② 周林:《温州鼓词探究》,《黄河之声》2015 年第 23 期,第 123 页。

③ 邱一曼:《浅谈温州鼓词在 21 世纪所具有的生命力与文化力》,《中国音乐》2009 年第 2 期。

角度更容易被听众辨别其地域。"温州话基本保留了古汉语的声调体系,其声韵和声调要比普通话难得多。与此同时,温州话不仅声调类型多,而且连续变调比较发达,往往保持更早于单读调的调值,例如阴阳平在连调时合而不分。"①当然,这些复杂多样的变调在温州人日常俚语交流中早已习以为常,即便是十里不同音,大家也能大致推测出所要表达的意思,但是外地人则会听得云里雾里。瑞安(温州)鼓词的特点是,喷口重、容易辨别、声调多,更有助于音乐化的演出形式,唱腔押韵、音节和谐,保持了民间说唱音乐的特色,长于抒情、善于叙事。文本中夹杂着丰富的本土民俗俚语,充分运用了温州民间俗语、谚语、歇后语、诗文警句和双关、排比、对偶、重叠、夸张等丰富多变的修辞手段,还大量运用了象声词、语气词、感叹词整散结合渲染气氛,体现了温州鼓词作为民间艺术和地方文化资源的独特性和本土音乐的魅力。

(三)独具特色的演奏乐器

左手持曲板,右手拿鼓签敲扁鼓,案台中间置一把牛筋琴,右边放一把鼓琴,鼓词艺人表演时为边敲边弹唱。令人关注的是温州鼓词伴奏的主要乐器——牛筋琴,呈长方形,用细牛条筋做琴弦,固定在梧桐板框架上,其状如"扬琴",初时五条弦,以古乐五音为琴谱,后增至七弦和十二弦等,琴声可根据鼓词艺人唱音频率的高低进行调节,调出高、中、低几档声音来。用牛筋做琴弦十分奇特,在中国乐器史上是独一无二的。

"在清代之前只有扁鼓是没有牛筋琴的,艺人就随地而坐,把扁鼓竖放在左膝盖上,用左手手肘紧夹,右手拿筷子敲击伴奏,或是用绳子将倒置的凳子的四只凳脚绷成网状,将扁鼓放置在上面敲击进行演唱。"②后来在一次演出过程中艺人因敲击过猛将绳子敲断之后临时找了几根牛筋简易绑定之后演奏。正是因为这样偶然的举动让鼓签敲击牛筋时能够发出清脆悦耳的声音,就这样,初期的牛筋琴诞生了。

当然,牛筋琴的演奏方式也是与众不同的,是通过敲击的方式发声,能够在不同的位置敲击出不同的音色,大大丰富了乐律。

牛筋琴的制作技艺在历史、文化、实用上都有很高的价值。从历史价值角度来

---

① 沈克成:《浙江省文史研究馆文史丛书之四十:瓯语音系》宁波出版社 2015 年版,第 36 页。
② 包媛媛:《瓯腔越韵唱古今:温州鼓词》,中州古籍出版社 2015 年版,第 28 页。

看,自清代光绪年间研制成功后,至今已有百来年的历史;作为一种重要的曲艺文化载体,为温州地区文明传播和温州鼓词传承发展起着不可忽视的作用,从此之后,鼓词演出剧目中就出现了牛筋琴这一与众不同的演奏乐器,代表曲目有《长生殿》《包公案》《十二红》等。

三、瑞安(温州)鼓词传承与发展探究

中华人民共和国成立后,瑞安本土鼓词演唱艺人一时剧增,瑞安鼓词达到鼎盛时期,据 20 世纪 50 年代瑞安曲协统计,光瑞安市就有营业词(书)场 13 处。鼓词艺人黄世铭先生在解释为何鼓词在 1949 年以后兴盛繁荣的原因时说:当时新中国刚成立不久,百废待兴,人民当家作主,穷苦人民翻身得到了解放,文化事业焕然一新,在旧社会底层劳动人民多为贫苦大众,收入很低,中华人民共和国成立以后,收入有了提高。而且随着党和国家对文化教育事业的重视,以及"百家争鸣,百花齐放"的双百方针的政策犹如春风一样深入人心,在瑞安等地掀起学习、演出瑞安鼓词的热潮,利用当时的村社文化礼堂、宗庙祠堂等场所进行演出,通过演出,鼓词艺人的演出酬劳也得到了提高,收入颇丰。瑞安(温州)鼓词演员的收入相较于农村单独务农的农民来说,鼓词演出的酬劳一般高达三四倍。这使鼓词演员的积极性得到了充分发挥,他们当时的收入相对于旧时代来说,不仅是对家庭一份颇为丰厚的生活补助,而且更是维持温饱的重要手段。

随着出国热、留学热的兴起,敢为天下先、敢为人先的温州人把生意和自己生产的产品远销到海内外的同时,作为承载了家乡感情的温州鼓词随着温州人迁徙逐渐传播到了外地。

(一)瑞安(温州)鼓词三大流派

瑞安(温州)鼓词演唱最昌盛的时期有两百多位职业艺人,民间艺人更是一度达到三百多人,遍布温州城乡的唱词场所也一度多达八十余处,每天听众也多达三万余人。在演唱形式上,瑞安(温州)鼓词吸收了京剧、越剧、黄梅戏等戏曲音乐的表演特色,在不同程度套用戏曲曲牌音乐的基础上,"瑞安(温州)鼓词产生了阮世池、丁凌生、陈志雄三大流派。具体来说,阮派演唱的特点是,善于吸收民间俗语和其他艺术门类的长处,表演特点表现为咬字准、吐字清、道白通俗、唱词婉约,内容尤其以刻画大家闺秀、小家碧玉和农妇村姑见长,演唱的艺术风格呈现出纤细华

美、婉约动听的艺术效果,其代表性曲目主要有《文武香球》《十二红》等"①。"其中《十二红》讲述奸臣米圣君当道,纵子抢亲,被忠良之后朱双凤阻拦。假传圣旨,张图形四处捉拿朱双凤,逼得朱男扮女装,四处躲避。曾上金山为盗,又辗转苏州、杭州等地,流落庵堂为尼。后结识十二位名字中带'红'的女英雄,并结交了四十八位盟兄弟,最后才铲除奸党,并与十二红女侠结成终身伴侣。"②

丁派的艺术特点表现为,表演庄重、唱腔平缓、道白自然、用鼓准确,但也大开大合,尤其善于演唱英雄人物,艺术风格表现为既庄重浑厚,又激越高亢,其代表性曲目主要有《天宝图》《拳打镇关西》等。

陈派的艺术特点主要表现为,以嗓音高亢清亮为特点,演唱时尤为注重音色的甜美醇厚,其唱腔刚柔并济,音乐的可塑性强,表演上能适应不同类型的人物故事说唱,艺术风格表现为清丽壮美,其代表曲目主要有《三打白骨精》《梁山伯与祝英台》等。③ 2001 年,瑞安(温州)鼓词的三大流派之中的阮世池先生被中国曲艺家协会授予"新中国曲艺五十周年特别贡献艺术家"的称号。

(二)文化保护与政府扶持

作为本土音乐,温州鼓词有着极强的地域性特征。但是,随着人们生产、生活方式的改变和方言环境的变化,"大部分年轻人对传统艺术不感兴趣,瑞安(温州)鼓词缺失年轻公众参与的内动力,出现文化断层现象"。④ 特别是以北京话为基本语音的普通话在全国范围内的普及等因素的影响,有强烈地域性特点的温州方言的语境圈也逐渐缩小,而温州方言是瑞安(温州)鼓词的语言母体,这种情况造成了"温州鼓词如同大多数地方艺术形式一样,温州方言这一相对小众又薄弱的语种被新一代的青年群体淡忘,在时代的进程中渐渐退出主流地位,淡出了人们的视野,甚至逐渐走向消亡"⑤。

为了保护地方文化遗产,特别是温州方言以及依托于温州方言而生的瑞安(温州)鼓词,温州地方政府为大力扶植传统文化遗产瑞安(温州)鼓词的艺术发展,实施了多种文化保护工程,特地邀请当地著名的瑞安(温州)鼓词艺术家拍摄倡导清

---

①③　周林:《温州鼓词探究》,《黄河之声》2015 年第 23 期。

②　中国曲艺志全国编辑委员会:《中国曲艺浙江志》2009 年版,第 115 页。

④　https://baike.baidu.com/item/％E6％B8％A9％E5％B7％9E％E9％BC％93％E8％AF％8D/3562993?　fr＝Aladdin。

⑤　刘顺:《从温州鼓词生存现状谈本土音乐的传承与发展》,《音乐探索》2011 年版,第 10 页。

廉爱民题材,与现代生活接轨,能够融入当下生活,具有现代意味的瑞安(温州)鼓词的 MV 节目,以瑞安人民喜闻乐见的形式在社区文化基地、文化礼堂、广场、老人亭等地进行播放,用方言的形式歌唱美丽的瑞安、歌唱瑞安的美丽山水、歌唱瑞安的文化建设和经济发展,让广大瑞安人民群众通过寓教于乐的形式,接受富有地方特色的瑞安(温州)鼓词艺术的熏陶。为了进一步保护好、传承好瑞安(温州)鼓词这一地方文化的代表性艺术。当地政府在国家和浙江省政府的鼓励和大力支持下,采取多种举措引导瑞安(温州)鼓词艺术的繁荣发展。组织瑞安(温州)鼓词参加各个层级的曲艺演出和比赛,组织瑞安(温州)鼓词参加由中国文学界联合会、中国曲艺家协会共同主办的全国性曲艺专业奖项中国曲艺牡丹奖的比赛。在这个有着中国曲艺界"奥斯卡"之称,曲艺作品艺术的最高奖项的比赛中。2014 年瑞安(温州)鼓词表演艺术家陈忠达先生凭借《武松醉打蒋门神》获得"第八届中国曲艺牡丹奖表演奖";陈春兰女士携表演作品《杀庙》斩获"第九届中国曲艺牡丹奖表演奖";瑞安(温州)鼓词阮派创始人阮世池先生在"第九届中国曲艺牡丹奖"中被授予"终身成就曲艺艺术家"荣誉称号。在"第九届中国曲艺牡丹奖"评选中,获得"终身成就曲艺艺术家"荣誉称号的老艺术家全国仅有两位,阮世池先生能够一举摘得这一桂冠,可见瑞安(温州)鼓词艺术在中国曲艺界的影响力,也充分说明国家对瑞安(温州)鼓词这一文化遗产的重视。尤其是 2019 年,由瑞安金戈创作、瑞安(温州)鼓词艺人陈德华先生采用瑞安方言演唱的作品《一杆秤》一举摘得 2019 年浙江省"群星奖"。而"群星奖"这一奖项是从全省近 3 年各艺术门类获省级以上赛事金奖的作品中通过层层选拔脱颖而出的。该奖项旨在为繁荣全省群众文艺创作,打造和推广群众文艺精品。"瑞安鼓词《一杆秤》讲述了一名做秤工匠在米行老板的胁迫下,违心做了假秤,当再次受胁迫做假秤时良心不安便没有改秤瞒了过去,让米行老板卖米赔了很多银子。作品表达了做人要讲诚信,讲道德良心,不搞歪门邪道,不做损人利己之事,富有浓浓的地方特色。该作品还曾荣获'缤纷长三角·浦东北蔡杯'曲艺邀请赛银奖、省第九届曲艺新作大赛金奖等奖项,深受好评。"①《一杆秤》能够在国家级、省级层面的曲艺表演中摘得桂冠,获得优异成绩,不仅是对瑞安鼓词艺术的充分肯定,同时也为瑞安本土群众传承瑞安(温州)鼓词艺术起到了积极的引导作用。

---

① 瑞安市文化和广电旅游体育局,见 https://mp.weixin.qq.com/s/mSHvYWHK0Ptk4ol2QmSQ9w。

(三)以特色教育教学弘扬与传承瑞安(温州)鼓词

为了更好地弘扬地方文化,也为了更好地传承瑞安(温州)鼓词这一文化遗产,温州市地方政府、学校与戏曲协会合作,在温州、瑞安等地的中小学的课堂里增设了"瑞安(温州)鼓词进课堂"等相关课程,开设瑞安(温州)鼓词选修课程和音乐课程,通过创建曲艺特色学校等措施,让瑞安乃至温州当地的孩子们能够从小学习本土的乡音文化,推动本地曲艺文化的保护、传承和发展。通过培养一批中小学生的瑞安(温州)鼓词的爱好者,并从中发现和培养优秀戏曲苗子,让瑞安(温州)鼓词艺术能够得到传承和发展。2006 年经国务院批准,瑞安(温州)鼓词已经被列入第一批国家级非物质文化遗产名录。当地政府也积极举办曲艺会演,鼓励瑞安(温州)鼓词艺术家创作出更有时代特点、艺术更为精湛的瑞安(温州)鼓词,以便使这一极具地方文化特色,极其珍贵的瑞安(温州)鼓词能够重新焕发艺术青春,能够代代相传、薪火不断,使瑞安人民在瑞安(温州)鼓词这一精神家园中永远记住家乡的山山水水和父老乡亲。

(本文原载于《温州学刊》2020 年第 3 期)

少数民族文化研究

——以云南省东南部为例

周冶倩[①]

一、与时俱进

在这个科技、网络、信息急速发展的时代,人们在满足物质生活后对精神生活也开始有着不同程度的要求,越来越多的青年在逐渐遗忘传统的文化习俗,也有越来越多的青年用自己的行动结合当今社会的实际状况用自己的方式去继承和发扬中国优秀的文化。56个民族共处一家,它多姿多彩。社会在发展,汉文化得到了有效的继承和发展,而少数民族文化随着一代又一代青年的诞生,正在日渐地消失。

随着社会的发展,越来越多的少数民族开始汉化,其自身的民族文化正在逐步消融,少数民族文化逐渐地变成书本里的史料记载,一代又一代的年轻人正在步入新社会、新时空。少数民族文化的传承和发展正在变得岌岌可危。

二、大国里的小家

中国是一个多民族的国家,有56个民族,各个民族彼此融洽地生活在同一片土地上,形成一个统一的国家。少数民族一直是中国宝贵的财富,其独特的居住环境、特有的食物烹饪、奇特的衣着服饰、特有的医药配方等等深深地吸引着全国各地的人。少数民族文化的传承和发展是一个有所欠缺的项目。云南又是中国一个独特的省份,有着奇特的季节气候、丰富的地理环境、多彩的文化风景。课题组成员在云南发现了云南的奇特和价值。

---

① 本文作者系浙江越秀外国语学院中国语言文化学院2017级学生,指导教师方奇超。

三、看云南的奇特

云南是一个奇特的地方,人们眼中的云南是一个美丽的地方,是彩云之南,是四季如春,是花的世界,是水果的王国。但是云南是奇特的,它是中国最复杂、最具神秘色彩的省份。

早期的云南看起来更像一个"平面",低矮的陆地、凹陷的湖盆构成了云南的主体。地球板块之间的运动影响了云南的形成,从 6500 万年以前至今印度洋板块与欧亚板块发生了剧烈的碰撞,印度洋板块不断地向欧亚板块撞击,使欧亚板块发生了"折叠",云南便是"折叠"区之一。板块的碰撞使青藏高原及其东部的云贵高原大幅度地抬升,大时空的折叠使云南褶皱众多,褶皱的山川群峰、印度洋的季风气候和太平洋的季风气候的影响下形成了今天多样的云南。

多样的气候使云南植被物种多样,被誉为植物王国,为动物、菌类的生存提供了良好的条件。云南还是亚洲最大的鲜花生产基地,在中国 70% 的鲜花市场供应都是来自云南,可以为全球每一个人提供一枝鲜花。除此之外,云南还被称为药物宝库、香料之乡、天然花园。

云南多样性的气候优势使云南拥有了丰富的植被资源,云南几乎可以种植所有的水果,热带水果、温带水果、寒带水果都可以在云南种植。世界上最古老的茶树在云南,它有享誉全球的普洱茶,其茶叶的种植面积、总产量均为全国前列。

多样的气候和板块的折叠,使云南产生了多样的自然环境,旅游资源丰富。云南的地势整体上是一个"立体化"的巨型阶梯,阶梯由北到南逐渐降低,南北距离只有 960 千米,海拔却直降 6663.6 米,巨大的高差增大了水流的冲击能力,产生了许多的瀑布和江流,江流在山谷之间拐过各大山底,形成了各种江流大拐弯,在丽江石鼓镇金沙江突然以 V 字形转弯向东北而去,成为孕育中华文明的母亲河万里长江第一湾,水流在短短的 30 千米以后,金沙江在玉龙雪山和哈巴雪山之间以 10 米每秒的速度飞驰而过下切形成虎跳峡,从峰顶到谷底相对落差达数千米,使人惊悚感叹。

四、多样的民族文化

多样的气候赋予了云南多样的民族,云南拥有 25 个少数民族,是中国少数民族种类最多的一个省份。其中佤族、傈僳族、拉祜族、基诺族、德昂族、哈尼族是云南省特有的少数民族。不同的文化都孕育在这片奇妙的土地上,使这片土地充满了别样的风情,吸引着世界各地的人对此处产生无限的向往。

在人类的迁移过程中,人们来到了云南,在进入云南后,因为受云南的高山和半封闭地形的隔绝,不断地分化出新的族群,就像一个"民族孕育所"产生了各个族群。在先秦时期,来自东南亚的孟高棉语族群进入云南,在云南的西部地区和西南地区演化出了今天的布朗族、德昂族、佤族。来自中国东南的百越族群,在云南的东部地区和南部地区与当地的土著居民融合,演化出了今天的傣族、壮族、布依族、水族。来自中国西北部的氐羌族群,他们在云南的隔离分化更加突出明显,直接演化出了今天的彝族、白族、纳西族、傈僳族、哈尼族、景颇族、阿昌族、基诺族、怒族、拉祜族、独龙族。在唐代,随着吐蕃的扩张,藏族进入云南。南宋末年及元代随着蒙古大军的迁入,回族、蒙古族、普米族也来到云南。明清时期因王朝的更迭和战乱的动荡,苗族、瑶族、满族也迁入云南。在历朝历代的发展中都有汉族的迁入。因此云南一共滋养了 26 个世居民族,让云南文化多样、风景多样、物产多样。

云南是多民族融合的区域,26 个民族在云南创造了辉煌的历史文化,有着闻名于世的地方政权,以洱海为中心的南诏国王权和大理国王权,其疆域面积远至四川、贵州以及东南亚。

在云南东南部地区的龙庆彝壮族乡,简称龙庆乡,这是一个各民族杂居生活在一起的乡镇。云南独特的气候和地形地貌,使其产生了"一山有四季,一日有四季,四季各不同"的多变气候。各民族村寨的分部呈现了一种规律,壮族一般都生活在山脚,那儿依山傍水,村子的周边都有一条河流通过,而彝族则生活在山顶,两个民族互不干扰、互不侵犯。

(一)壮族

龙庆乡的壮族主要分布于黑尔、阿那黑两个村委会,属古越人的后裔及所辖部落,有着独特的稻作文化、糯米文化、服饰文化、民俗文化。

稻作文化:壮族村寨依山傍水,在河谷槽区筑田埂、修沟渠、栽各种水稻,壮族人有着先进的水稻种植技术,他们依水而居、依水而作,很好地利用了水资源,种植了许多香美的农作物大米。哪里有稻田,壮族人就居住在哪。

糯米文化:龙庆壮族延续着壮族的稻作生活,使糯米文化特色鲜明,黑尔糯米远近闻名,颗粒圆润、色泽晶莹,香甜、油润、富于弹性。清朝时曾为朝廷贡米,现今的糯米已有多样的食用形式,如糯米饭、糯米酒、花米饭、糍粑、马脚杆系列。以植物色素浸泡制作的七色花米饭最为特别,色彩斑斓、浓香诱人,实属生态美味。龙庆的四大特色美食黑尔糯米、龙庆黑火腿、黑鸡枞、野蜂蜜深受各方食客的喜欢,因此被称为"龙庆四包"。

服饰文化:在龙庆壮族人家,常常流传这样的话语,"男耕为本,女织为灵",壮族将妇女会织布能刺绣视为衣食之本。壮族服饰只有一个款式,女服饰上衣为大袖口,男服饰为小袖口,裤子都是大脚裤。壮族衣服颜色主要以蓝、黑为主,不同年龄段,所穿衣服的颜色也有所不同。

民俗文化:壮族节庆文化丰富多彩,正月初一祭铜鼓、招牛魂、挑心水;正月十五春糍粑、祭天神;正月三是过小年;三月里来要插秧,三月里的一个巳日上山祭祀山神,乞求来年风调雨顺、五谷满仓;五月二十四,杀猪宰羊染花饭;七月份,丰收节,收新米,过"吃新节";八月十五,谷收完,春着糍粑庆丰年,热闹的节庆气氛吸引着全国各地的游客到此观光、度假、休闲、娱乐。壮族的主要传统节日有"三月三""陀螺节""壮年"等。

铜鼓文化:黑尔人称铜鼓为"宁"。黑尔人把铜鼓作为传家宝,十分信奉,认为其能驱除邪恶、保佑平安,一般存放于族长家或支长房。逢年过节或特殊日子,也先要用酒、肉祭献山神,"请"出方可使用。在黑尔现存的铜鼓中,铜面有四只立体青蛙、太阳纹等,鼓壁有四只耳、羽人手巾舞蹈、犀牛、赛龙舟等造型图案。

壮族人民敬畏大自然,他们与大自然和谐生存,喜欢树木,认为树木是家里的镇宅之宝,他们居住的地方依山傍水、环境优美,展现了淳朴的人民性情,这里的一树一坡一山都弥漫着无限的生机。

(二)彝族

龙庆乡的彝族多居住在山坡之上,文化源远流长,发展至今绝大部分与汉族杂居,但也保留着诸如"四坡一箐"这样的纯彝族村落,主要为彝族中的阿乌支系。

服饰文化:女服大襟窄袖,襟围和袖边缝缀黑布边,刺绣装饰花案,特别醒目;长裤膝下挑绣花案一围。未婚的姑娘将头发分两侧编成两辫,然后盘至额头再垫上三角形的绣花衬,再在头顶戴上用彩线修成的龙凤"燕尾帽",最后在燕尾帽的周围围上用银器和串珠制成的饰品,胸前自然垂下两缕头发,清秀雅俗;已婚者,梳一个发髻于脑后,用黑纱帕缠绕。

彝族的主要传统节日有"火把节""彝族年""密枝节""跳歌节"等。其中火把节彝语称"尼摩歹",在农历的六月二十四日举行,是彝族最隆重的传统节日,各村各寨会聚在一起，杀猪宰羊，一起置酒祭山，共同庆祝这个欢快的节日。各村各寨的百姓会聚在一个地方，对山歌、饮酒畅聊、斗牛、耍火把，一整天都是欢乐无限的，彰显出彝家人能歌善舞、勤劳质朴以及热爱生活的美好品质。

五、传承民族文化

我们应当让少数民族文化跟上时代的潮流，在年轻的一代得到传承，不变成书本上的史料记载，让经典永流传，让少数民族文化变成一笔显而易见的宝贵财富，让人们更加深刻地了解到少数民族文化。

六、方法多样的传承

通过课题组成员的实地调查和考证，提出了相应的对策发展当地的经济改善民生。希望在政府的帮助下，委派技术人员在壮族、彝族集聚地因地制宜栽种农作物，引导百姓通过网络平台进行有组织的有规划的短片视频宣传，以便让更多人去了解当地的特色。壮族人民聚居的依山傍水、风景优美独特的地区可以合理地开发旅游项目，吸引城市居民前往体验。

各少数民族在其发展的过程中也留下了许多宝贵的知识、优秀的文化，在文化的传承中我们也需要把少数民族文化流传下去，让各个少数民族地区保留其各自的特色，让其在社会的发展中跟随社会的脚步发展和流传下去，不应变成史书里的资料文献，永远地沉睡于古籍之中。

我们应根据当地的特色，设计出一些符合当地特色的文化课程，让未来的一代青年从小便熟知其当地的文化特色，让当地的新生代能把当地特色的文化流传下去，教育部门应重视教育的质量，将"成绩式""分数式"教育进行有效的改善，从源头抓起，让新的一代学会其自己地方的少数民族文化特色，在"变"中保持"不变"。让各个少数民族文化随着时代的变迁，保持其根本的不变，让少数民族文化能够在当地得以传承，保持当地的原有特色。

（本文原载于《艺术品鉴》2020 年第 3 期）

浙东运河杭绍段文化带建设调查与研究

胡徐媛　刘　勇[①]

浙东运河是世界文化遗产,也是全国重点文物保护单位,浙东运河历史悠久,是我国至今仍在沿用和保存最好的运河。浙东运河蕴含了丰富的文化底蕴和文化遗产,但有很多关于浙东运河文化的东西正在流失。浙东运河杭绍段文化带建设调查与研究目的是要唤起人们对浙东运河的重视,保护浙东运河文化遗产,建设浙东运河文化带。

一、浙东运河杭绍段文化带的内涵

运河文化属于一种跨水系、跨领域的区域性广义文化系统,是包括运河设计、开凿、管理、运用在内的,沿运河流域的政治、军事、经济、文化、科学等一切社会活动的总和,同样包含着理念即价值形态和政治、军事、文化、经济需求等,制度即技术保证、管理、运行模式等,物相即具体的河道、设施、运载工具以及各种物质存在形态等三个不同层次。[②] 总体来说,大运河文化带内涵丰富,大运河是我们中华民族的生命线,需要我们一代代传承和保护下去,并挖掘其更多的价值。

二、浙东运河杭绍段文化带建设的情况

(一)建设和展示结合

浙东运河文化带的建设有利于将运河文化和民众生活贴近、融合,最终形成大运河景观文化带。走在绍兴的仓桥直街、广宁桥直街,许多景观依然是"小桥流水

---

① 本文第一作者系浙江越秀外国语学院中国语言文化学院 2017 级学生。
② 王永波:《运河文化的规律及其启示》,《东南文化》2002 年第 3 期。

人家"，白墙黑瓦的住宅内是现代化设施，体现了人与运河相融合的特点。2003年9月，绍兴市将各处迁移的古桥、古牌楼、老宅石柱以及古闲庭等，构思设计建成绍兴运河园。运河园向人们很好地展示了浙东运河的历史文化和沿河风情，与浙东运河相映照。

(二)传承和创新并存

运河文化需要不断地传承和创新，其中鲁迅故居、王阳明祖居、周恩来祖居等文化遗址均向大众开放，展示着运河的文化和文明。运河沿线城市还创造性开展各类活动，既保护了非物质文化遗产又宣传了运河文化，还将更多的非遗文化融入家家户户的生活中。

三、浙东运河杭绍段文化带存在的问题

(一)文化遗产保护传承不够

文化遗产保护和传承对浙东运河杭绍段文化带建设是十分重要的一项内容。随着社会的进步和科学技术的飞速发展，大运河的保护和传承既带来了巨大的机遇，但也面临着挑战。大运河带来的宝贵的财富和价值在逐渐提升，但在关于运河沿线重大基础设施建设领域，很容易造成不能两全的情况。大运河杭绍段虽然已有不少遗址被列入世界遗产，得到了有效的保护，但是还有更多的运河文化遗产未受到保护，对运河上的古桥和寺庙及其周边古文化遗址的破坏仍时有发生。此外，大运河杭绍段沿线非物质文化遗产众多，许多大家都耳熟能详，如梁祝传说、绍兴黄酒酿制技艺等。但还是有不少非物质文化遗产已经失传，所以，非物质文化遗产面临着危险。

(二)生态环境建设投入不足

浙东运河杭绍段文化带生态环境建设存在一些问题，经过我们的实地勘查，浙东运河的沿线有不少地方都存在着水质较差的问题，有的河道甚至发黑。这些水质问题将影响浙东运河的整体生态环境。目前，绍兴市在运河上设置的监测点较

少,人力、物力投入还不能满足监测需要。大部分监测数据要依靠水利、环保等部门提供,数据获得的时间滞后。监测工作基本是按照要求填报数据,不能发挥预警的功能。[①]

(三)文化旅游发展质量不高

大运河旅游业发展最主要的是水上观光项目,大运河杭绍段发展得最成功的项目就是乌篷船,这已然成为特色项目,但项目单一,加上运河本身的线性特征,和城市现代化的改造,使得游客不能将大运河从头到尾走完。浙东运河杭绍段虽然有丰富的旅游资源,但是很多景观没有得到保护和宣传,以至于老百姓不知道其中的历史缘由。因此,要大力宣传,而目前仅靠古籍资料是远远不够的。

四、浙东运河杭绍段文化带建设的对策

(一)加强文化带文化遗产传承

大运河已经受到越来越多的关注和重视,无论是物质文化遗产还是非物质文化遗产都是大运河不可或缺的一部分。对于大运河文化带的物质文化遗产,如古桥、古纤道、古建筑等,应该加强保护。此外,浙东运河杭绍段还有许多具有价值的遗产没有发掘出来,应该加大立法和调查力度。浙东运河杭绍段也拥有丰富的非物质文化遗产,如梁祝传说、西湖绸伞等,也还有很多民俗活动,这些在现代化的进程中消失,很多非物质文化遗产因为后继无人濒临失传。所以,政府应该采取各种措施传承运河非物质文化遗产,让民众参与到文化建设中。为世界的非物质文化遗产传承贡献中国力量。

(二)加大生态环境建设

我们应该加强不乱扔垃圾的意识,环卫工人应该加强巡逻定期打扫卫生。对于水质差的河道,有关部门应该加强水质监测、查找水污染的源头。而且要合理规

---

① 马峰燕:《浙江省绍兴市运河发展报告》,社会科学文献出版社 2018 年版,第 340 页。

划,设置保护标志、加大宣传力度,对绿植进行栽种和规划,加强组织与领导,出台法规文件。还应该对该段运河进行水质净化,打捞漂浮物、养殖净化水质的植物,对运河周边的环境进行整治,清理生活垃圾、禁止乱扔生活垃圾。在水葫芦多的河段,相关部门应当引起重视,加大对水葫芦养殖的监管力度,同时向养殖户提供专业、科学的指导。合理规划水葫芦的种植,让这个优劣口碑共存的品种将优点最大化,预防其泛滥成灾。

(三)提升文化旅游质量

文化带的建设,让大运河文化旅游业更加蓬勃发展,为了加快文化旅游的发展应该构建运河景观带。大运河沿线景观不计其数,可以合理利用丰富的历史文化遗产和现代产业相结合,并结合民众对吃、住、行、游等方面的需要,形成大运河杭绍段的特色旅游景观带。在打造运河景观带的同时也要提升旅游服务水平,让游客们在旅游观光的同时融入大运河的历史和文化,让游客在闲暇的时光既愉悦心情又丰富精神世界。

(本文原载于《科技风》2019 年第 34 期)

高铁多功能"图书车票"设计与应用①

孟　雅　潘璇婷　郭思妙　张子夜②

一、系统建构背景

(一)高铁出行占比较大

根据国家发改委印发的《铁路"十三五"发展规划》,到 2020 年我国铁路营业里程达到 15 万千米,其中高速铁路 3 万千米。全国铁路网基本覆盖城区常住人口 20 万以上城市,高速铁路网覆盖 80％以上的大城市,动车组列车承担旅客运量比重达到 65％。以上可见,高铁在我国已得到普遍运行与使用,是一种极具重要意义的交通出行方式。无论是从速度性能,还是从安全性能等综合来看,高铁在当下各类交通工具中均已名列前茅,因此,我们认为高铁将成为大多数乘客的首要选择。

在高铁事业蓬勃发展的情况下,我们项目设计了一种"新型车票",将图书阅读与"车票"联系起来,为乘客提供高铁阅读平台,营造高铁"书香氛围",创建文明和谐社会。

(二)国民阅读量有待提升

通过对我国国民阅读现状的分析,我们认为在高铁上提供阅读平台、营造阅读氛围是势在必行的。调查显示,我国人均阅读量相较于一些发达国家略低。比如网络上一组广为流传的对比数据显示,"联合国教科文组织的一项调查显示,全世

---

① 2019 年国家级大学生创新创业计划训练项目"高铁多功能'图书车票'设计与应用"(项目编号:201912792019)结题成果。

② 本文作者为浙江越秀外国语学院中国语言文化学院 2018 级学生。

界每年阅读书籍排名第一的是犹太人,平均每人一年读书 64 本,而中国 13 亿人口,除去教科书,平均每人一年一本书都读不到"。这一数据属实令人担忧,就我国的《九年义务教育语文课程标准》中的规定来看,九年义务教学期间学生课外读书量要求达 400 万字,若按每本书 10 万字,9 年间就是 40 本,平均每年每人要求读书不足 5 本。加之,在这个高速发展的社会,娱乐项目层出不穷等一系列现象在一定程度上使得当代青年人对读书的热情逐渐消减。虽然近年来,社会上一直呼吁人们多读书,增加国民阅读量、提升国民文化素养,但是力度及成果依旧不佳。

在莫斯科的地铁车厢里,我们可以发现总有不少乘客一上车就埋头看书。但其实,我们的高铁环境比他们要好得多,有着干净舒适的座位、井然有序的乘车流程等等,因此,只要进行一定程度的宣传,逐步营造高铁阅读氛围,实现高铁全民阅读是完全可行的。

另外,大多数人口中的"没时间阅读"是当代社会国民阅读率下降的主要原因。近期的社会调查显示,越来越多的人认为自己"没时间阅读"。出现这个情况的原因如下:在"高速运转"的生活中,我们可能忙于工作、忙于学习,从而认为自己没有闲暇的时间留给阅读。另外,在这个"物欲横流"的社会,我们有太多的消遣方式可以选择,比如多姿多彩的娱乐设施和"消遣大拿"手机。最后,现在大多数人将阅读当作一个负担,很难集中注意力阅读图书。因此,"没时间阅读"只是借口,忙碌的人们不愿意将难得挤出的空闲时间"消耗"在阅读上。我们的项目正是试图将乘客坐高铁时的闲暇时间有效利用起来,集中培养国民阅读习惯,营造国民阅读氛围,构建文明和谐社会。

在阅读形式调查中,我们发现电子阅读占比较大。在当今高速发展的数字化时代背景下,国民阅读载体已突破纸质媒介,电子媒介不断出现并快速发展,国民阅读方式逐渐向电子化方向转变。根据我国新闻出版研究院组织实施的第十七次全国国民阅读调查结果显示,国民综合阅读率保持增长,数字化阅读接触率快速提升;人们与手机和互联网接触时间最长,纸质类媒介接触时间均有所下降。在不同媒介的接触时长方面,2019 年成年国民人均每日接触手机时间最长,达到 100.41 分钟,较 2018 年增长 15.54 分钟;排在第二位的是互联网,接触时长达到 66.05 分钟,而纸质类媒介的接触时间则呈现全面下降的趋势,2019 年人均每日图书阅读时间为 19.69 分钟,较 2018 年下降 0.12 分钟;2019 年人均每日报纸阅读时间为 6.08 分钟,较 2018 年下降 3.50 分钟;2019 年人均每日期刊阅读时间为 3.88 分钟,较 2018 年下降 1.68 分钟。

这一现状表明,人们的生活方式、阅读方式已经有了"数字化"时代的特征。因此,为适应这一基本形势,要想提升全民阅读水平,开展多种形式的阅读也是十分必要的。我们的项目设计了传统的"阅读模式"、懒人版的"听书模式"、儿童版的"闯关模式"以及特殊版的"盲文模式",为高铁阅读提供了多种形式。

二、系统构成设计

(一)车票形式创新

本项目开展的最终目的,是设计出一种车票与图书结合起来的"图书车票",让人们在高铁上也能随时阅读,设计方法主要是在纸质车票上附加阅读平台的二维码以及接收电子车票的同时附带阅读平台的二维码或者链接。

首先,本项目将"图书"与"车票"合二为一,这一设计理念突破了大众对于"传统车票"的认知观念,这种"图书·车票一体化"的新形式,丰富了原来车票的"类别",在纸质车票上附加阅读平台的二维码以及接收电子车票的同时附带阅读平台的二维码或者链接,以这一创新设计将"图书·车票一体化"付诸行动。

其次,我们将"图书平台"与"铁路服务平台"进行结合,设计出一个新型的网络学习、交流与服务平台。这"三体合一"的平台类似于一个校园的网络论坛,具有强大的信息交互与传播功能,可以为读者提供实时便捷的互动性环节,让"孤独且躁动的灵魂"进行意见的表达与情感的碰撞。

再次,在"图书车票"上,我们设计增加一个二维码,乘客扫描二维码便可进入我们建立的微信公众号平台。首次进入系统的乘客需要完善个人信息认证,当然,平台会将个人隐私进行加密处理,以保证用户的隐私安全。在这一平台上,除了原有的铁路部门提供的车票预订、用餐订购、意见反馈等服务之外,还增加了"阅读"这一新的栏目选择。乘客可以根据个人的喜好,点击进入相应的界面,选择自己喜欢的书籍、报刊或杂志进行阅读。若是高铁即将到站,乘客还没有阅读完,那下一次进入这一平台时,系统会自动识别,第一时间跳转到上一次的阅读界面,为读者节省下宝贵的阅读时间。我们的项目设计体现了多方位创新,如车票创新、平台创新、形式创新以及技术创新。

(二)车票功能多样

对于阅读形式,也并不单一。除了传统的"阅读模式"之外,我们还设定了懒人版的"听书模式"、儿童版的"闯关模式"以及特殊版的"盲文模式"。

传统"阅读模式",即乘客打开自己的手机、平板或电脑等电子设备,在微信公众号平台进行图书选择后便可以开始正常的、传统的阅读,与平时阅读"电子书"无太大差别。

懒人"听书模式",即在乘客眼睛疲劳或颈椎不适等情况发生,不乐于进行传统阅读时,可以戴上耳机,点击选择"听书",系统便会将书中的内容自动播放,至于播放的速度、时间及声音等都可自行选择。

儿童"闯关模式",即在传统"阅读模式"的基础上,增加一个"闯关得金币"的环节。这一环节只限定于 16 岁以下的人,他们在每完成一章内容的阅读之后,便会得到相应数量的金币,金币累计到一定程度,可以兑换相应的礼品,礼品包括但不限于卡通玩偶、学习文具、书籍兑换券等。"少年强,则国强。"儿童模式从这一原理出发,主要功能在于通过"兑奖"这一"诱惑",来激发青少年的阅读兴趣,多读书、读好书,为祖国的繁荣昌盛打下良好的知识储备。

特殊"盲文模式",即为有视听觉障碍的人群特别制定的一种模式,通过一项新技术把文件和网页转换成盲文和浮雕图像,然后在电子设备屏幕上产生触觉浮雕,让盲人也能畅游书籍互联网,感知大千世界的发展与变化。

另外,我们在阅读平台的基础上,新增评论交流平台。一、阅读同一书籍的乘客可以在同一聊天平台进行匿名交流;二、在微信公众号首页设置大众交流链接,乘客可以推荐喜爱书目,对阅读书籍进行评分;三、乘客可以在微信公众号上分享乘车趣闻、发表乘车感悟、发布失物招领等。

(三)建构技术先进

在本项目的设计过程中,做到了许多创新想法与实际操作的结合,实现了技术上的极大创新,因此,不可避免地需要一些新的技术的支撑。

在微信公众平台的开发与运营上,设计需要运用一定的新技术手段将 PHP、MySQL 数据库和 Apache Web 服务器进行较好的组合。为保障用户隐私安全,需要通过专业的指纹特征数据采集技术、伪指纹特征随机发生器技术、伪随机指纹特征密钥技术等技术来支撑二维码的优秀的加密性能。再者,"盲文模式"中触觉浮雕的生成需要通过外接 U 盘以及 NFC 通信技术,才可以达到让内置的程序将任何文本文件转换为盲文的技术效果。

三、系统设计前景

(一)可行性分析

近年来,我国坚持以创新引领发展,加快建设创新型国家,科技实力显著增强,重大成果不断涌现。在高铁领域,我国通过引进消化吸收再创新、联合攻关、产学研平台建设等措施,在设计、线路、列车、运行控制等方面拥有了全产业链核心技术,先后攻克了高寒、高原等多种复杂情况的挑战,发展态势良好。

目前,我国正处于社会主义初级阶段,是经济技术发展的黄金时期,但由于信息快速发展,娱乐项目层出不穷,人们的生活变得丰富有趣并且十分便捷,但同时这也导致了人们在文化层面获得的限制,但是文化是一个国家不可或缺的一部分,而中华民族五千年的优秀文化更值得传承,营造一个充满书香气息的社会,将对祖国未来的花朵起到一个正确的学习指引的作用,帮助他们树立正确的人生观和价值观,以促进国家越来越繁荣地发展。

当下这个时代具有追求"潮流"的特性,新兴事物往往会引起人们的好奇,带动群众自发推广。加之,网络的虚拟性给人们带来了最大的自由,我们设计的阅读、交流平台创造了一个全新的模式,真正实现"全民"阅读,既可以促成高铁乘客全员阅读,营造高铁书香氛围,又创造了一个可以增长见识、找寻志趣相投之人的交流平台,将带给乘客更多的乐趣。

因此,"高铁多功能'图书车票'的设计与运用"这一项目的开展,将极大改变高铁上出现一群为打发时间而消遣玩乐的"低头族"的现象,从一人做起到实现全车阅读,逐步将人们对游戏、电视的迷恋转移到图书上。改变社会风气,实现全民阅读,营造良好氛围,提升国民文化素养。"书是人类进步的阶梯",通过这一创新途径,人们的阅读含量将持续增加、知识素养得以丰富、精神境界得以提升;相应地,高铁环境也将充满文化气息与知识涵养,"书香高铁"将成为"中国高铁"的另一称号,为我国高铁乃至其他一系列重大项目建设的繁荣、创新与发展赋予深刻的划时代意义。

我们的设计理念是将"图书"与"车票"合二为一,形成一种"新型图书车票",乘客只需购买这种"图书车票"就可以在高铁上看到、听到、触摸到自己喜爱的书籍、报刊与杂志,并且可以与车厢内阅读同一本书的乘客进行沟通与分享,以书会友,创造一个充满书香气息的人文社会环境。另外,这类形式的"电子图书"还为"高铁空间有限、人来人往、不宜放置极占空间的纸质书"的问题提供了完美的解决方案。

(二)具体实施过程

在项目的设想完成之后,我们经过查阅资料、小组讨论、问卷调查、市场分析等多项步骤,最终决定将其付诸实践,过程如下:

首先,我们完成了对"图书车票"样式的初步设计。团队成员一致认为"实用是第一位的",因此决定在纸质车票上,新增一个二维码,构建起乘客进入平台的一个渠道。另外,针对电子车票,我们设计了发送车票信息时附带二维码或链接的形式。

其次,我们开始筹备微信公众平台的创建工作,包括申请注册、计划运营、服务反馈等各方面。与此同时,通过进行多方面的问卷调查,对大众喜爱的书籍种类有一个大致的了解并对乘客对于我们项目的支持建议进行了统计归纳。为保证调查结果的准确性与可靠性,我们通过线上普及与线下推广,让更多人参与到了这个调查当中。在调查结果出炉后,我们同一些相关作者、出版社取得了联系,经过沟通与协商,成功取得了一部分书籍的版权。

再次,我们便开始进行技术性问题的探讨与解决。我们查阅了一些所用到技术的相关资料,也请教了一些专业的技术人员,取得了一些技术上的突破与成果,包括:将 PHP、MySQL 数据库和 Apache Web 服务器进行较好的组合;二维码的加密性能与安全性能的测试;触觉浮雕技术的前期准备;等等。

另外,我们还邀请了一些网红名人在各大平台上宣传和推广这一"图书车票",争取让更多人了解和参与到这一"书香高铁"的计划当中。

最后,我们聘请专业人员对整个"图书车票"的系统进行了实验分析,结果也表明了这一系统具有可行性。

四、结 语

截至目前,本项目已取得了一系列的成果:图书车票样式已经设计完成;微信公众平台已获得一定关注;系统的安全性能与二维码技术的加密性能已通过初步测试;已完成部分图书版权的调研;已完成图书与车票的初步结合。后续在投入使用过程中,我们还会面向大众征求意见,为项目更好更快更强地推进与发展不断努力。

对于这一项目,我们要做的绝不止于此。后期,我们还计划朝着 5G 技术方向进行研究。目前 5G 技术已经开始慢慢投入使用,我们设想将这一"图书车票"与 5G 技术进行结合,将目前的"实物电子书"做成"模拟立体书",即通过影像将电子图书投射在空中,像真实的书一样供人阅读使用。

(本文原载于《大科技》2020 年第 9 期)